現代「金印」考

併・古代「阿（安）曇族」検証

岡本顕実 編著

龍鳳書房

発刊に寄せて

海の道むなかた館長
九州大学名誉教授　西谷　正

本書の監修者である岡本顕実氏から、本書の発刊企画の話をうかがったとき、脳裏を去来したのは、大谷光男先生著・編著の二冊の書物であった。一冊は、著書の『研究史　金印』（吉川弘文館　昭和四十九〈一九七四〉年刊）であり、もう一冊は編著になる『金印研究論文集成』（新人物往来社　平成七〈一九九五〉年刊）であった。そのうち後者は、収録された論文などのほとんどが昭和の作品であってみれば、二冊の書物は昭和時代を代表する金印の研究書といえよう。

それに対して、このたび発刊の本書『現代「金印」考―併・古代「阿（安）曇族」検証』は、いわば平成時代の金印研究の金字塔ともいうべき存在になるのではなかろうか。本書では、金印そのもののみならず、金印が発見された志賀島《しかのしま》をめぐる諸相や、志賀島と縁りの深い阿曇（安曇）族をも取り上げ、それらを包括的に把握、理解しようとしている点に特色がある。また、執筆陣容をみると、専門の研究者にとどまらず、在野の研究者も参加していて、金印に対する関心の高さと幅の広さがうかがえる。

まず、金印に関しては、古くて新しい論点でもある印面五文字のうちの「委奴」の読み方について、改めて諸説が紹介される。そして、何といっても、やはり古くて新しい、学界を二分する真印説と偽作説が取り上げられる。事の発端は、平成二十二（二〇一〇）年に出た鈴木勉氏の『「漢委奴国王」金印・誕生時空論』（雄山閣）における、金工技術からみた偽作説を契機に議論が再燃した。それに関して、石川日出志が平成二十六（二〇一四）年に、「『漢委奴国王』金印と漢～魏晋代の東夷古印」（『第五回高麗大学校・明治大学国際学術会議―文学と歴史を通してみた東アジア』明治大学大学院文学研究科ほか）を発表して、金印の金純度が九五％で、漢代の金製品と同じであることや、印面の右上の縦線が直角に折れている点は、中国の「新」王朝から後漢初期に限定されることなどを理由に、金印真印説を補強した。そのほか、金印の製作実験からのアプローチや、鈕の駱駝から蛇への改鋳説なども現れた。

金印が出土した志賀島には、よく知られるように、古代から海に生きた海人部《あまべ》・阿曇（安曇）氏や、その子孫が奉斎する志賀海神社が鎮座する。このことと関連して阿曇氏の本拠地が問題になる。『和名類聚抄』によると、志阿（珂か）郷がみえるが、志阿（珂）郷は志賀島に当たるとすれば、阿曇郷は本土部の新宮町の沿岸部が想定される。新宮町の沖合七・五キロメートルのところに浮かぶ相島《あいのしま》には阿曇氏の墓域と推定される全国でも最大級の積石塚群が知られる。

このようにみてくると、志賀島・相島・新宮町沿岸部を結んだトライアングルの海域が、阿曇氏の主要な活動舞台ではなかったかと思えてくるのである。そして、金印の印面にある奴国、その領域の中での志賀島の位置づけも必要になってこよう。

大谷光男の著・編著二冊と本書が異なるところは、阿曇族を大きく取り上げた点にあり、新鮮味さえ感じるところである。それにつけても、北は山形・長野・滋賀などから、南西は九州の五島まで、阿曇縁《ゆかり》の地名の広がりには驚かされる。阿曇氏といえば、風浪宮（福岡県大川市）の阿曇史久と元福岡市教育委員会の塩屋勝利も触れているように、宗像（胸形・胸肩）氏との関係が話題にのぼる。両者の間柄は、『万葉集』に象徴的に詠われている。すなわち、志賀白水郎《あま》の荒雄が「老衰」の宗形部津麻呂に替わって対馬送粮の任に当たったが、その折に「船を同じくすること日久し、志は兄弟より篤し」と語り合ったという。志賀と宗像の海人部はそのように相互扶助的な関係ではなかったろうか。ここで想像を逞しくすると、阿曇氏と宗像氏はともに、普段日常的に玄界灘の一角でそれぞれの漁場において漁撈活動に従事していたが、いったん危急時には、ともに水軍を編成して朝鮮半島に渡海したであろう。その際、阿曇比羅夫大連の場合は、水軍の将として斉明天皇七（六六一）年と天智天皇元（六六二）に百済へ派遣された。一方、宗像氏はその際に、航海の安全を祈願して胸形の三女神を奉斎したことであったろう。つまり、同じ海人族であっても役割分担がなされていたのである。

さて、本書に収録された多面的かつ蘊蓄を傾けた論考の数々に接して、ここに至るとき、その成果の行く末にも思いを致すことになる。

筆者は、去る平成二十八（二〇一六）年十月九日に開催された、NPO法人志賀島歴史研究会主催の第十回金印シンポジウムにおいて、「金印」はもう一つの世界遺産ともいわれる「世界の記憶」に相応しいと主張した。そして、平成三十年十月十四日に開催された第十二回シンポジウムでは、構成資産として、考古資料である「金印」のみならず、『金印辨』『筑前国続風土記附録』や『翰苑』などの文献史料群も含めて一括資料を「世界の記憶に！」と重ねて訴えたところである。

最後に、一二年間にわたって金印シンポジウムを開催された志賀島歴史研究会の皆さん、とくに企画担当理事として尽力されるとともに、本書の編集・発刊に当たられた岡本顕実氏の労苦に対し、深甚の感謝の意を表したい。この上は一人でも多くの人びとに本書を活用していただくとともに、金印研究がさらに進展し、「『漢委奴国王』金印と関連史料」が「世界の記憶」に登録されることを祈念してやまない。

令和二（二〇二〇）年秋

阿曇族の一考察

二松学舎大学名誉教授　大谷　光男

部曲《かきべ》の廃止というが

最早数年前のこと、ともなるか、岡本氏から志賀島出土の金印に関する諸氏の研究発表を纏めて一冊の研究集成書にしたいとの報を頂戴した。私に対しての割当ては序文の標題「阿曇族の一考察」であった。ところが、阿曇・安曇族研究を家系から蒐集《しゆうしゆう》しようとしているときで、序文は福岡の方に依頼するように申上げた。しかし、やはり私に、との催促で、標題を「行き詰まった金印「委奴国」（ヤマトの国）について」を発表することにした。さて机の前に座って、手帖を開いてみたところ、忘れていた「阿曇族の一考察」が眼に入った。驚いたが、執筆中の一文であったので、投稿期日に近く、急ぎ愚管《ぐかん》を書くに至った次第である。そこで、今回は阿曇族について私見を述べてみる。

阿曇氏は記紀にその由緒が記されている（祖先が綿津見《わたつみ》の神）ほどの名門で、同じ海人族の住吉氏、宗像氏のなかで「応神天皇三年十一月、阿曇連の祖、大浜宿禰を海人《あま》の宰《みこともち》にす」（『日本書紀』）と海人族のトップの座に就くなど華々しい政界活動を見せるが、氏族としての後半（八世紀末以降）は精彩を欠き、政界を追放されるなど、特にその末路は侘しい、と言って良いほどだ。

なぜ、そうなったのか。栄枯盛衰、歴史の慣いか。文献をもとに探ってみた。
まず、阿曇氏が安曇とも称するようになったのは、『日本書紀』の皇極天皇元（六四二）年二月庚戌に「阿曇山背連比良夫～安曇山背連」とある。比良夫は天智天皇元（六六二）年五月には大将軍となって、翌年には百済の都の入口である錦江の白村江《はくすきのえ》で、唐の艦船と合戦、大敗、その後は唐との交流に努力しているが、一〇〇年を経た奈良時代の称徳天皇神護景雲二（七六八）年二月癸巳（十八日）には「是の日、勅して、（律）令に准して高橋・安曇の二氏を以て内膳司（天皇の食事を調達する役所）を任《まか》す者を奉膳（長官）と為《な》す。其他の氏を以て之を任す者は宜《よろ》しく名を正《せい》と為せ」と。律令下の官位では内膳奉膳は正六位上で、大膳大夫（正五位上）の下位にあり、かつての大将軍時代の面影はなかったであろう。内膳奉膳（長官）に抜擢《ばってき》された安曇宿祢継成《つぐなり》が桓武天皇によって救《すく》われたとみられる。桓武天皇は天智天皇の孫の白壁王《しらかべ》（光仁天皇）の長子として誕生。この記録によって、安曇氏は白村江と壬申の乱を脱したとみる。その理由は、『類聚国史』巻八十八。配流の項目には、『日本後紀』には載っていないが次のような記事がある。桓武天皇延暦十一（七九二）年二月壬申（十八日）の条に、「去年（同十年）十一月の新嘗祭の日に、天皇の命によって高橋氏を神事の前立てとなす」と。ところが継成は不服で詔旨に従わず、職（後立て）に背いて離れ去った。当然死刑に当るはずであるが、天皇は許して佐渡国への遠流《おんる》を命じた。しかし、継成は無罪を確信していたのではあるまいか。その刑期を終えた後には、同二十一（八〇二）年には腹癒《はらい》せで何人かで強盗を働き、今度は阿曇継成の氏名で隠《お》伎国《きのくに》に遠流となる。

その後の安曇氏は、安曇宿祢広吉が桓武天皇・大同（八〇六）年正月癸巳（二十日）従五位上安房守となる。

嵯峨天皇・弘仁元（八一〇）年十月、従五位上伊予権介となる（『日本後紀』）。

続いて、『三代実録』から、清和天皇・貞観六（八六四）年八月八日壬戌、正六位上、安曇部粟麻《あわま》呂《ろ》は阿波国名方《なかた》郡の人、二品治部卿・兼常陸太守賀《か》陽親王家家令（注・右の官位）で、部字を改めて、宿祢を賜う。粟麻呂自ら言《もう》す。安曇百足《ももたり》宿祢の苗裔《びょうえい》なりと。

この安曇百足は『播磨国風土記』の揖保《いぼ》郡石海《いわみ》里、『肥前国風土記』の小城郷値嘉島の二か国に記述があるが、内容的には粟麻呂が佐渡に流罪となった継成の家来ではないことを主張したことにある。ある日本史辞典に、名方郡の豪族に粟凡直氏・海直氏・安曇部氏・忌部氏を挙げているが、部族であったと思われる安曇部氏が宿祢姓を賜って後であれば豪族の表現も納得できるかと思量することがある。

さらに次の史料をもって、後継を含めて最後の貞観十一年十一月二十六日庚戌の記録を掲げる。太政官からの論奏で、刑部省断罪文の報告である。

内容は貞観八（八六六）年のこと、隠岐国の浪人である安曇福雄の密告に対する調査判決である。前隠岐国の国司正(従)六位上(下)越智《おち》宿祢貞厚（下国）が、新羅と与《くみ》して反逆を謀り、使を遣わして、これを推《お》す。福雄の告ぐる所は是れ誣《いつわ》りであった。よって反坐《はんざ》斬《ざん》となったが、一等を減じて遠流《おんる》となった。

この記事で推考できることは、延暦十一年に安曇継成が佐渡に遠流、同二十一年に隠岐国に再度遠流、この度は福雄が隠岐国に遠流となり、継成と福雄とは隠岐国ということで同一系統（本家筋）の安曇氏の者と考えられ、この件で、安曇氏の本家は官吏の地位を失うことになったのであろう。

さて、安曇部に戻って述べてみる。中国の古典に部曲《ぶきょく》とある語句は、大漢和辞典によれば「軍隊の部わけ、曲は部の下の小わけ」とある。わが国は『日本書紀』の安閑天皇元（五三二）年閏十二月巳卯朔（一日）の条に、「蓋し、三嶋竹村屯倉《たかふのみやけ》には、河内県《あがた》の部曲《うちやつこ》を以て田部《たべ》とする。元《はじめ》、是に起《おこ》る。」とあるが（日本古典文学大系本、(注1)一般には部曲を「ふき」と訓《よ》んでいる。また北周の時代に、我が国は南北朝時代の宋《そう》が用いていた元嘉暦《げんか》を用いていたので、周書に載っている行政組織の内官・外官の名称も伝えられていたものと判断される。たとえば内官には穀部の内部・馬部《うま》・刀部など。外官には司軍部・司徒部・司空部・司寇部などである。百済のばあいは官庁の部署であるが、わが国のばあいは豪族の私有民という意味が強い。ところが、天武天皇四（六七五）年二月巳丑（十五日）に「略して曰く、甲子年（天理天皇三〈六六四〉年）に諸氏に給へし部曲《かきのたみ》は、今より以後は之を除け」とある。この部曲は天智紀に詔した民部のことであろう。家部は諸説あるが、個人宅の使用人であろう。しかし親王をはじめ諸臣・諸寺に対しても適用するということは、経済の発達による貨幣経済に移行することを国民に知らしめた詔と考えられまいか。物物交換の時代から需要と供給による経済の交流を国民が希望してのことではあるまいか。当然、奴婢制度の廃止が叫ばれたであろう。

新制度の阿曇部

天武天皇四年に部曲が廃止されたことが事実であれば、阿曇部も当然廃止されたはずである。しかし、自由民として近い部制の復活を認めないという事情もなかった。貨幣の鋳造は元明天皇の和銅元（七〇八）年五月から銀貨を、同年八月から銅銭を発行したが、当初は通用どころか、和銅四年十月甲子には蓄銭叙位令が発布されるなど、貨幣の使用法を探る時代であった。

和同開珎《わどうかいほう》から乾元大宝《けんげん》の天徳二（九八五）年に至る間、皇朝十二銭とて、十二種の銭貨が鋳造されたが、品質も悪く、諸国印ともども中国のように美術的価値もなかった。皇朝十二銭以後、戦国時代の天正《てんしょう》に至る約六〇〇年間は、貨幣の鋳造はなかった。『日本紀略』の一条天皇の永延二（九八七）年十一月二日辛酉の条に「上下人々、銭貨を用いざる事」とある。

翻《ひるがえ》って、萬葉集巻十六に山上憶良の作という「筑前国の志賀島の白水郎の歌十首」三八六九の左注に、

筑前国宗像郡の百姓、宗形部津麻呂《つまろ》を差して、対馬《つしま》の糧《かて》を送る船の柂師《かじとり》に充《あ》つ。時に、津麻呂滓屋《かすや》郡志賀村の白水郎《あま》の許《もと》に詣《いた》り、語りて曰《いわ》く、僕に小事あり。けだし許さじかといふ。荒雄答へて曰く、われ郡を異にするといへども、船を同じくすること日久し……（傍線筆者）。

右の左注の内容は、宗像郡の農民でも、船舶の舵取り（操舵手）であった。志賀島の白水郎は海運が専門であったとみられる。志賀島の白水郎・荒雄は宗形氏の部民である津麻呂の海上輸送を引き受ける。しかし荒雄は嵐を受けて船諸共《もろとも》、海の藻《も》屑《くず》となる。荒雄も安曇氏の部民であるが、安曇氏の頭主と対馬に行くことを相談することもなく行動できる自由があった。

当時の豪族も、引き続き人を雇う大きな仕事とは、右の公共の運送、これには京への輸調・庸があり、労働としては、製塩のための塩田がある。天日を利用しての塩田造りは、わが国の海岸地帯が狭いので多人数の労働者を必要としたはずである（注2）。

また、唐からの法律の導入は役所の部門を開くことによって、知識労働者（役人）の増強と公文書の作成が著しくなったはずである。文書の中には仏教の大量の写経も含まれる。役所に提出される文章は戸籍・計帳・正税帳・輸租帳・交易帳・稲帳など、地域によって標題も相違しようが、文化の発展による紙の需要が著しかった。同時に国語・漢文・法律などに精通している学者を招聘《しょうへい》したであろう。

なかでも、海洋。魚猟民であった阿（安）曇氏は、止むを得ず農耕民となるには、新開地を求めるに、後の信濃国安曇郡となる平野部の農地を発見し、早速、安曇部の氏名で耕作民を募集し、かつ役所に対応できる行政職員をも公募することになった。

松嶋順正編「正倉院宝物銘文集成」の信濃国調の布袴の墨書上に押印信濃国印三か所あり、本校に必要か所のみを掲げると左のごとくである。

信濃国安曇郡前科郷戸主安曇部眞羊調布壱端

国司史生正八位上中臣殖栗連梶取

郡司主帳従七位上安曇部百嶋

天平宝字八年十月

墨書の天平宝字八（七六四）年十月は安曇郡前科郷の初見である。戸主の安曇郡眞羊は、安曇郡の郡司主張従七位上とあるが、郡司は現地採用であるので、安曇部眞羊も以前から農業に従事していたと考えられる。また安曇部百嶋は郡司としての四等官（大領・小領・主政・主張）の最下位であり、官位が従七位上とあるのは誤りとも考えられる。郡司は現地採用という官位相当官外であり、養老選叙令に大領は外従八位上、小領は外従八位下とある。次いで年代の天平宝子八年十月三日に三川《みかわ》（河）王が信濃守として就任している。

かくて、信濃国安曇郡は、安曇氏による安曇部がその耕作者ということになる。筆者は五十年前になるが、穂高神社がある穂高町の小字《こあざ》名を、福岡市東区の志賀島の小字名と対照して調査したが、皆無であった。また安曇郡内の安曇姓も一軒すら存在しなかった。その後、穂高町等々力《とどろき》地区に住む二木《ふたき》浩氏（現在）所蔵の元禄十一（一六九八）年四月日「穂高組邑々寺社御改帳」を拝見することができた。そこには当時の穂高神社の祭神が記されていた。

大明神（本殿）　天津《あまつ》彦《ひこ》々火瓊々杵尊《ほのににきのみこと》
左殿　木板葺　天児屋根命《あめのこやねのみこと》（中臣氏祖神）　天太玉命《あめのふとだまのみこと》（斎部氏《いんべし》祖神）
右殿　同　断　玉命
石凝姥命《いしこりどめのみこと》
天細女命《あまのうずめのみこと》

不思議なことに、ここには阿曇連の祖神である綿津見神（表記は少童命《わたつみのみこと》）が祭られていないことである。『古事記』でいえば斎《いつ》かれていないとなる。しかし、位上の神々を穂高神社の祭神とすることに反対する氏子も多い。理由は当時（元禄時代）吉田神道に所属した際に、吉田家の祖神である天児屋根命を祭神としたという。しかし、天児屋根命を同じく祖神とする中臣氏は、安曇部氏が安曇郡の地に進出以前から当地に神社を通じて勢力を伸張していたとみられるので、(注3)吉田家だけに責任を負《お》わすことは如何なものであろうか。

次いで、明治十二（一八七九）年の神社明細帳には、

郷社　穂高神社

一、祭神奥社　穂高見命

里社

中社　穂高見命（昭和十二年）　穂高神（昭和十五年）

左社　綿津見命　穂高神

右社　瓊瓊杵尊　穂高神

とあって（穂高見神とは『古事記』に綿津見神の子、宇都志日金折命、宝宅神とある）、また当地は有力なる曲玉の出土地であるが、福岡市東区の志賀島にある志賀海神社に全く奉納していないのは、入植者が安曇氏と主従関係を絶ったことによるものと解せられる。以上、雑駁《ざっぱく》な管見であるが、氏族研究に多少なりとも参考になればと願って筆を擱《お》く。

［注］

（1）『萬葉集』は日本古典文学大系によったが、その他の漢籍は略記したので引用不可。

（2）『萬葉集』第三に左の歌がある。

二九八　志可《しか》の海人《あま》は藻《も》刈り塩焼き暇《いとま》なみ
髪梳《けづり》の小櫛取りも見なくに

（3）斎部宿祢広成撰の『古語拾遺』に、「天平年中、神帳を勘造するに、中臣は権を専らにして意に任せ、取捨し、由ある者は小祀といえども皆な列し、縁なき者は、大社も猶《な》お廃す」とある。

まえがき

江戸後期の天明四（一七八四）年、福岡県の志賀島で偶然発見された『金印』（国宝「漢委奴国王」印）は、それから二〇〇年以上も経った今日も数多くの謎を秘めながら私たちの眼前に堂々と存在する（福岡市博物館蔵）。その謎こそ古代史の闇のベールだ。

本書は二〇〇七（平成十九）年から毎秋、福岡市の志賀島をメイン会場に開催した「金印シンポジウムin志賀島」の一二年間の内容を軸に、最近の知見も取り入れて再編集した報告集である。数えてみると当シンポの登壇者は、講師、パネリストが総数七四名に達し、全国の学者、研究者、郷土史家が熱く語ったその発言を本書に纏めた。

テーマは多岐に及んだが、主に四分野に収斂した。

一、『金印』の謎～真贋論争も含めて

二、志賀島に盤踞した阿曇族とは～そもそも海人族とは

三、古代の志賀島の知られざる土地柄

等々だが、当シンポを重ねるうちに新たな〝発見〟の報もあり、以下の四分野を形成。シンポの勉強はその都度、刺激に満ちた。例えば「金印の鈕《ちゅう》はラクダ」との大塚紀宜氏（福岡市埋蔵文化課）の報告（第十回シンポ）。従来の蛇鈕説に根本的な疑問が呈された。そして、「それなら実際に純金を原料に古代技法で『金印』を造ってみよう」と実践した九州鋳金研究会の皆さんの報告（第十二回シンポ）。

平成二十五年、船原古墳《ふなばる》の発見。志賀島と目と鼻の先にある古賀市で大変な新事実が世に出た（同二十八年、国史跡指定）。この史跡の持つ重要な意味は今後、明らかになるであろう。別けても、従来不明だった阿曇族の本拠・活動を告げる有力な考古学上の新知見になるやも知れず（その可能性は大である）、期待される。

六〜七世紀は日本政権（ヤマト政権）の確立期である（倭国が対外的に「日本」を名乗るのは七世紀末から）。五二七年、筑紫の磐井の乱（〜五二八）。朝鮮半島（新羅）と結ぼうとした磐井。九州南部の一大勢力・隼人は早くから中国・江南の地と通交していた。朝鮮、江南のいずれにせよ、肝心なのは「海の交流」である。海人族の活躍を抜きにしては語ることが出来まい。北部九州に海人族トップの阿曇族の他に海人族の有力集団、宗像族と住吉族がいて、それぞれは分《ぶ》を頒《わか》っていて抗争することがなかった。

しかるに、その後の歴史をみるに、宗像族と住吉族の繁栄と系統は現代に続く（例えば宗像大社、住吉大社）のに比べ、阿曇族は史上、プッンと姿を消すのである。延暦十一（七九二）年、桓武天皇の怒りに触れ、頭首の阿曇継成《つぐなり》が中央政界から追放されるのだが、このことだけで全国に根を張る阿曇族パワーが一掃されたとは思えない。その辺は歴史の一大奇観である。

ところが今回、金印シンポの開催にあたり全国に呼びかけたところ、各地からの応答があり、その熱誠あふれるお言葉は当方が暫し〝たじろぐ〟ほど！　東北から九州まで各地の伝承が、それぞれ「阿曇族が当地に来て開拓」「志賀島から海路、当地に来た」等々、アヅミとシカを「地名」として今に残す所も多く、改めて歴史の〝深さ〟を知った。例えば長野県の安曇野市。当地の穂高神社の主祭神・穂高見命は志賀島の志賀海神社の祭神・綿津見神の子息の由。一二年間のシンポジウムには各地からの報告があった。長野県を始め石川県（志賀町）、山口県（下関市）、滋賀県（阿曇川町）、兵庫県（太子町）、長崎県（対馬・五島）、鳥取県（米子市）、茨城県（ひたちなか市）等々。阿曇族の血統は決して消滅したわけではなかったのだ。
文献でみると、阿曇氏が中央から追放されて一〇〇年以上も後に成立した『延喜式神名帳』（九二七年）には全国の式内社が記されており、海神関係では綿積三神《わたつみ》を祭る阿曇神社が一八社で断然トップ、次いで住吉神社が九社、宗像神社が八社となっている。

金印、志賀島、阿曇族―。この三択《さんたく》噺はまさに三つ巴に似て、核融合の如く、古代情報の強いエネルギーを発す。例えば『金印』に関する謎の一つ「なぜ、こんな辺鄙《へんぴ》な島から出た？　奴国との関係は？」―だが、かつて大林太良は「志賀島は土地柄から言って古代の国際貿易センターであった」と著述した。この点、一九九四（平成六）年の福岡市教委による全島調査等に拠り、相当の裏付けがあった。
その他にも、島にはこれまで未解明だった情報がたくさんあり、当シンポジウムではその都度、報告した。例えば、九州では非常に珍しい猿投焼《さなげやき》（須恵器。愛知県豊田市の窯）の長頸壺《ちょうけい》がみつかった。しかも出土地は長年、高麗人が住んでいたと言われ、今も字名が残る高麗囃《ばやし》という島北部の一角から。これは島の国際性を物語る。さらに、島には唐人墓《とうじんばか》という異名の遺跡もある。

あれこれ述べてきたが、当シンポジウムでの最大の関心事は、やはり『金印』そのものの秘める謎であった。謎は多岐に亘るが、発見の経緯を文章表現の原則である五Ｗ一Ｈにあてはめてみるのが判り易い。いつ（天明四年）どこで（志賀島の叶崎）だれが（百姓・甚兵衛）何を（金印）なぜ（農作業で）どのように（田んぼの水はけを良くしようと溝を鍬で削ったら……）―。カッコ内が通説である。ところが、その通説には、いずれも「？」が付く。第一、発見者とされる百姓・甚兵衛は実在したのか？　出土場所とされる叶崎は戦後の本格的発掘調査でも疑問……。『金印』そのものにも疑いの目が。「江戸期のニセモノではないか」。

そして、学会を賑わせて久しいのが金印五文字の読みである。『漢委奴国王』—要するに「委奴」の解釈である。当シンポでは、国内を代表する論客四人の方々に「ヤマト」説「イト」説「ナ」説「ワヌ」説を詳しく語っていただいた。読者諸氏は、じっくり読み比べていただきたい。

眼前の『金印』は私たちに何を語りかけているのか。受け止めるのは当方の理解能力と責任である。ともかく、今日にある日本という国柄の創生期に、科学的な物証である『金印』の存在があることを尊びたい。歴史を語ることは、実は容易ではないが、考古資料はウソを語らない。

最後にお断りを一言。本書の内容は単にシンポジウムの報告集ではない。筆者（講師）のご希望も入れ、その後の加筆修正、さらには新論文の追加提出もいただき、内容充実に努めた。

二〇二二年十一月

「金印と歴史の会」主宰　岡本顕実

目次

発刊に寄せて　—海の道むなかた館長／九州大学名誉教授　西谷　正　3

阿曇族の一考察　—二松学舎大学名誉教授　大谷　光男　6

まえがき　—「金印と歴史の会」主宰　岡本　顕実　14

Ⅰ章「金印」の謎に挑む …… 21

一、印面「委奴」の読み方について

1　ヤマト説　—二松学舎大学名誉教授　大谷　光男　23

2　イト説／私の金印物語「漢委奴国王」印と志賀島発見の謎
—国宝金印「漢の委奴＝伊都国王」説の五十年—　—大阪芸術大学客員教授　久米　雅雄　36

3　ワのナ説／「漢委奴国王」金印と「親魏倭王」金印　—西南学院大学名誉教授　高倉　洋彰　71

4　ワヌ説／金印「漢委奴国王」から何が読み解けるか　—佛教大学教授　黄　當時　114

二、『金印』の蛇鈕《だちゅう》は駱駝《らくだ》だったのか
—「駝鈕改作説」にみられる金印の歴史的意義　—福岡市埋蔵文化財課　大塚　紀宜　127

三、日中の文献資料にみる鋳印製作法　—九州鋳金研究会　遠藤　喜代志　137

四、「漢委奴國王」金印偽物説にピリオドを打つ　—明治大学文学部教授　石川　日出志　149

五、『金印』ニセモノ説を概観　—「金印と歴史の会」主宰　岡本　顕実　161

六、『金印』の来た道　—「金印と歴史の会」主宰　岡本　顕実　176

七、注目すべき金印『平阿侯印』検証　―所有者（株）栄豊齋　佐野豊進　185
八、金印と銅剣について　―伊都国を中心とした国々　―株式会社「千鳥屋本家」代表取締役　原田青夜　193
エッセイ　金印逍遥
中山平次郎先生と金印　―福岡大学名誉教授　小田富士雄　199

Ⅱ章　古代海人族「阿曇族」を追う　209

一、宮地嶽古墳、日本一の黄金の太刀と渡来人の交流　―福岡県教育庁総務部文化財保護課長　赤司善彦　211
二、海洋族―阿曇族と宗像族　―風浪宮宮司　阿曇史久　219
三、安曇族と宗像（胸形）族　―元福岡市埋蔵文化財センター所長　塩屋勝利　234
四、海北道の三海神　―宗像大社・神宝館もと学芸課長　松本肇　239
五、西海の海神祭祀と海民文化（抄）　―対馬　歴史研究家　永留久恵　251
六、阿曇族と太宰府天満宮　―太宰府天満宮　禰宜／総務統括部長兼文化研究所主管学芸員　味酒安則　257
七、阿曇氏と五島列島【五島】　―小値賀町歴史民俗資料館（前）学芸員　塚原博　265
八、海人族の鉱山・砂鉄探し【長野】　―有限会社龍鳳書房代表取締役　酒井春人　271
九、安曇人の信仰―海から山への神々【安曇野】　―穂高神社名誉宮司　小平弘起　284
十、山陰における海人系神話の回廊【米子】　―伯耆の古代を考える会　黒田一正　288
十一、近江・安曇川の阿曇族の足跡　―高島歴史民俗資料館　白井忠雄　296

十二、古代の筑紫と北東アジア　―海の道むなかた館長／九州大学名誉教授　西谷　正　305

エッセイ　金印逍遥
古代海人族と金印　―同志社大学名誉教授　森　浩一　312
能登の古社に「志賀島より到来」との社伝はあるが……　―石川県志賀町教育委員会生涯学習課主幹　大畑喜代志　316

Ⅲ章　「金印」の出た志賀島という土地柄……319
一、磯良の海　―福岡県文化財保護審議会委員　森　弘子　321
二、安曇族と金印～志賀島から出土したわけ　―古代史研究家　亀山　勝　333
三、奴国の王都を掘る　―春日市教育委員会　井上義也　354
四、最近判った志賀島の諸相　―「金印と歴史の会」主宰　岡本顕実　363
五、『和名抄』にみる阿曇郷　―「金印と歴史の会」主宰　岡本顕実　379

Ⅳ章　闇から薄明へ……391
一、船原古墳と鹿部田渕遺跡　―古賀市教育委員会　森下靖士　393
二、関東にもあった九州系の装飾古墳　―ひたちなか市埋蔵文化財調査センター　稲田健一　399
三、玄界灘沿岸の古墳時代の対外交渉　―佐賀大学教授　重藤輝行　414
四、悠久の海の交流　―漂着物学会会員　大上　隆　426
五　『金印』をユネスコ「世界の記憶」へ　―海の道むなかた館長／九州大学名誉教授　西谷　正　435

Ⅰ章　「金印」の謎に挑む

序言

『金印』の謎とは三つに大別されよう。

つまり①出土状況（発見のいきさつ）に関する不明な点、②『金印』そのものが秘める謎、③「漢委奴国王」の読み方――である。

①については「まえがき」に触れた。すでに多くの報告（書物）が世にあるので、本書では単発記事を掲載した。②では新事実の紹介に努めたが、やはり最大の謎は、③「印面の五文字（漢委奴国王）」をどう読むか、であろう。

「委奴国」とは何か？　四人の論者の意見にじっくり耳を傾けてみよう。

一、印面「委奴」の読み方について

二松学舎大学名誉教授　大谷　光男

1　ヤマト説

一　甚兵衛の金印発掘口上書

天明四（一七八四）年二月に、志賀島村の「叶の崎」から発見されたという金印の研究は、今日まで⑴甚兵衛の金印発掘口上書の研究、⑵金印に関する印象の研究、⑶考古学による発掘の成果と研究、⑷金印に刻まれた五文字の読み方、など多方面から研究されていることは承知のとおりである。

私の志賀島出土の金印研究は文献にかかわるもので、考古学についての論考はない。今回は「NPO法人志賀島歴史研究会」の招きによるもので、その主眼は「私が昭和三十年から今日に至る約五五年を顧みた甚兵衛の口上書」と、「金印の五文字の読み方」の二点について皆さんに報告する。

さて、甚兵衛の口上書の料紙は、福岡県南部の八女《やめ》市産の八女紙で、強靱な楮紙による半紙である。残念乍ら今日、甚兵衛の口上書の行方《ゆくえ》は不明であるが、筆者は昭和三十年春に中島利一郎氏から借用の上、寸法を測った。一枚の寸法は縦二四・五チセン、横三四・八チセンの三枚に筆で書かれ糊幅を引いて一〇五・四チセンの長さがある。

口上書を筆記したのは長谷川武蔵《ぶぞう》で、本来は北隣の勝馬村の庄屋であった。武蔵は父久右衛門を継いで、明和四（一七七一）年に勝馬村の庄屋となり、以来享和三年（一八〇三）十月まで、およそ三十年間にわたって勝馬村の庄屋を勤め、その間の二〇年は志賀島村の庄屋をも兼務したと伝える。武蔵は文化八（一八一一）年に六十六歳で病没するが、翌九年に、友人（箱子革〈姓名未詳〉）が武蔵を称えて漢文（掛幅）で次のように書き留めている。

武蔵は晩年に宗悦と改め、人柄は剛毅質（実）直、諸芸を善《よ》くし、幼少には書を横田鳳山に学び、長じて京都に赴き、易学の白井白蛾《はくが》（寛政四年没）と親交し、武蔵の書を賞した。後に「野分《やぶん》童訓」を著わしたが、版には至らなかった。さらに郷里では学んだ医薬をもって尊敬された。

武蔵は漢籍の知識があり、文才・書に秀《ひい》でていたことは、口上書を見れば一目瞭然である。ところが、口上書には一行目に多くの問題をはらんでいる。例を挙げれば、⑴甚兵衛は志賀島村の本百姓であるが、住居は何処か。金印発掘に協力した秀治は志賀島小路町とある（阿曇氏蔵『万暦家内年鑑』天明四年二月二十三日条）、⑵金印の発掘地「叶の崎」は、田地の地名ではなく、島の方角を記したもので、武蔵は現地を確認していないことがわかる。さらに問題は「抱田地」とは如何なる田地か。

享保六（一七六一）年以後の著述といわれる小宮山昌世《まさよ》の『地方答問書』は、幕府の代官職にあって調査の上、執筆したものである。問題の「抱田地」は、阿曇家が所蔵していた寛政二（一七九〇）年の「那珂郡志賀嶋村田畠名寄帳」の上冊（村方控）があれば、容易に解決するものと筆者は想像している。しかし只今は右の『地方問答書』の「抱田地」の記述から推測するか、後日の諸村の事例の研究にまたざるを得ないのが現状である。

そこで、「問答書」によると「出作入作越石持添之事《でさくいりさく》」の外に、「抱田地、抱屋敷の名目有《みようもくあり》、其百姓にあらずして、外より所持するという」とある。また小宮山の説を加筆した大石久敬《ひさたか》が寛政六（一七九四）年に著した『地方凡例録』には、抱田地と抱屋敷とを説明して、「之は其村の百姓にてハあらずして、外《ほか》より其村の田地屋敷を所有するを云」とあり、内容に変化はない。しかし、小宮山の説を天保十三（一八四二）年に検討した、代官山内董正《のぶまさ》の『増補田園類説』には「下田・下々田・下畑・下々畑にても、抱屋敷に相成候」とあって品位の低い田地が抱屋敷地になっていることがわかる。抱田地の品位は福間町の中村（清）文書に「上田八畝、上畠壱畝畝廿六歩（稲作）」とあり、上畠でも抱田地とある。

茨城県潮来《いたこ》市旧牛堀村須田本家《ほんけ》文書を研究した明治大学文学部の門田博之教授によると、抱屋敷は村内上層が多く所持すること、また他村の所有者も存在することなどから、抱屋敷とは買得あるいは抵当として集積された屋敷なのではないか、と推測される（牛堀村は旧水戸藩）と述べて、抱屋敷の所有者は他村の本百姓・町人がむしろ少ない、と報告している。右は関東の御三家の一つ、水戸藩のばあいであるが、全国的に共通した状況であろう。寛延二（一七四五）年二月の「屋敷譲渡譲受ノ儀ニ付触書《ふれがき》」をみると、抱屋敷には武士・町人・百姓・寺社にまで及び、譲渡も容易にみえる。

抱田地を右の抱屋敷と同じように分析した研究を筆者は浅学にして論考を手にしていないが、抱田地を他村の者に限るというのは、その時々の風潮に左右されてのことであるまいかと推測している。

註

江戸時代の大名領は藩とはいわず領地と称した。明治元年閏四月、旧幕府領を府県と改め、その際、旧幕府領の旧大名領を藩と呼び、しかし明治四年七月の廃藩置県まで、存続したにすぎない。したがって、用語の上では、幕藩体制という表現は正しくないことになる。

二　金印の出典

金印の出典は『後漢書』倭伝に「建武中元二（五七）年倭奴国、奉貢朝賀す。倭人自ら大夫と称す。倭国の極南界なり。光武賜うに印綬を以ってす」とあり、また福岡県の太宰府天満宮に伝在する、中国唐代の『翰苑《かんえん》』は張楚金《ちようそきん》が顕慶五（六六〇）年――日本の斉明《さいめい》天皇六年――に編纂したもので、その倭国伝に「中元の際、紫綬の栄」とあることによって、志賀島出土の金印が現実的に裏付けられたのである。「紫綬」とは金印紫綬のことで、列侯に皇帝が授ける金印で、紫色の綬の長さは漢代の一丈《じよう》二尺（一尺は約二三・五チセン）で、金印の鈕《つまみ》に紫綬を通して首に下げ、外部に列侯であることがわかるようにして金印を懐《ふところ》に入れる。また一丈二寸の綬を一尺二寸にして一二本の綬にして金印を紐《ひも》に結ぶなどの方法もあったようであるが、具体的には分からない。漢代の個人に授ける印象は、個人の身分を表すので、かつての日本の軍人も軍刀に尉官（青）・佐官（赤）・特官（黄）と色分けした綬を付けていたことはご承知であろう。

『漢書』百官公卿表《こうけいひよう》に「列侯は食封《しきふ》する所を県、とも国とも曰《い》う」とあって、金印の「倭奴」の「奴」を、『日本書紀』仲哀天皇八年正月己亥《きがい》の条に「儺県《なのあがた》」と読むことによって、「奴」は県・国と読む論法に従って、「倭の奴《な》国」説が誕生したのであろう。「奴」を「ナ」と読むのは「魏志倭人伝」の卑奴母離の「奴」を「ナ」と読むことに起因する。

印象で、文字上から問題になるのは、印象の「ツマミ」に「紐」または「鈕」の文字を当て、未だに定説がないのであるが、筆者は「紐」を用いている。

三　官印を管理した官庁

出土した金印は鋳造したものであることを、会田富康氏（日展評議員）が明らかにしたことは、近年のことである。筆者が『研究史金印』を執筆する時に、小林斗盦《とあん》氏（文化勲章受章）から会田氏に協力を願った結果である。

漢代、この金印は後漢朝廷のどこで鋳造したものであろうか。それは皇帝の礼服・宝貨・珍物などを収める少府《しょうふ》の属官である「尚方《しょうほう》」で鋳造したもので、皇帝の璽《じ》から金・銀・銅の官印を鋳造していたものと解されている。紙が普及していない時代の印は、陰刻で、文字は篆体《てんたい》であった。出土の金印の文字は一般に漢篆といわれている。印章が陰刻なる理由は封泥に捺して用いたからである。出土の金印を封泥に捺した小林氏は、この刻法はまねができないと嘆いていた。それにしても、明の來行学《らいこうがく》撰『宣和集古印史』に載せる「親魏倭王」の印譜は、印譜が駄作と酷評していた。

序《つい》でながら、日本の古印を藤原時平らによって編纂が始まった『延喜式』の「内匠寮《たくみのつかさ》」（中務省の被官）でみると、内印（天皇御璽）・外印（太政官印）・諸司印・諸国印すべてが鋳造銅印。鋳造印は陽刻篆《てん》文である。内匠寮は令外官《りょうがのかん》として聖武天皇神亀五（七二八）年七月に新規に設けられた。「天皇御璽」の最古の印譜は、聖武天皇天平感宝元（七四九）年のものである。『令義解《りょうのぎげ》』公式令によると、内印は方三寸、外印は方二寸半、諸司印は方三寸二分とある。諸国印は方二寸、大宝四（七〇四）年四月に鍛冶司《かぬちし》に造らせた。

四　建武中元二年の暦日と、世界

配布してある暦表は建武中元二年の月朔《さく》と二十四気である。国立天文台に勤めていた古川麒一郎助教授による計算であり、この暦法は太初暦という。前漢の有名な武帝が命じ、太初元（前一〇四）年から後漢の章帝元和元（後八四）年まで行用した。吉村氏が大陸から出土した漢簡から割出した暦日と、古川氏の計算の暦日とは一日の相違のある日もあるが、閏月を生ずることがあり、古代史と暦日の研究は密接な関係にある。

この西暦五七年頃の倭国と、古代ローマと比較すると、南イタリアの古代都市ポンペイは西暦七九年八月にベスビオス火山の大爆発があり、二〇〇〇人の死者を出したという。一八六〇年以来、発掘が進められた結果、古代の一大都市が出現し、倭国とはすべてにわたって遠く及ばぬ世界であった。当時の日本は中国の文字を自由に用いることができず、弥生時代と定義するが、未開国に近かった。

ところが、京都大学の林巳奈夫《みなお》教授が中国の三—四世紀という中国の甘粛省の嘉峪関《かよくかん》で発見した墓の室内の画像を目にすることができた。なんと「麦打ち」の一連の作業を写したすがたであり、その様子は筆者が戦中、戦後に家庭で手伝っていた「麦打ち」と同様で、筆者も弥生時代を経験した生き残りといえよう。

五　金印に刻された「国王」名の読み方

出土の金印五文字を藩主黒田斉隆《なりたか》から読み方を命じられたのは、亀井南冥である。南冥は奉書紙に御覧の通り

唐土之書ニ本朝ヲ倭奴国ト有之候、委《ゐ》字ハ倭字ヲ略シタル者ト相見申候。

と認めて差出している。したがって南冥は「倭奴」をヤマトと読んだ最初の人である。南冥は三十六歳（安永六年）の時に藩主黒田治之《はるゆき》の命により、黒田藩の儒官となり、甘棠館《かんどうかん》創立の天明四（一七八四）年正月に徂徠学派の復興の中心人物となったが、豪放な性格が嫌われ、寛政四（一七九二）年蟄居。嫡男昭陽が後を継いだが、彼も二十六歳で儒官を免ぜられる。甘棠館が廃されると、同年月に創立された、竹田定良《さだよし》が率いる朱子学の藩校修猷館《しゅうゆうかん》が、秋月藩校とともに朱子学をもって明治維新を迎えた。寛政異学の禁という改革令は、朱子学（朱学）の衰微による林大学頭信敬《のぶたか》出願によって公布されたが、全国の藩校を朱子学を以て規制するものではなかった。老中の松平定信は昌平坂学問所の校内での異学禁止を触れたにすぎない。「南冥が朱子学の犠牲者である」という説は成立しがたい。

再び、金印の文字の読み方に戻って、藩校修猷館の『金印議』（天明四年）をみると、「日本の古号なり」とある。南冥に従ったのであろう。南冥の金印に対する功績は、印章の紐《つまみ》に蛇紐《だ》を見つけ出したことである。出土の金印は蛇が「とぐろ」を巻いた紐である。南冥による出典は、明（中国）の王常編『集古印譜』

六巻（万暦二十四〈一五九六〉年）の「蛮夷仟長印」条に「普蛮夷率善阡長銅印虺紐《きちゆう》……蛮夷は南蛮の通称なり。其地は蛇虺《だき》多し。故に蛇虺と為す」の一条にある。この『集古印譜』は享保十三（一七二八）年に長崎から輸入され（幕府『書物方《しよもつがた》日記』）、南冥は徳山藩（毛利氏）の文庫で閲覧した。この印譜は明治維新となって、徳山毛利氏から宮内庁書陵部に寄贈されているからである。

南冥は天明四年に『金印弁』を著し、また同じ内容で『漢印図説』（梅園寓記付〈国会図書館蔵〉）を直後に著しているが、その理由は金印の測定の相違によるものであろうか。国会図書館蔵本には朱子学者の三浦梅園の私印が捺してあり、南冥が贈呈したものであろう。『集古印譜』の存在を南冥に知らせたのが機縁とも考えられる。

南冥が金印を鑑定して間もなく、藤《とう》（原）貞幹《さだもと》が、天明四年四月に『藤貞幹考』を著し、その中で、「委奴国」を伊都《いと》国《くに》（魏志倭人伝）に当て、『日本書紀』の伊覩県《いとのあがた》（仲哀天皇八年正月壬午《みずのえのうま》の条）、「即ち筑前国恰土《いと》郡なり」と、音韻から恰土郡説を提唱している。この「イト郡」説の支持者は皆川淇園《きえん》をはじめ多いが、近くは大阪府の文化財を担当している、ご承知の久米雅雄氏が挙げられる（『日本印章史の研究』雄山閣、二〇〇一年刊）。

その後、五文字の読み方は留まるところを知らぬ状態であったが、明治二十五年に三宅米吉が「委《わ》の奴《な》国《こく》」と読んだことによって（『史学雑誌』第三巻第三七号）、一段落した感があった。だが、久米氏の「イト国」説が最近、台頭すると、「倭の奴」と読む三宅米吉説の確認が出現してきた。高倉洋彰《ひろあき》西南学院大学教授が「漢の印制からみた「漢委奴《わのな》国王蛇鈕金印」（『国華』第千三百四十一号、平成十九年七月刊）という論考において述べている。

ところで、「奴」の「ド音」は漢音、「ヌ音」は呉音であるのに対して、「ナ音」は大野透氏によれば、「一応音訳と認めてよいであろう。（……）音訳と見るべきであろう」（『萬葉《まんよう》仮名の研究』明治書院）と述べている。

また、橋川時雄氏は「奴」のナ音は現在も中国で用いられているが、感動詞で、一語では意味をもたないという。筆者は橋川氏に啓発されて『金印研究史』(吉川弘文館)の後に再度にわたる『金印再考』(雄山閣)を出版した。だが問題が残されていた。その問題とは、『魏志』倭人伝に「倭奴国」と「狗奴国」との奴国をめぐっての解釈である。左に史料を示すと、

その(邪馬台国・女王国)南(東)に狗奴国あり。男王を王となす。その官に狗古智卑狗あり。女王に属せず。

郡より女王国に至る万二千余里、

とある。当時の倭国には倭奴国グループの国ぐにと、狗奴国グループの国ぐにとに分かれていたが、狗奴国グループは国ぐにが列挙されておらず、次の晋王朝には狗奴国は見えず、倭奴国に併合されたとみる。その結果が倭国の高句麗出兵に結びつくのであろう。

さて、倭国と狗国に用いられている「奴国」は国名ではなく、「倭国を統治する―治める―国王」であり、斯様な意味があることを添えておく。

筆者の読み方を以下に述べる。筆者は倭国連合国家の一国である「倭の奴」が倭国を統治しているという前提のもとに、「漢の委《わ》の奴《な》の国王」の読み方に賛成してきた。漢室の蛮夷に対する印綬を授ける基準を示した史料はないが、一国を封冊して金印を授けるのであって、国王に準ずる場合に銀印、一国の一地方の部族に対しては銅印を授けるという内規があって、しかも時代に即応して、印章の品位が決められたように推測される。よく事例にあげられる匈奴の場合、『漢書』匈奴伝(第六十四下)に「始建国元年(九)、王莽《おうもう》は匈奴単于《ぜんう》に将軍を遣わして故《もと》の印を易《か》えて『新匈奴単于章章』としたが、もとの印文は『匈奴単于璽《じ》』であった」という。この史料は王莽が「新」建国に際して、前漢の漢室が匈奴に、宗主国「漢」名のない、しかも諸侯にならぶ「璽」を授けていたものを取り上げたこと、王莽は「新」建国で、匈奴の宗主

国となり、しかも、印章を「璽」から「印」、さらに「章」まで品位を下げたことを著したものである。『漢旧儀』によると「吏秩《りちつ》二千石《せき》以上、銀印亀紐、其の文に章（印）という」とあり、吏秩とは漢室の官吏で二千石以上の禄の者をいう。金印紫綬は漢室の宰相《さいしょう》（大臣）に授けられる。ただし、金章という時には銅章墨綬《ぼくじゅ》の史料が多い（金章は銅章の略）。「秩比《つひ》六百石以上、皆な銅印墨綬、秩比二百以上、皆な銅印黄綬」とある。

よく例にあげられる銅印橐陀紐《たくだちゅう》「漢匈奴悪適尸《あくてきし》逐《ちく》王」（大谷大学蔵）の悪適は民族名、尸逐は南匈奴の爵号という。また銅印橐陀紐「漢匈奴栗借温禺鞮《りつせきおんぐうてい》」（綏遠省出土）の栗借は、匈奴貴族の姓氏、温禺鞮は匈奴王号の一つであるという。方量の一辺は双方曲尺《かねじゃく》二・四センチである。橐陀とは駱駝である。綬は内臣に準じて銅印墨綬であろう。一石《せき》の重量は百二十斤とあるが、尺度のように明確な出土量がなく、現在のところ不明である。

さて、倭国のうちの一地方（委《い》奴《と》国・奴《な》国）が金印紫綬を授けられたと仮定すると、倭国王の印綬はさらに一段上の、『漢旧儀』がいう「諸侯王は黄金璽、（橐陀紐）亀紐」で「綟《れい》綬」（漢書、匈奴伝下）を授かることになり、これまた蛮夷の一国が金璽と金印を授かることになり、印制上からも矛盾を生ずる。したがって「委奴」は一国であり、読み方には定説がないが、その前に『日本書紀』の編纂者は『後漢書』を、どの程度、参考にしたのであろうか。まずその引用に注目。江戸時代の河村秀根（名古屋藩士御役御免となる）が『書紀集解《しょきしっかい》』（天明五〈一七八五〉年自序）で、近くは小島憲之氏が『上代日本文学と中国文学』（昭和三十七年九月刊、塙書房）で、書記の出典調査をしている。『後漢書』からは、史料は除き、左のごとくである。

1　允恭《いんぎょう》天皇即位前紀（反正天皇五年正月）の一部の記事と、光武帝紀建武元（二五）年夏四月の一部の記事。

2　顕宗天皇即位前紀十二月（清寧《せいねい》天皇五年）の一部の記事と、光武帝紀建武元年夏四月の一部の記事。

3　顕宗天皇二年冬十月の一部の記事と、明帝紀永平十二年是歳の一部の記事。
4　天武天皇元年秋七月の一部の記事と、光武帝紀更始元年五月の一部の記事。
5　持統天皇六年三月の一部の記事と、章帝紀建初七（八二）年十月の一部の記事。

と、五か所にわたって『日本書紀』が引用、しかも問題のある光武帝紀から三か所も引用している。当然のこと、書紀の編纂者は『後漢書』倭伝を熟読していたはずであるが、建武中元二年の封爵（封冊）を嫌って採用しなかった。この事実は、『日本書紀』神功皇后卌九年に引く、『魏志』倭人伝の景初三年六月の記事は全部引用しているが、同年十二月の「親魏倭王卑弥呼に制詔す……金印紫綬を假し」という封冊関係の記事を除き、さらに『宋書』倭国伝の、倭国王の将軍号叙爵も全て除くという、書紀の編集方針であった。「倭奴国」「邪馬台国」の読み方など眼中になかったが、全てが「ヤマト国」であったということができよう。

ここで、『魏志』倭人伝所蔵の正始八（二四七）年条の狗奴国の存在を、書紀を利用して物語的に眺めてみると、神代下に狗人《いぬびと》がみえ、隼人《はやと》であり、「吠ゆる狗にして事を奉る」とある。狗奴国の狗人が隼人とは考えられないが、筆者は興味を何となくもっている。

さて、『隋書』経籍志の古史類に、前漢の「献帝春秋十巻」、雑史類に「漢霊献帝紀五巻」などみえるが、現存していれば倭奴国と狗奴国との動乱、邪馬台国の誕生事情なども今日よりも明らかになっていた可能性がある。

なお、出土の金印については、さらに奈良県天理市和爾《わに》町の東大寺山古墳（かつての東大寺の荘園、前方後円墳）から、昭和三十六年に中元紀年銘の大刀（重要文化財）が出土した。全長一四〇チセン、鉄刀の刀背《とうはい》（刀のみね）（約一チセン）には「中平□（？）年五月丙午、造作、支刀……」の銘があり（西暦一八四～一八九）、後漢の霊帝の時代である。『後漢書』倭伝に「桓霊帝の間、倭国大いに乱れ、更々相攻伐《こもごも》し、暦年主なし」という時代である。和爾は古代の豪族で、町には「和爾座赤坂比《ます》（式内社）古神社」があり、『新撰姓氏録』によると皇別に属しているが、海洋民族の宗像の系譜である。神社の境内に古墳があり、裸《はだか》の石組が露出して、往時、戦渦に敗れた跡がうかがえる。和爾の豪族は論語などを日本に将来した王仁族とは異なるのか、大陸から移住してきた部族とみる方が正しく、文化をもって大和朝廷に奉仕してきたと推測される。その点、志賀島の阿曇族も大陸から移住して、白水郎とは奈良時代の輸入文字であろうが、言葉は海人によってもたらされ、允恭天皇紀に初見する『新撰姓氏録』は平城京・平安京に氏族から撰ばれた人々が上京しての系譜を記録したものであるので、当然のこと、時代に即応した本貫の伝承と相違する系譜が作為されたことを感ずる。

六　結言――「ヤマト国」説か

金印の五文字の読み方について、筆者は倭国連合国の筆頭が倭奴国であり、同時に倭国王ということであれば、筆者は従来のように「ワのナ国」説に賛成するが、倭奴国が倭国を代表するものでなければ、筆者は「ヤマト国」説を主張したい。

なお、甚兵衛の口上書には前述のごとく問題が多い。志賀島大字勝馬の鍋島家に伝わる博多臨済宗聖福寺の住職であった仙厓《せんがい》（天保八年、八十八歳寂）の掛幅は、京都の淡川康一氏の鑑定によって、仙厓晩年の作品であると断定された。金印が出土して四〇年後、喜平の名が加筆されているが、甚兵衛の名がない。口上書の「抱田地」には、甚兵衛が他村の者と解釈できる『地方凡例』があるが、寛政二（一七九〇）年五月の志賀島村田畠名寄帳の上冊の発見を待たざるを得ない。

以上が、筆者の金印研究五五年の総決算というものであるが、筆者の研究を土台にして、後進の皆さんが研究成果を挙げられることを期待して筆を擱く。

2 イト説

私の金印物語「漢委奴国王」印と志賀島発見の謎

―国宝金印「漢の委奴＝伊都国王」説の五十年―

大阪芸術大学客員教授　久米　雅雄

一　金印の島・志賀島と第一回志賀島歴史シンポジウム

わたくしが国宝金印「漢委奴国王」印が出土したとされる志賀島に初めて船で渡ったのは一九七七年の十月の新婚旅行の時であった。当時の新婚旅行と言えば、やれ熱海だ、宮崎だ、いやハワイだなどと言っている時代であったが、何よりも志賀島を選んだのには、やはり金印発見にまつわる神秘的にしてミステリアスな魅力と宿命的な何かが作用していたような気がしてならない。全島の要所要所をタクシーでめぐり、船着場のすぐ近くに宿をとった記憶がある。

二回目の志賀島訪問は二〇〇七年十一月の第一回志賀島歴史シンポジウムの時のことであった。当時のレジュメによれば、平成十九（二〇〇七）年十一月三日の午後一時～四時まで志賀島小学校で開催され、その

第1回志賀島歴史シンポジウム

「金印、『漢委奴国王』の真実に迫る」

平成19年11月3日（土）13:00〜16:00
志賀小学校講堂

― 次 第 ―

1 開会宣言

2 来賓挨拶

3 講演

①「謎とミステリーだらけの金印」〜金印の輝きの向こうにある闇〜
九州産業大学非常勤講師 岡本 顕實 氏

②「私の金印物語」
福岡地方史研究会会員 折居 正勝 氏

③「私の金印物語」
元福岡市教育委員会文化財部課長 塩屋 勝利 氏

④「私の金印物語」〜『漢委奴国王』印と志賀島発見の謎〜
文学博士・大阪府教育委員会文化財保護課主査 久米 雅雄 氏

（休憩10分）

4 パネルディスカッション 「金印、『漢委奴国王』の真実に迫る」
司会 福岡市教育委員会文化財整備課長 横山 邦継 氏

5 質 疑

6 閉会宣言

＜主催＞志賀島歴史サークル「金印」、志賀公民館

＜協賛＞介護老人保健施設みつみ、志賀島旅館組合、㈱ビート･オン･システム、志賀海神社、三笠特殊工業㈱、（有）宮本産業建設、㈱勝山商店、学校法人ふたば幼稚園、志賀中第17回（S38）3年7組同窓会有志一同、福岡市漁協志賀支所、同弘支所、社会福祉法人わたつみ会、東会、中国北京福岡県人会会長･高木一成、（有）宮本商店、休暇村志賀島

＜後援＞福岡市、福岡市教育委員会、志賀島自治連合会、九州産業大学、歴史と自然を守る会、福岡地方史研究会、古賀市立歴史資料館

図1　第1回志賀島歴史シンポジウム（2007）

図2　委奴＝伊都国説をとく筆者

大きなテーマは「金印『漢委奴国王』の真実に迫る！」であった。講演者は九州産業大学非常勤講師の岡本顕実氏、志賀島歴史研究会会員の折居正勝氏、元福岡市教育委員会文化財部課長の塩屋勝利氏、そして大阪府教育委員会文化財保護課主査の久米の四名であった（図1）。基本的には「私の金印物語」というテーマで要約的な話をしたあと、福岡市教育委員会文化財整備課長である横山邦継氏の司会による具体的な討論に入り、聴衆との質疑応答で閉じるという構成と流れであった。わたくし自身は「私の金印物語」に副題をつけ「『漢委奴国王』印と志賀島発見の謎」という内容で話をさせていただいた（図2）。事前の九月二十八日に西日本新聞が「授かったのは『奴国』か『委奴国』か『金印』の謎に迫る　十一月、志賀島でシンポ　島民ら企画『活性化に』」という記事も手伝ってか、金印シンポジウムは志賀島挙げてのお祭り的な行事になって、福岡・前原（糸島）・北九州・久留米市などの島外、また大阪・京都・東京などの遠隔地からも大勢の方々が詰めかけ、小学校の体育館は満員となったのであった。

本編でのわたくしの役割は、金印の読み方のうち、国宝金印「委奴＝伊都国説」の展開にあるので、以下においてはその点にしぼってふれていきたい。

二　金印「漢委奴国王」印の発見と研究略史

わたくし自身は金印＝真印＝委奴＝怡土＝伊都国説の立場にたっている。

日本の印章史は後漢の光武帝から与えられた建武中元二（五七）年制作の「漢委奴国王」印からはじまる。

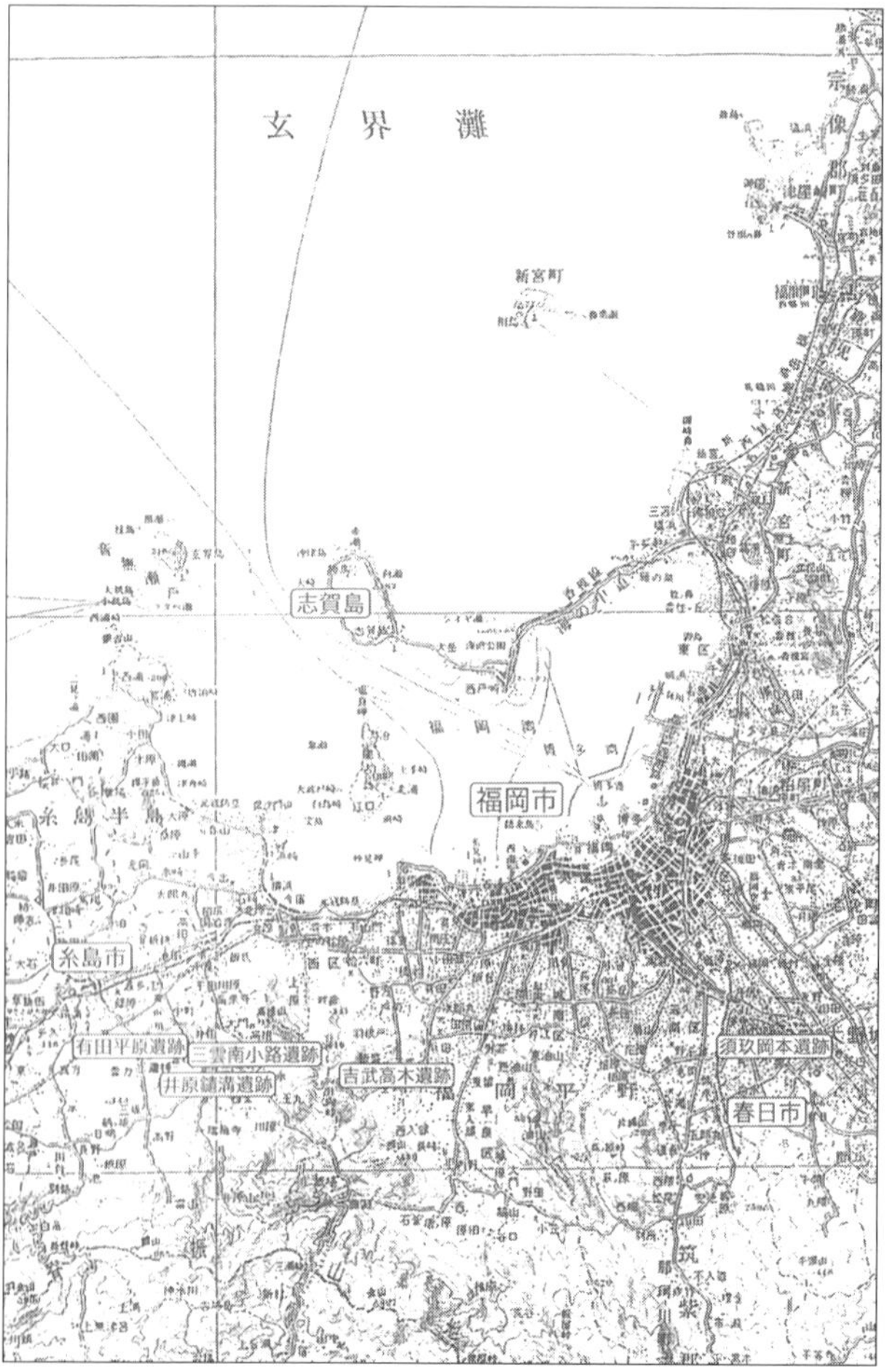

図３　金印発見の志賀島および福岡・糸島・春日市周辺の弥生王墓分布域

先ずは図3をご覧いただきたい。ここには福岡県の地図を掲げている。主として福岡市・糸島市・春日市などの地域をみていただくために掲載しているが、最初に注目していただきたいのは福岡沖に浮かぶ金印の発見地と伝えられている志賀島である。現在は陸路でも容易に行くことができるが、今を去る二三八年ほど前の天明四（一七八四）

年二月二十三日にこの筑前国志賀島村叶崎で金印が発見されたということになっている。その金印の鈕形と印影は図4上段に示したとおりであり、蛇鈕で「漢委奴国王」と五文字三行に白文でみごとに彫られている。

　もちろんこの金印が発見される以前から一世紀の中頃に中国から我が国に「印綬」がもたらされていた可能性については知られていたが、それは図4下段にあるように南朝宋の歴史家范曄（三九八―四四五）による『後漢書』倭伝の「建武中元二（五七）年、倭奴国奉貢朝賀、使人自称大夫、倭国之極南界也、光武賜以印綬」という朝貢記事によるものであった。

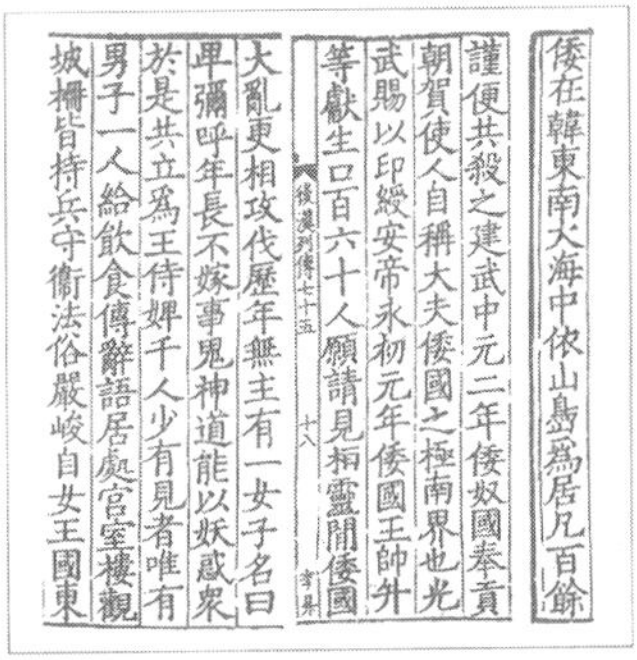
倭在韓東南大海中依山島爲居凡百餘
謹便共殺之建武中元二年倭奴國奉貢
朝賀使人自稱大夫倭國之極南界也光
武賜以印綬安帝永初元年倭國王帥升
等獻生口百六十人願請見桓靈閒倭國
後漢列傳七十五　十八
大亂更相攻伐歴年無主有一女子名曰
卑彌呼年長不嫁事鬼神道能以妖惑衆
於是共立爲王侍婢千人少有見者唯有
男子一人給飲食傳辭語居處宮室樓觀
城柵皆持兵守衞法俗嚴峻自女王國東

図4　「漢委奴国王」金印（57）と『後漢書』倭伝（5世紀）の朝貢記事

　金印の「委奴国王」、『後漢書』の「倭奴国」をどのように読むかについては今日「漢の倭の奴の国王」（かんのわのなのこくおう）という読みが「定説」であると思っている人びとが少なくないようであるが、昭和六（一九三一）年に「国宝保存法」で国宝に指定された時も、戦後「文化財保護法」により国の審議会が昭和二十五（一九五〇）年に重要文化財に、そして昭和二十九（一九五四）年に国宝の再指定を答申したおりも「かんのわのなのこくおう」と読んだことはなく、のちほどみるように、国の諮問機関である審議会の答申は「その訓みについてはなお定説をみない」との立場であったこと、そして今もそのままであることはあまり知られていないようである。

　そこでまず江戸時代以来の金印発見以前と以後の研究史を整理しておきたい。

1　江戸時代の金印研究略史―ヤマト国説・ワヌ国説・イト（伊都）国説と偽作説―

天明四（一七八四）年の金印発見以前にも、元禄元（一六八八）年には松下見林が『異称日本伝』の中で大和国説を、享保十三（一七二八）年以前に荻生徂徠が『蘐園遺編』のなかで磤馭盧嶋説を、そして安永六（一七七七）年に本居宣長が『馭戎慨言』の中でワヌ国説などを唱えていた。

金印発見以降の考証の代表格は天明四年の福岡藩の亀井南冥による『金印弁』『金印弁或問』にみえる「委奴＝ヤマト」国説と京都の藤原貞幹による『藤貞幹考』にみえる「委奴＝倭奴＝伊覩＝怡土」国説であった。この点、大坂の上田秋成も天明五（一七八五）年に『漢委奴国王金印之考』において「委奴＝倭奴＝伊都（イト）」国説を提唱、時代は少し下がるが福岡の青柳種信も文化九（一八一二）年に『後漢金印略説』のなかで「委奴国は筑前国怡土郡是なるべし」とのべて伊都国説を支持している。江戸時代は全体的にみて伊都国説が主流であったのである。

ここでは江戸時代の考説について図を掲げておく（図5）。最初の「委奴＝伊都」国説は天明四年の『藤貞幹考』であったが、本図は寛政八（一七九六）年に公刊された同じく藤貞幹の手になる『好古日録』（錫安印章文化研究所蔵）の金印考証部分である。図から読みとれるように貞幹は『説文』の音韻を引きながら「委奴国は後漢書倭伝に所謂倭奴国なること知るべし」と「倭奴」にわざわざ「イト」のふりがなをふって「委奴＝倭奴＝伊覩＝怡土」国説を主

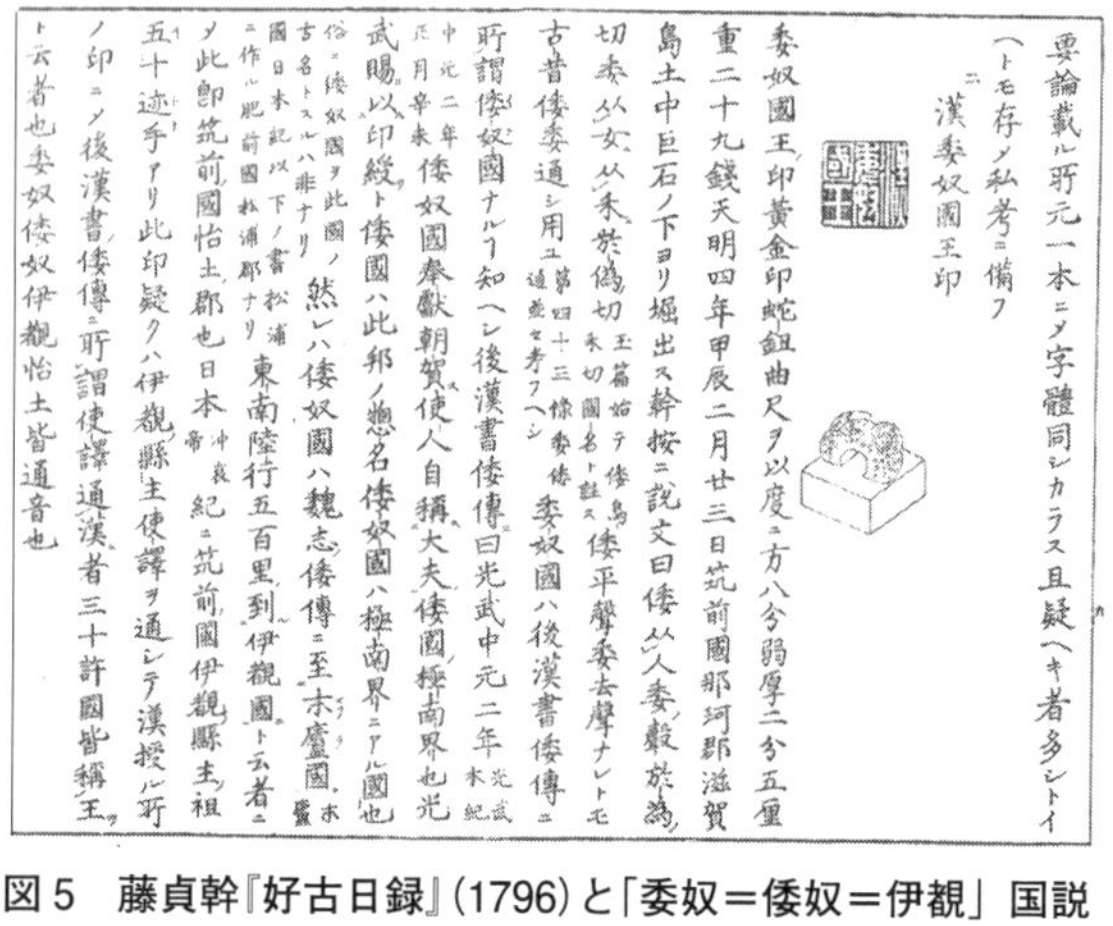
要論載ル所元一本ニノ字體同シカラス且疑ヘキ者多シトイ
ヘトモ存ソ私考ニ備フ
漢委奴國王印
委奴國王印黄金印蛇鈕曲尺ヲ以度ニ方八分弱厚二分五厘
重二十九錢天明四年甲辰二月廿三日筑前國那珂郡滋賀
島土中巨石ノ下ヨリ堀出ス幹按ニ説文曰倭从人委聲於爲
切委从女从禾於偽切 玉篇始テ倭島倭平聲委去聲ナレトモ
古昔倭委通シ用ユ 第四十三條委倭 委奴國ハ後漢書倭傳ニ
所謂倭奴國ナルヿ知ヘシ後漢書倭傳曰光武中元二年
倭奴國奉獻朝賀使人自稱大夫倭國極南界也光
武賜以印綬ト倭國ハ此邦ノ惣名倭奴國ハ極南界ニアル國也
俗ニ倭奴國ヲ此國ノ古名トスルハ非ナリ 然レハ倭奴國ハ魏志倭傳ニ至末盧國
東南陸行五百里到伊覩國ト云者ニ
メ此卽筑前國怡土郡也日本紀ニ筑前國伊覩縣主祖
五十迹手アリ此印疑クハ伊覩縣主使譯ヲ通シテ漢授ル所
ノ印ニメ後漢書倭傳ニ所謂使譯通漢者三十許國皆稱王
ト云者也委奴倭奴伊覩怡土皆通音也

図5　藤貞幹『好古日録』(1796) と「委奴＝倭奴＝伊覩」国説

張している。万延元（一八六〇）年の指漏漁者編『日本国開闢《かいびゃく》由来記』も同様である。

そのほか天保七（一八三六）年の松浦道輔による『漢委奴国王金印偽作弁』にみる偽作説の立場も、いまなお『金印偽造事件』（二〇〇六）といった著作などが人びとの関心を呼んでいるようで、視界にいれておく必要があろう。

2　明治時代の新説―三宅米吉による「委奴＝倭の奴（な）」国説の登場―

明治時代に入っても明治二十一（一八八八）年の落合直澄の「ワヌ」国説（『帝国紀年私案』）、明治二十五（一八九二）年の菅政友の「伊都」国説（『漢籍倭人考』）、明治四十四（一九一一）年の稲葉君山の「大和」国説などが継承されていたが、金印真印説の立場で新しく放たれた矢は明治二十五（一八九二）年の三宅米吉による「漢委奴国王印考」（『史学雑誌』第3編第37号）であった。これは江戸時代に有力であった「委奴＝伊都」国説を否定することにその照準を定めていたように思われる。いまやこの三宅説を「通説」ではなく「定説」であると信じている人びとは少なくないが、その論拠をはっきり示せる人はさほど多いわけではない。

「漢委奴国王印考」の骨子及び立論の構造は以下のように簡約できる。

①『後漢書』の「倭」は金印の「委」と同じであり、音はワ行の「わ」「ゐ」（合）であり、伊都国の「伊」はア行の「い」（開）であって、両音は相異なる。中国でこの区別を明らかにしないなら言語は殆ど通じない。

②「奴」音は「ぬ」「の」「な」等Nを起音とする音が原音であり「奴」を「ど」と読むのは中国の原音を忘れた説である。その証拠に「魏志倭人伝」をよむと「卑奴母離」（ひなもり）・「狗奴国」（くな国）といったN起音の用例を見い出すことができる。

③『後漢書』倭伝中の「倭国之極南界也」といった記事は范曄の誤謬である。『魏志倭人伝』に出てくる北九州の「奴国」ともうひとつの「有奴国、此女王境界所尽」とある「最遠の奴国」とを取り違えた結果である。両国を取り違えはしたものの「奴国」を言おうとしたことには相異なく「宜しく倭のなの国とよむべし」との結論に至る。

以上のように三宅「倭の奴国」説は「委＝倭同一論」「漢語単一論」「奴＝ど音否定論」「奴国取り違え説」を骨子に成り立っていることがわかる。

3　昭和時代の戦前・戦後における金印の国宝指定と国の公式見解

戦前「金印は昭和六年十二月十一日付の文部省告示第三百三十二号による『国宝保存法第一条』にもとづいて、国宝に指定され、『国宝略説（三）』によれば「一、金印　印文『漢委奴国王』一顆　侯爵　黒田長成…この金印は天明四年二月二十三日筑前志賀島から発見されたと伝へているものである…惟ふに、これは印文並に製作等によって漢代の作と認められるもので、我国古代に於ける大陸交渉の徴証となるべき重要なる遺品である」とある。また「戦後は、昭和二五年八月二九日付で文化財保護法が制定され、金印は重要文化財に指定され、ついで同二九年三月二〇日の文化財保護委員会告示第二十二号をもって、同年七月二七日に、金印は国宝に再指定された」、『国宝重文指定会議案』によれば「金印　印文『漢委奴国王』福岡県粕屋郡志賀島出土云々…」と述べて、国は真印説の立場で、ただし戦前も戦後も印文に読み仮名をふってこなかったことを明らかにしている。当時の国宝重文指定会議が性急に結論を急がないで、学問的に慎重な対応を示しえたことは、国のすぐれて理性的な自己制御と見識との現われであると高く評価できる。

図6をご覧いただきたい。これは国の公式見解を示すために『国宝事典』の説明を示したもので、国宝

上 考

考　古

金印《きんいん》　印文「漢委奴國王」一顆　東京都　黒田長礼

印面方二・三六　高さ二・二四　上古

金製。印面が方形の刻印で、白文三行、初行は一字、二・三行は各二字で「漢委奴國王」とある。書体は篆書《てんしょ》。蛇鈕《だちゅう》で鈕孔が貫かれている。保存状態は完好である。この金印は、天明四年（一七八四）二月に福岡県糟屋郡志賀島村で農夫が田の溝さらいをしていた時、石の下から発見したと伝えられるもので、その遺跡がどのような種類のものであったかわからない。後漢書（中国南北朝時代、范曄撰）列伝第七十五、倭国の条には「建武中元二年（五七）に倭奴国奉貢朝賀す。使人自ら大夫と称す。倭国の極南界なり。光武賜うに印綬を以ってす」という記事があるが、この金印がその時のもの自体であるかどうか断定できないけれども、その形態は漢代の制に従い、この種の文献の伝えるところを裏書きする貴重な資料ということはできる。その訓《よ》みについてはなお定説をみない。

図６　国宝金印の読み方についての国の見解（『国宝事典』1961、1976）

のうち「考古」資料の「金印　印文『漢委奴国王』一顆」の解説をそのまま採りあげている。所蔵者（当時は東京都の黒田長礼氏、一九七八年以降は福岡市）、法量、時代などが列記されたあと、『後漢書』を含む解説が続いているが、注目したいのは最後の一文「その訓みについてはなお定説をみない」である。

この見解はいつの時点でのことか。図６は文化財保護委員会発行の『国宝事典』昭和三十六年版（一九六一）の解説文である。十五年後に文化庁編の『国宝事典』新増補改訂版の昭和五十一年版（一九七六）が発行されたが、新増補改訂版の出版の際も「金印」の項の解説文は同一文であり、国の公式見解に特に変更はなかった。

４　拙稿「金印奴国説への反論」（一九八三）の発想と公表およびその波紋

わたくし自身が三宅博士の「倭の奴国説」に疑問を抱くようになるのは一九六六年に立命館大学文学部史学科にすすんで間もなくのころであった。史学は北山茂夫先生の文献史料を扱う古代史ゼミに属し、考古学は授業と実習と歴史研究会の考古学部会で田辺昭三氏らの指導のもとで発掘調査の体験をし、外国語は英語と中国語を学んでいたが、一見偶然にみえるそれらの選択の重なりがこの新説を産み出したといえる。先にもふれたように、このおりの発想は学園紛争下の北山ゼミで発表され、昭和四十五（一九七〇）年に主論文「二世紀末葉における倭国動乱の歴史的意義」（昭和六十一〈一九八六〉年に公表の『新邪馬台国論―女王の鬼道と征服戦争―』の原型）とともに副論文として提出された。この「金印奴国説への反論」が初めて活字になったのは昭和五十八（一九八三）年の『藤澤一夫先生古稀記念論集』においてであったが、この論は中国語の方言論、印制からみた委＝倭同一論の検討、印文構造の分析、北九州弥生王墓の分布、「魏志倭人伝」の伊都国と奴国、金印鋳造地の言語音などの複眼思考で、通説の是非を吟味する内容であった。

論文への反応はすぐさま現われ、福岡市立歴史資料館の塩屋勝利氏により昭和五十九（一九八四）年二月の『季刊考古学』第六号「邪馬台国を考古学する」奴国の部、同年十月の『漢委奴国王金印展―金印発見二百年』の「明治以後金印関係主要文献」、また昭和六十（一九八五）年三月の「金印出土状況の再検討」の中で拙稿を「発見直後から提出された藤貞幹や上田秋成、皆川淇園などの国学者達による委奴国＝伊都国説は、当時の国粋的イデオロギーとは別の地平で、今なお提起されている解釈でもある」と、私説を我が国で初めて紹介した。また同年五月には茨城大学名誉教授の石原道博氏が『新訂魏志倭人伝・後漢書倭伝・宋書倭国伝・隋書倭国伝』（岩波文庫）の参考文献の中において、昭和六十一（一九八六）年十月には国学院大学教授の乙益重隆氏が『論争・学説　日本の考古学４』「総説『漢委奴国王金印研究論』」（雄山閣）の中で「印面の文字の読み方や解釈についても三宅米吉以来『漢ノ委ノ奴ノ国王』となし、奴を儺県に比定されてきたが、近年久米雅雄はかつて江戸時代頃読まれた『漢委奴国王（カンノイトコクオウ）』の印説を、ふたたび中国の方言論などを援用して、音韻からみた読解を試みた。それにしても金印問題はまだ残された課題多く、今後といえども多くの論争を生むことになるであろう」と採りあげた。

京大日本史辞典編纂会編による『新編日本史辞典』（東京創元社　一九九〇）はどうか。

「後漢の光武帝から北九州の委奴国王に与えられた金印。一七八四（天明四）年二月二十三日、博多湾上の志賀島で、百姓甚兵衛により『叶の崎』から発見されたとされている。印面はほぼ正方形で四辺の平均二・三四《センチ》、質量は一〇八・七二九《グラム》、総高二・二三六《センチ》で、『漢委奴国王』の五字がタガネ彫りされている。現状では金印について問題点が多く存在する。発見者については秀治なる者、出土地については金印公園の地がよりふさわしいとされる。また委奴国の読み方にも諸説ある。（1）伊都国説、（2）ワのナ国説（『委』は『倭』の略字とみる）が代表的なものであろう」と両説がふさわしい仕方で公正に説明されている。

国史大辞典編集委員会による『国史大辞典』第三巻（吉川弘文館　一九九四）においてはどうか。「かんのわのなのこくおういん　漢委奴国王印」という項目のもとに、江戸時代以来の「甚兵衛口上書」や「仙厓」自筆文書、亀井南冥の『金印弁』などの出典を明示しながら「金印の出土地と出土状況、発見者、金印の真偽、金印の性質、印文の読み方などについて、さまざまな疑問が提出され、論争は最近まで続いている」、「印文については、三宅米吉が、委は倭の通字、奴は『娜（な）の津』『儺（な）の津』などの那・儺と同音で、奴国は現在の博多付近にあった国であると主張した。このほか委奴国をイト国（伊都国・怡土国）にあてる説なども提出され、両者の是非をめぐって論争があった」と述べて、両説を学史に沿って紹介している。

これらの経緯を把握した上で国宝金印を印学的に検討する。

三　国宝金印「漢委奴国王」印の印学的研究―委奴＝伊都国説の論拠―

通説の「委奴＝倭の奴」国説の論拠についてはすでに説明してあるので、以下においてはその論を七つの視角から吟味してみたい。

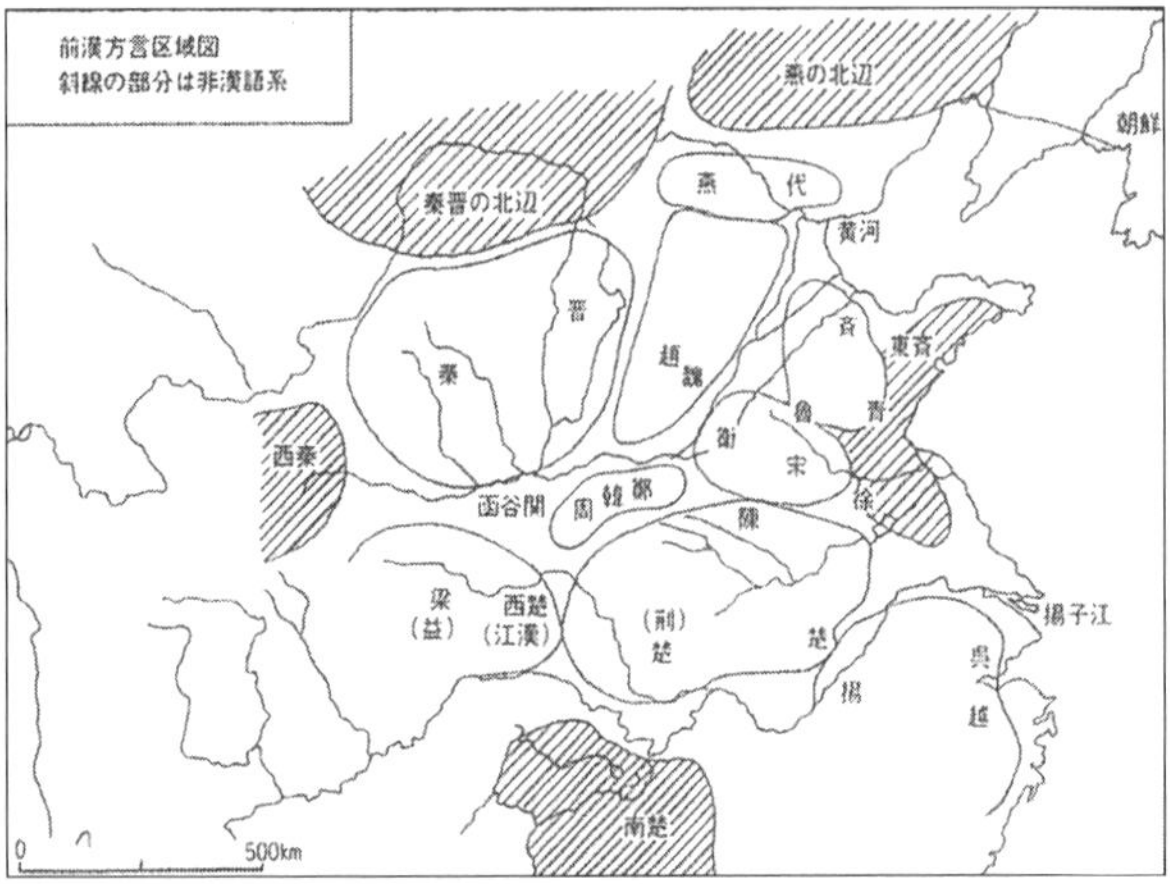

図７　前漢時代の方言区域図
（揚雄『方言』に基づく林語堂「前漢区域考」）

1　金印の印文を「漢語単一論」で読んでよいか？―前漢・揚雄の『方言』―

三宅氏の考説は「中国語単一論」をベースにしているがそれは実態に即していない。現在でも中国では、一九五五年以来、国策によって普及しつつある北京などの北方方言を基礎に制定した普通話をはじめ、広東語は一億二〇〇〇万人、台湾でも通用する福建語は七〇〇〇万人が使用し、そのほか、広大な国土に五六以上の民族が暮らしているという方言林立の構図が存在する。その淵源を辿っていくと、少なくとも周代にまで遡るとされている。

図７は前漢の揚雄（前五三―後一八）による『方言』をもとに、林語堂が整理し作成した「前漢区域考」による前漢時代の方言区画である（王育徳「中国の方言」『中国文化叢書Ⅰ』言語　大修館書

店　一九六七）。近年の李恕豪の『揚雄《方言》與方言地理学研究』（巴蜀書社　二〇〇二）においても「早在周代、就由政府出面組織進行過持久的大規模的方言調查。西漢時期的著名学者揚雄、為了継承古代方言調查的傳統、在首都長安親自向来自全国各地的人們調查當時各地的方言、然後加以排比整理、経過二七年艱苦持続的努力、撰寫出了我国第一部、也是世界第一部方言著作――《方言》」とあり、南北方言の巨大な乖離について《詩経》の北派文学と《楚辞》の南派文学、黄河流域の夏語と長江流域の楚語などを対照させつつ「漢語方言的這種南北差異一直持続到後代、甚至持続到今天。北斉的顔之推就曽経談到過這種情況。唐代的陸徳明也説：〝楚夏聲異、南北語殊。〟〝方言差別、固自不同、河北江南、最為鉅異、或失在浮清、或滞於重濁。〟（《経典釈文・序録》）今天的北方方言與呉、湘、贛、客家、粵、閩等南方地区的方言之間、仍然存在着明顕的区別」とのべて、周代から現代まで続いてきた方言論を基底に、「秦晋」方言区から「周韓鄭」「趙魏」「衛宋」「斉魯」「東斉海岱」「燕代」「北斉朝鮮」「楚」「南楚」「南越」「呉越」の方言区までの十二の方言区について詳説している。このうち北方中原の長安を含む陝西・四川・甘粛東部・山西西部と関連するのは「秦晋」方言区、雒陽を含む河南・山西東部は「周韓鄭」方言区、そして南方長江下流域の江蘇・浙江あたりは「呉越」方言区ということになる。紀元前二二一年に秦の始皇帝が戦国六国を倒したあと取り組んだ難題は「田疇異畝、車塗異軌、律令異法、衣冠異制、言語異聲、文字異形」などの問題であったことはよく知られているが、三宅説にはこの「言語異聲、文字異形」という多元的な漢語方言論的視座が欠落している点に問題がある。

三宅氏は上古音・中古音で「と・ど音はなかった」とされたが、図8はその反証を挙げるための図である。上古とは秦漢三国を含む時代、中古とは六朝隋唐を含む時代のことであるが、前漢時代には多数の漢語方言区域が認識されており、漢語の南北の差異は基本的に後代に持続継承されていったのである。したがって揚雄のいう洛陽・長安あたりを中心とする「秦晋」「周韓鄭」方言区と揚子江下流域の建業あたりを中心

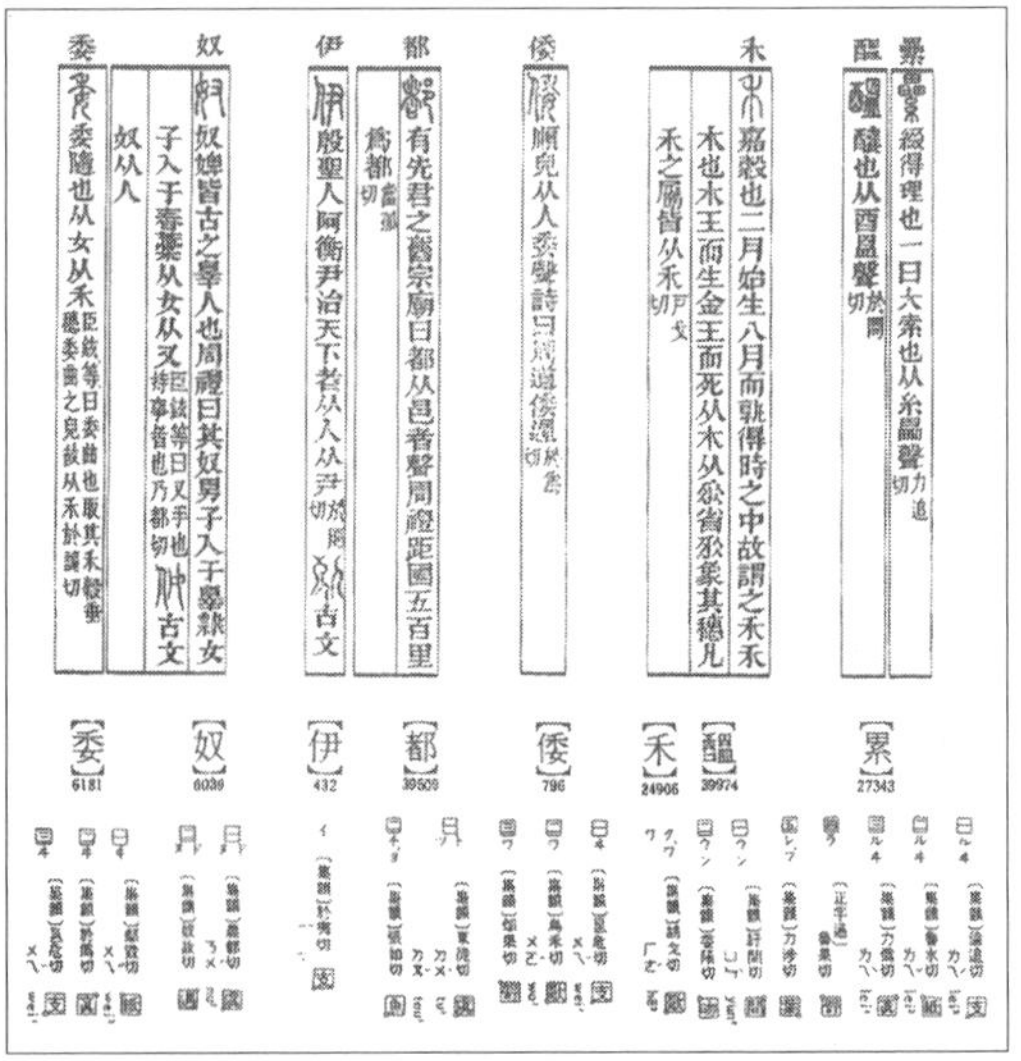

図8　『説文解字』『大漢和辞典』の反切と漢音・呉音

とする「呉越」方言区が同音であったとは考えがたく、その淵源は単一音ではなく上古の「漢音」「呉音」にもとめられる。

我が国では「馬」は漢音でバ、呉音でマ、「母」は漢音でボ、呉音でモ、同様に「奴」は漢音ではド、呉音ではヌ・ノなどと読まれているが、図8上段の『説文解字』の反切や図8下段の『大漢和辞典』の「漢音」「呉音」の音韻を知るならば、印文の読解は「委奴」は漢音でヰド、呉音でヰヌ、「倭奴」は漢音でヰドもしくはワド、呉音でヰヌもしくはワヌと幾通りかで読めることが判明してくる。『日本書紀』の中にも漢音系の「伊徒姑奴池」（イトコドチ）、呉音系の「奴都等利」（ノットリ＝野つ鳥）など、漢音呉音並存の用例を多数見い出すことができる。印文だけを抽出する限り、読みの可能性は複数認められる。

三宅氏は『魏志倭人伝』中の「奴国」や「卑奴母離」の「奴」を「な」と復元し、それが唯一の漢語音のように錯覚して「ど」音を排したが、それは当時の倭人が習得した漢語が「呉の太伯後裔説」などと絡んで呉音系漢語であったことを看過している。また『後漢書』を撰録した范曄（三九八―四四五）が「倭国之極南界也」の一節を加え、たとえ「奴国説」に拘泥したかのようにみえても、それは南朝宋の人である范曄自身が浙江省紹興県順陽山陰の生まれで、車騎将軍であった父范泰の死の時まで、浙江省に北接する江蘇省銅山県彭城王のもとで仕えたその呉音的言語環境を考える時、范曄の奴国説は必然的でさえある。

また「委」はワ行の「ゐ」、「伊」はア行の「い」と厳密に区別しなければ言語は通じないという説については、外国語の音訳実態がWashington↔華盛頓（Huashengdun）であったり、Peking↔北京（Beijing）であったり、他の漢語の音声の実態が、広東語では日本人をヤップンヤン、香港をヒョンコンと発音し、普通話のRibenren、Xianggangとは程遠いことなどからすれば、三宅氏の漢語論はいかにも厳密には見えても、的を射ていないことは明白となろう。

2 「委」と「倭」は印学的に同一か？—亀鈕「矦」印と鼻鈕「候」印—

図4については既に述べた。上段に国宝金印の全体像と印文の印影を紹介し、下段に五世紀の歴史家・南朝宋の人であった范曄（三九八—四四五）の記した『後漢書』の朝貢記事「建武中元二（五七）年、倭奴國奉貢朝賀、使人自称大夫、倭國之極南界也、光武賜以印綬」を掲載しておいたが、注意深い人は五七年の

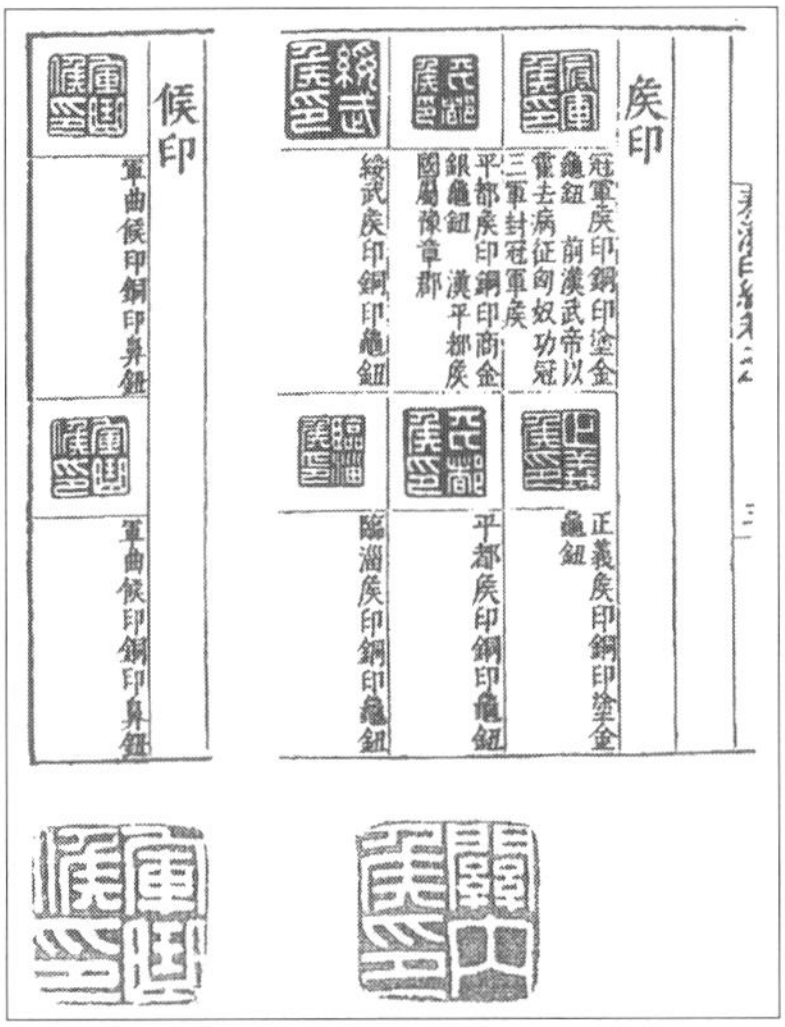

図９　明代・羅王常『秦漢印統』(1608)による亀鈕矦印・鼻鈕候印と実物矦候印影

金印の印文は「漢委奴国王」、五世紀の『後漢書』の方は「倭奴国」と記されており、「委」「倭」の相異、人偏の有無に気づいておられるに違いない。

「委は倭の省画である」という人がいる。たしかに「鏡」という字が青銅鏡の中で「竟」と鋳造されている例はある。それでは「すべてがすべて、そうであるか」というと、必ずしもそういうわけではない。図９上段をご覧いただきたい。これは明の羅王常による『秦漢印統』（一六〇八）という書物からの紹介であるが、ここでは「矦印」と「候印」

とが分類・区別されている。三宅氏は「委は倭の通字なり」と断定して、金印の「委」に人偏を補って「漢の倭の奴国王」と読まれたが、これは中国の印制では見出し得ないことである。

『秦漢印統』をみるとわかるように、人偏のない「矦印」には「冠軍矦印」「正義矦印」「平都矦印」などがあり、これらは「亀鈕」印の鍍金印、または銅印である。人偏のつく「候印」には「軍曲候印」「強弩假侯」などがあり、こちらは「鼻鈕」の銅印である。前者には銅印のほか、鎏金銅印、金印などがあるが、後者は銅印しか見つかっていない。人偏のない「矦印」は人偏を伴う「候印」よりも高位の官印であり、このように人偏の有無は印制上きわめて重要である。亀鈕矦印は高位の者の印（関内矦印・関中矦印・関外矦印・石洛矦印など）であり、鼻鈕候印は位のさほど高くない前線の斥候などの印（軍曲候印）である。図9下段には亀鈕矦印の例として「関内矦印」、鼻鈕候印の例として「軍曲候印」の実物資料の印影を載せている。

要点を記すと、同時代資料である一世紀の金印が「委奴」と刻し、五世紀に編纂された『後漢書』が「倭奴」と記すとき、オリジナリティは人偏のない「委奴」にあるのであり、金印問題は「倭奴」ではなく「委奴」を基盤にすえて、歴史学的に考察される必要があるということである。

3　金印の印文は印学的に「漢の委の奴の国王」と分けて読めるか？

図10上段にはふたつの印影を掲げている。ひとつは有名な「漢匈奴悪適尸逐王」銅印の印影（左）、い

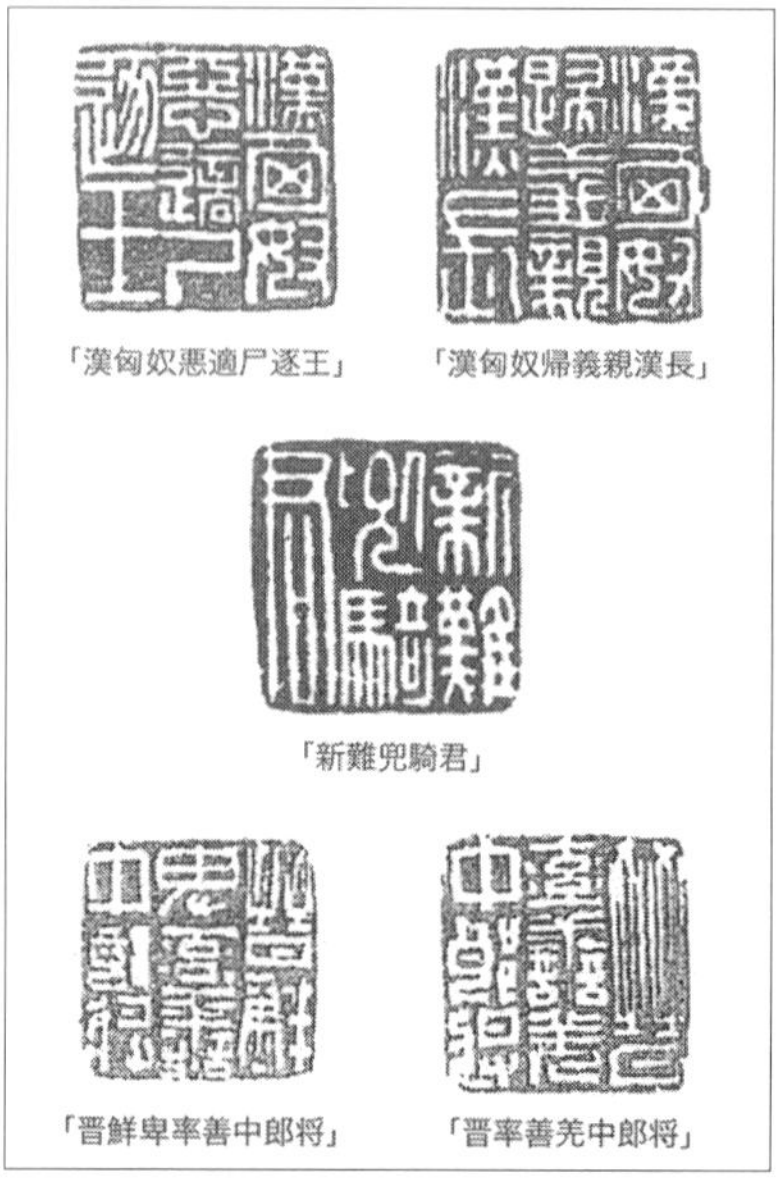
「漢匈奴悪適尸逐王」　「漢匈奴帰義親漢長」
「新難兜騎君」
「晋鮮卑率善中郎将」　「晋率善羌中郎将」

図10　印文構造の分析　宗主国＋国名（民族名）＋官号　帰義・悪適・率善

まひとつは「漢匈奴帰義親漢長」銅印の印影（右）である。

先ずは「漢匈奴悪適尸逐王」からみていくことにしよう。この印をなぜ採りあげるのか。この印影が「漢の委の奴の国王」という三段読みを正当化する論拠として用いられるからである。この印文の構造を分析すると「漢」は宗主国、「匈奴」は民族名、「尸逐王」は官号であることは確かであるけれども、時折、その間の「悪適」を部族名であるとする説をみることがある。しかし「悪適」が部族名であるとの記述は史書のどこにも出てこない。

それでは「悪適」とは何か？　そのことを考えるために、わたくしは同じく漢代の印章の中の「漢匈奴帰義親漢長」印に注目する。印文を比較すると、「漢」は宗主国、「匈奴」は民族名、「親漢長」は官号で「尸逐王」と共通しており、残りの部分は「悪適」が「帰義」に対応していることが判る。

ではその「帰義」とは何か？　中国の周辺民族官印である蛮夷印の中にときおり「漢帰義胡長」「晋帰義胡王」「晋帰義胡侯」などの印を見出すことができるが、王朝の権威に帰服し、事あらば武力・軍事力をもって協力するという意味の「修飾語」であると判断される。したがって「悪適」は部族名ではなく修飾語でなければならず、香港中文大学の葉其峯氏も『秦漢魏晋南北朝官印研究』（一九九〇）の中で「悪適」を「帰義」と同様、修飾語であると明言している。このように「漢」は宗主国、「匈奴」は民族名、「悪適」は部族名ではなく修飾語、「尸逐王」は官号であるので、この印を根拠に三段読みを言うのは当らない。

図10中段の「新難兜騎君」印は「漢委奴国王」印の正しい読み方に迫るためのきわめて貴重な資料である。印文の構造は「新」が宗主国、「騎君」は官号であるが、その間に挟まれている「難兜」とは何か。『漢書』西域伝には「有難兜国」とあり、これは国名であり、于闐、莎車、疏勒、烏孫諸国には左右の騎君が置かれていたことなどを知ることができる。アルバート・ヘルマンの『古代絹街道』（一九四四）の「地名表」に

よれば、難兜（Nan-tou）とはDardistanのことであると説明があり、「難」音がD起音の音であることを示唆していて興味深い。いずれにせよ、「新難兜騎君」印の印文構造が「漢」（宗主国）＋「委奴」（国名）＋「国王」（官号）と完全に符合している点に注目しておきたい。と同時に「宗主国」＋「民族名」＋「部族名」＋「官号」（王号）の構造をもつ金印は皆無であることにも言及しておきたい。

なお「帰義」に並ぶ修飾語として「率善」があるが図10の下段に示したのが、左の「晋鮮卑率善中郎将」銀印（内蒙古博物館所蔵）と右の「晋率善羌中郎将」銀印（大阪府立近つ飛鳥博物館所蔵）の二顆の印影である。『日本考古学事典』（三省堂）の中に卑弥呼の時代に与えられた「率善中郎将」「率善校尉」印を復元するのに、下段左の「晋鮮卑率善中郎将」銀印を参考に「魏倭率善中郎将」「魏倭率善校尉」印と復元解説しているが、これは誤りである。なぜなら図10下段の二枚の印影が示すように、民族名が鮮卑、高句麗などのように二文字以上である場合は「率善」は民族名もしくは国名のうしろに、羌、氐など一文字である場合には「率善」は民族名もしくは国名の前に位置するのが通則であるからである。与えられた金印は「親魏倭王」であり「倭」一文字であるから、側近に与えられた銀印青綬の印文は「魏率善倭中郎将」「魏率善倭校尉」でなければならない。

4　金印時代前後の北九州弥生王墓の分布について

次に考古学的な可能性を観ておきたい。もういちど図3の地図をご覧いただきたい。

現在、福岡県糸島市において三雲南小路遺跡、井原鑓溝遺跡、（有田）平原遺跡の三基の王墓が、そして福岡県春日市において須玖岡本遺跡の王墓が一基、合計四基の弥生時代の王墓が認識されている。

三雲南小路遺跡は文政五（一八二二）年二月に三苫清四郎が土塀を築くために畠の土取りをしようとして

偶然発見された遺跡である。青柳種信の『柳園古器略考』（一八二三）の中に詳細が記されているが、現在「一号甕棺」と呼ばれる棺墓の外部において、銅剣一・銅戈一・朱入小壺一、また甕棺内部において重圏素文鏡・四乳雷文鏡・連弧文銘帯鏡など、戦国から前漢時代の銅鏡三一面以上・銅矛二・ガラス勾玉三個・ガラス管玉六〇個以上・ガラス璧破片八個以上・金銅製四葉飾金具八個以上が発見された。昭和四十九（一九七四）年の再調査のおりに「二号甕棺」が発見され、同じく連弧文日光銘鏡を含む前漢鏡二二面以上・硬玉製勾玉一・ガラス製勾玉一二個などが確認された。一号甕棺を王墓、二号甕棺を王妃墓とする見方がある。紀元前一世紀中葉ころの王墓と考えられる。平成の調査で周溝が確認されたという。

井原鑓溝遺跡は同じく青柳種信の『柳園古器略考』によれば天明年間（一七八一～一七八八）に農民次市によって発見された遺跡で、記録によれば銅鏡は鈕の数から二一面・巴形銅器三個・刀剣の類・鎧の板のようなものが出土したとされている。青柳種信は農民保管の鏡片や巴形銅器の拓影を遺しているが、鏡の多くは方格規矩四神鏡で後漢時代の鏡であるとされている。銘文の「之」の字形などからも、紀元後一世紀後半から末葉ころの王墓と考えられる。

平原遺跡は昭和四十年（一九六五）年に一号墓が発見され、その後、昭和六十三年～平成十一年度にかけて一号墓周辺調査が実施され、二号墓から五号墓までが発見されている。一号墓は方形周溝墓であり、主体部は割竹形木棺であることが判明している。一号墓からは直径四六・五センチを測る日本製の大型内行花文鏡五面（または四面）、中国製の内行花文鏡一面・方格規矩鏡三二面・四螭文鏡一面・ガラス製勾玉三・瑪瑙製管玉一二・ガラス管玉約三〇・ガラス丸玉約五〇〇・ガラス小玉約五〇〇・ガラス連玉・鉄製素環頭太刀一などが見つかり、一九九〇年に重要文化財指定（鏡三九面）、二〇〇六年に「福岡県平原方形周溝墓出土品」として国宝指定（鏡四〇面）をうけている。二～五号墓は出土した土器や石器類から、弥生時代後期の墓と推定され、五号墓からは銅鏡の鈕部二個が検出されたとのことである。三世紀前半の年代が想定される。

次に福岡県春日市所在の王墓に目を転じてみよう。

須玖岡本遺跡（D地点）は明治三十二（一八九九）年に土地所有者である吉村源次郎が家屋新築の為に立石・横石の二つの巨石を動かしたところ「合口甕棺」がみつかり、その中から沢山の副葬品が出土した。その代表的なものを挙げると銅剣二・銅矛四・銅戈一・重圏四星葉文鏡二面・星雲文鏡五面以上・内行花文銘帯鏡一三以上などを含む前漢鏡三二面以上（王莽鏡や後漢鏡は見られない）・ガラス璧・ガラス勾玉・ガラス管玉などがある。紀元前一世紀中葉から後半の年代が考えられる。

以上を総合してみると、全体的な編年観としては三雲南小路→須玖岡本→井原鑓溝→有田平原遺跡の順序で並ぶものとされ、三雲南小路、井原鑓溝、有田平原の三者には紀元前一世紀中葉、紀元後一世紀後半から末葉、紀元後三世紀前半の年代が与えられ、いずれも伊都国王墓であると考えられている。そして須玖岡本遺跡は紀元前一世紀中葉から後半の王墓であると想定されており、これについては奴国王墓とする説、伊都国王の遷都先の王墓とする説などがある。いずれにせよ、金印時代前後の前一世紀中葉から後三世紀前半の時期にかけて、四基のうち三基の王墓が糸島に集中しているという事実は時の王権が伊都国に系譜的に存在していたことの明証であろうと思われる。

5　「魏志倭人伝」の「伊都国」と「奴国」の記述—王都の所在—

もうひとつ見ておきたいのは図11である。

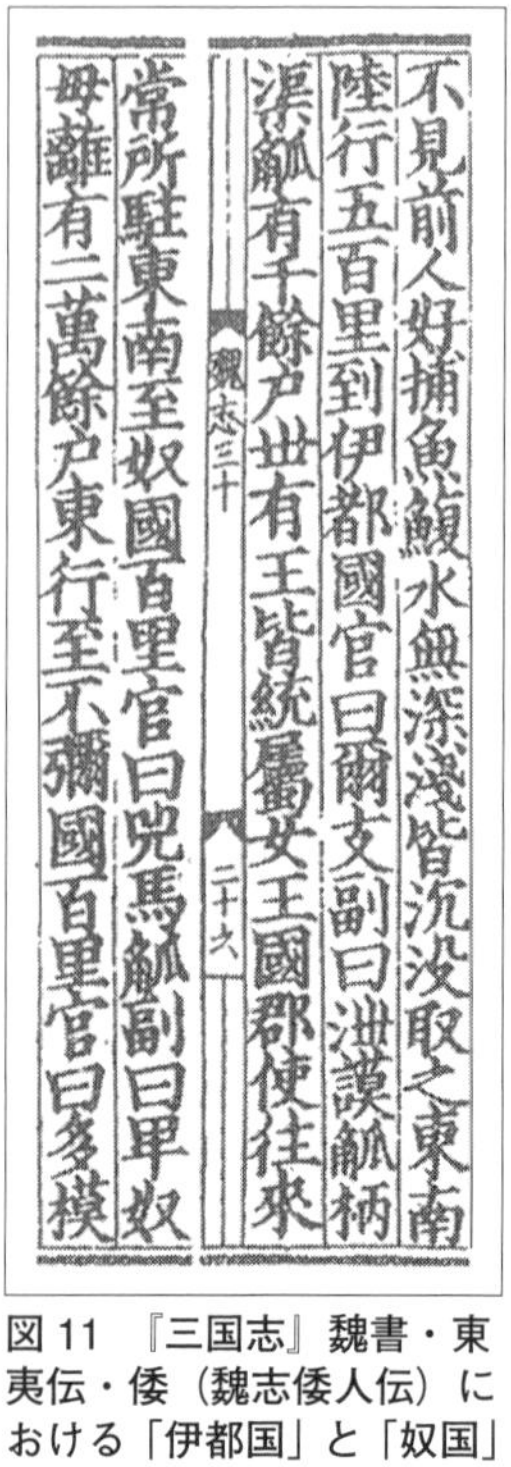
不見前人好捕魚鰒水無深淺皆沈沒取之東南
陸行五百里到伊都國官曰爾支副曰泄謨觚柄
渠觚有千餘戸世有王皆統屬女王國郡使往來
魏志三十　二十六
常所駐東南至奴國百里官曰兕馬觚副曰卑奴
母離有二萬餘戸東行至不彌國百里官曰多模

図11　『三国志』魏書・東夷伝・倭（魏志倭人伝）における「伊都国」と「奴国」

文献史料である『三国志』魏書・東夷伝・倭人の条、すなわち「魏志倭人伝」において、伊都国と奴国がどのように記述され評価されているのかに注目したい。

伊都国については「魏志倭人伝」に「東南陸行五百里到伊都国　官曰爾支副曰泄謨觚柄渠觚　有千餘戸世有王　皆統属女王国　郡使往来常所駐」とあり、伊都国に歴代複数の王がおり、その王は皆、代々、系譜的に存在しており、郡使の往来を伴う「政治・軍事・外交上の重要拠点」であることを示している。おそらくこの記述の背景には、前項4でみたことと一致して、三雲南小路→井原鑓溝→有田平原の王たちの史実としての系譜的発展が横たわっていたと考えられ、今後も発見される可能性がある。

他方、奴国については「東南至奴国百里　官曰兕馬觚副曰卑奴母離　有二萬餘戸」とのみあり、経済力のある戸数の多い国であることは確かなものの、王についての記述、もしくはかつてこの国に王が存在したことなどの記述は見えない。

このことからすれば、おそらくこの記述は中国政府の側から見る限り、倭を代表している政治的・軍事的・外交的実権を握る王権は歴代「伊都国」に所在しており、奴国はむしろその伊都国の王権を実質的に支え得た倭国の経済的な主要部分であったのではないかと考えられる。「魏志倭人伝」の記述からみる限り、伊都国と奴国を対立的にとらえるべきではなく、倭国の政治的・軍事的・外交的部門は伊都国、経済的部門は奴国、宗教的部門は筑紫の女王国が管掌したと連繫的にとらえる方が妥当ではないかと考えている。

6　金印鋳造地「洛陽官工房」における使用語音と印文の読音

金印の鋳造地である「洛陽官工房」からは何がみえてくるか。金印は建武中元二（五七）年に後漢の光武帝から与えられたもので、その制作は都である洛陽の官工房でなされたと見るのが妥当である。かつて「洛陽故城」の官工房から「部曲将印」六三顆が出土した事例が知られているが、金印「漢委奴国王」印（五七）も「廣陵王璽」（五八）も、後漢の印制に則ったきわめてすぐれた高度な制作技術水準からすれば、洛陽の官工房で制作されたものと考えざるをえない。洛陽であるとすると、印文は漢音で読まれ鋳造された筈で、結論は「漢の倭の奴（な）国王」ではなく「漢の委奴（伊都）国王」と読まれなければならないということが判明する。

7　漢文学からみた三段読み否定論とヤマト説の可能性―黄當時教授の最新見解―

平成二十六（二〇一四）年十月にNPO法人志賀島歴史研究会の方々によって「第八回金印シンポジウム金印発見二三〇年　解けない謎を追う」が開催された。ブックレットの中に佛教大学の黄當時教授による「金印『漢委奴国王』の読みと意味について」という講演要旨が載せられており、言語学的な視点から通説「奴国説」は成立しえないという重要な指摘がなされているので紹介しておく。

「今日では、一般に、三宅米吉説に従って『漢の委の奴の国王』と訓んでいるが、依然、異説が唱えられ、決定打ではない。…『漢委奴国王』を『漢の委の奴の国王』と三段に読むのは、間違いである。古代中国の印文は、『授与する側＋授与される側』の二段から成っている。金印の下賜は、授与する側（漢）と授与される側（委〔倭〕奴）の二者の直接の統属関係を示すものであり、AのBのCという三段服属の関係を示さない。金印の印文は、解析が可能かどうか、意味が取れるかどうか、という予想や判断にかかわりなく、『漢の委奴の国王』と二段に読むしかない。解析が不可能に見えても、合理的な根拠なく、この印綬だけを例外扱いすることはできない。…三宅説は、基礎の部分で認識に誤りがある。そのため、今日なお異説が唱えられている。…『三段読み』は、致命的とも言える欠陥を抱えている。固執は不毛であり、『二段読み』

を基礎に、委（倭）奴の正確な解読に力を入れていきたいものである」と述べて通説「ワのナ」国説を否定している。二松学舎大学の大谷光男名誉教授も二〇一四年の『金印再考―委奴国・安曇氏・志賀島―』の中で、同様に通説の『三段読み』を否定されている。

それでは「委奴」を「ヤマト」とよむことについてはどうか。黄教授は「古代、現代にかかわらず、委（倭）奴という漢字を見せられて、ヤマトと読む中国人はいないのである」と述べて「委奴＝ヤマト」説を否定されている。

以上の七つの点を総合して、また当時の金印の鋳造地が後漢の都洛陽の官工房であり、漢音使用の地域であったことにも思いを致し、わたくしは金印の印文の読みは「漢の委奴＝伊都国王」と読むのが妥当であろうと判断している。

四　江戸の印学と金印偽作説の蓋然性
―高芙蓉・藤貞幹・亀井南冥・中井履軒―

ここまでは金印真印説に立っての論拠であるが、次に金印偽作説が成り立たないことを、江戸の印学の水準に肉薄することによって明らかにしておこう。

まずは図12をご覧いただきたい。ここには国宝金印「漢委奴国王」印の印影を四枚並べている。うち一枚は原印の印影であり、他の三枚は有名な篆刻家による摹刻印影である。どれも優劣つけがたい力作ぞろ

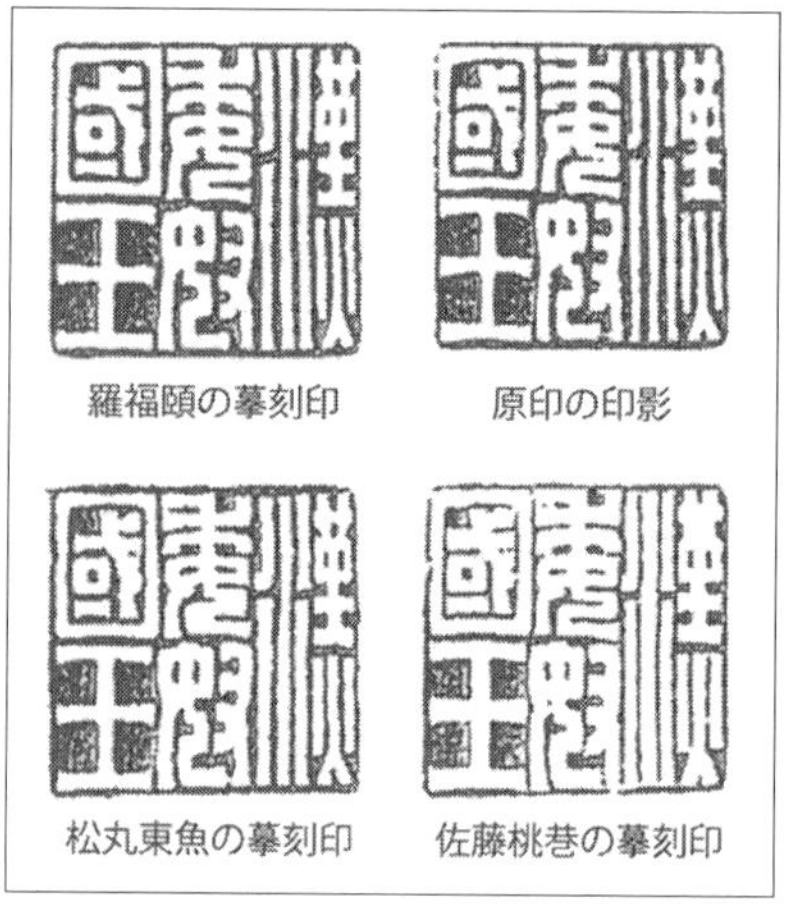

図 12　国宝金印の真印影と摹刻印影

いであるが、右上が原印影、その左隣が羅振玉の子息羅福頤、その下が松丸東魚、その右隣が佐藤桃巷といった「真印説」を奉じた諸先生方の超一流の篆刻家たちの摹刻印ということになる（西川寧編『書道講座』6篆刻　二玄社　一九八四）。

　ご存知のように摹刻とは異なって偽造や偽作という世界がある。ドイツの歴史学者であるベルンハイムは『歴史とは何ぞや』（岩波書店、一九六六年）の中で「史料の選別に当たってまず必要なのは、史料が現実に自称どおりまたはわれわれが考えているとおりのものであるか」の吟味が前提であり「史料の偽作や誤認は実にさまざまな仕方でほとんどそのあらゆる種類に起こり、かつその理由も実にさまざまで」あり「実に芸術品や工芸品で手を加え得るものはすべて、貪欲な商人たちに偽作され、芸術愛好者だけではなく、考古学者や歴史家さえ瞞着され、これを真物と思って手に入れた」事例が少なからず生じていると指摘し、「問題の史料の外的形式が、その史料が自称しもしくはわれわれのさしあたり仮定する成立時代、成立地の同種の他の史料で、真正なことが知られているものに固有な形式に一致しているか、その史料の内にあるいはその史料について、人工的、偽造的作為の痕跡が見出されるか」を吟味すべきであると「史料批判」もしくは「資料批判」の重要性を強調している。同様のことは中国の考古学者であり金石学者である王献唐も有名な『五鐙精舎印話』（斉魯書社　一九三七）の中で「凡鑑定古物、非見真器、不能定偽」と述べており、伝世品だけではなく出土品を含む「真器」を数多く仔細に観て、様式や年代の判定を層位や共伴遺物などを視界にいれつつ（印で言えば鈕式に伴う字形の変化などに）通暁していくならば、「偽器」は瞭然と判別できるようになる

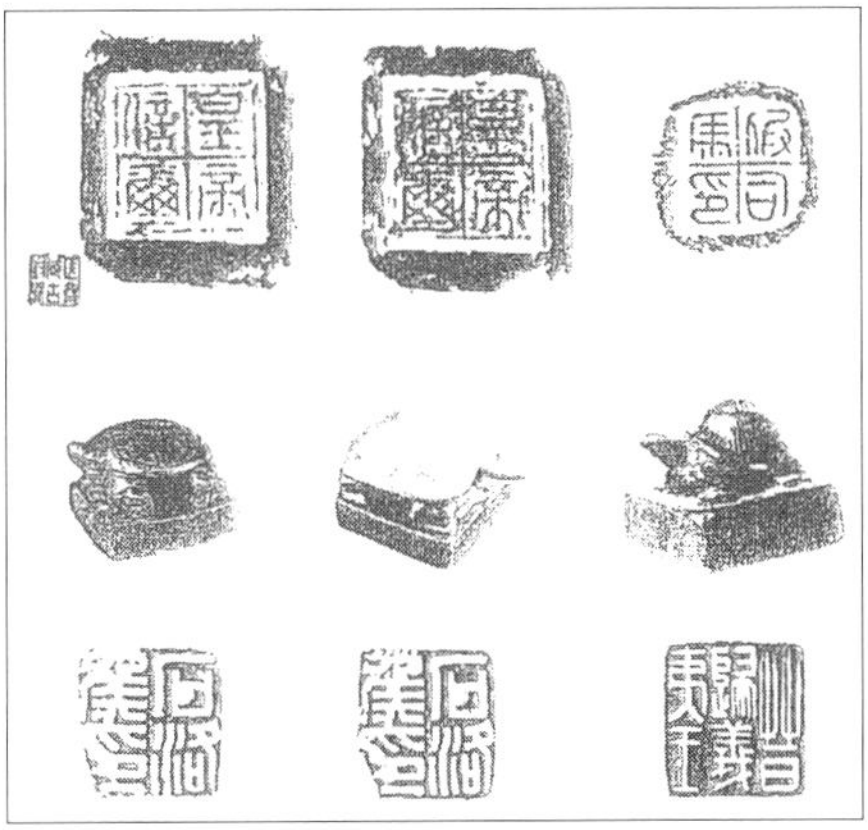

図13　中国の封泥と印章の真贋鑑定

としている。

図13には上段左上から「皇帝信璽」封泥二枚、「假司馬印」封泥一枚、下段左から金印「石洛侯印」二顆、銅印「晋帰義夷王」一顆の六例を掲げている。

上段左の「皇帝信璽」封泥は広東の呉式芬（一七九六―一八五六）と山東の陳介祺（一八一三―一八八四）の手になる『封泥攷略』（一九〇四）に掲載されているものであり、その右隣は阿部房次郎が購入し、後に東京国立博物館に寄贈された封泥の拓影である。よく観察すると二枚は互いに異なる拓影であり、秦代から前漢初期にかけて流行した「田字格」の様式と「皇」字下部の「王」字の字形の時代性が合わず、また「璽」の下部が皇帝に固有の「玉」（王）ではなく「土」になっていること、裏面の紐痕にも疑問がある。一九六八年に出土の玉印「皇后之璽」と比較すると偽封泥であることは明瞭である。京都の篆刻家である園田湖城門下の加藤紫山（筆者は一九八三年から先生ご逝去の二〇〇〇年まで師事）も、東京の小林庸浩とは異なる立場で、偽封泥とした。

上段右端の「假司馬印」は一九四二年の『考古学雑誌』第32巻第6号の「斉都臨菑の調査」に載せられた購入資料である。中央の十字界および貧弱な篆書四文字は偽物以外の何物でもないことを露見させている。

下段左ふたつは金印「石洛侯印」である。左端は中国国家博物館、その右隣は山東省博物館に所蔵されている。「石洛侯印」は清代の嘉慶年間（一七九六―一八二〇）に山東の日照県北郷で発見されたとされ、その後光緒年間（一八七五―一九〇八）に吏部侍郎から献印の求めがあり、その時「贋品」を制作贈印、「真品」

を家蔵したと伝えられている。「石洛侯」については司馬遷の『史記』に武帝の元鼎四（前一一三）年に封じられ、征和四（前八九）年に誅せられた劉敬の記録などがある。印影は酷似しているものの、亀の鈕形は大いに異なっており、中国国家博物館のものは前漢時代の本物、山東省博物館のものは偽物である。

下段右端の「晋帰義夷王」印は故宮博物院所蔵の亀鈕の銅印である。当時の「夷王」に亀鈕印はないのであるが、ここでは晋代にはそぐわないヘルメット状の亀鈕（晋代の亀鈕頂部は平滑である）が印台の上に乗っており、「王」字の書体も晋代ではなく前漢以前の字形が用いられていて、明らかに偽物である。

このように「印学」を究めていけば真贋の鑑別は容易になる。

ところでこの国宝金印は江戸時代に制作の贋作印であろうか。

「金印偽作説」は天保七（一八三六）年の松浦道輔による『漢委奴国王金印偽作弁』に始まり、近くは平成十八（二〇〇六）年の千葉大学教授の三浦佑之氏による『金印偽造事件』（幻冬舎）に引き継がれている。前者は『漢旧儀』の記述を基準に金印に「漢」の字を冠したり「之璽」や「之章」といった印文のないこと自体が贋物の証拠であるとしたが、実物印章は『漢旧儀』の内容を否定していることが明らかになり、偽作説は成立不能となった。後者の三浦説はどうか？

「そうなのだ、わたしは金印は偽造されたもので、その犯人としてもっとも疑わしいのは亀井南冥だと考えているのである」「もちろん、亀井南冥一人の仕業ではない。わたしが『謎のトライアングル』と名付けた、米屋才蔵と津田源次郎が南冥にからんでいるのは間違いないだろう。というより、亀井南冥だけではとうてい成功しなかっただろうし、にせ物の金印を作ることもできなかった」さらには「漢代の古印の模倣を得意とする高芙蓉と、自ら贋作にも手を染める考証家の藤貞幹が組めば、金印『漢委奴国王』などいとも簡単に作れたに違いない。そして、それは芙蓉と貞幹の二人だけで企んだのではなく、福岡の南冥一派と組んでなされたとすれば、天明四年二月に志賀島から出土することに何の問題もなくなるのである」「もし、金印『漢委奴国王』が真印だということが証明されるようなことになったら、悪びれず、慌てふためくことなく、誠心誠意お詫びをしたい。そして、浄満寺に行って、亀井南冥・昭陽父子の墓前に額ずくことにしたい」などと結んでいる。

わたくし自身はこのような歴史学的な物証の提示がないままに論理的思考を省略し、想像に想像を重ね、類推に類推を積み上げて、果ては冤罪事件にまで追い込んでいくかのような手法には賛成しかねるものである。

かつて慶応大学の西川寧教授は「天明期の印学」（『書品第28号』一九五二）の中で「一体日本近世の印学は江戸の初期、明末の兵乱をさけて日本に来た独立（一六七三没）や心越（一六九七没）からはじまるといへる」「秦漢印の研究は既にこれよりずっと前、明代には盛んであったが、実技の上では漢印にちっとも似ない観念的な装飾趣味に終始した時代であるから江戸派の作がこうした状態であるのは当然であろう」「高芙蓉は京都に在って、風格の高い新しい一派を開き、多くの秀才を門下に集めて、近代印学の祖たる地位をきづいた」が「ただその著眼する所は漢印の最も典型的な面、かっきりと切りこんだ古典的なきびしさではなく」、「寧ろほのぼのとした風味にあったようだ。これは当時彼等が手にした漢印譜の印象にもよるのであるが、根本は日本人らしい好尚、或いは明和・安永期の大雅あたりを中心とする京都文人の感覚と一つものであろう」とされ「安永天明の日本の印人にはあの金印を偽作し得る人なく、又そうした知識すらないことはわかったとおもふ。そもそも多少とも漢印の真味を知るものにとって、あの金印が漢印として最も典型的なものであることは一見はっきりしていることで、それだけで偽作説を否定してもいいのであるが、それでは水掛論におわるので、愚にもつかぬ言葉を思わず長々と綴ってしまった」と述べている。

わたくし自身はここで三浦氏があげた高芙蓉（一七二二―一七八四）、藤貞幹（一七三二―一七九七）、亀井南冥（一七四三―一八一二）の三名に加え、中井履軒（一七三二―一八一七）の四人にまつわる印章に注目して、すなわち「江戸の印学」の水準に肉薄することによって「金印偽作説」成立の蓋然性はきわめて低いことを明らかにする。

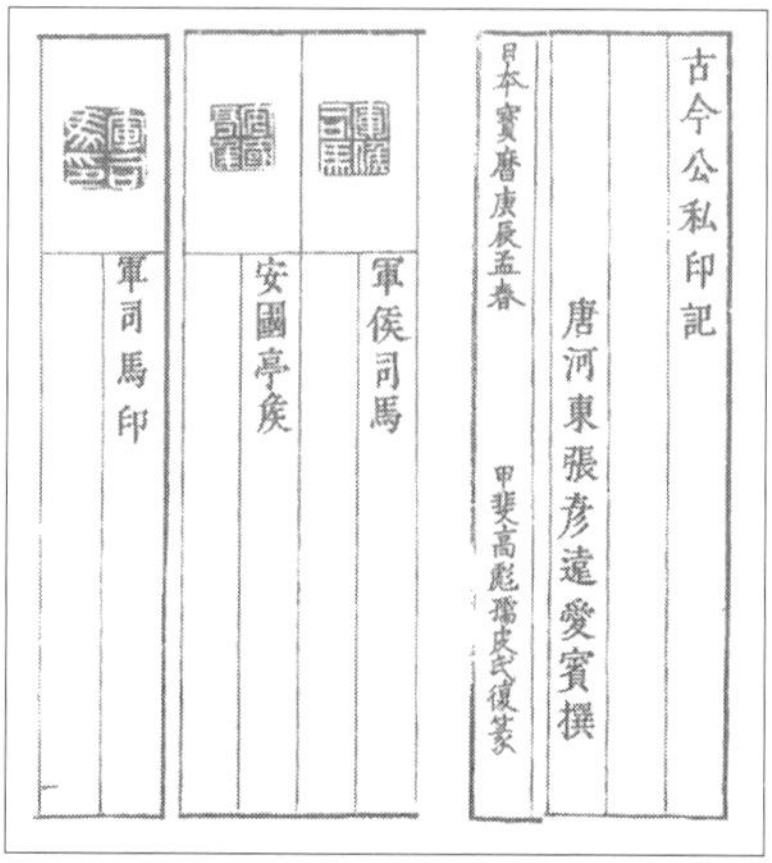

図14　高芙蓉復篆『古今公私印記』の「安国亭侯」「軍候司馬」印

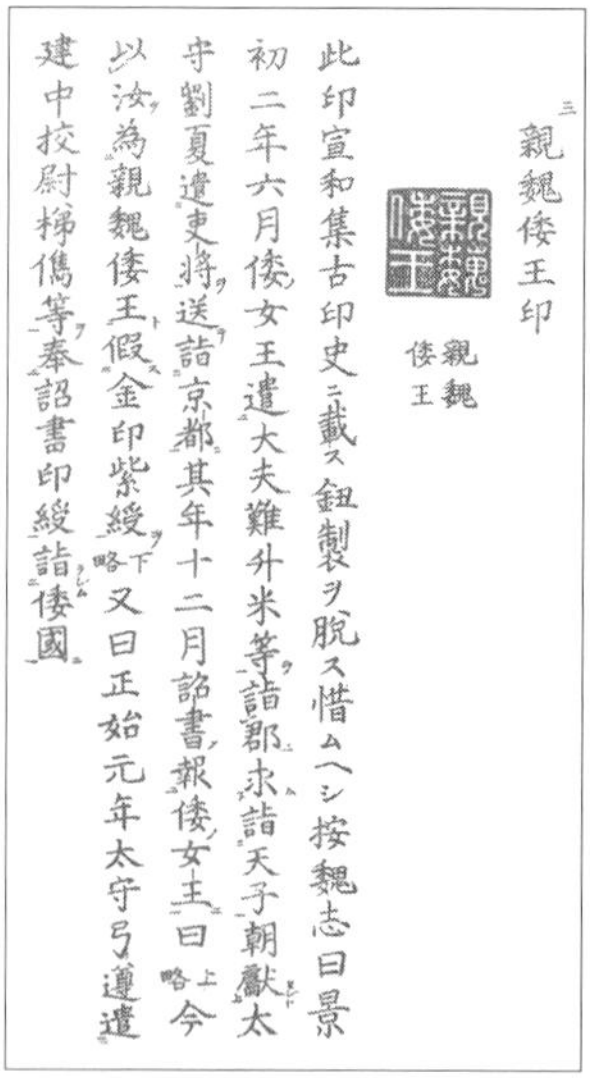

図15　藤貞幹『好古日録』登載の「親魏倭王」印影

図14は唐の張彦遠による『古今公私印記』を宝暦庚辰十（一七六〇）年に印聖高芙蓉が復篆したもので、芙蓉三十八歳前後の作品である。高芙蓉は天明三（一七八三）年、水戸の支藩宍戸侯松平大炊頭に聘せられ、金印発見後の天明四年の三月二十七日に離京、四月十六日に江戸に到着、四月二十六日に没している（水田紀久『書道全集』別巻Ⅱの年表を参照）。その二年前の天明二（一七八二）年に高芙蓉の弟子であった杜澂は『徴古印要』の中で「秦漢魏晋は印の正なり。六朝に至って印の変あり。唐宋以降は印の偽なり。故に秦漢魏晋、是れを古体とす。印の正制なり。唐以下を今体とす。印の偽制なり」と述べ、芙蓉が秦漢の古体を目指した新しい篆刻の機軸を志向していることを示唆しているが、唐代の張氏の摹篆であるとは言え、「安國亭侯」の「侯」字、「軍司馬印」の「馬」字など、漢魏晋の印章の字形に部分的に到達しえていない実情を観るのである。

図15は藤貞幹の寛政九（一七九七）年刊の『好古日録』に登載されている明の来行学による『宣和集古印史』（一五九六）の「親魏倭王」印と新発見の「漢委奴国王」印の摹刻印影である。ここで貞幹は「漢委奴国王」印発見の経緯とその読み（委奴＝倭奴＝伊覩＝怡土国説）、また「親魏倭王」印と『魏志』との関係に言及しながらも、両印の「王」字の字形の編年上の逆転もしくは錯誤には気づいていなかったようである。もしも江戸時代の天明期に文献史料を根拠に「漢委奴国王」印を偽造したとすれば、印文は『後漢書』に基づき人偏のついた「漢倭奴国王」と彫り、また「王」字の書体も秦・前漢・後漢・蜀漢の区別ができていなかったため、「親魏倭王」印影に倣って「王」字の中央の横一画が中央より上部を走っていた字形を踏襲していたにちがいない。国宝金印の「倭」を「委」で表記し、「王」字を後漢の字形で正しく鋳刻するその印章の独自性は、本物ならではの証拠であると考える。

図16　中井履軒『懐徳堂印存』登載の「漢委奴国王」（摹刻）と「華胥国王璽」

図17　亀井南冥旧蔵亀鈕銅印「東西南北人」の鈕形と印影

図16は大阪で発行された『懐徳堂印存』（一九三九）の中に収められた中井竹山（一七三〇―一八〇四）の弟履軒（一七三二―一八一七）による印章の印影である。履軒は文化十三～十四（一八一六～一八一七）年に『委奴印記』を著わし「伊都国説」を展開したが、左端にそのおりの「漢委奴国王」印の摹刻印影、右に「華胥国王之璽」（理想の国すなわち懐徳堂のはんこ）といった白文の印章を登載した。「漢委奴国王」印影は、おそらく同年齢の藤貞幹からの摹刻であろうが、「華胥國王之璽」の「璽」の下部を「玉」にではなく「土」に造っ

ているところに学びの奥行を感じさせる。「國」「王」「之」のそれぞれの字形が、後漢以降の様式と前漢以前の様式とを混在（新旧混淆）させているところに履軒の印学的限界がみえている。

　最後にもうひとつ図17で紹介しておきたいのは「亀陽文庫のしおり　亀井南冥と一族の小伝」（一九七四）に登載の金印の鑑定者であった亀井南冥（一七四三―一八一二）の旧蔵印である。細川林谷（一七八二―一八四二）が贈呈した「東西南北人」と刻した亀鈕の銅印であるが、このように亀甲の後頂部がせり上がり、四肢をしっかり立ち上げる形態の亀鈕印は、漢魏晋南北朝の印章には見出すことができない。またその印章の鋳上がりも白文も、その造りは鈍く、天明期の鋳造印の限界を示しており、国宝金印とはほど遠い出来上がりである。

　また図18には『秦漢印統』（一六〇八）から「印鈕」の図を掲載している。螭鈕・虎鈕・亀鈕・瓦鈕・鼻鈕・辟邪鈕などが主流であるが、あと「蛮夷印」としては駝鈕印が目に入るにすぎず、蛇鈕印は見いだせない。しかもそのスケッチの精度は全体的に大変粗く、江戸時代に鋳造する際の参考にならない。国宝金印「漢委奴国王」印の鋳造はまさに後漢時代の印章の絶頂期に制作されたものであり、参考モデルのない中でのあの精美な魚々子技法を持つ蛇鈕金印「漢委奴国王」印の鋳造は、今日でも群を抜いた白眉の作品ということができよう。高芙蓉・藤貞幹・亀井南冥が結託しても金印「漢委奴国王」印の鋳造は有りえず、彼らは冤罪から解かれ

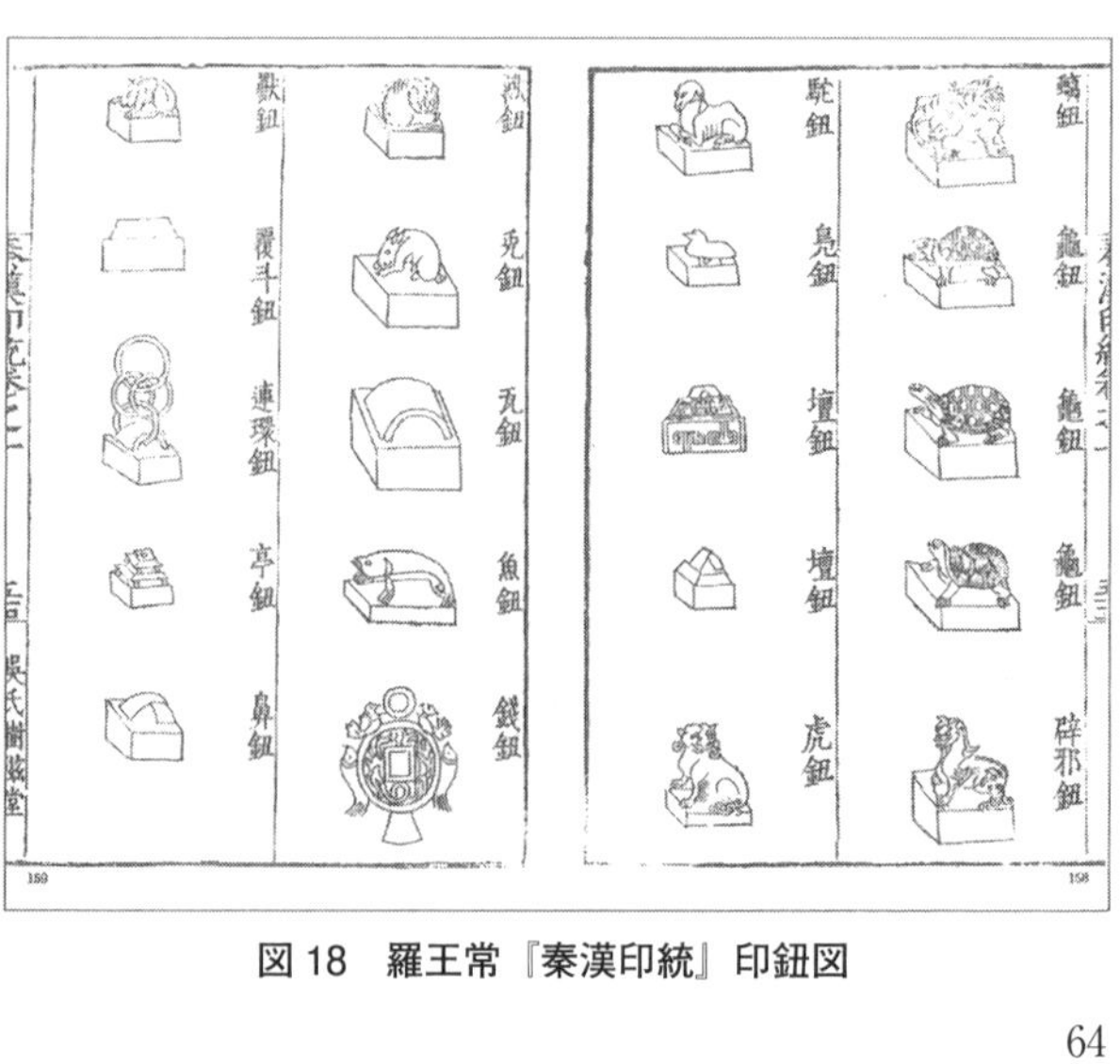

図18　羅王常『秦漢印統』印鈕図

名誉を回復されなければならないと考える。

では金印は中国の偽造集団に外注して作らせたとの見解についてはどうか。金印発見と同時代に生きた浙江省海寧の出身である印学家である陳克恕（一七四一―一八〇九）が乾隆四十三（一七七八）年に北京に赴いたとき、印刀・鉄筆に従事する者が多いにもかかわらず、篆学に造詣あるものがきわめて少なく、乾隆五十一（一七八六）年に「刻印必先学篆。学篆必須読書」と述べ『篆刻鍼度』を著わした理由をよく説明している。当時の清の篆書体に照らし、国宝金印の製作は不可能であると結論できる。

以上、国宝金印「漢委奴国王」印はまぎれもなく「真物」であるばかりか、その国宝の名にふさわしく「金印中の金印」であることが明らかとなった。

五 「漢委奴国王」金印・志賀島発見の謎

最後に、金印がなぜ志賀島から発見されたかについてふれておく。この問題については、発見当初から遺棄説、漂着説、紛失説、隠匿説、墳墓説、ドルメン説、宗教的隔離説、支石墓説、磐坐説などの諸説があり、今も定見をみていない。また「金印単独出土説」も考古学の世界では未だその例を聴かない。第一回志賀島歴史シンポジウムのレジュメの中で、志賀島を調査した塩屋勝利氏はこう述べている。「一九八三年四月から福岡市立歴史資料館の学芸員になった私は、翌年一九八四年十月に『金印発見二〇〇年展』を企画展示しました。この展覧会のおかげで、大谷光男先生や久米雅雄先生をはじめ、多くの研究者の方々と知己になれました」「一九八九年十二月六日、志賀島金印碑前道路の拡張工事に先立って、金印出土推定地『叶ノ崎』とされる金印碑前道路の試掘調査が行われ、司会の横山氏が担当、私も立ち会いました。けれども、金印の出土を示す何の遺構も認められなかったのでした。一九九四年、私は文化庁の補助事業として実施された志賀島総合調査事業を担当しました。有力な金印出土推定地である『叶ノ浜』地区も発掘したのですが、『叶ノ崎』と同じような状況だったのです」と述懐している。

それでは国宝金印はどこから出土したのであろうか。わたくしは、現在のところ、弥生時代の王墓のひとつとして考えられている「井原鑓溝遺跡」から出土したのではないかと考えている。その理由は①福岡藩の学者である青柳種信が文政六（一八二三）年にまとめた『柳園古器略考』中の「怡土郡井原村所掘古鏡図考」によれば、井原鑓溝遺跡の発見は金印発見と同じ「天明年中」（一七八一～一七八八）のことであること、わけても②同年の『筑前国続風土記拾遺』巻之四六によれば、文政五（一八二二）年に怡土郡の三雲村から「白銅鏡三十五枚」等が出土したあと、井原村からも「古鏡二十枚」を掘り出したことがあったけれども、それは怡土志摩両郡の廻村調査の実施された文政六（一八二三）年から数えて「今より四十年前」の天明三（一七八三）年夏に相当すること（京都の藤貞幹は天明甲辰（一七八四）孟夏十一日に『藤貞幹考』を纏め上げている。「甚兵衛口上書」通り、同年の二月二十三日に金印が発見され三月十六日に届け出がなされてそのまま藩庫に入ったのであれば、四月十一日までに論考を書き上げることは不可能である。金印の印影との接触があったとすればそれは前年の夏以降のことと考えた方が道理に合う）、③井原鑓溝遺跡発見のおり「側で見物していた農民たちが鏡をはじめとする棺内遺物を競って取りあい、その破片の多くは農民の家に今もある」との記録が残っており、遺跡の年代は、金印を拝受した紀元後五七年以降、おそらくはそれよりも少し降る一世紀後半から末葉にかけての後漢の方格規矩四神鏡の時代に相当、金印下賜の時代とほぼ符合することなどを仮説の根拠としている。もしこの推測が正しいとすれば、金印は第一次遺構である井原鑓溝遺跡から出土し、ほどなくして第二次遺構として擬装された志賀島に埋めなおされたのではないかと考えている。

六　まとめにかえて

二〇〇七年十一月三日に志賀島小学校において発表した金印「委奴＝怡土＝伊都」国説の大要は以上のとおりであった。

二〇〇八年以降の研究はどうかというと「委奴＝伊都」国説は国内外において総合的な視点からの印学的考察として評価を得つつあるというのが実情である。

それらのうちの代表的なものを採りあげていくと、国内版では『アジア印章史概論』（大阪商業大学商業史博物館　二〇〇八）、「ものと人間の文化史178『はんこ』」（法政大学出版局　二〇一六）、『寧楽美術館の印章　方寸にあふれる美』（図19：思文閣出版　二〇一七）、「松本清張古代史論」（『松本清張研究』第19号　北九州市立松本清張記念館　二〇一八）、「東洋文字文化研究―白川静博士とわたしの印学―」（二〇二〇『紀要第13号』、二〇二一『紀要第14号』立命館大学白川静記念東洋文字文化研究所）などがある。

海外では中国杭州の西泠印社の国際学会で「漢魏晋南宋時代的日中交流史與冊封官印―『漢委奴国王』『親魏倭王』『安東将軍倭国王』印等與東亜的国家秩序―」（図20：二〇一一）の中で、またマラヤ大学とフランス極東学院共催のクアラルンプールにおける「東南アジアにおける権力と権威の表象としての国際印章会議」においても"Studies on the History of Seals in Japan"（二〇一二）の中で、加えてJoshua A. Fogel氏による"Japanese Historiography and the Gold Seal of 57C.E. Relic,Text,Object,Fake"（図21：二〇一三）の中でも久米「委奴＝Ito国説」は認知されるようになってきた。

近年はメディア、とりわけテレビによっても、二〇〇九年四月十八日のBS朝日の番組「〝印〟の国

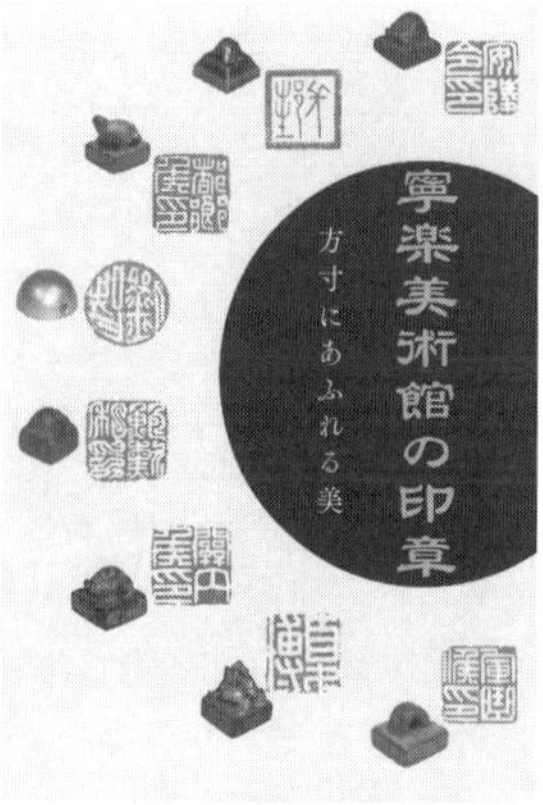

（左より）図 19　久米雅雄監修『寧楽美術館の印章―方寸にあふれる美―』（思文閣　2017）
図 20　久米雅雄「漢魏晋南宋時代的日中交流史與冊封官印」（西泠印社　2011）
図 21　Joshua A. Fogel “Japanese Historiography and the Gold Seal of 57C.E.”（Brill　2013）

二〇〇〇年の旅―歴史を動かした七つのハンコ―」、二〇一八年八月十八日放映のBS―TBSの「諸説あり！　国宝『金印』本物か偽物か　二〇〇〇年前の真実」、二〇一九年二月四日の同じBS―TBSによる「にっぽん！　歴史鑑定『古代史ミステリー　国宝・金印の真実』」などでも自説「委奴＝伊都」国説が広められるようになった。

金印研究はその後も続けているが、近年、文化十四（一八一七）年に大阪の奈良屋長兵衛書林により刊行された『万暦家内年鑑』が発見されたことにより、それは慶長元丙申（一五九六）年から文政七甲申（一八二四）年までの事蹟を印刷、かつ文政十二己丑（一八二九）年から天保二辛卯（一八三一）年までの書入れを伴う内容であるが、本書の精査により、天明四年の記事は本来組み込まれたいなかったことが明らかになったことや、亀井南冥・昭陽・小琴の親子孫娘三代の書幅との出遭いによって、彼らの所蔵印影が判明したことなどは研究のひとつの進捗と言える。

思えば一九六八年の二十歳の時に北山茂夫先生のゼミの教室でたったひとりで主張しはじめた「金印奴国説への反論」が、今や国内のみならず、海外においても、複眼思考的な実証的な検証作業として知的な人びとに迎えられつつあることは感慨深く大きな慶びである。ここにいたるまでに実に大勢の方々のお世話になった。学究として、教師として立派に導いて下さりながら、もう亡くなられた先生方も少なくない。学説は学者の生命線である。これからもたえず乗りこえられるべき宿命を負っているであろうが、印章を複眼思考的・総合的に透視していくことによって、歴史の真実が明らかにされ、過去を観察し、現在に至る因果関係を洞察し、今後、平和のために人類がすすむべき道筋がふさわしく示されていくなら、それはまことに意義深い学問ということができよう。現在、「新邪馬台国論」（女王国＝吉野ヶ里、邪馬台国＝纏向あたりとする「倭国大乱東征説」）もあわせ練り直している（「東洋文字文化研究―白川静博士とわたしの印学」上下　二〇二〇・二〇二一）。

「歴史家はうしろむきの預言者である」とは至言であるが、「と同時に前向きの預言者でもなければならない」といった役割を担うべく、今すこし研究に従事することができるならば、望外のよろこびである。

（大阪芸術大学客員教授　文学博士　西泠印社名誉社員　久米雅雄）

【参考文献及びその他資料】

文化財保護委員会（文化庁）編『国宝事典』（考古・金印）便利堂　一九六一、一九七六
三宅米吉「漢委奴国王印考」『史学雑誌』第3巻第37号　一八九二
大谷光男『研究史金印』吉川弘文館　一九七四
久米雅雄「金印奴国説への反論」『藤澤一夫先生古稀記念古文化論叢』一九八三
福岡市立歴史資料館『「漢委奴國王」金印展　金印発見二百年』一九八四
塩屋勝利「金印出土状況の再検討」『福岡市立歴史資料館研究報告第9集』一九八五
藤　貞幹『好古日録』一七九七
森本六爾編・青柳種信『柳園古器略考』一八二三、一九三〇
青柳種信『筑前国続風土記拾遺』筑前国続風土記拾遺刊行会　一九七三
王　育徳「中国の方言」『中国文化叢書Ⅰ』大修館書店　一九六七

石原道博『新訂魏志倭人伝・後漢書倭伝ほか』岩波文庫　一九八五
久米雅雄「中国古印の考古学的研究」「文部省科学研究費実績報告書」一九八九
葉　其峯『秦漢南北朝官印研究』香港中文大學博物館　一九九〇
孫　慰祖主編『両漢官印滙考』上海書画出版社・大業公司　一九九三
大谷光男編著『金印研究論文集成』新人物往来社　一九九四
九州国立博物館誘致推進本部『金印、一海を渡る―何故、志賀島から出土したのか―』一九九四
久米雅雄『日本印章史の研究』雄山閣　二〇〇四
久米雅雄「国宝金印『漢委奴国王』の読み方と志賀島発見の謎」『立命館大学考古学論集Ⅳ』二〇〇五
三浦佑之『金印偽造事件』幻冬舎　二〇〇六
久米雅雄『アジア印章史概論』大阪商業大学商業史博物館　二〇〇八、錫安印章文化研究所　改訂版　二〇一二、改訂増補版　二〇一六
久米雅雄『はんこ』ものと人間の文化史178　法政大学出版局　二〇一六
久米雅雄監修『寧楽美術館の印章―方寸にあふれる美―』思文閣　二〇一七
久米雅雄「松本清張古代史論」『松本清張研究19号』北九州市立松本清張記念館　二〇一八
久米雅雄「東洋文字文化研究―白川静博士とわたしの印学―」上下　立命館大学白川静記念東洋文字文化研究所　二〇二〇、二〇二一
久米雅雄「漢魏晋南宋時代的日中交流史與冊封官印」西泠印社　二〇二一
Prof.Dr.Kume Masao“Studies on the History of Seals in Japan”（University of Malaya, Kuala Lumpur, Malaysia　2012）
Joshua A. Fogel“Japanese Historiography and the Gold Seal of 57C.E.”　Brill　Leiden・Boston　2013
久米雅雄ほか「諸説あり！　国宝『金印』本物か偽物か二〇〇〇年前の真実　金印の読み方は〈かんのいとこくおうだった〉」ＢＳ―ＴＢＳ　二〇一八
久米雅雄ほか「チコちゃんに叱られる！　なぜハンコを押すの？」ＮＨＫ　二〇二一
久米雅雄ほか「東アジアの中の邪馬台国―清張邪馬台国論の現在―」（You Tubeにて視聴可）北九州市立松本清張記念館　二〇二一
久米雅雄「記念講演　国宝金印『漢委奴国王』の読み方と発見の謎」（講演録は『会報』第71号所載）兵庫県書作家協会　二〇二二

3 ワのナ説

「漢委奴国王」金印と「親魏倭王」金印

西南学院大学名誉教授　高倉　洋彰

Ⅰ．「漢委奴国王」蛇鈕金印の真贋論争

二つの金印

一七八四（天明四）年、現在の福岡市東区志賀島から「漢委奴國王」蛇鈕金印が出土した（渡部一九七五）。この金印は『後漢書』東夷伝および光武帝紀に、光武帝が五七（建武中元二）年に倭奴国王に下賜したという印綬のことであろうが、志賀島金印は出土のときから「委奴」をどう解釈するかという委奴論争をともない、やがて真贋論争を生んでいる。

倭国は魏の少帝芳からも金印を下賜されている。『魏志』倭人伝によれば印文に「親魏倭王」とあったことになるが、いまだ発見されていないため正確にはわからない。もし倭人伝が伝えるように「親魏倭王」であれば委奴論争は決着する。

そこで、志賀島出土印が真印であることの証明、委奴の解読、魏晋の印制から少帝から下賜された「親魏倭王」金印、「率善中郎将」・「率善校尉」銀印の印文の復元を試みることにする。

金印の真贋論争

志賀島出土の「漢委奴国王」金印には真贋論争と「委奴」の解釈論争がともなう。岡崎敬の画期的論文(岡崎一九六八)で一時沈静化していたが、三浦佑之の『金印偽造事件』が幻冬舎から刊行され(三浦二〇〇六)、新たな真贋論争が起きた。そこでまず真贋論争に触れておこう。

偽作論の根拠①―章・印字の欠如―

金印の偽作論は一八三六(天保七)年の松浦道輔の『漢倭国王金印偽作弁』にはじまる。松浦は前漢に定まった『漢旧儀』によれば金印の印文に「某王之璽」「某候之章」のように璽・章が必要であるにもかかわらずそれを欠いていること、朝爵の印文(官印)は鋳物であるはずなのにそうでないこと、頭に漢の字が付いていることを偽作の根拠とした。

栗原朋信も、高級の官には章、下級の官には印が付くと定められていたから、「印文の最後には、おそらく、必らず『章』・『印』の字を附刻していたものと考えてよかろう」。にもかかわらずそれがないのは偽作だからとしている(栗原一九六〇)。

璽・章・印字の欠如や王朝名の漢が付いていることを根拠とする偽作論は『秦漢南北朝官印徵存』(羅一九八七)や『漢魏晋蕃夷印彙例・漢魏六朝蕃夷印譜』(加藤一九八六)などの官印集で実例に照らし合わせると成り立たないが、それは本稿を通じて明らかにしていく。

偽作論の根拠②―蛇鈕―

秦印や前漢初期の田字格印の鈕の形は魚鈕・蛇鈕・鼻鈕および瓦鈕などからなっていた。それが武帝代

の『漢旧儀』および『漢書』百官志によれば、

皇帝・皇后	玉印螭虎鈕
皇太子・丞相・大将軍などの高級官人	金印亀鈕
諸候王	金印橐駝（駱駝）鈕
秩二千石以上の高級官人	銀印亀鈕
秩六百石以上秩一千石以下の中級官人	銅印鼻鈕
秩二百石以上の下級官人	銅印鼻鈕

と定められた。丞相・大将軍は「文曰章、謂刻曰某官之章」つまり「○○之章」と刻むことになっている。

これを『秦漢南北朝官印徴存』（羅一九八七）収録の前漢・後漢の官印八四六方(1)でみると、

	前漢印三三一方	後漢印五一五方
螭虎鈕印（皇帝・皇后用）	一（○・○三パーセント）	○（○・○○パーセント）
亀鈕印（皇太子・高級官僚用）	四五（一四・三八パーセント）	七二（一四・五七パーセント）
橐駝鈕印（諸侯王用）		三（○・○六パーセント）
鼻鈕（五鈕、中・下級官僚用）	二六七（八五・三○パーセント）	四一九（八四・八二パーセント）
鈕形不明その他	一八	二一

（比率の計算では「鈕形不明その他」を除外している）

となっている。前漢と後漢で同じ比率を示すので、厳しく実践されていたことがわかる。

『漢旧儀』によると、秩二千石級の王印の「漢委奴国王」は亀鈕あるいは諸侯王用の橐駝鈕印が相応しい。しかも武帝以後の印制には蛇鈕は規定されていない。亀鈕あるいは橐駝鈕でないのはおかしいし、蛇鈕であってもおかしい。ことに『漢旧儀』に規定されていない蛇鈕は不可思議で、偽作論の根拠となった時期があった。

このように福岡市博物館が所蔵する志賀島出土「漢委奴国王」金印は『漢旧儀』の規定を逸脱する部分がある。漢の印制にしたがえば奴国王に下賜した印は王用の亀鈕か、諸侯王用の橐駝（駱駝）鈕でなければならない。しかし実際には、倭がそう思われていた西南少数民族には蛇鈕印が下賜されていて、『漢旧儀』の記録が万全でないことをうかがわせている。

金印発見以前に「漢委奴国王」印を偽作しようとすれば、亀鈕か駱駝鈕にすべきだったが、蛇鈕にしている。偽作者に卓越した知識があったにしても、近年の考古学研究の成果がもたらした知識に基づく、蛇鈕は無理なのだ。印の大きさや後述する印文の構成要件などは規定や他例に通じており、これほどの学識をもった人物が偽作したとするならば、「漢委奴国王」を蛇鈕にした時点で偽物であることが発覚するような、お粗末なことはしないだろう。

偽作論の根拠③―一辺の大きさ―

『漢旧儀』で、漢の官印は一辺を一寸にするよう規定されている。真贋論争で一辺の長さを問題にされることは無い。ただ、真贋論争に一応の終止符を打った岡崎敬の「『漢委奴國王』金印の測定」（岡崎一九六八）では、一辺の平均が二・三四七センチで、正しく後漢の一寸で作られていることが指摘されている。

度量衡は時代によって異なる。新（新莽）および後漢の一尺や一寸が現在の何センチなのかよくわかっていない。わかりはじめたのは一九八〇年代からである。岡崎論文には漏れているが、甘粛省定西秤鈎駅出土の後漢尺は二三・〇センチをはかる（中国計量一九八一）。これには伸縮があろう。直径一尺で作られたであろう佐賀県唐津市桜馬場甕棺墓副葬の方格規矩四神鏡が二三・二センチで、あることも参考になるが、これも鋳造の際の伸縮がある。直径一寸と定められた銅貨をみると、河南省安陽市の豫北地区窖蔵出土の貨泉三、二四五枚を実測し、基本をなす方孔の周郭が二重になる第Ⅰ類一、三九〇枚の七九・四パーセントが二一・二四〜二一・三七センチであることを明らかにした例（載・謝一九八四）はかなり実際に近い。これらを参考に筆者は新・後漢の一寸を二・三一センチとしている（高倉一九八九）。志賀島出土金印は安陽市豫北地区窖蔵出土の貨泉の平均値二・二四〜二・三七センチからみても、正確な一寸になっている。印譜を測っての偽作ではこの数値は得られない。

偽作論の根拠④—陽刻—

「漢委奴国王」の五文字は陰刻されている。現在の印と同じ、文字部分が印字される陽刻になっていないのを偽作の根拠にしたのは田沢謹吾である。しかし当時は、官印の主要な用途に、文書や梱包物の不正な開封防止用に緊縛する紐の交差部分を粘土で閉じ印を捺して封泥にしたから、文字を彫り込んだ、陰刻のはずだ。実際、『秦漢南北朝官印徴存』（羅一九八七）に膨大な数の官印が載っているが、すべて陰刻になっている。陽刻説は封泥集をみての誤解だろうか。

偽作論の根拠⑤—再燃した「章」・「印」欠字論—

①で指摘した松浦道輔や栗原朋信の「章」・「印」欠字論を、最近三浦佑之が「重要な点であるはずなのに、議論がほとんど進んでいないのではないか」と再説している（三浦二〇一八）。この点は本書で実例を紹介しながら検討するが、漢魏晋王朝の内臣印の約半分、外臣印のほぼ全てに印・章が付いておらず、三浦の漢魏晋印に関する知識不足を露呈している。

真印説の根拠

岡崎敬は一九六八年に「『漢委奴國王』金印の測定」（岡崎一九六八）を発表されていた。この一文は、偽作論やヤマト・イトと読もうとする論をほぼ絶やした画期的なものだった。本稿は三浦の「章」・「印」欠字論を批判し、岡崎論文を細部で補強するもので、以下で論証する。

II. 金印下賜の環境

倭の奴国王の遣使

「漢委奴国王」金印は後漢の光武帝から五七（建武中元二）年に下賜されている。これは、『後漢書』東夷伝に「建武中元二年、倭の奴国、奉貢朝賀す。使人自ら大夫と称す。倭国の極南界なり。光武賜うに印綬を以てす」とあることからわかる。「印綬を以てす」とあって金印とは限定されていないが、六六〇（顕慶五）年に張楚金が著した『翰苑』巻三十に「中元之際、紫綬之栄」とある。紫綬に対応する印は金印だから、金印を下賜されていたことがわかる。

また東夷伝では「倭奴国」とあるが、『後漢書』光武帝紀には五七（建武中元二）年に「東夷の倭奴国王、遣使奉献す」とあり、「倭奴国王」の文字が揃う。

実は、この光武帝紀の倭の奴国王の遣使記事は重要な意味をもっている。それはこの記事の次が光武帝の崩御で、奴国王の記事は光武帝の生前最後の記事になる。ここには徳のある皇帝には遠隔の地からその徳を慕ってくる。あの遠い倭の奴国からの使節が到着したのは、徳の高い光武帝様を慕ってのことで、帝の不調も回復するに違いないという願望が入っている。

同じことは安帝の一〇七（永初元）年の「倭国の王帥升等、生口百六十人を献じ、請見を願う」にもいえる。この記事は『後漢書』安帝紀に「冬十月、倭国、遣使奉献す」とある。安帝紀によれば、倭国の遣使記事は安帝即位後の朝賀の儀式に関する記事の次に出てくる。つまり安帝の最初の治世記事になる。

安帝の即位は大変だった。一〇五（元興元）年に和帝が崩御し、それを受けて一〇六（延平元）年に殤帝が即位するが、殤帝もその年に崩御してしまう。三年の間に二人の皇帝が崩御し、二人の皇帝が即位する。天候不順による不作が続き、北方の少数民族の反乱も収まらない。安帝はこうした異常事態で即位した。だから、あの遠い倭国が徳を慕って使節を派遣してくる皇帝だから安心できる、という扱いだ。

『後漢書』東夷伝に倭奴国・倭国の遣使が二回記録されていることはよく知られているが、遣使記事は『漢書』王莽伝にも、「東夷の王、大海を度りて、国珍を奉ず。」とある。前漢末の紀元五（元始五）年の記事で、平帝の摂政であった王莽の徳を慕って東夷王の使節が大海を渡ってきたことを示す逸話になっている。王莽の即位の条件整備への利用である。どこにも倭王とはないが、大海を渡って漢にくる東夷の王は倭しかいない。

これらは漢朝への来訪が、光武帝の崩御と安帝の即位、あるいは王莽の即位への条件整備という機会に遭遇したからにほかならない。『漢書』地理志に「歳時を以て来りて、献見すと云う」とある。これから、「云う」と伝聞の形にはなっているが、毎年の朝賀の儀などの儀式に相当頻繁に倭国および奴国などの倭国の構成国からの使節が派遣されて来ていると思われる。そのうちの徳を慕っての来訪が特記される条件の遣使が五年、五七年と一〇七年にあったということになる。

朝賀の儀では任官が行われる。ことに即位後の任官では、前皇帝から下賜されていた印を返上し、新たな皇帝から任ぜられた官印を下賜される。奴国王は五七（建武中元二）年に光武帝から「漢委奴国王」金印を下賜されている。倭国および奴国などの倭諸国の使節は、遣唐使の往復を参考にすると、偏西風や海流の関係から、初夏から秋にかけて倭国を起ち、洛陽で正月を迎え、初夏に帰国するだろう（吉野一九八四）。そうすると奴国王の遺使の帰国は翌年になる。したがって五八（永平元）年の、明帝が即位した朝賀の儀に列席している。そこで光武帝から下賜された「漢委奴国王」金印は回収され、明帝から新たな「漢委奴国王」金印を下賜された可能性がある。そうであれば志賀島金印は五八年印に相当する。

現代でも実印などの重要な印には印面のどこかに欠ケが付けられている。これは欠ケの部分が真正のものかたまたまなのか偽印を作るときわからないようにするためで、欠ケの具合で印の真偽が判断できる。漢代の印にも真偽を判断できる何らかの細工があったはずで、だからこそ皇帝の代替わりの朝賀で古印を回収し新たな印を仮授する。新たに仮授する印にはそれまでの印と区別できるようになっているはずだ。だから実際に使わなかったからといって五七年印を使い回すことはあるまい。広陵王劉荊が五八（永平元）年に下賜された「廣陵王璽」金印と志賀島出土「漢委奴国王」金印の類似が指摘されているが、同年の作であれば、同じ工房の可能性はいっそう深まる。

ところで「漢委奴国王」印は何のために必要だったのだろうか。それは奴国王の使節が楽浪郡や朝廷に向かい、太守や皇帝に面会するにあたって、現在もそうであるように事前に申し入れをする。上表文を提出するのであるが、上表を受け取った側は、上表がかねて授与しておいた印で封印されているかどうかで使節の真偽を見極める（西嶋一九九一）。印の真贋が検討される際に、先に述べたような印に真偽を見分ける措置が講じられていたのであろう。(2)

羅福頤と『秦漢南北朝官印徴存』

漢魏晋代の官印を検討するにあたって、『漢旧儀』の印制記事と羅福頤を中心に故宮博物院研究室璽印組が編集した『秦漢南北朝官印徴存』（羅一九八七、以下『徴存』と略する）は外せない。漢の官印研究に必需でありながら活用されることの少ない羅福頤を中心に編集された『徴存』をまず紹介しておこう。(3)

主編者の羅福頤は、清朝末期中華民国初期、さらに満州国での甲骨文字や銅鏡銘文の研究で知られる羅振玉を父として、一九〇五年に生まれた。故宮博物院研究院、国家文物局咨議委員、中国科学院（現中国社会科学院）考古協会理事などを歴任した官印の研究家で、二三歳で『漢晋以来官印索引』一九二七年を出している。その後、『漢魏南北朝官印彙存』一九六四年、『古璽文編』・『古璽彙編』一九七八年を刊行した後に、『秦漢南北朝官印徴存』の編集を始めたが、途上の一九八五年に没したため、故宮博物院研究室璽印組が遺志を継いで完成させ、一九八七年に文物出版社から刊行したのが『徴存』である。

徴存はコレクションの意味である。その名に相応しく、秦官印四三方、漢初期官印五一方、前漢官印四〇一方、新莽官印一六七方、後漢官印五三九方、両漢頒給兄弟民族官印六六方、三国官印三〇六方、両晋官印四八五方、十六回官印一四〇方、南北朝官印二四〇方の、合計二、四三八方の官印が収録されている。さらに専用印及未詳疑偽印二二〇方があり、これに疑偽官印が九六方含まれている。

以上のように、『徴存』には官印二、四三八方、偽印の疑いのある印二二〇方などを加えると二、六五八方と実大で、Ｂ５版一ページに六方を収めている。そのため印だけでも四八〇ページ、三・五センチの厚さの大部の書になっている。

各印は印影と解説からなっている。たとえば「彭城丞印」は彭城丞印のの印文を収め、蛇紐、日と記している。蛇紐は蛇の形の鈕のことであり、「日」は巻頭の引用印譜書目から『日本書道全集』からの引用であることがわかる。材質がわかるものは白玉螭虎紐や金質蛇紐などと書かれる。解説に「漢書地理志、楚国下有彭城縣。又百官公卿表、縣皆丞官」とあるから、『漢書』地理志に楚国に彭城県があること、また百官公卿表に県には皆丞官が置かれていたとあること、つまり「彭城丞印」は楚国彭城県の次官にあたる丞官印であることがわかる。

Ⅲ．漢の印制

武帝の印制改革

前漢武帝の初期に漢の印制は大きく変更する。それまでの前漢初期印は田字格印という特色をもつ。田字格印というのは、印面を「田」の字のように四区画に分け、各区画に一字、合計四字を配する印のことである。

印制改革によって官印は皇帝・皇后の一辺一・二寸を例外に一寸と定められたが、それ以前の秦印・前漢初期印も一辺一寸だった。だが改革によって田字格印の格子が廃止され、鈕形も大きく変わっている。『徴存』で秦印の鈕形をみると、収録された四三方のうちに「廣□君印」の一方が亀鈕だが、他は瓦鈕八方、鼻鈕三四方になる。

前漢初期印になると、もっとも多いのはやはり鼻鈕の九方だが、蛇鈕八方が次に多い。蛇鈕のほかには魚鈕二方、獣鈕一方があるが、獣鈕印を点検すると実際には蛇鈕だから、蛇鈕も九方になる。九方中の八方が「梅郎厨丞」・「白水弋丞」などの丞官であるのが目立つ。魚鈕には「南郷候印」・「中司馬印」があり、魚鈕は候官級、蛇鈕が丞官級に与えられた官印であったと考えられる。鼻鈕にも「宜春禁丞」のような丞官印がある。

なお、「納功勇校丞」鼻鈕印に五文字印の例があり、「納功」の二文字が一マスに収められている。国家規模拡大と官庁・官職の増大によって、四字に納めることが不可能になってきたことを示している。

印制が改革された時期ははっきりしないが、武帝が即位した紀元前一四〇（建元元）年よりも少し後と考えられる。最大の特徴は田字格が廃止されたことだが、印面に五字以上の文字をあらわすことを可能にすることが改革の最大の目的だったと思われる。ただ実際には改革後の前漢印のほとんどは格子を廃止したにもかかわらず、二八二方のうちで「宮司空丞之印」・「合浦太守章」・「祈連将軍章」などの九文字を最多とする三三方を例外に、ほとんどが四文字になっている。

新たに定められた印制では、玉・金・銀・銅などの材質、印文の末尾の璽・章・印で示される格、鈕の形などが地位によって異なる。

鈕の形でみると、皇帝・皇后は螭虎鈕、皇太子・丞相・大将軍・列候などの高級官人は亀鈕、諸侯王は槖駝鈕（駱駝形の鈕）、千石以下の中級官人は鼻鈕とされている。前漢初期印でもっとも多かった蛇鈕は姿を消している。

では『漢旧儀』の規定はどの程度厳密に実施されたのであろうか。鈕の形はある程度守られているが、例外も多い。『漢旧儀』では璽・章・印で格が分けられているにもかかわらず、実際には「大将長史」・「趙太子丞」・「東萊守丞」・「膠西都尉」などのように印文の末尾に「印」あるいは「章」の一字を欠いているものも多数ある。それを次に検討しよう。

内臣印の格

印の格を内臣印と外臣印に分けてみておこう。

栗原朋信は内臣を「京師ならびに郡県の官僚、諸侯王・列侯以下の有爵者」、外臣を「漢の皇帝の徳化を蒙り、皇帝の制定にかかる礼は及ぶが、法の及ばない地域のもの」とされている（栗原一九六〇）が、ここでは『徴存』所収印のうち、朝官及其属官印、王侯及其属官印、州郡県郷里官印とされる印を内臣印、「頒給兄弟民族官印」を外臣印としておく。

『徴存』には前漢の内臣印が朝官及其属官印、王侯及其属官印、州郡県郷里官印に三分され、四〇一方収録されている。これには道家印や一辺一寸であるはずの一辺が〇・五寸（〇・五寸×一寸）となる百石以下の下級役人用の半通印が一一四方含まれているから、それを除外すると、二八二方になる（表1）。

朝官及其属官印には、『漢旧儀』で皇后は玉璽あるいは金螭虎紐とある「皇后之璽」白玉螭虎鈕印（一九六八年陝西省咸陽渭河北原採集）や「大将長史」亀鈕印、「上将軍印章」瓦鈕印、「祈連将軍章」亀鈕印など一二二方がある。「大将長史」は大将軍の長史の印、「祈連将軍章」は匈奴の地域にある祈連に派遣された将軍に与えられた印を意味するから、印文は組織名ないしは地名と官職名から構成されている。これは他も同じである。

王侯及其属官印には、宣帝の皇子劉欽が元康三（紀元前六三）年に任ぜられ、子の劉玄、劉縯が後を継いだ「淮陽王璽」玉質覆斗鈕印や、高祖四（紀元前一九五）年に置かれ景帝三（紀元前一五四）年に邯鄲郡に復した趙国の太子の丞官の印である「趙太子丞」鼻鈕印、景帝四年から武帝の元

表1　漢代官印の格表現

		璽	章	印	無	計	%
前漢	朝官及其属官印	1	13	57	51	122	41.80
	王侯及其属官印	1	0	17	27	45	60.00
	郡県郷里官印	1	0	68	46	115	40.00
	小　計	3	13	142	124	282	43.97
新莽	朝官及其属官印	0	4	22	27	53	50.94
	五等爵及世子印	0	0	8	31	39	79.49
	州郡県郷官印	0	1	41	22	64	34.38
	小　計	0	5	71	80	156	51.28
後漢	朝官及其属官印	0	37	40	87	164	53.05
	王侯及其属官印	3	2	5	33	43	76.74
	州郡県郷里官印	0	2	58	37	97	38.14
	小　計	3	41	103	157	304	51.64
	総　計	6	59	316	361	742	48.65

狩元（紀元前一二二）年に広陵国になるまで江都郡だったころの相官を示す「江都相印」亀印など四五方がある。いずれも組織名・地名と官職名から構成されている。

州郡県郷里官印では、現在の広西壮族自治区の海岸部に置かれていた合浦郡の太守の印である「合浦太守章」石質亀鈕印、山東半島一帯にあった東莱郡の太守の丞官の「東莱守丞」鼻鈕印、膠西国、膠西郡の都尉に与えられた「膠西都尉」銀質亀鈕印など一一五方がある。やはり組織名・地名と官職名から構成されている。

以上に引用した官印の例には「皇后之璽」・「祈連将軍章」・「江都相印」のように末尾に璽・章・印が付くものに加え、「大将長史」のように璽・章・印のいずれも付かないものがある。璽・章・印のいずれもが付かないものの前漢印に占める割合を表1に示そう。参考のために、表1には新莽（王莽）印と後漢印も示している。

表1で明瞭にわかるように、前漢の璽・章・印を欠く内臣印の割合は四四・六八パーセントに達する。このなかには一九七三年に湖南省長沙市馬王堆一号漢墓（長沙国丞相利蒼夫人墓）から検出された「長沙丞相」鎏金亀鈕印が含まれている。「長沙丞相」印と同様の型式の印文は「重徳侯相」や「湘成侯相」印がある。新莽の内臣印の五一・二八パーセント、後漢の内臣印の五一・六四パーセントにも璽・章・印が付かない。さらに次に述べるように、四夷に下賜した印は魏晋にいたるまで新莽の二方を除いて璽・章・印を欠く。それを偽印とすると、内臣印・四夷印は出土印を含め『徴存』収録印の半分以上が偽印ということになる。

外臣印の格

外臣印は、両漢頒給兄弟民族官印として、滇越倭奴国印四方と匈奴鮮卑羌胡等印六二方、合わせて六六方が収録されている。

まず北方民族に下賜された匈奴鮮卑羌胡等印六二方を検討しよう。前漢と後漢が合わせて収録されており、両漢の差が出てこないが、参考になる。なお、内臣印は組織名・地名と官職名からなっていたが、外臣印には頭に王朝名が冠せられる。そこで王朝名（A）、民族名（B）、官職名（C）の構成要件に注意してみてみよう。その際、属国視した帰義・破虜・守善・率善・保塞などの文言は無視することにする。列記すると

漢匈奴帰義親漢君　一方　A＋B＋C（親漢君）
漢匈奴帰義親漢長　一方　A＋B＋C（親漢長）
漢匈奴悪適尸逐王　一方　A＋B＋悪適＋C（尸逐王）
漢匈奴悪適姑夕且渠　一方　A＋B＋悪適姑夕＋C（且渠）
漢匈奴呼律居訾成群　一方　A＋B＋呼律居訾成群
漢匈奴姑塗黒台耆　一方　A＋B＋姑塗黒台耆
漢匈奴呼盧訾尸逐　一方　A＋B＋呼盧訾＋C（尸逐）
漢匈奴栗借温禺鞮　一方　A＋B＋栗借＋C（温禺鞮）
漢匈奴伊酒莫當百　一方　A＋B＋伊酒莫＋C（當百）
漢匈奴破虜長　三方　A＋B＋C（長）
漢匈奴守善長　一方　A＋B＋C（長）
漢帰義鮮卑王　一方　A＋B＋C（王）
漢鮮卑率衆長　一方　A＋B＋C（率衆長）
漢帰義賨邑侯　一方　A＋B＋C（邑侯）

漢青羌邑長	一方	A＋B＋C（邑長）
漢破虜羌長	二方	A＋B＋C（長）
漢帰義羌長	三方	A＋B＋C（長）
漢帰義羌佰長	二方	A＋B＋C（佰長）
漢帰義胡長	四方	A＋B＋C（長）
漢帰義胡佰長	一方	A＋B＋C（佰長）
漢破虜胡長	一方	A＋B＋C（長）
漢率善胡長	一方	A＋B＋C（長）
漢休著胡佰長	一方	A＋B＋C（佰長）
漢率善氏佰長	一方	A＋B＋C（佰長）
漢帰義氏佰長	三方	A＋B＋C（佰長）
漢丁零仟長	一方	A＋B＋C（仟長）
漢盧水仟長	一方	A＋B＋C（仟長）
漢盧水佰長	一方	A＋B＋C（佰長）
漢屠各率衆長	一方	A＋B＋C（率衆長）
漢保塞近群邑長	一方	A＋B＋C（巴長）
漢保塞烏桓率衆長	四方	A＋B＋C（率衆長）
漢烏桓率衆長	一方	A＋B＋C（率衆長）
漢叜邑長	六方	A＋B＋C（邑長）

漢叟邑長　一方　A＋B＋C（邑長、叟＝変）

漢変仟長　一方　A＋B＋C（仟長）

となる。四夷（外臣）に下賜した印が「A（漢＝王朝名）＋B（匈奴・鮮卑・胡などの民族名）＋C（尸逐王・温禺鞮・邑長・仟長・佰長などの官職名）」の組み合わせであることが歴然としている。

このほかに「漢率衆君」「漢帰義夷仟長」「漢帰義蛮邑長」「漢邑長印」「帰義邑長」「帰義長印」「漢夷佰長」の七方があるが、新たに服属してきた者に一時的に下賜する印で、そのため特定の民族名を入れていない。また、内臣化した胡族用の印を誤って掲載した「胡仟長印」がある。

このように外臣印には例外なく王朝名の「漢」が冠せられた。しかし印の実例が知られていないものの匈奴の単于は例外だったらしく、『漢書』匈奴伝によれば「匈奴単于璽」印を下賜されている。これを王莽は「新匈奴単于璽」に改めている。

次に西南少数民族に下賜された滇越倭奴国印四例をみておこう。

「滇王之印」「漢委奴国王」「越青邑君」「越貿陽君」の四方があり、委奴国王のみに王朝名が冠されている。実は、滇は漢の直轄領を示す益州郡に住む少数民族で、内臣である。実際、内臣印に漢を冠する例はまったく無いが、外臣である北方少数民族の下賜印には漢が冠せられている。

同様に漢が冠されない「越青邑君」「越貿陽君」の「越」は現在の広東省からベトナムにかけて居住する民族で、『漢書』地理志は南海郡・鬱林郡・蒼悟郡・交趾郡・合浦郡・九真郡・日南郡の七郡を粤（越）の国としていて、郡の支配下にある内臣化した民族であった。

したがって西南少数民族に下賜したとされる滇と越の計三方は外臣印から削除でき、内属した北方少数民族用の「胡仟長印」と合わせて四方が「頒給兄弟民族官印」から除外できるから、外臣に下賜した官印は六二方になる。

前漢と後漢の間に王莽の新（新莽）がある。新莽代に四夷に下賜した印が「須給兄弟民族官印」として九方収められている。それらは

新越餘壇君　一方　A＋B＋餘壇＋C（君）
新難兜騎君　一方　A＋B（難兜）＋C（騎君）
新保塞烏桓㮤犂邑率衆侯印　一方　A＋B＋㮤犂邑＋C（率衆侯）＋印
新西国安千制外羌佰右小長　一方　A＋西国安千制外＋B＋C（伯右小長）
新五属左佰長印　一方　A＋B（五属）＋C（左佰長）＋印
新西河左佰長　一方　A＋B（西河）＋C（左佰長）
新前胡佰長　一方　A＋B＋C（佰長）
新前小長　一方　A＋B＋C（小長）

となる。「新保塞烏桓㮤犂邑率衆侯印」の「㮤犂邑」の意味がわからないが、邑とあるから烏桓族の㮤犂邑という地域（部族）名と考えられる。また「新西国安千制外羌佰右小長」の「西国」は西域のことだが、「安千制外」が不明である。しかし新印においてもA＋B＋Cが印の構成要件になっていることが理解できる。

両漢・新莽の外臣印のほとんどは単純なA＋B＋Cの構成だが、例外といえるのが

漢匈奴悪適尸逐王　A＋B＋悪適＋C
漢匈奴悪適姑夕且渠　A＋B＋悪適姑夕＋C
漢匈奴呼律居訾成群　A＋B＋呼律居訾成群
漢匈奴姑塗黒台耆　A＋B＋姑塗黒台耆

漢匈奴呼盧訾尸逐　A＋B＋呼盧訾＋C
漢匈奴栗借温禺鞮　A＋B＋栗借＋C
漢匈奴伊酒莫當百　A＋B＋伊酒莫＋C
新越餘壇君　A＋B＋餘壇＋C
新保塞烏桓㚇犂邑率衆侯印　A＋B＋㚇犂邑＋C＋印

で、たとえば、「漢匈奴悪適尸逐王」は王朝名の漢、民族名の匈奴、悪適、官職名の尸逐王で構成されており、「漢匈奴栗借温禺鞮」も王朝名、民族名、栗借、官職名の温禺鞮となっている。

『後漢書』南匈奴列伝に、「其（匈奴）の大臣貴者は左賢王、次左谷蠡王、次右賢王、次右谷蠡王、これを四角という。次左右日逐王、次左右温禺鞮王、次左右漸将王、これを六角となす。皆単于の子弟で、次の単于となりうる者なり。異姓大臣左右骨都侯、次左右尸逐骨都侯、其の余は日逐、且渠、當戸の諸官号あり」とある。

これから尸逐王と温禺鞮は匈奴の大臣を意味すると理解できる。匈奴の大臣は、単于（匈奴の王）を後継する資格のある同姓大臣の王と、資格のない異姓大臣の骨都侯に分かれる。尸逐は資格のない骨都侯にあたる。したがって匈奴内部の印であれば尸逐骨都侯になるが、これは漢からの下賜印だから尸逐王となっている。これに対し温禺鞮は王位継承権をもつ王で、四角、日逐王に次ぐ高位になる。左右があり、左温禺鞮王であれば第七位の王位継承資格をもつことになる。且渠は骨都侯より下位の官人になる。當百は官職に無いが、當戸に類するものであろう。

それでは「漢匈奴悪適尸逐王」の悪適、「漢匈奴栗借温禺鞮」の栗借などは何だろうか。

これについては、人名とする説と部族名とする説がある。

悪適と栗借については『徴存』は立場を明らかにしていないが、「漢匈奴呼律居訾成群」の呼律居訾は居次のことで公主を意味し、呼律居訾は王昭君の長女の名前であるとしている。しかし官印に人名を入れる例はない。

人名を入れる例がまったくないわけではなく、『徴存』第十一巻に殉葬専用印として「左奉翊掾王訢印」や「屯田校尉守之印」など三三方が収められている。なかでも楽浪漢墓の王光墓から出土した「楽浪太守掾王光之印」はよく知られている。三三方を通じて」官職名の次に姓名がきていて、「漢匈奴悪適尸逐王」や「漢匈奴呼律訾居成群」は書式に合わない。

したがって人名の可能性は無くなる。部族名とすると、「新越餘壇君」が参考になる。類似した官印に、先に内臣印として除外した「越青邑君」「越貿陽君」印がある。越餘壇君、越青邑君、越貿陽君は「越+〇+君」と構成が同じになる。これは越民族の餘壇の邑君、青の邑君、同じく貿陽の邑君に下賜されているように思われる。それは北方少数民族の匈奴民族にみられる悪適や栗借に通じ、民族の下位にある部族と考えうる可能性が高い。「新保塞烏桓耎犂邑率衆侯印」の「耎犂邑+率衆侯」にも同様の可能性がある。「新西国安千制外羌佰右小長」の「西国安千制外」もわからないが、王朝名の新と民族名の羌の間に「西国安千制外」がきて、官職名の佰右小長になっている。西国は西域を意味するから、西域の「安千制」の外にある羌族ということであろうが、わからない。

民族と部族

多くの民族の感銘が王朝名+民族名+官職名で構成されているのに、匈奴・越・倭には民族の下位の部族名が入っていることになる。それは大国であったからにほかならない。

匈奴が、ことに前漢代に大国であったことは明らかで、印文をみても独自性の大きな部族は民族扱いになっている。越と倭はどうであろうか。

『漢書』地理志は前漢代の国勢調査といえるもので、漢の郡国（太守が皇族の場合、郡は国という。その場合太守を王とよぶ）ごとに戸数と人口数が一桁まで挙げられている。人口調査に精粗はあろうが、参考になる。

倭国に関係深い遼東諸郡と越族の住む南海諸郡の数値をまとめると表2のようになる。地理志は南海郡・鬱林郡・蒼悟郡・交趾郡・合浦郡・九真郡・日南郡の七郡を粤（越）の国とする。支配層の漢族を除いた全てが越族というわけではなかろうが、それにしても二一万戸を超えている。

後漢の越の人口は『後漢書』郡国志でわかる。鬱林郡と交趾郡については戸数と人口が漏れているが、表2のように全ての郡で戸数と人口が増えている。

漢代の倭国の戸数・人口はわからない。

表2 漢代の郡戸数・人口

『漢書』地理志	戸数	人口数	県数	1県当戸数	1戸当人数
楽浪郡（朝鮮北部）	62,812	406,748	25	2,512	6.48
玄兔郡（遼寧東部）	45,006	221,845	3	15,002	4.93
遼東郡（遼寧西部）	55,972	272,539	18	3,110	4.87
広陽国（北京）	20,740	70,658	4	5,185	3.41
南海郡（広東東部）	19,613	94,253	6	3,269	4.81
鬱林郡（広西中西部）	12,415	71,162	12	1,035	5.73
蒼悟郡（広西東部）	24,379	146,160	10	2,438	6.00
交趾郡（北ベトナム）	92,440	746,237	10	9.244	8.07
合浦郡（広西海岸部）	15,398	78,980	5	3.080	5.13
九真郡（北ベトナム）	35,743	166,013	7	5,106	4.64
日南郡（北ベトナム）	15,460	69,485	5	3,092	4.49
京兆伊（長安中心部）	195,702	682,468	12	16,309	3.49
『後漢書』郡国志	**戸数**	**人口数**	**県数**	**1県当戸数**	**1戸当人数**
南海郡（広東東部）	71,477	250,282	7	10,211	3.50
蒼悟郡（広西東部）	111,395	466,975	11	10.127	4.19
合浦郡（広西海岸部）	23,121	86,617	5	4,624	3.75
九真郡（北ベトナム）	46,513	209,894	5	9.303	4.51
日南郡（北ベトナム）	18,263	100,676	5	3,653	5.51

ある程度がわかるのは『魏志』倭人伝ということになる。地理志の段階で楽浪郡は二五県、六二、八一二戸、四〇六、七四八人の人口があったが、『後漢書』郡国志では一八県、六一、四九二戸、二五七、〇五〇人と減り、『晋書』地理志になると六県、三、七〇〇戸に激減している。帯方郡の設置があったにしても減り方がいちじるしく、烏丸・鮮卑や韓・濊などの民族の領土回復の戦いが反映している。一方、越郡は増加している。だから倭人伝との比較は問題があるが、楽浪海中の倭国だからそれほどの変化はあるまい。

そこで倭人伝をみると、対馬国一、〇〇〇余戸、一大国三、〇〇〇許家、末盧国四、〇〇〇余戸、伊都国一、〇〇〇余戸、奴国は広陽国に匹敵する二〇、〇〇〇余戸、不弥国一、〇〇〇余家、投馬国は玄兔郡・遼東郡に近い五〇、〇〇〇余戸、邪馬台国は楽浪郡よりも多い七〇、〇〇〇戸余とあるから、合計一五万余戸になる。これに人口不明の旁国が二一国あり、狗奴国もある。旁国二一国と狗奴国を一万戸としても計三〇国で一六万戸、一国平均では五、三三三戸になる。

ただ、この倭国の三〇国は倭人伝冒頭の「使訳の通ずる所三十国」と同じとみられ、使訳の通じない国が多数あったであろうから、戸数はもっと増える。おそらく越族に匹敵するような戸数をもっと考えられていたのだろうが、越族とは異なり内臣化していなかった。

それでは、東夷諸国はどのくらいの人口だったのだろうか。

『魏志』鮮卑伝によると、鮮卑は数百から千の「落」が集まって一つの部族を作る。落は一ヶ所にテント二～三戸、二十数人ほどの集団をいい、邑落は戸数二十数戸、人口約百十数人程度のまとまりをいう（内田一九八八）。とすれば一部族＝一、〇〇〇落は二万人ほどになる。

檀石塊のとき、自らの領土を中東西の三部に分けたというが、右北平郡から東（夫余・濊・貊と接す）に二〇余邑、右北平郡から上谷郡の間に一〇余邑、上谷郡から敦煌（烏孫と接する）にかけて二〇余邑だったというから、大きく見ても合わせて五〇余邑、一邑（邑落）一五〇人としても七、五〇〇人程度に過ぎない。ただ順帝のときに三万人余を率いて漢軍を援護しているから、もっと多数の人口があったと思われる。

『魏志』夫余伝は戸八万とする。

『魏志』高句麗伝は戸三万とする。

『魏志』東沃沮伝は戸五千とする。

『魏志』濊伝は戸二万とする。

『魏志』韓伝は馬韓と弁辰（弁韓・辰韓）に分けている。馬韓では大国は万余家、小国は数千家、総て十余万家とする。馬韓には五五国あるから、一国平均は一、八一八家になる。弁辰のうちの大国は四～五千家、総じて四～五万戸という。弁辰には二四国あるから、一国平均二、〇八三家になる。

シルクロードに沿ったオアシス国である諸国はさらに小さい。『後漢書』西域伝によれば、拘弥国二、一七三戸七、二五一人、西夜国二、五〇〇戸万余人、子合国三五〇戸四、〇〇〇人、徳若国一〇〇余戸六七〇人に過ぎない。

以上のように、越族には及ばないが、戸数一六万超とみられていた倭国は大国であり、奴国もまた大国だった。

韓には馬韓・辰韓・弁韓の部族があり、それらはさらに七九国に分かれていた。倭にも伊都国・奴国・邪馬台国など三〇を超える国があった。韓と倭人の下位にある国は部族にほかならない。

漢の外臣官印の印文構造

外臣印の印文の基本が「A（王朝名）＋B（民族名）＋C（官職名）」の組み合わせで構成されていることは先に指摘した。これに加え、匈奴・越・倭のような多くの戸数を擁する民族についてはD（部族名）を加え、

「A（王朝名）＋B（民族名）＋D（部族名）＋C（官職名）」が基本の組み合わせになる。すなわち悪適や栗借などを部族名とすると

漢匈奴悪適尸逐王　A＋B＋D（悪適）＋C
漢匈奴悪適姑夕且渠　A＋B＋D（悪適姑夕）＋C
漢匈奴呼盧訾逐　A＋B＋D（呼盧訾）＋C
漢匈奴栗借温禺鞮　A＋B＋D（栗借）＋C
新越餘壇君　A＋B＋D（餘壇）＋C
新保塞烏桓耎犂邑率衆侯印　A＋B＋D（耎犂邑）＋C＋印
漢委奴国王　A＋B＋D（奴国）＋C

のようになる。「漢委奴国王」印を偽印とした場合、この偽作者は解明されていなかった漢の外臣官印の基本構造を熟知していたことになる。

後漢の外臣の官職

『後漢書』百官志に「四夷国王率衆王帰義侯邑君邑長皆有丞比郡県」とある。これはどう理解できるのであろうか。二通りの読み方がある。

一つは、「四夷の国、王率衆王帰義侯邑君邑長に皆丞あり、郡県に比す」のように、「四夷国王」を「四夷の国、王」と読もうとする。つまり「四夷の国、王・率衆王・帰義侯・邑君・邑長のそれぞれに皆丞がいる。その官位は郡の太守、県の県令・県長に相当する」とりかいする。現在中国国史の史料として引用されることの多い中華書局版『後漢書』はこの立場をとっている。

漢代の官印で官職名が「国王」になる可能性は、内臣では「淮陽王璽」と「廣陵王璽」にある。それぞ

れ淮陽国と廣陵国の王（太守）に任じられている。印文には「王」とある。外臣では「漢委奴国王」金印を除いて例がないが、王は「尸逐王」「鮮卑王」がある。「王」を官職名とすれば、淮陽王・廣陵王・奴国王・尸逐王・鮮卑王で揃う。

もう一つは、「四夷、国王率衆王帰義侯邑君邑長に皆丞あり、郡県に比す」と読む。「四夷、国王・率衆王・帰義侯・邑君・邑長のそれぞれに皆丞がいる。その官位は郡の太守、県の県令・県長に相当する」と解する。

どちらに解するかによって、四夷（外臣）の民族・部族の統率者のうちの郡太守に相当する高位の称号が「王」か「国王」かの相違が生じる。

そこで先に紹介した前漢・新莽・後漢の外臣印七一方をみると、印文は

A（王朝名）＋B（民族名）　　　　　　＋C（官職名）

A（王朝名）＋B（民族名）＋D（部族名）＋C（官職名）

のどちらかになっていて、部族名に「国」字を用いることはない。この場合の国に国家の意味はなく、人々のまとまりをいうから、国王といっても国家の王ではなく、大きな集団の統率者くらいを指している。印文の部族名に「国」を用いる例はないから、「国王」が官職名である可能性が生じる。

筆者は両論を勘案し、これまで「国王」としてきた(4)（高倉一九九五）。郡の太守に皇族が任官したときに郡を国、太守を王というが、広陽王劉建、中山王劉勝のように「王」といっている。郡の下にある県を侯国という場合があるが、長沙国の丞相であった利蒼が江夏郡軑県に封じられて軑侯を名乗っているように「侯」となる。これに関して、前漢の内臣印に九江郡皇陵県の丞である「皇陵国丞」や山陽郡金郷県の丞である「金郷国丞」など国丞印が五方ある。『漢書』王子侯表に卑梁侯郡とある卑梁郡あるいは卑梁県を

意味すると思われる。「卑梁国丞」も侯国印である。

後漢になると、『後漢書』百官志に「県下に侯国あり。侯国に相丞一人、尉大県二人小県一人」とあるが、中山国驫吾侯国の「驫吾国相」、征羌国とされた如南郡富陽県の「征羌国丞」、南陽蔡陽侯国の「蔡陽国尉」など侯国の相・丞・尉印が九方あり、対応している。

これらの諸例にある「国」は皇陵国・驫吾国・征羌国のように地名の一部になっている。

これからみても「国王」ではなく「王」であることがわかるが、さらにⅥ章で証明することにする。

実際の印には王・率衆王・帰義侯・邑君・邑長に加えて百官志にない率衆長・帰義王・帰義長・仟長・佰長がある。邑長・仟長・佰長の関係は、佰長（百長）は一〇〇人ごとにまとまった集団の長、仟長（千長）はその一〇単位、つまり一、〇〇〇人の集団の長で、邑長は仟長の上に立つ長で村長クラスになる。

四夷の統率者に下賜した王・率衆王・帰義侯・邑君・邑長の官職は実際にはさらに細分され、帰義王は率衆王と帰義侯の間、率衆長・帰義長は率衆王・帰義侯の下位に来るのであろうし、仟長・佰長は邑長の下部組織の長になる。

ともあれ、尸逐王・温禺鞮・帰義王・率衆長・帰義長などは官職名である。したがって、外臣印の基本は

王朝名（漢）＋民族名＋部族名＋官職名

の組み合わせということを改めて理解できる。

ついでながら、『魏志』韓伝に、辰韓の王を臣智ということと、諸韓国の臣智に邑君、その次のランクの者には邑長の印綬を下賜したことが記され、さらに辰王の臣下に漢魏から「率善邑君帰義侯中郎将都尉佰長」の官職を受けたものがいるとある。

これらを解釈するには後漢の印の制度を知っておく必要がある。

属国に当たる周辺諸国（四夷）の統率者に後漢や魏は、その規模や人口などに応じて、王・率衆王・率衆長・帰義侯・帰義長・邑君・邑長などの官職を与えている。韓の「率善邑君帰義侯中郎将都尉佰長」は、実際の印例を後に紹介するが、率善は倭が魏から下賜された率善中郎将・率善校尉のように帰義侯を除いたすべてにかかり、率善邑君・帰義侯・率善中郎将・率善都尉・率善伯長になる。伯長は佰長のことである。韓伝には別に邑君・邑長とあるが、これもそのままではなく、率善邑君・率善邑長であったと理解すればよい。

Ⅳ．「漢委奴国王」の読み方

「漢委奴国王」は何と読むか

述べてきたように、「漢委奴国王」金印は、

王朝名（漢）＋民族名（委＝倭）＋部族名（奴国）＋官職名（王）

からなっている。ただ、王朝名＋民族名＋官職名という外臣印文の基本構成からすると、「委奴」を民族名とみて

王朝名（漢）＋民族名（委奴国）＋官職名（王）

とする考えも成り立つから、「委奴」を検討しておかねばならない。

江戸時代の天明四（一七八四）年に現在の福岡市東区志賀島で出土した「漢委奴国王」金印は、発見の年からすでに「委奴」の解釈をめぐって論争が生じている。そこでまず各種の「委奴」説を検討してみることにする。

「委奴」の解釈には主に次の三通りがある。

①「委」字を「倭」字の省略と考え、倭奴＝ヤマトと考える説

②「委」をその通りに考え、委奴＝イト、

すなわち『魏志』倭人伝の伊都国（福岡県糸島氏一帯）とする説

③「委」を「倭」の省略と考える点は①と同じだが、「倭」の「奴」、

すなわち『魏志』倭人伝の奴国（福岡市博多区・南区、春日市、大野城市一帯）とする説

これら三説のほかにもいくつかの説がある。一例を紹介すると、高橋龍男は『大日本国号考』でイド国説を主張している。高橋はイトではなく、東方の夷奴国として蔑称したもので、日本の全体ではなく九州の一部とする（高橋一九〇四）。

ここでは主張者の多い①～③の三説を検討しておこう。

①漢の委奴（倭奴＝ヤマト）の国王、または漢の委奴（倭奴＝ヤマト）国の王説

金印の価値に最初に着目した亀井南冥は、金印発見の一七八四（天明四）年に、「唐土の書に倭奴国と有之候、委字は倭字を略したる者と相見申候」と記してその発見と金印の価値を郡長に報告していて、『旧唐書』が「倭国は古の倭奴国なり」としていることを参考にしたとみられる。実際、中国の歴史書『漢書』に掲載されて以来『隋書』にいたるまで日本は「倭国」とされている。七〇〇年代はじめから唐に「日本」とよばれるようになると、『旧唐書』が「倭国は古の倭奴国なり」とし、『新唐書』以降の史書は日本の前身を「倭奴国」としている。

亀井南冥は、同年に書いた『金印弁』で、『武備志』日本考で「美濃を米奴、紀伊を乞奴苦芸」と書いている例や諸外国の例を挙げ、「奴」が日本をさげすんで付けたものではないと例証している。つまり南

冥は「倭の国」としてとらえ、ヤマトのことと考えている。

同様の説は、松下見林『異称日本伝』一六八八年、伴尚昌『国号私弁』一八〇四年、谷川士清『日本書紀通証』一八四五年などをはじめ、近年でも貝塚茂樹『日本と日本人』一九六五年などがある。

内藤虎次郎（湖南）は「日本上古の状態」『歴史と地理』三―二、一九一九年で「委奴国王は従来色々解釈したが、やはり倭国の倭の字と同じ言葉を当てたに相違ない」と述べ、「委奴 ya-duo をヤマトの省音」としている。

これらのヤマト論者の根底には、辻善之助が『日本文化の交流』一九三八年で「稲葉氏（稲葉君山のこと）が漢の印章制度から論じてゐる如く、決して土豪なんどへ贈るべき品ではないと思ふからである」と言っているように、地方の部族の王に金印を下賜するはずがないという観点に立脚している。

近年では貝塚茂樹・福永光司らが主張しているが、彼らも倭国内の一部族の長に贈られるようなものではないとしている。

ともあれ、ヤマト説は金印発見の年、一七八四年からすでに登場している。

②漢の委奴（イト＝伊都）の国王、または漢の委奴（イト＝伊都）国の王説

委奴国を伊都国（怡土郡）と最初に比定したのは藤貞幹で、①と同じく金印発見の一七八四年のことである。『藤貞幹考』によれば、貞幹は「委」字を「倭」字と同音の省略としたうえで、音韻から説いている。したがって倭奴国もイト国になる。

上田秋成も同じ年に『漢委奴国王金印考』を著し、やはり音韻からイト国としている。

このイト論者も多く、日本古代史研究に多大な業績を残した竹内理三も「日本古代史の諸問題」『日本歴史』一九四七年七月号で支持している。

ただ、イトと読んでも伊都国と限るわけでもなく、星野恒は「宗像郡怡土郷」、浜名寛佑は「宗像の怡土郷も那津も皆包有して」、坂本種夫・橋本郁夫は「筑前国全域、筑後の一部の三井・浮羽二郡に亘った」としている。坂本・橋本はこうした大国でなければ光武帝が金印紫綬を下賜するはずがないからと主張している。

また、中国では偏を省略することがよくある。それは「渡」を「度」、「鏡」を「竟」のように音が一致（音通）する場合であるが、「委＝イ」と「倭＝ワ」では音が一致しないため、省略ではないとし、音から「イト」とする論もある。

近年では久米雅雄や常松幹雄がイト説を主張している。

③漢の倭の奴の国王、または漢の倭の奴国の王説

①・②が金印発見の一七八四年から主張されているのに対し、③説は一〇〇年以上後に、三宅米吉が「漢委奴国王印考」『史学雑誌』三―三七号、一九八二年で唱えた新説だが、現在定説になっている。

三宅は「委」は「倭」の略字で、「奴」は音韻からしてナ行の「ぬ・の・な」のいずれかであるからイトとは読めず、後に儺県とよばれた那珂郡（今の福岡市博多区）であるとする。この三宅の説は、本居宣長が金印発見以前の一七八八年に『馭戎慨言・上』で倭奴国を儺県・那津など「ナ」とよばれた筑前のこととしている説を、下敷きにしている。したがって本居宣長にはじまる説であるが、発見以前であることと宣長自身が後に①・②説に傾いたことから、三宅米吉が最初の論者になる。③説の支持者は多い。

イト説論者に「委＝イ」と「倭＝ワ」では音が一致しないから音通しないとする論があるが、「倭」には呉音・漢音ともに「委」と同じ「イ（ヰ）」音があり、音通する。現在の「委」には「ワ」音はないが、藤原京出土木簡に「熊毛郡大贄伊委志煮」（周防国熊毛郡）、平城京出土木簡にも「名錐郷秋科里荒伊委之」

（志摩国英虞郡名錐郷）とイワシのことを伊委志・伊委之とする例を森浩一が指摘しており（森一九九七）、かつては「ワ」でも音通していたのであろう。(5) したがって「委」は音通する「倭」の人偏省略形の可能性が高い。

岡崎敬は「漢匈奴悪適尸逐王」印の構成が、本稿の指摘と同様に、王朝名（漢）＋民族名（匈奴）部族名（推定、悪適）＋官職名（尸逐王）からなっており、それが王朝名（漢）＋民族名（委＝倭）＋部族名（奴国）＋官職名（王）に通ずることを主張した（岡崎一九六八）。倭の奴説の定説化に果たされた岡崎の功績は大きい。

ヤマト・イトとは読めない委奴

岡崎敬の主張によって「委奴」は倭の奴であることがほぼ確定した。『徴存』で外臣印を比較検討しても、ヤマト説・イト説あるいはイド説は成立しない。

絶滅した感のある「イト」説だが、大阪府の久米雅雄や福岡市の常松幹雄などによって受け継がれている。しかしイト説は、述べてきたように、王朝名の漢の次にくるのは民族名だから成立しない。

漢の次に部族名がくる例が無いわけではない。「漢丁零仟長」「漢盧水仟長」などの印例にある丁零は匈奴の、盧水は羌の一部族になる。東夷では同じ夫餘族であっても独立性の高い高句麗は別に扱われ、『魏志』には夫餘伝と高句麗伝がある。後述するように晋印には「晋夫餘率善佰長」印と「晋高句麗率善邑長」印がある。

漢代日本の民族名は、漢にどう理解されていたのだろうか。

『漢書』地理志や『後漢書』東夷伝、『魏志』倭人伝に倭・倭人とある。東夷伝には安帝のときに倭国王帥升らが遣使したこと、それとは別に倭奴国が遣使したことを記録している。倭奴国は倭国の極南界とあるから、倭国と倭奴国は相違し、倭国の一地方の、倭の奴国であることがわかる。この解釈への反論は無い。

倭人伝には倭国を構成する諸国とした邪馬台国や伊都国、奴国などが挙げられている。

これらから、漢魏は日本列島に住む集団を一字名民族の倭人＝倭族とみていたこと、倭国が倭民族の集団であり、奴国や伊都国などを民族より下位の部族とみなしていたことは明白で、だからこそ「漢委奴国王」金印や「親魏倭王」金印を下賜している。

委奴＝イト説を打ち消す根拠も魏晋印にある。詳しくは後述するが、胡・羌・氐・韓などの一字名民族と匈奴・鮮卑・高句麗のような二字以上の複数字名民族では民族名と率善の順序が異なる。魏晋印をみると、倭は「親魏倭王」金印にみられるように一字名民族と認識されていることがわかる。

委奴をイトと解しようとするならば、伊都国＝伊都族が倭族から高い独立性をもっていること、東夷伝に伊都伝的な要素の部分があることの証明が必要になるが、魏のときに「郡使の往来常に駐まる所なり」という状況の伊都国に倭からの独立性は認められない。したがってイト説は成立しない。この点はⅤ・Ⅵ章で詳説する。

委奴を倭奴とし、ヤマトと読もうとする説は、匈奴や鮮卑のように二字表記民族はあるから、可能性はある。そうであれば「漢（王朝名）＋委奴（倭奴、民族名）国＋王（官職名）」となるから、漢代の印の実例からしてこれを否定することはできない。ただ、魏晋印には徹底した原則があり、それは漢代にさかのぼるからヤマトもまた読めない。このこともⅤ・Ⅵ章で詳述することにする。

「漢委奴国」の意味

羅福頤主編『徴存』の「両漢頒給兄弟民族官印」の七五方を分析したように、外臣に下賜した印には「新難兜騎君」のようにまず王朝名（新）が冠せられ、次に民族名（難兜＝西域の難兜国）、そして官職名（騎君）がくる。「新五属左佰長印」も同じで新＋五属（匈奴の五属国）＋左佰長＋印からなっている。ところが「漢匈奴悪適尸逐王」や「新越餘壇君」のような場合は、まず王朝名（新）が冠せられ、次に民族名（越）がくるところは同じだが、官職名（尸逐王・君）との間に部族名（悪適・餘壇）が入っている。内臣の場合は王朝名が冠せられることはないが、「越青邑君」・「越貿陽君」をみると、民族名と官職の間に部族名の青邑・貿陽が入っている。

蛇鈕金印で知られる「滇王之印」がある。似た印として『魏志』の玄菟郡の項に「濊王之印」金印がある。滇王は、中国雲南省昆明市南方に居住する少数民族滇族の首長で、漢の官僚としてこの地の支配担当者（王）に漢から任じられたことを意味する。「濊王之印」は、玄菟郡の府庫に収められていたが、朝鮮半島北部の日本海側に居住する濊族が臨屯郡、後に楽浪郡の支配下にあったときの濊族の統率者（濊王）に下賜される予定の印であった。

「漢委奴国王」と異なり、これらの印の最初に「漢」字がないのは、「滇」及び「濊」そして「越青邑君」・「越貿陽君」が漢帝国の郡制施行領域内に居住する内臣化した少数民族のためである。滇族は益州郡、濊族はこの段階では玄菟郡、越族は南海郡・合浦郡・交趾郡・九真郡・日南郡などの支配下にあった。

倭は漢が郡制を施行し領土となった地域ではない外臣のため「漢」が冠せられている。匈奴鮮卑羌胡等印をみても

匈奴印　一三方　漢匈奴帰義親漢君・漢匈奴悪適尸逐王・漢匈奴栗借温禺鞮など
鮮卑印　二方　漢帰義鮮卑王・漢鮮卑率衆長
羌印　八方　漢青羌邑長・漢破虜羌長・漢帰義羌長など

のように、外臣は王朝名が冠せられている。「帰義」「破虜」などは漢に直属しない領域の民族に使用する文字で、除外して考えてよい。このほかに賨・胡・氐・丁零・盧水・屠各・烏恒・叟・叟があり、合計

五四方が、「漢＋民族名（匈奴・鮮卑など）」と同じ構成をとっている。正確にいえば、青羌と盧水は羌族、屠各は胡族の一派だが、きわめて独自性が高く、民族扱いをされている。晋印にある夫餘と高句麗はいずれも夫餘族だが、同じ理由になる。

改めて①委奴＝倭奴（ヤマト）、②委奴（イト）、③委奴の委＝倭（ワ）を点検すると、①と③はいずれも民族名であるから問題ないが、②は委奴族という民族、ないしは倭族ではあるが独自性の高い委奴部族となる。委奴族であれば別の民族あるいは独立性の高い部族になるから、倭族のための倭人伝に載ることはない。また倭に派遣された帯方郡の使節が常駐するところとする倭人伝の記載内容からして委奴＝伊都の独自性は高くない。したがって②は論議から失格する。

このように、「漢委奴」は①「漢（王朝名）＋倭奴（民族名）」または③「漢（王朝名）＋倭（民族名）＋奴（倭を構成する一部族）」のどちらかになる。

「王」の意味

『後漢書』百官志によれば、服属をしてきたが領土化されていない民族（四夷）の統率者は、漢王朝からその民族の規模や親和度重要性などによって、「王・率衆王・帰義侯・邑君・邑長」などの官職に任命された。その民族の王としての地位を認定されるのではなく、その地域を支配する後漢の役人、直属していないので「外臣」になるということである。外臣の官職名は内臣と類似するが、教授と名誉教授のように、俸禄をともなわない点で、内容には大差がある。

王・率衆王・帰義侯は後漢の地方行政官の最高位である「郡」の太守に、邑君・邑長は郡の下部組織である「県」の長官（県令・県長）に相当する。もっとも佰長、仟長、村長クラスの邑長の地位は高くない。

「漢委奴国王」の「王」は四夷の統率者の最高位である「王」を意味する。

「漢委奴国王」の読み方

これまでの検討から、「漢委奴国王」金印は

① 漢（王朝名）＋委奴（倭奴＝ヤマト、民族名）国＋王（官職名）

② 漢（王朝名）＋委（倭＝ワ、民族名）＋奴（ナ、民族名）国＋王（官職名）

のように、王朝名・民族名・官職名または王朝名・民族名・部族名・官職名で構成されていることがわかる。これは「部局名＋官職名」からなる漢の領域内部の直属の臣下で、王朝名を付けない内臣の官印に王朝名を付け、部局名を民族名に書き換えただけで、基本は一致している。

「漢委奴国王」と同じ構成になっている例は匈奴の「漢匈奴悪適尸逐王」・「漢匈奴呼盧訾尸逐」・「漢匈奴栗借温禺鞮」印など北方少数民族にある。

匈奴印の場合も、「漢委奴国王」と同じく、「漢（王朝名）＋匈奴（民族名）＋◎（部族名）＋尸逐王（官職名）」からなっている。◎を付した部分は、それぞれ「悪適」・「悪適姑夕」・「栗借」・「呼盧訾」・「呼律居訾」・「姑塗黒」などが入るが、内容はあまりわかっていない。『徵存』は「呼盧訾」を人名とするが、官印に人名を刻む例は無く、支配部族名の可能性が強い。

内臣化した越族の「越青邑君」「越貿陽君」には王朝名が付いていないが、「越（民族名）＋青（部族名、青を西と考え、西越とする見解もある）＋邑君（官職名）」、「越（民族名）＋貿陽（部族名）＋君（邑君）」のことで、四字に整えるために邑字を省略している。

以上から「漢委奴国王」には漢に服属した倭民族のなかの奴部族の王の意味になる。つまり「漢の倭の奴国の王」と読むことにある。

V．魏の率善印

倭人伝・韓伝の率善印

中国古代の印制は魏で確立する。

『魏志』倭人伝に、倭国女王卑弥呼が下賜された「親魏倭王」金印、難升米や掖邪狗らが下賜された「率善中郎将」銀印、都市牛利が賜った「率善校尉」銀印などが出てくる。

『魏志』韓伝にも韓に率善中郎将・率善都尉・率善邑君・率善邑長・率善佰長の率善印があったことが記録されている。

魏、それを受け継いだ晋は、漢にならって臣下を、いわば公務員である直属ないし属官の内臣と、直属・属官ではないが影響の及ぶ国の官吏を外臣として官職を与えた。内臣と外臣には明確な違いがある。

これを、『徵存』（羅一九八七）で検討しよう。『徵存』には両漢頒給兄弟民族官印七〇方、新莽頒給兄弟民族官印九方、魏頒給兄弟民族官印一〇五方、晋頒給兄弟民族官印二三五方、蜀漢官印七方、合計四二六方の兄弟民族（四夷のこと）に下賜した官印が収録されている。

漢代の四夷すなわち外臣に下賜された官印には「帰義」・「保塞」・「破虜」・「率善」などの文言が入ることが多い。これは現在でも専任職員以外の職員を、非常勤・客員・名誉などを冠してよぶことと同じことである。

魏の率善印の検討

魏の外臣印は一〇五方あるが、漢印にあった帰義・破虜・守善・率善・保塞などの属国視した文言は「率善」に統一される。「率善」印は魏の外臣印のほとんど全ての一〇二方を占める。しかも「邑兆」・「仟長」・「佰長」印が九七方で、残りは『魏志』韓伝にある「率善都尉」の一方、「魏蛮夷率善邑長」・「保塞率善仟長」各二方である。

実際には

魏烏丸率善邑長　魏烏丸率善仟長　魏烏丸率善佰長
魏屠各率善邑長　魏屠各率善仟長　魏屠各率善佰長
　　　　　　　　魏鮮卑率善仟長　魏鮮卑率善佰長
　　　　　　　　　　　　　　　　魏匈奴率善佰長

などの印文になる。「魏烏丸率善邑長」・「魏烏丸率善仟長」・「魏烏丸率善佰長」などの「魏＋烏丸＋邑長・仟長・佰長」の組み合わせで、民族名の烏丸の部分が「魏匈奴率善邑長」のように他の民族名（鮮卑・屠各）に代わる（表3）。屠各は匈奴の一部族だが、独立性が高く、民族として扱われている。これは「Ａ（王朝名・魏）＋Ｂ（民族名・烏丸など）＋率善＋Ｃ（官職名・邑長など）」からなっていて、印文を「Ａ＋Ｂ＋Ｃ」で構成する基本は漢印と変わらないが、「率善」が入っている。

ほかに

魏率善胡邑長　魏率善胡仟長　魏率善胡佰長
魏率善氐邑長　魏率善氐仟長　魏率善氐佰長
魏率善羌邑長　魏率善羌仟長　魏率善羌佰長

など、「魏率善胡邑長」・「魏率善胡仟長」・「魏率善胡佰長」のように「魏＋率善＋胡＋邑長・仟長・佰長」となる例がある。胡は民族名で、この部分が氐・羌・叟・倓などに代わる。この基本は「Ａ＋率善＋Ｂ＋

表３　魏晋の率善印（高倉 2003）

魏	邑長	仟長	佰長	計	晋	邑長	仟長	佰長	計
魏＋率善＋胡＋	5	9	13	27	晋＋率善＋胡＋	6	11	4	21
魏＋率善＋氐＋	5	7	17	29	晋＋率善＋氐＋	8	5	14	27
魏＋率善＋羌＋	4	3	9	16	晋＋率善＋羌＋	8	4	7	19
魏＋率善＋叟＋	1	0	1	2	晋＋率善＋叟＋	0	10	0	10
魏＋率善＋倓＋	1	0	0	1	晋＋率善＋倓＋	1	1	1	3
					晋＋率善＋韓＋	0	0	2	2
					晋＋率善＋猸＋	0	0	1	1
Ａタイプ合計	16	19	40	75		23	31	29	83
魏＋烏丸＋率善＋	1	4	6	11	晋＋烏丸＋率善＋	7	1	2	10
魏＋鮮卑＋率善＋	0	1	2	3	晋＋鮮卑＋率善＋	4	4	6	14
魏＋匃奴＋率善＋	0	0	1	1	晋＋匃奴＋率善＋	1	0	7	8
魏＋屠各＋率善＋	1	2	4	7	晋＋屠各＋率善＋	0	1	3	4
					晋＋蘆水＋率善＋	1	1	6	8
					晋＋上郡＋率善＋	0	0	1	1
					晋＋支胡＋率善＋	1	2	2	5
					晋＋夫餘＋率善＋	0	0	1	1
					晋＋高句麗＋率善＋	2	2	1	5
魏＋蛮夷＋率善＋	2	2	0	4	晋＋蛮夷＋率善＋	1	5	1	7
Ｂタイプ合計	4	9	13	26		17	16	30	63

Ｃ」である。「Ａ＋Ｂ＋率善＋Ｃ」と「Ａ＋率善＋Ｂ＋Ｃ」の差は民族名が一字か二字以上かの違いで、一字名では率善＋民族名、二字以上では民族名＋率善と順序が代わっている。この原則は表3のように徹底していて例外がない。

『後漢書』百官志によれば、四夷の官に邑君と邑長がある。大きな県の長官を県令、小さな県の長官を県長というように、邑君と邑長の相違は邑の規模の大小のようであるが、魏の外臣用率善印に邑君は一例もなく、邑君と邑長には大きな差がある。

魏の率善印は一〇二方中九七方が邑長・仟長・佰長印で、羊鈕の一方を除いた九六方は駝（駱駝）鈕になっていて、具体的な民族名から理解できるように、駝鈕が北方少数民族に下賜されたことを証明している。

残りの「率善都尉」獣鈕一方、「魏蛮夷率善邑長」駝鈕二方、「魏蛮夷率善仟長」駝鈕一方だが、「率善都尉」は『魏志』韓伝にあるものの王朝名を欠いている点が異例になる。「魏蛮夷率善邑長」と「魏蛮夷率善仟長」

は不意・臨時に下賜する印で、そのため民族名がない。

率善の入らない外臣用魏印が三方ある。「魏盧奴左長」瓦鈕、「蛮夷邑君」壇鈕、「蛮夷邑長」蛇鈕の各一方で、「蛮夷邑君」と「蛮夷邑長」には王朝名が入っていないが、「蛮夷」から外臣用であることがわかる。

このうち、「蛮夷邑長」印は蛇鈕だから、魏印には珍しい西南少数民族用の印である。なお、故宮博物院蔵の「魏蛮夷率善邑長」印の一方は『徴存』では駝鈕とされているが石川日出志は蛇鈕とされている（石川二〇一七）。『徴存』が駝鈕とする個人蔵の「魏蛮夷率善邑長」、上海博物館蔵の「魏蛮夷率善仟長」も石川は蛇鈕としていて、蛇鈕魏印は四方になる。

Ⅵ．晋の帰義印と親晋印

晋の率善印

晋の外臣印は『徴存』に二三五方収録されているが、率善印が一四八方ある。その印文構成は魏印と代わるところがなく、表3で明らかのように、一字表記民族と二字以上表記民族で印文構成の順序が異なるという魏の印制は継続している。

『魏志』倭人伝では難升米らが「率善中郎将」銀印、都市牛利が「率善校尉」銀印を下賜されているが、実例は無い。それは晋印で証明される。

晋の王侯級外臣印

晋の外臣用の印は、魏印にみられた下部組織用の「率善」印が継続するほかに、王侯用の「帰義」印六四方と「親晋」印二三方とがみられる（表4）。

まず「帰義」印を検討しよう。『徴存』によれば

晋帰義胡王　九方（八方駝鈕・一方獣鈕、金印・鎏金印各一方を含む）
晋帰義叟王　三方（二方駝鈕・一方瓦駝鈕）
晋帰義氐王　一一方（駝鈕、金印二方・鎏金印四方）
晋帰義羌王　一二方（一一駝鈕、兔鈕一方、鎏金一方）
晋盧水帰義王　一方
晋帰義胡侯　八方（七方駝鈕・一方獣鈕）
晋帰義叟侯　五方（駝鈕）
晋帰義羌侯　五方（四方駝鈕、一方鼻鈕、金印・鎏金印各一方）
晋烏丸帰義侯　二方（駝鈕、金印一方）
晋鮮卑帰義侯　一方（駝鈕、金印）

などがある。率善印と同様に、Aタイプの「A＋帰義＋B＋C」とBタイプの「A＋B＋帰義＋C」の二種あるが、「帰義」と「率善」の使い方は共通している。

次に「親晋」印をみると

親晋胡王　四方（駝鈕、金印・鎏金印各一方）
親晋氐王　三方（駝鈕鎏金印）
親晋羌王　一二方（一一方駝鈕、一方鎏金獣鈕）

がある。ほとんどが駝鈕で、一九方中の六方が金印・鎏金印になっている。帰義王印・帰義侯印にも金印・鎏金印がみられ、率善印との格差をうかがわせる。

表4　晋の帰義印と親晋印（高倉 2003）

	王印	数	帰義王印	数	帰義侯印	数	計
漢	漢匈奴帰義親漢君	1	漢帰義鮮卑王	1	漢帰義賨邑侯	1	-
A	親晋胡王	4	晋帰義胡王	9	晋帰義胡侯	8	21
	親晋羌王	12	晋帰義羌王	12	晋帰義羌侯	5	29
	親晋氐王	3	晋帰義氐王	11		-	14
		-	晋帰義叟王	3	晋帰義叟侯	5	8
	親晋王印	1		-	晋帰義侯	2	3
B		-	晋蘆水帰義王	1		-	1
		-		-	晋鮮卑帰義侯	1	1
	晋蛮夷王	1	晋蛮夷帰義王	1	晋蛮夷帰義侯	1	3

これによって一字名民族に「親晋胡王」印や「親晋氐王」印・「親晋羌王」印が下賜されていることがわかる。率善印でみたように魏の印制と晋の印制は同じである。それは「親魏胡王」・「親魏氐王」・「親魏羌王」印の存在を裏付ける。

卑弥呼が下賜された印は、「親魏倭王卑弥呼に制詔す」、「今汝を以て親魏倭王となし、金印紫綬を叙し」と『魏志』倭人伝にあるから、倭国女王卑弥呼に「親魏倭王」金印が下賜されたと考える。これは外臣の王に下賜した官職印で、魏印に実例を欠いているものの、制度を等しくする晋印の「親晋胡王」・「親晋氐王」・「親晋羌王」などから「親魏倭王」を印文とする印であったことが理解できる。

二字以上表記民族の王への下賜印は実例を欠いているが、一字表記民族名の氐や叟・胡へ下賜した「晋帰義氐王」・「晋帰義叟王」・「晋帰義叟侯」が二字以上民族の盧水では「晋盧水帰義王」になっていて、率善と同じように帰義と民族名が入れ替わる。

さらに、予定しない民族の来訪に際し一時的に与えた王印に「親晋夷印」印と「晋蛮夷王」印がある。「親晋夷印」印は夷の部分に一字民族名を入れて「親晋胡王」・「親晋羌王」のようにする。「晋蛮夷王」印の場合は蛮夷の部分を二字以上民族名に置き換え、「晋高句麗王」・「晋夫餘王」のような「晋〇〇王」の印文としたと推測できる。

それを表4にまとめたが、外臣王侯印でも民族名が一字表記と二字以上表記では

Aタイプ　「親晋〇王」　一字表記民族

Bタイプ　「晋〇〇王」　二字以上表記民族

の明確な相違がある。

帰義印と親晋印

帰義印と親晋印を合わせて考えると、王→帰義王→帰義侯の序列が浮かび上がってくる。これは『後漢書』百官志の王→率衆王→帰義侯の関係に一致している。『後漢書』百官志にある四夷の率衆王は官印に実例がない。だが、『魏志』鮮卑伝に烏丸校尉に率いられた率衆王が長城を出て鮮卑を攻撃するという記事があり、実在していたことがわかる。その率衆王は、率善印にみられるような漢魏晋の印制に流れから、帰義王に相当している。実際、後漢にも「漢帰義鮮卑王」印がある。ただ、漢印はAタイプとBタイプの別はまだ生じていない。

ともあれ王と帰義王から、百官志の「四夷国王率衆王帰義侯……」が「四夷の国王・率衆王・帰義侯……」ではなく、「四夷の国、王・率衆王・帰義侯……」であることが明らかになる。

これまで述べてきたことをまとめれば、卑弥呼を首長とする国が「倭」であれば「親魏倭王」印が、「倭奴」であれば「魏倭奴王」印が下賜される。そして、「魏倭奴王」印を下賜したにもかかわらず倭人伝に「親魏倭王」と記録することはその峻別の厳しさからありえず、卑弥呼が仮授されたのはAタイプの「親魏倭王」印であったことは疑いない。それは倭人の民族名が一字呼称の「倭」であったことを意味している。

倭人伝には倭国を構成する諸国とした邪馬台国や伊都国、奴国などが挙げられている。これからも漢魏は日本列島に住む集団を一字名民族の倭人＝倭族とみていたこと、倭国が倭民族の集団であり、対馬国・一大（一支）国・末盧国・伊都国・奴国・不弥国・投馬国・邪馬台国・斯馬国以下の傍国二〇国、さらには女王卑弥呼に従っていない狗奴国などを民族より下位の部族とみなしていたことは明白で、だからこそ「親魏倭王」金印を下賜している。

なお、『徴存』が「頒給兄弟民族官印」として収めた魏晋の外臣印（魏一〇五方、晋二三五方）三四〇方には「章」や「印」を末尾の格とする例は一例もない。

大夫難升米が下賜された「率善中郎将」銀印の復元

『魏志』倭人伝によると、倭国王卑弥呼は「親魏倭王」金印、大夫の難升米・掖邪狗らに「率善中郎将」銀印、都市牛利は「率善校尉」銀印を下賜されている。率善中郎将印は現在「晋鮮卑率善中郎将」銀印の一方しか例がないが、難升米らが下賜された「率善中郎将」印の印文を改めて検討しておこう。

「率善中郎将」印は中国の内蒙古自治区涼城県蛮漢山南部の沙虎子溝遺跡から「晋烏丸帰義侯」駝（駱駝）鈕金印・「晋鮮卑帰義侯」駝鈕金印などとともに出土し、内蒙古自治区博物館に保管されている。駝鈕の銀印で、印面に「晋鮮卑率善中郎将」とある。晋は魏の後継王朝で制度を一致させているから、晋を魏と置き換えることができる。したがって難升米が下賜された銀印には「魏倭率善中郎将」とありそうだが、率善印で検討したようにそうではない。

率善印には一字表記民族用のAタイプと二字以上表記民族用のBタイプがあり、難升米が下賜された「率善中郎将」銀印には、民族名が「倭」であればAタイプの「魏率善倭中郎将」、「倭奴（委奴）」であればBタイプの「魏倭奴率善中郎将」と刻まれていたことになる。

当時、倭は魏に一字表記民族と理解されていたから、下賜された印はAタイプになる。したがって、難升米らが得た銀印には「魏率善倭中郎将」とあり、都市牛利が下賜された銀印には「魏率善倭校尉」とあった。太守級の王（親魏倭王）と同じ二千石級の中郎将・校尉が下部組織用の率善印が下賜されているのは、高位の武官であっても王侯でないため、軍事組織用でもある率善印を与えられたからと思われる。

述べてきたように、『漢旧儀』に漏れている蛇鈕であるが、官印の実例から知られる諸条件に合致する「漢委奴国王」印が真印であることは明らかである。また、いまだ発見の報に恵まれないが、魏の少帝芳から下賜された「親魏倭王」金印、「率善中郎将」・「率善校尉」銀印の印文は「親魏倭王」はそのまま、銀印は「魏率善倭中郎将」・「魏率善倭校尉」に復元することができることを指摘し、稿を終えることにする。

註

（1）印の数え方はいくつかあるが、本稿が依拠する『秦漢南北朝官印徴存』（羅一九八七）は「方」を採用しているので、本稿もそれにしたがう。

（2）楽浪郡治では郡内二五県のうちの二三県の封泥が出土している（駒井一九六四）が、これは郡治に真正県印の照合用に封泥が保存されていて、県から届く通信・情報の真偽を捺された封泥で判断していたことを意味する可能性があると考えている。

（3）『徴存』はその膨大な官印のコレクションにもかかわらずあまり引用されない。また刊行後約三〇年を経ており、羅の時期判定についての孫慰祖の一連の修正（孫一九九九・二〇一六）などがある。しかし、後掲表3・表4などをみると、乱れがない。羅の時期判断は故宮博物院研究室璽印組の判断でもあり、実物を点検できない現状では、羅の判断に依拠することにする。

（4）「D（奴国）＋C（王）」としたが、筆者がかつてそうであったようにこれを「D（奴）＋C（国王）」と読む人もいよう。官職名が王であることはⅥ章で証明する。

（5）イワシは伊倭志・伊倭之以外にも「与謝郡伊和志」（丹波国与謝郡、藤原京木簡）、「青郷御贄伊和志膳五升」（若狭国大飯郡阿遠郷、平城京木簡）がある。伊和志・伊委志の「委」と伊和志の「和」に使い分けがあったのか、音の同一性によるたまたまの違いなのかはわかっていない。

『日本考古学』第46号（日本考古学協会）「漢委奴国王」金印と「親魏倭王」金印――より。一部割愛。

4 ワヌ説

金印「漢委奴国王」から何が読み解けるか

佛教大学教授　黄　當時

志賀島出土の金印「漢委奴国王」の五文字をどう読むかは、人々を悩ませてきた問題である。「委」は「倭」を省画したもので「ワ」と読み日本を指す[1]、ということはわかっても、「奴」をどう理解するのか、ということがよくわからないからである。今日では、一般に、三宅米吉《みやけよねきち》説に従って「漢の委《わ》の奴《な》の国王」と訓《よ》んでいるが、依然、異説が唱えられ、決定打ではない。

『広辞苑』『日本国語大辞典』とも見出し語は、印文の漢委奴国王を（漢）倭奴国王と表記している。倭奴は、『後漢書』の東夷列伝（建武中元二年，倭奴國奉貢朝賀，使人自稱大夫，倭國之極南界也。[2]光武賜以印綬）や光武帝紀（東夷倭奴國王遣使奉獻）に見えるから、金印が下賜された弥生時代の日本に倭奴と称するリーダー格の国があったと考えられる。

『広辞苑』は、倭奴を、志賀島地方にあった小国家、と説明するが、果たしてそうなのか。『日本国語大辞典』は、「朝貢した奴国に印綬を授けたという記事に照応する」と説明するが、『後漢書』には、貢ぎ物を奉げて挨拶にきた倭奴国（の使人）に印綬を授けた、とあり、奴国（の使人）に印綬を授けたのではない。
「漢委奴国王」は、何故理解が難しいのか。

私たちは、自分が想像するほど海の民のことを知らない可能性があるのではないか。「漢委奴国王」の五文字は、その一部がいわゆる海の民の言語であり、私たちは、海の民の言語についての知識がないために、印文の意味が正確に理解できない、という可能性があるのではないか。海の民の言語や文化についての適切な知識を欠いたままでは、当然ながら、海の民の言語や文化を適切に理解し説明することはできない。

これまでの研究には、何が足りなかったのか。ここでは、言語学的な視点から、金印「漢委奴国王」の読みと意味を探ってみたい。

二段に読む

『国宝事典　新増補改訂版』（文化庁編、便利堂、一九七六年、二八三ページ）は「その訓《よ》みについてはなお定説をみない」とし、『日本大百科全書』七（渡邊静夫編、小学館、一九八六年、一九四ページ）は、次のように説明している。

> 読み方には諸説あるが、……一八九二年（明治二五）三宅米吉《みやけよねきち》により「漢《かん》の委《わ》（倭）の奴《な》の国王」と読まれ、奴を古代の儺県《なのあがた》、いまの那珂郡に比定されて以来この説が有力である。〈井上幹夫〉

しかしながら、「漢委奴国王」を「漢の委の奴の国王」と二段に読むのは、間違いである。

古代中国の印文は、「授与する側＋授与される側」の二段から成っている。金印の下賜は、授与する側（漢）と授与される側（委奴）の二者の直接の統属関係を示すものであり、AのBのCという三段服属の関係を示さない。

金印の印文は、解析が可能かどうか、意味が取れるかどうか、という予想や判断にかかわりなく、「漢の委奴の国王」と二段に読むしかない。解析が不可能に見えても、合理的な根拠なく、この印綬のみに異なる基準を適用してはいけない。

三宅説は、基礎の部分で認識に誤りがある。そのため、今日なお異説が唱えられているが、言わば宿痾に苦しむかのように、今後もその欠陥に苛まれ続けるであろう。三宅米吉は、どうしても「ナ」に読みたいのであれば、三段の「カンのワのナ」ではなく、二段の「カンのワナ」と読むべきであった。「三段読み」は、致命的な欠陥を抱えている。固執は不毛であり、「二段読み」を基礎に、委（倭）奴の正確な解読に力を入れていきたいものである。

音声情報と文字情報

中国側が日本を倭（委）と呼んだ、或いは名付けた、というのは、管見の限りでは、恐らく、思い込みによる誤解である。(3)

「委奴」という言葉（音声情報）は、自分たちのことを「ワ＋a」と称したこの使節団（倭人）が提供した音声情報を中国側が漢字で表記したもの、と見てよい。(4) そして、その音声情報の後半部「a」が「ナ」である可能性はほぼない。なぜなら、仮に、その音声情報が「ナ」ならば、「ナ」という音声を伝達・再現するのに最適な漢字（例えば、奈、那）が選ばれるからである。

倭（委）は押し付けられた蔑称、と言いながら、その「蔑称」なるもの（の表記改良形式、和）を喜んで使い続ける者は、自己の論理や言動に矛盾があることに気付く必要がある。倭（委）／和は、押し付けられた蔑称などでは決してなく、日本人が元から使用している由緒ある呼称（音声情報）を単に書き記したに過ぎないものである。

例えば、『学研新漢和大字典（普及版）』一一七ページは、次のように説明する。

倭　《名》昔、中国で、日本および日本人をさしたことば。▽背が曲がってたけの低い小人の意。「倭夷《ワイ》」「倭人在帯方東南大海之中＝倭人は帯方の東南大海の中に在り」〔三国志・魏書・倭人〕

【倭夷《ワイ》】〔倭奴《ワド》〕昔、中国人が日本人を卑しんでいったことば。▽「夷」は、昔の中国人が東方に住む異民族につけた呼び名。

倭奴は「日本人を卑しんでいったことば」と説明するが、その説明が正しいとすれば、倭奴は日本ではなく日本人ということになり、倭奴国は日本国ではなく日本人国ということになる。英国、米国は英（吉利）人国、（亜）米（利加）人国であり、露国は露（西亜）人国ということになる。

極めて基本的なことであるが、国名に用いられるのは、地域名、土地名であって民族名ではない。『学研新漢和大字典（普及版）』に限らないが、倭奴の文法構造や意味構造がそもそも正確に理解できていないのだから、不詳、未詳、後日の解に待つ、等とすべきところを、字面からの推測に過ぎない、誰しも思いつきそうなことを、いわゆる学者・研究者がきちんと吟味もせずに漫然と記述してしまった。辞書であれ論文であれ、書かれたことを簡単に信じてはいけない。

文字選択における制約

かつて、辻本春彦先生は、唐の詩人李白の秋浦歌についてこう言われた。白髪三千丈を見て、中国人は何と大袈裟な民族なのか、と日本人は考えるが、李白は大袈裟な人間だから三千丈と詠ったのではなさそうだ、基本数字（一～十）、単位数字（十～億）の内、平字は三と千だけであり、平仄の規則（ここでは平平仄）を守るなら、ここは三千丈しかない、と。

秋浦歌の平仄は、以下の通り（平は○、仄は●で示す。以下同じ）。

白髪●三千○丈　縁愁○似箇●長　不知○明鏡●裏　何處●得秋○霜

基本数字、単位数字の平仄は、以下の通り。

一●、二●、三○、四●、五●、六●、七●、八●、九●、十●。　十●、百●、千○、万●、億●。

平仄の規則を守る限り、李白には、三十丈、三百丈の選択肢はなかったのである。[5]

白髪三千丈は、やむをえない選択の一例であるが、ここで、仁徳天皇がある船を詠んだ歌を見ておきたい。

ある船とは、今日、通常、枯野（船）と呼ばれる船で、『古事記』（下巻、仁徳天皇）の原文表記は、加良奴（荻原浅男、鴻巣隼雄一九七三、二八九㌻）、加良怒（山口佳紀、神野志隆光一九九七、三〇四㌻）である。

加良奴袁　からのを（枯野を）[6]
志本爾夜岐　しほにやき（塩に焼き）
斯賀阿麻理　しがあまり（其が余り）
許登爾都久理　ことにつくり（琴に作り）
賀岐比久夜　かきひくや（かき弾くや）
由良能斗能　ゆらのとの（由良の門の）
斗那賀能伊久理爾　となかのいくりに（門中の海石に）
布礼多都　ふれたつ（触れ立つ）

那豆能紀能　なづのきの　（浸漬の木の）
佐夜佐夜　さやさや　（さやさや）

〔荻原浅男、鴻巣隼雄一九七三、二八九ページ〕

同一文書内では、通常、同一音声は同一の文字で書き記される。言い換えれば、同一文書内では、通常、同一音声を異なる文字で書き記すことはない。

奴は「ノ」とも読めるが、この歌の中では「ノ」は能で表記しているので、奴は「ノ」ではなく「ヌ」を表記している、と考える方が合理的である。さらに、奴は「ノ」を表記したもの、と考えると、「ヌ」を表記する術をなくしてしまう(7)。

加良奴（加良怒）は、「カラヌ」という音声を表記したもの、と考えるべきである。私たちは、解析が可能かどうか、意味が取れるかどうか、という予想や判断にかかわりなく、仁徳天皇が詠んだのは「カラヌ」である、と解析するしかない。

『記』『紀』の編纂者は、語部（集団）の提供する情報を該博な知識で記録・編集したが、海の民の言語や文化に関する知識は、その後、何故か、急速に失われ、後世の人々は、同じ知識を共有しないため、書かれたことすら理解できない。周辺諸語の知識なしに、いわゆる日本語一視点の知識のみでこのような語彙に立ち向かうものではない。

前置修飾と後置修飾

フランス語の mont blanc は、前置修飾表現で言うなら、例えば、英語の white mountain に相当する。

北方の中国語では、おんどり、めんどり、を、公鶏、母鶏、と言うが、南方では、後置修飾表現で、鶏公、鶏母、と言う。

先に、加良奴（加良怒、kaulua-nui、kaulua- 大きい、大型の双胴船）の例を紹介したが、『万葉集』四四六〇にも、手乃（tau-nui、tau- 大きい、大型の船）の例がある。(8)

異文化の語彙（外来語）は、異文化の語彙（外来語）の知識がなければ、正確に理解できない。

例えば、「母はほっとにした」という文章は、一部に異文化の語彙（外来語）が用いられていることに気付かなければ、間違いのある文章と誤解してしまう。(9) また、例えば、「請給我手紙」という中国語は、日本語の知識だけでは正確に理解することができないし、逆に、「油断一秒、怪我一生」という日本語は、中国語の知識で何の不自由もなく理解できるが、その理解は日本語の意味とは全くズレたものとなる。(10)

人名の、彦《ひこ》火火出見尊《みこと》や比売《ひめ》多多良伊須気余理比売《ひめ》は、後置修飾型の彦《ひこ》―火火出見や比売《ひめ》―多多良伊須気余理と、前置修飾型の火火出見―尊《みこと》や多多良伊須気余理―比売《ひめ》とが拮抗して使われる言語空間で双方の表現形式を取り入れた表記と考えられる。後置修飾語文化に、前置修飾語文化が食い込んできたことを象徴する語彙であるが、今日風に言えば、ミスター博多と博多さんとを一語に取り込んで、ミスター博多さんと言うようなものである。

奴は、nuiという音声情報を正確に書き記せる文字として、当時の聴取・記録担当者には最良の選択肢だった。

「倭奴」は、「ワ -nui」を書き記したもので、「ワヌ」と読み、「倭―大きい」（大きな倭、偉大なる倭）を意味する、と解釈するのが正しい。奴《ヌ》は、卑字などでは決してなく、あらぬ濡れ衣を着せられた悲劇の好字なのである。

例えば、女性の名前に、菊乃（野）、幸乃（野）、綾乃（野）、等がある。名付け親は、女の子に付けるのにふさわしい名前、というくらいの意識や知識しかなく、乃（野）を付さない、菊、幸、綾、等との違いは、わかっていない[11]。「首都大学東京」という名称も、日本人の心理の深層に今なお残る、後置修飾語を使用していた微かな記憶の発露と考えられる。

倭（委）奴は、情報の提供者はもとより記録者も問題なく理解できていたにもかかわらず、後世の人々に理解できなくなったことは、国情の変遷を考える上で示唆的である。後置修飾語は、その後、何故か、急速に廃れ、そのような言葉が使われていたことも忘れられた。日本社会は、後置修飾表現を使用する社会から前置修飾表現を使用する社会へと変わり、倭奴という言い方も大倭（後に、大和）へと変わったのである。

これまでの研究には、周辺の諸言語や文化についての知識が足りなかったし、言語学的な視点も足りなかった。

どの言語にも共通するが、日本語も、一層ではなく、多層である。海の民の言語や文化は、日本の言語や文化の基層の一部である。後置修飾語は、発掘されるのを待つかのように日本語の基層の中に埋もれている。古代の日本社会に多様な言語や文化があったことは、是非とも視野に入れておきたい。

同義語と表記の揺れ

蜜柑果汁	リンゴジュース	グレープジュース
林檎果汁	ブドウジュース	オレンジジュース

葡萄果汁　　ミカンジュース　　アップルジュース
mont blanc　　white mountain
公鶏　母鶏　鶏公　鶏母　おんどり　めんどり
倭奴　倭大　大倭　大和
コーヒー牛乳　　ミルクコーヒー　　カフェオレ　　カフェラテ
W杯　　ワールドカップ

同義語かどうか、まとめられているとわかりやすい。普段から注意することで、まとめられていなくても気付けるようになる。

異文化の言葉（外来語）は、元の表記をそのまま採用することなく、新たな文字表記をする時に揺れが生じやすい。同じ音声を書き記していても、例えば、レポートやリポート、テキストやテクスト、グランドやグラウンド、ヘレやヒレ、フィレのように表記に揺れが生じやすい。「カラヌ」に見られる「奴」と「怒」の揺れは、元の表記をそのまま採用しなかった（或いは、できなかった）ために生じている。『記』『紀』がそうしなかった（或いは、できなかった）のは、その単語が漢字以外の文字で表記されていたか、文字表記そのものがなかったか、のどちらかである。

この現象が示唆することがもう一つある。同義語は複数の（言語）集団がもたらす、ということである。同一（言語）集団がcupやglassという一つの音声情報をカップとコップやガラスとグラスという二つの文字情報に書き記すことはない。インキとインク、マネジャーとマネージャー、スパゲティーとスパゲッティー、カロチンとカロテン。例は、枚挙に暇がない。

カタカナ言葉の固有名詞には、人名であれば、リーガンとレーガンの例がある。地名であれば、ジョージアとグルジア、の例がある（元表記は Reagan と Georgia/Gruziya）。

カタカナ表記であれば、目立つのでわかりやすいが、漢字表記では、識別が難しい。漢字表記に揺れが見られる例には、京都の、鴨川と賀茂川、琵琶湖の、唐崎と辛崎、がある。巨視的に見れば、輪島と宇和島、があり、高雄、高尾、武雄、がある。

上掲のカタカナ言葉は、どう表記するかを決めた時に元のローマ字表記が採用されなかったことを示している（元のローマ字表記を採用せずに音声情報を書き記している）。そして上掲の漢字言葉は、どう表記するかを決めた時に参照する文字表記がなかったことを示している（参照する文字表記がないまま音声情報を書き記している）。

倭奴と委奴の揺れはどのようにしてできたのか。倭人が中国側に提供した音声情報Xを、（言語）集団Aは倭奴と表記し、（言語）集団Bは委奴、と表記したのである[12]。

揺れと表現したが、カップとコップのうち一者は正しくもう一者は間違い、とは言えないし、リポートとレポートはどちらか一方が正しい、などと言うこともできない。リーガンとレーガンはどちらも正しく、倭奴と委奴はどちらも正しいのである。

科捜研のドラマを茶の間で見る時代である。倭奴一語、或いは、委奴一語、で解こうとするのも悪くはないが、たまには科捜研めかして新しい観点や手法で、倭奴と委奴の二語で書かれてしまっている未知の音声情報Xの解明に挑んでみては如何であろうか。

注

（1）通用字、と見ることもできる。

「委」は「倭」の通用字。倭国の意。同例に、志賀島の金印「漢委奴国王」などがあり、二十三年四月条では「委陀」を「和多」と記す。小学館『日本書紀』②、三〇〇㌻頭注八。

岩波『日本古典文学大系』日本書紀下は、「貢巴委佐」に付した頭注で「委もワともヱともヰともよめる」としている。三十㌻頭注四。

（2）倭國之極南界也、は従来、倭国の極南界なり（岩波書店）、と読まれてきたが、倭国の南界を極むるや（古田武彦『古代史の未来』明石書店、一九九八年、八四㌻）、と読むのが正しい。倭国は、極南界に位置することで顕彰されたのではなく、南界を極めたことで顕彰されたのである。

（3）この問題を解く鍵は、資料の発見であるが、近代はいざ知らず、古代史に登場する国で他国から国名を付けてもらった例はないのではないか。

（4）本稿では、使節団（倭人）が文字表記（倭奴や委奴）を準備でき（てい）たかどうか、という問題には立ち入らない。

（5）五言絶句仄起《そくおこり》式では、初句の三四五字目は平平仄とするので、三千丈以外の選択肢はない。

（6）ハワイ語では、kaulua は双胴船、nui は大きい。kaulua-nui そのものは辞書にないが、大型の双船を意味する。加良奴（加良怒）は、kaulua-nui（大型の双胴船）という音声情報を漢字で書き記したもの、と理解するのが正しかろう。

nui. nvs. Big, large, great, greatest, grand, important, principal, prime, many, much, often, abundant, bulky; … Mary Kawena Pukui & Samuel H. Elbert 1986,p.272. *Hawaiian Dictionary*, University of Hawaii Press.

nui の漢字表記は、音訳なら奴、意訳なら大、が当てられたと考えてよい。今日の例で言えば、例えば new は、音訳には紐、意訳には新、が当てられる。紐約：New York。New Zealand は、音訳タイプで紐西蘭、意訳タイプで新西蘭。

手乃（手 + nui、大きな tau、大型の tau。tau は、田、多、戸、利と表記されることもある）

巨《こ》野《の》郡《ぐん》（鳥取県）、金浦《このうら》（秋田県由利郡）　kau-nui（船—大きい、大型船）

金江《かなえ》町《ちょう》（広島県福山市）　kau-nui（大型船）

金江町金見《かなみ》　kau-nui（大型船）

金江町藁江《わらえ》　waa-lua（船—二つ、双胴船）

金《かな》岩（金石）海岸（金沢市）　kau-nui（大型船）

鹿野《かの》町（山口県東部）　kau-nui（大型船）
田浦《たのうら》（長崎県福江市）　tau-nui（船―大きい、大型船）
狩野（かの、かのう）、加納、加能、嘉納、叶など　kau-nui（大型船）
軽野（乃）（軽＋nui、軽―大きい／大きな軽、大きな kaulua）
（地名では kaulua は、唐と表記されることもある。cf. 津軽／唐津。唐崎／辛崎）

（7）『万葉集』では奴はヌ（甲乙はない）にしか使わない。（中西進『万葉集　全訳注原文　付（一）』講談社、一九七八年、二二六ページ）

付言すれば、平仮名・片仮名ができた過程から見ても、「奴」は、草書から「ぬ」、右側の旁《つくり》から「ヌ」ができたように、「ヌ／ぬ」が主体である。

（8）tau（マオリ語）は、ハワイ語の kau に相当し、舟・船を意味する。

Lorrin Andrews 2003 に The alphabet と題する説明がある（p.xii）。*A DICTIONARY OF THE HAWAIIAN LANGUAGE*, ISLAND HERITAGE PUBLISHING.

The consonants, however, presented a different problem. As visitors to Hawaïi in the first two decades of the nineteenth century gradually discovered, certain consonants varied, not only from place to place, but even from speaker to speaker in the same area. These were the troublesome groups:

t – k　b – p　l – r – d　v – w

In other words, whether a speaker said, for example, *hale or hare*, the word still meant house. Native speakers were consulted again and again, and the results were the same: it simply didn't matter which of the sounds in the group was used.

In the spoken language, this variation presented no difficulties. But for compiling a dictionary, the problem is obvious: how does someone look up a word if there are several ways to spell it?

In 1826, the missionaries put the question to a vote, deciding on k, p, l, and w and discarding the other letters, except to write foreign borrowings.

二音節の単語を一音節にするには、音節を一つ削るしかない。『万葉集』四四六〇の「手乃」の場合、手を略して乃を残すか、乃を略して手を残すか、のいずれかしかない。四三三六において、一音節の略称が手である事実は、二音節の全称「手乃」において、手は前置された被修飾語であり乃は後置された修飾語であることを意味する。

（9）母は熱いコーヒーをもらうことにした、の意。

（10）中国語の意味は、それぞれ、「どうか私にトイレットペーパーを下さい」「油（の供給）が一秒でも止まったら、私は自分を一生咎めます」である。

（11）菊乃（野）は大輪の菊、幸乃（野）は大きな幸せ、綾乃（野）は大きな綾、の意である。日比野は、日比—野、の構造であろう。

（12）この本の書名にある、阿曇族と安曇族、の揺れも、事情は同じである。

Air Tahiti Nui　公式ホームページより https://www.airtahitinui.com/jp-ja

二、『金印』の蛇鈕《だちゅう》は駱駝《らくだ》だったのか

――「駝鈕改作説」にみられる金印の歴史的意義

福岡市埋蔵文化財課　大塚　紀宜

1．東アジア史の中の金印

志賀島で今から二〇〇〇年前に発見された金印「漢委奴国王」。『後漢書』に記載される、光武帝が倭奴国に下賜した印がこの金印と同一のものであるとすれば、西暦五七年に日本にもたらされた歴史的証拠として、当時の倭（日本）が後漢（中国）と公式に直接接触し、後漢の冊封体制下に入ったことを物語る、非常に重要な資料である。

金印一個で後漢の冊封体制の下に入ったということを主張できるのは、前漢～後漢～魏晋南北朝期の官位制度と印章制度が不可分であったことによる。当時の中国諸王朝は国内での統治において諸侯王、官僚に対し官職を与えるとともに、官職を記した印章を下賜した。官位が変更されたり離職したりすると印を返却し、あるいは新たな印章が与えられるという、整備された印章制度をもっていた。

下賜された印章は正装時には印に付けられた綬とともに佩《はい》し、外から印の形や綬の色が視認できるものであった。印の材質や鈕の形、綬の色は官位や出自により厳密に決められており、印章を確認することで佩する人物がどの程度の官位なのか、どこから来た民族なのかが明示される仕組みになっていた。

中国皇帝を頂点とする中国国内の統治機構に、周辺諸民族を取り込むのが冊封体制である。王、侯などの爵位を授与して中国皇帝の臣下としたこと、その一部に弥生時代から古墳時代の日本が組み込まれていたこと、そしてその証拠が九州・福岡の志賀島で出土したことは、当時北部九州にあったとされる奴国の国際的な立場を示している。そして、その金印の鈕は「蛇鈕」とされてきた。

2. 蛇鈕印としての金印

天明四（一七八四）年に志賀島で金印が発見された当初、金印の鑑定に携わった亀井南冥は鈕の形について「蛇鈕」であることを明言している（亀井一七八四）。その後、現在に至るまで蛇鈕であることについて異論は出ていない。頭部が明瞭な蛇頭形を呈し、胴部もとぐろを巻く蛇の形状を線描で刻んでおり、蛇尾の形状も具象的に表現していること、さらに表面の円文も鱗文様を表現したもので漢代にみられる一般的な表現手法であることなど、鈕の形が蛇であることについて積極的な理由を示している。

しかし、前漢から南北朝期までの中国の諸王朝が異民族に対して下賜した印章の鈕形の総数に占める蛇鈕の数は決して多いものではない。装飾のない鼻《び》鈕や瓦《が》鈕を除いた鈕形として最も多く確認されているのは、北方や西方の民族に対して与えられた駝鈕印である。駝鈕が蛇鈕よりも多くみられるのは、交易の面や軍事の面で北方の民族に対する中国の関係が南方、東方よりもはるかに強かったからと推定される。

蛇鈕印の意義について具体的な根拠に基づいて論じられるようになったのは比較的最近のことである。中国の古文献には蛇鈕について明確な記載がなく、古代の印章制度上で蛇鈕についての議論ができなかったことによる。一九五六年に滇王之印《てんおう》が出土したこと、一九七〇年代に民俗学の方面から蛇を「モンスーン世界」の「トーテム」とする例を挙げられたこと等の実証的な証拠により、南方の蛮夷に対し蛇鈕印を下賜することの妥当性が論じられるようになった。（岡崎一九七五、国分一九七九、等）

亀井南冥は『金印弁』で「古印の鈕、（中略）蛇鈕トテハナシ」としており、『集古印譜』の晋代の「虺鈕《き》」の釈文に「蛮夷の地、虺蛇多し」とあることを例に挙げ、漢と晋が連続する王朝であり、虺と蛇を同類と考えて、蛇鈕を用いたとする。博覧強記の南冥ですら古文献で蛇鈕の記載を確認できない一方、南方の民族に蛇鈕印を与えた妥当性を論じているのは慧眼《けいがん》鋭いものがある。

「漢委奴国王」金印が蛇鈕であることについては、鈕の形状、蛇鈕の意義や背景から検討しても、疑問の余地はないと考えられる。

3. 駱駝鈕と「漢委奴国王」金印鈕の共通点

しかし、上記のように「蛇鈕」として紹介してきた「漢委奴国王」金印の鈕の形状について、一見して蛇の印章を持ちにくい点があることは否めない。その理由は鈕の形に一般的な蛇の造形の範疇《はんちゅう》を逸脱した形状的特徴があるからである。

まず、鈕全体の形状が長軸に沿ってほぼ左右対称である。とぐろを巻く蛇鈕の場合、左右対称に形を作ることはなく、類例もない。また、細部の形状を見ると頭部の両側に左右対称の張り出しが見られるが、この部分は蛇の体部の表現には不必要である。また後方が前方に比べて大きく膨らみ丸くなる。

要は、均等なとぐろ巻きの蛇鈕であれば、滇王之印の蛇鈕のように全体に円筒形か紡錘形を呈する平均的なボリュームになるはずなのである。それが「漢委奴国王」金印には見られない。

このような金印の蛇鈕の形状を古代中国の他の鈕形状と比較してみると、中国北方や西方の異民族に与えられた駝鈕印の鈕の形態に大きく類似していることが、各印章の観察からうかがえるのである。図で提示した資料はいずれも漢～晋の駝鈕印であるが、「漢委奴国王」金印の鈕にみられる形状と次のような共通点を持つ。

まず、駝鈕はいずれも左右対称である。さらに両側に前脚部分の張り出しが作られ、腰の部分も丸く膨らんでいる。

その他、細かい部分にも共通する部分があり、「漢委奴国王」金印の鈕の「蛇」は、「駱駝」をもとに改変を加えた可能性が指摘できる。

4. 駱駝鈕の変遷と、「漢委奴国王」印鈕の年代観

「漢委奴国王」金印の原型とみられる駝鈕印は蛇鈕印とは異なり、出土品、伝世品を含め、多数の類例がある。したがって駝鈕印を分類、編年し、各型式の年代を特定することで、「漢委奴国王」金印の製作年代を検討したい。

鈕の形状と印文の内容を検討し、分類したものを表に提示している。表ではⅠ～Ⅵ類まで分類しており、時期的変遷を追うことが可能である（大塚二〇〇八）。

各類型の概要を簡単に述べると、Ⅰ類は全体の形状が太めで、頭部や胴部の表現が簡略化され、写実的な要素は少ない。印文の文頭に「漢」字が付くことから、漢～後漢代と考えられる。Ⅱ類はⅠ類と同様に

全体に太めで、頭部や胴部に細かい表現が見られる。Ⅱ類の資料にみられる印文にも文頭に「漢」字がみられ、漢〜後漢代とみられ、Ⅰ類がⅡ類に先行するものと考えられる。このⅠ・Ⅱ類が漢代〜後漢代の印章の駝鈕印に該当する。

Ⅲ類は頭部が鳥頭状の三角形で、側面に薬研彫りの溝を彫って脚部を折り曲げる様子を表現しているのが特徴である。印文には文頭に「魏」「晋」字があり、また「氐」「羌」という中国西方の民族名が記されていることから、Ⅲ類の印章は魏・晋代に西方の民族に下賜されたものである。Ⅳ類は頭頂部に高い突起を持ち、Ⅲ類と同様に側面に溝を彫って脚を表している。Ⅳ類も文頭に「魏」「晋」字がつくが、「鮮卑」「烏桓」「烏丸」などモンゴル系部族の名称が見られるため、北方の民族へ下賜された印章と推定できる。Ⅴ類は粗雑な作りで、風化・摩耗《まもう》が進んだものが多い。頭部や脚部などは詳細に表現されず、印文文頭に「晋」字が入ることから、晋代末期の戦乱を反映したものとも考えられる。このⅢ類〜Ⅴ類は魏晋代に属するものであり、形態的にⅠ・Ⅱ類とは明瞭に区別される。

Ⅵ類は南北朝期のものとみられ、きわめて写実的な表現をする。

これらの各類型の形態を検討し、「漢委奴国王」金印の鈕の形態と比較すると、Ⅱ類の鈕の形態が最も近いものであるとみられる。改めてⅡ類の時期を検討すると、前漢〜後漢の時期に相当し、西暦五七年の後漢初期に作られた「漢委奴国王」金印の年代に合致する。

すなわち「漢委奴国王」金印は後漢代に作られた駝鈕印を原形として蛇鈕に整形されたものである可能性が高いと考えられる。

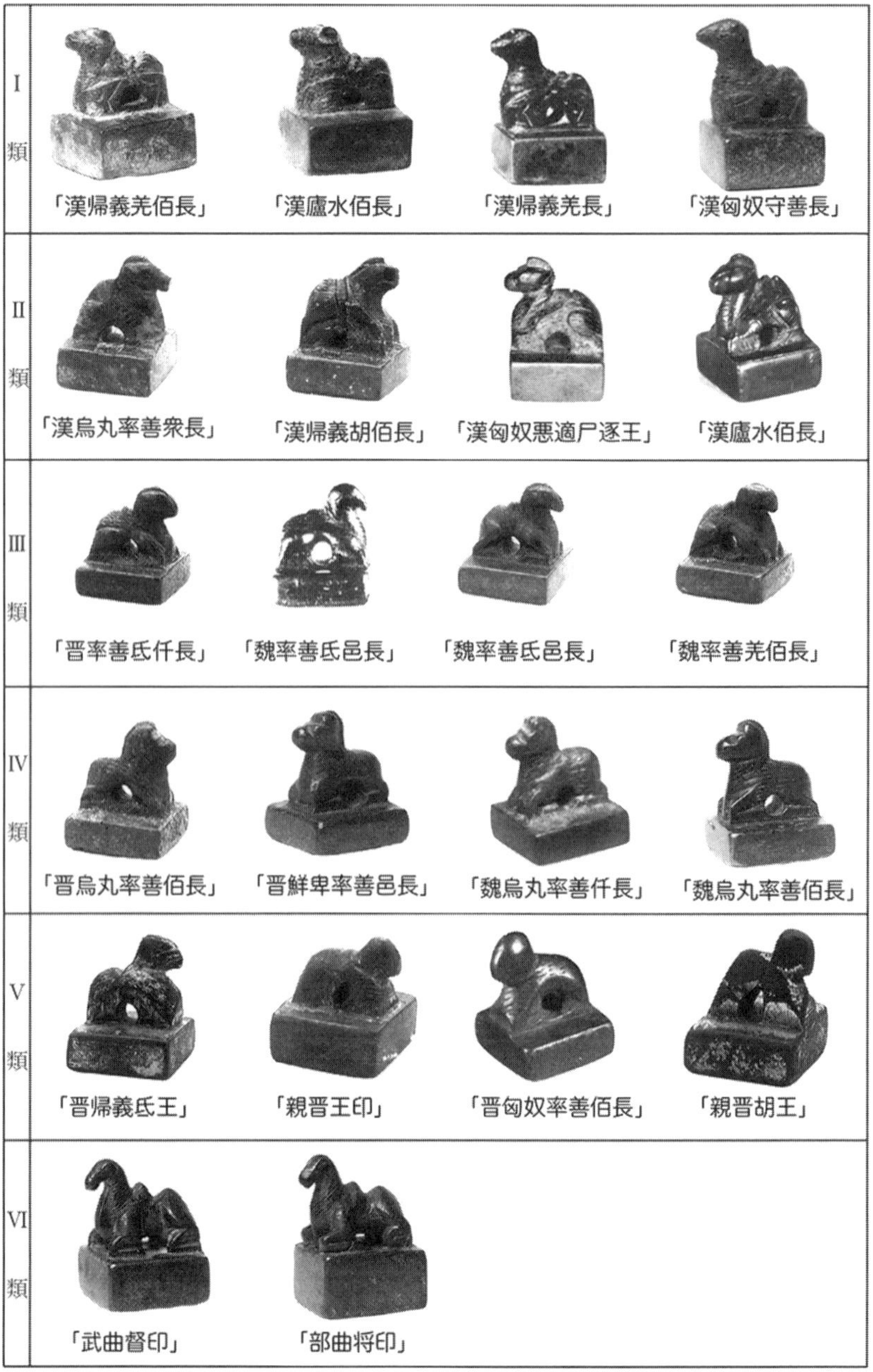

表　漢～南北朝期の駝鈕印編年表（縮尺不同）

5. 駝鈕印改変にみられる「漢委奴国王」金印の歴史的意義付け

後漢の皇帝が倭奴国の使者に与える金印の鈕の形が改変されたということは、当時の印章制度を考えると決して矮小化して考えるべきではない。

ただし今回の事例は「改変」であって再製作でないことを考慮すると、鈕の改変の際に突発的で緊急性の高い状況があったことがうかがえる。

一例だが、倭を楽浪郡付近にある国と考えて駝鈕印を渡そうとしていたが、実際に謁見した倭人が東南の民族であったために蛇鈕に変更せざるをえなかった、とも考えうる。言い換えれば、倭という存在に対して『漢書』地理志の〝楽浪海中〟から、『魏志』倭人伝の〝会稽東冶《かいけいとうや》〟へ「認識の変化」があったことが、金印の鈕の改変の背景にあったのだろう。

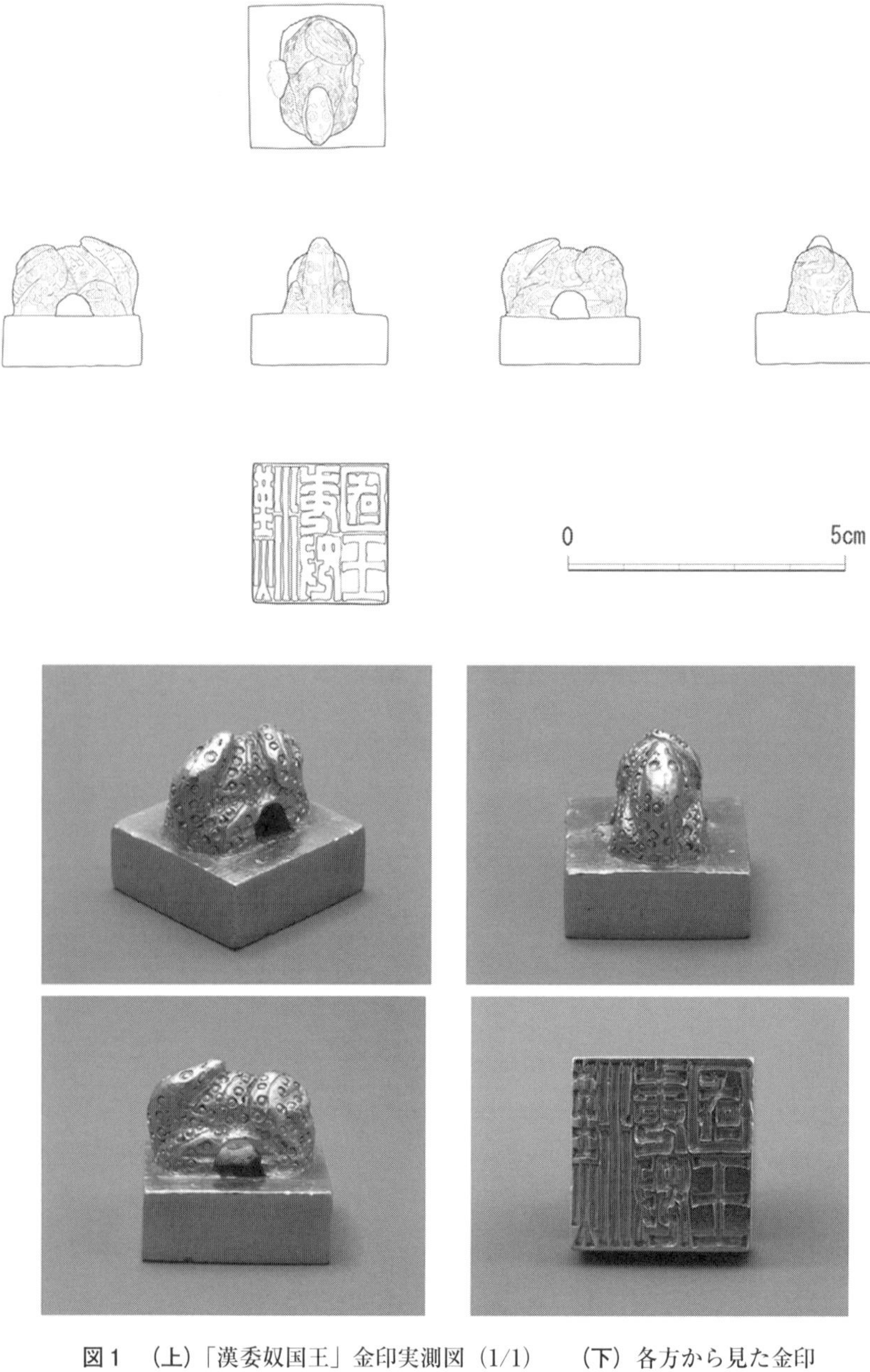

図１　(上)「漢委奴国王」金印実測図 (1/1)　　(下) 各方から見た金印

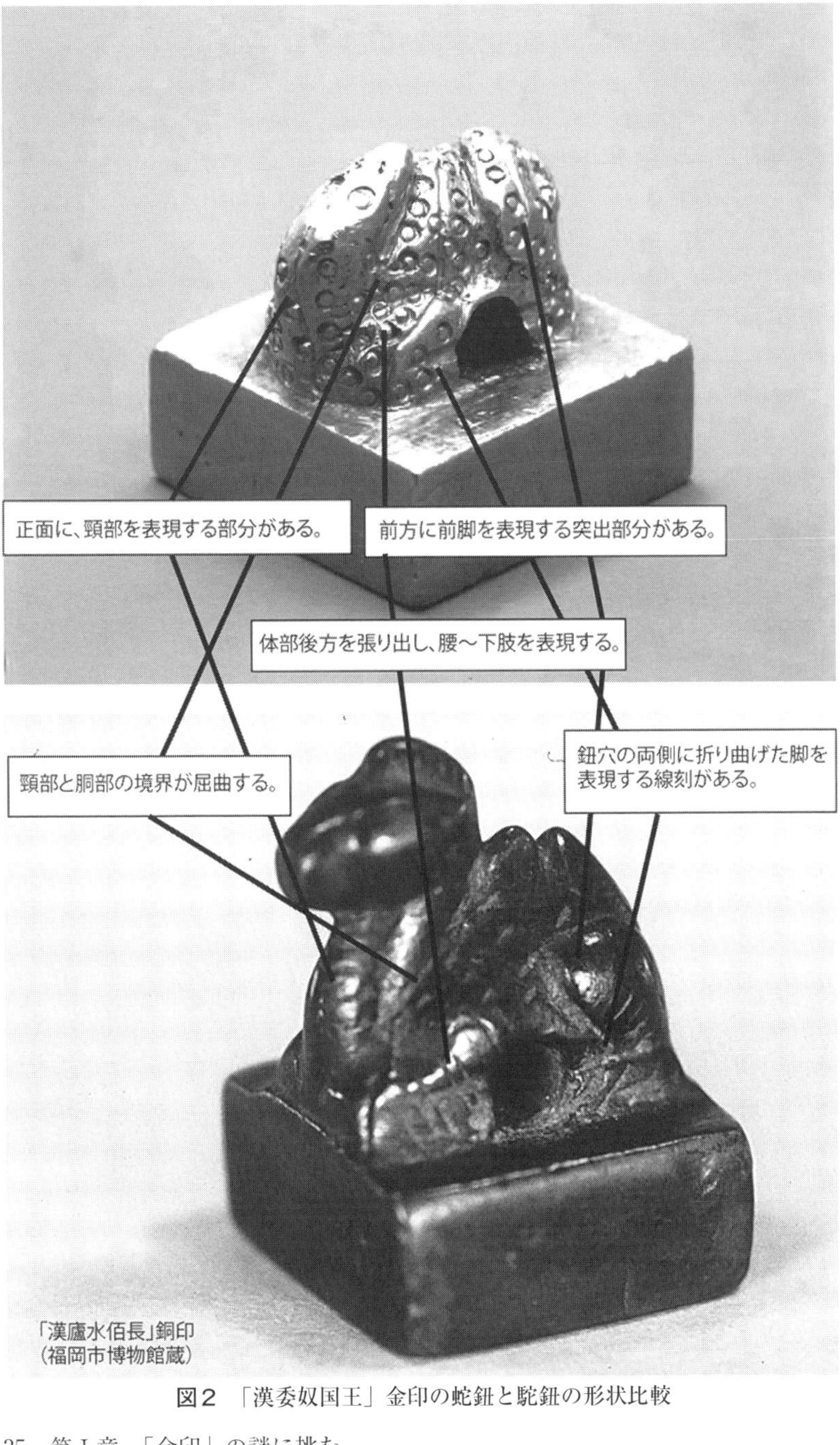
正面に、頸部を表現する部分がある。
前方に前脚を表現する突出部分がある。
体部後方を張り出し、腰～下肢を表現する。
頸部と胴部の境界が屈曲する。
鈕穴の両側に折り曲げた脚を
表現する線刻がある。
「漢廬水佰長」銅印
(福岡市博物館蔵)

図２　「漢委奴国王」金印の蛇鈕と駝鈕の形状比較

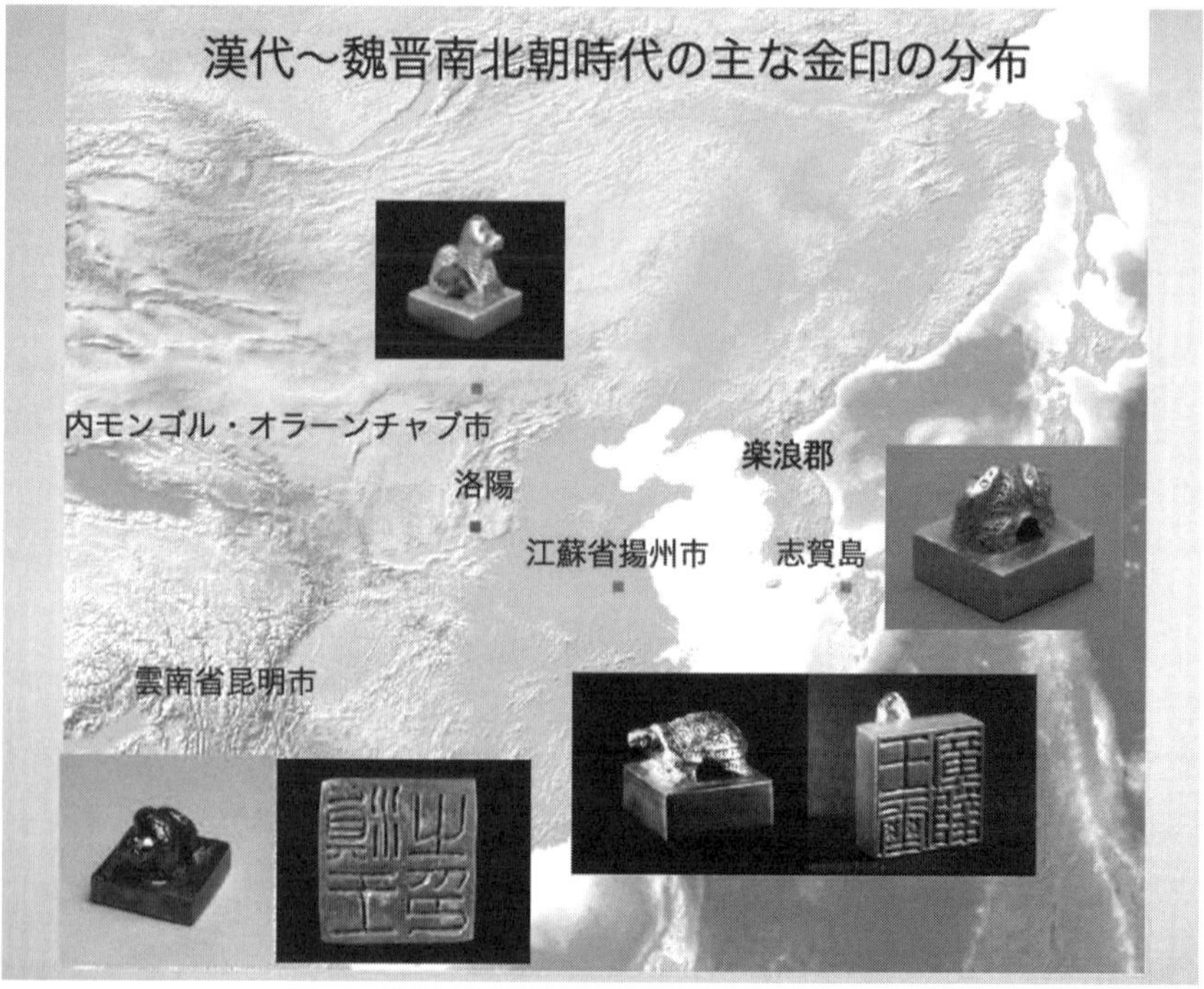

図３　漢代～魏晋南北朝時代の主な金印の分布

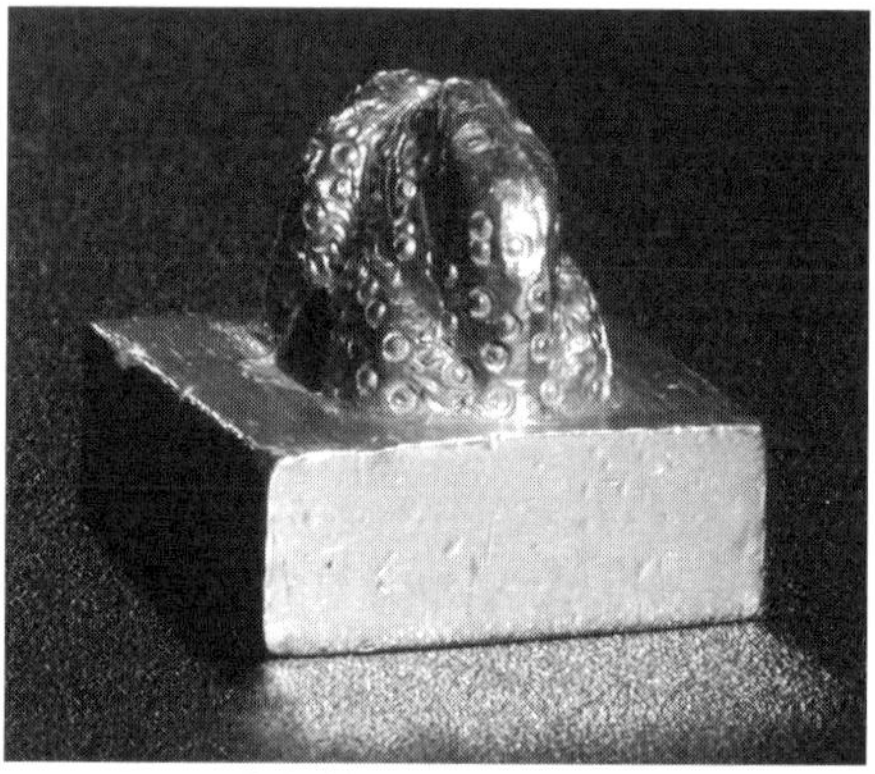
図４　「漢委奴国王」金印の正面観

三、日中の文献資料にみる鋳印製作法

九州鋳金研究会　遠藤喜代志

一　はじめに

筆者が所属している九州鋳金研究会では、平成三十年「第十二回志賀島金印まつり」に際して、金印の再現製作研究を行った（文末注）。

再現製作とは、復元製作が形状・素材などにおいて原品と同じものを作り出すことに主眼を置くことに対して、原品が存在しない状況においてその時代・場所などの環境に応じて一から作り上げていくプロセスを解明していくことをねらいとするものである。

製作に当たっては、まず参考にすべき情報を集めることから始めるが、本稿はそれらの中で印体の製作方法についての資料として、中国と日本双方に残る文献史料を紹介するものである。

二　鋳印の流れ

志賀島金印が官印であることを前提とするならば、日中両国に残されている官印によってその印体は鋳造によって作られていると判断して間違いない。

それら鋳印の流れを、神田喜一郎著『中國の古印』や片岡一忠著『中国官印制度研究』などの研究書を引用して概説しておく。現在発掘による出土品で確認できる最古の印章は、中国・戦国時代（紀元前五〜三世紀）のもので、その多くは銅の鋳印である。続く秦代において中国が統一されると官印の制度も整備され、漢代に印制が完成する（『漢旧儀』など）。材料は金・銀・銅が用いられている。宋の時代に、現代で言う考古学の一領域である金石学が起こるが、その中で『禮記』などの経書を読むにあたって、文中に出てくる古銅器の形状を実際に現物で知ろうと蒐集が始まった。その時、古銅器とともに古印も集められたのである。それらは先ず、刻された篆文に関心が集まり「印譜」として刊行された。続く元の時代になると、それまで印章を刻することは職人（「開圖書人」と言っていた）の仕事であったのが、文人の風雅な楽しみとされるようになり、その規範として秦漢の古印がさらに研究されるようになったという歴史的な流れがある。

三　鋳印製作法を記した文献

(1) 中国

中国において印章の製作法に関心が及んだのは、明代からであるとされる。印章研究の集大成ともいう顧従徳『集古印譜』が明代の中頃、隆慶六（一五七二）年に作られたが、これには印譜だけでなく鈕の図が載せられている。

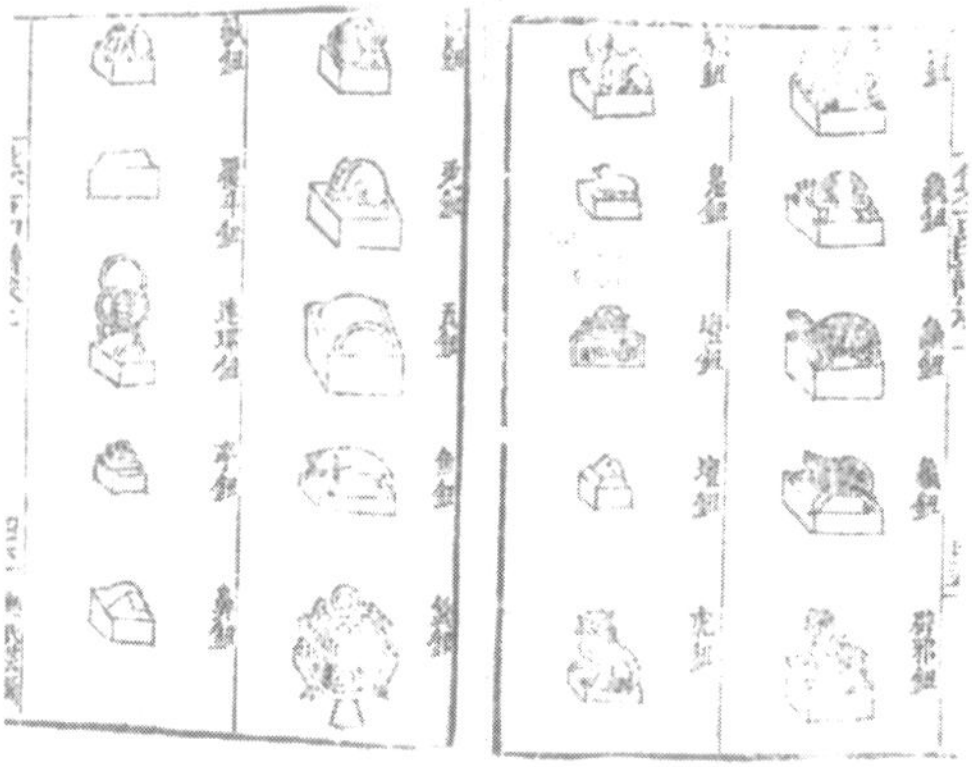

『集古印譜』に載せられている鈕の図
（神田喜一郎『中國の古印』）

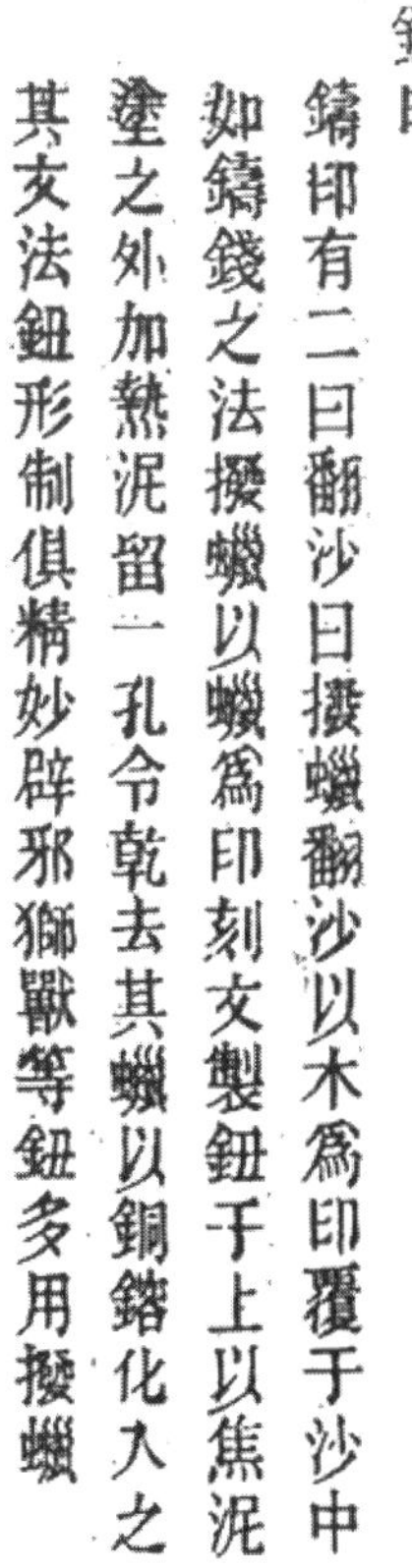
鑄印
鑄印有二曰翻沙曰撥蠟翻沙以木爲印覆于沙中
如鑄錢之法撥蠟以蠟爲印刻文製鈕于上以焦泥
塗之外加熱泥留一孔令乾去其蠟以銅鎔化入之
其支法鈕形制俱精妙辟邪獅獸等鈕多用撥蠟

『印章集説』記載の鋳印法
(国立国会図書館古典籍室所蔵『篆学叢書』)

そして、萬暦二十四（一五九六）年、甘暘が著した『印章集説』において鋳印法が説かれるに至っている。

「印を鋳るに二通りある。一つは翻沙法であり、一つは撥蠟法である。翻沙法は、木をもって印（原型）となし、砂の中に覆う、是は銭を鋳造する方法と同じである。撥蠟法は、蠟をもって印（原型）となし、文字を刻み鈕を製作し、その上に焦泥（焼き真土のこと）を塗りその外に熱泥（粒度が整えられた真土）を加え、穴を一つ付けておく。よく乾燥させたらその蠟を取り去り、銅を溶かしこれに入れる。その文字の法、鈕の形の制はともに精妙で、辟邪・獅子・獣などの鈕は多く撥蠟法が用いられている。」

翻沙法とは、現在の「込型法」もしくは「生型法」の事であり、これを用いた鋳印は随・唐になってからと思われるので、それ以前の金属印は蠟型法によって作られたことになる。撥蠟の撥とは『中国語辞典』によれば「（手足や棒などで）はじく、動かす」とあり、『中國大百科全書智慧蔵』には「用撥塑的方法製作蠟模的、在明清時期稱為撥蠟法」とあるので、要するに手で細工して蠟原型を作るという意と解釈され、この用語が使われるようになったのは明清代になってからのようである。一般的には「失蠟法（ロストワックス）」と言われ、中国では紀元前六世紀頃の作品（河南淅川縣出土・銅盞の一部と銅禁）があり、その後も長らく伝えられてきた伝統的な技術である。

次は、清代の「再續三十五學」である。宋代に吾丘衍が篆書や篆刻の法について記した『學古編』のなかで篆刻家の心得として書かれた「三十五學」という文章があるが、それに倣って清の姚晏によって書かれたものである。内容はほぼ前述の『印章集説』を踏襲している。

鑄印二法
一　翻沙　先刻成一印　将沙泥鎚熟和揑　在外候乾　剖出印　仍合成　留小孔　化銅入之　此精興不精全在先刻之印
一　撥蠟　以蠟爲印　刻篆文　並製鈕　鈕下置一杆　以鎚細泥和膏塗蠟印　外候乾再塗至極厚　去杆則鈕外有一孔　入快火炙之　蠟必由孔鎔出　化銅入之　此精興不精　全在先刻之蠟

（「再續三十五學」清・姚晏撰『叢書集成初編　續三十五學』）

「鋳印の二法　一翻沙―まず印（原型）を刻んで成型する。砂・泥を槌でよく固め、その外が乾いたら割って中の印を出す。再び型を合わせ小穴を開け、（溶けた）銅をこれに入れる。この出来不出来はすべて原型の刻みによる。一撥蠟―蠟を以って印（原型）となし、篆文を刻み鈕を作り、鈕の下に一本の棒付けておく。槌で細かくした泥と漆喰を蝋印に塗る。外が乾くのを待ち再び極めて厚く塗る。棒を抜くと鈕の外に一つの穴ができる。素早く火を入れこれを炙る。蠟が穴から溶けて出て、これに溶けた銅を入れる。この出来不出来はすべて蠟原型の刻みによる。」

実はこの両者の方法と、「志賀島金印」の製作法で異なる点がある。それは、前者が印面の文字を蠟原型の段階で刻んでいることである。

その理由については以下のように考える。中国において紙が発明され、三世紀から五世紀にかけて普及するにつれて、封泥の代わりに朱泥を用いて紙に印章を押すようになった。白文から朱文への変化である。封泥の場合は彫られた溝の面がきれいでなければ写し取られた盛り上がりが美しい形を成さない。そのためにはタガネで鋭くまた深く彫る必要がある。ところが朱文の印では溝の内面は印影には影響しない。よって凹凸のある鋳肌のままでもよいことになる。明代以降の鋳印製作法においては、タガネ仕事を不要とした蠟原型に文字を彫りこむ法が一般的だったのかもしれない。ただし、これについては古い時代に鋳肌のものもあり、一方で偽造印も多く存在するという問題もあるので、慎重に検討する必要がある。

また、中国古印研究の権威である羅福頤はその著『図説中国古印研究史』において次のように言っている。「秦漢から南北朝に至る官印に対する新知識は伝世のこの類の官印は、十の中の九までは明器であり、全品が、古代の官吏が佩用していた実用品であると考えていたことは誤りである。（中略）明・清代の人は、古印は先ず蠟を刻して母音をつくり、その後で泥をぬりつけて範（鋳型）をこしらえたと伝えており、これを撥蠟法と言っているが、現在看るところでは、すべてがそうであるわけではないようである。」羅福頤が他の方法について具体的には述べていないので詳細は不明であるが、翻沙法、もしくは蠟型法と翻沙法の併用（後述する）がかんがえられる。

(2)日本

日本の場合を見てみる。

奈良時代、太宝令（七〇一）に諸国印を鋳造することが定められ、養老令（七五七）に天子の神璽以下官印の決まりも制定された。平安時代の延喜式（九六七）内匠寮式においては、鋳印製作に必要な原材料や工人の員数などが以下のように記されている。

「内印一面料
熟銅一斤八両　（一〇一二グラム）
白鑞大三斤　（一一七グラム）
臈大三両　（一二六グラム）（臈は蠟のこと）
調布二尺
炭三斗　（樫などで作られ低温）
和炭二斗　（松などで作られ高温：金属加工用）
　長功七人臈様工二人　鋳二人　磨三人　（四・五・六・七月の勤務）
中功八人　（二・三・八・九月の勤務）
短功九人大半　（十・十一・十二・一月の勤務）」

平安京の職制は前時代に続いて、唐を参考にしているとされる。鋳印製作担当の役所である中務省内匠寮は別称「少府」と言われ、これは唐代の官営工房「少府監」の模倣である。少府とは、帝室の私的生活に関わる事項を担当するが、これは漢朝でも同様で「御璽は少府に属する尚書令史で作成された。一般の官印も、尚書令史の下でその官印の文字が作成され様式を定められ、次いで御史大夫属下の御史中丞が所管する五曹の一つ、印曹で「刻印」すなわち官印の作成・管理が行われた。」「後漢になると御史中丞が少府に属したことから、官印も御璽と同様、少府が管理することとなった。」と前出『中国官印制度研究』

に述べられている。延喜式の記述は漢朝の工房をうかがわせるものである。ただ同書には「諸侯王が封じられた国や末端官吏の官印は地方政府機構で作成された。」ともあるので、鋳印の技術は少府が独占していたというわけではないことがわかる。

左は、時代は下がるが江戸時代・宝暦十三（一七六二）年、大阪の木村兼葭堂（名は孔恭）が刊行した『甘氏印正』五巻の末尾に付けた「印正附説」の一節である。甘氏とは甘暘のことであり前出の『印章集説』とまったく同文である。木村兼葭堂は、江戸中期に活躍した大阪の造り酒屋主で「浪速の知の巨人」と言われた文人であった。書画・煎茶・篆刻、さらには本草学・文学・物産学（博物学）にも興味を広げ、そのサロンには上田秋声、池大雅、与謝蕪村、司馬江漢、本居宣長、平田源内らが集まったという。兼葭堂のもとには中国の篆刻関係の書物も多く収集されていたものと思われる（ちなみに、上田秋声は『漢委奴国王金印之考』を著し、本居宣長は『漢委奴国王金印考』を著している）。

鑄印
鑄印有二曰翻砂曰撥蠟翻砂以木為印覆於砂
中如鑄錢之法撥蠟以蠟為印刻文製鈕於上以
焦泥塗之外加熟泥留一孔令乾去其蠟以銅鎔
化入之其文法鈕形制俱精妙辟邪獅獸等鈕多
用撥蠟

『甘氏印正』五巻末尾の「印正附説」（一部）
（宝暦13（1762）年・木村兼葭堂版　早稲田大学図書館蔵）

その二十年後天明二年、近江の書家の杜澂によって『徴古印要』（『雜藝叢書』に収録・国立国会図書館デジタルコレクション）が著された。他の文献（『梅庵雜詩』）からの文章（「鑄法」「蠟製」「泥製」）を転載しているが、その内の「鑄法」についてはほぼ『印章集説』を踏まえたものである。加えた注釈の中で蜜蝋と松脂の配合を季節によって変えることや、印台を松脂で作り鈕を蜜蝋で作ることが良いことなど記しており、製作者の一面があるのかもしれない。江戸時代における蝋型技法の細部が知れる技術書としても読むことができる。また、木村兼葭堂との交わりもあり、『委奴国金印考』を述している。

四　おわりに

以上まとめてみると、中国の鋳印に関する技術書は明代以前のものは見つけ得なかったが、官印の製作法が失蝋法を基本にしていることは歴史的に見てほぼ一貫しているように思われる。隋唐時代において印が大型化し（一辺の長さが五センチ以上）、また陰刻白文印から陽刻朱文印に変わったが、製作は失蝋法をベースに行っていることは前述の延喜式の記述から推測される。印体については日本で出土している鋳型（千葉・谷津遺跡）から、翻沙法を用いている可能性が高い。

中国における製作者については、正式なものは帝室の然るべき部署の工人であろうが、地方の行政機関においても製作が行われていること、また伝世品の多くが明器（副葬品として遺骸とともに埋葬した器具）であるとすると、限られた正規の工人以外にも製作者がいた、もしくは正規の工人が正規の官印以外の印を造っていたと考えることもできる。

日本においては、奈良時代に唐の諸制度を移入している中で、官印の失蠟法による製作法も伝えられ、以後近代に至るまで失蠟法単独も

谷津遺跡から掘り出された銅印の鑄型
（曾田冨康『日本古印新攷』）

しくは失蝋法と翻沙法を合わせた技法を用いて作り続けられた。
江戸時代、長崎貿易による唐船舶載の中国印譜が大量に流入すると、文人たちによる研究が一気に開花した。（李寧「江戸時代における唐船舶載中国印譜について」『東アジア文化交渉研究』十一 二〇一八）ことは前述したとおりである。その最中に現れた志賀島金印が絶好の論議の種になったことは容易に想像される。

《製作行程》

① 蝋原型製作
・蝋：蜜蝋＋松脂
・湯道の取付け〔下図参照〕
② 鋳型成型
③ 脱蝋
④ 鋳型焼成
⑤ 注湯
・金九五・五％＋銀四・五％＋銅〇・五％
⑥ ヤスリ等による仕上げ
⑦ タガネによる印面刻字

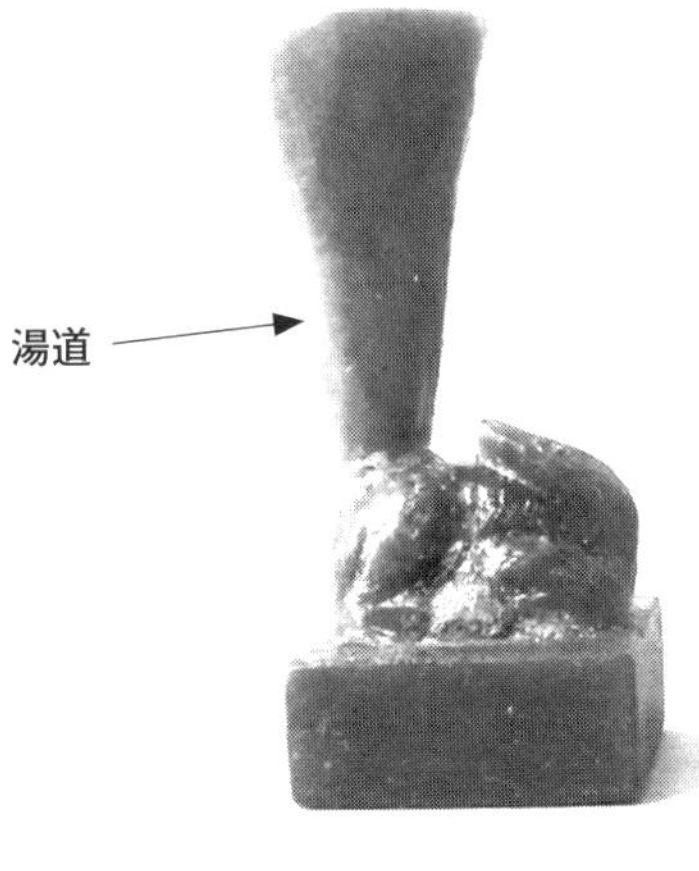

［志賀島の金印を〝造って〟みた］

福岡教育大学教授　宮田　洋平

今度の実作にトライしたのは九州鋳金研究会（福岡）で鋳造技術や考古学などの専門家グループ。宮田会長が会長を務める。

これまで、志賀島で発見された金印には真贋論争からではなく、製作者の立場から関心を持って来た。紀元一世紀頃の古代文献は皆無だが、そこはプロ集団、わずかに残る遥か後世の資料を実務経験を頼りに読みとり、「一つ一つ」試みてみた。

◇当初「簡単だろう」が、一年半、七回目の正直！

制作作業は分業で行った。鋳型は鋳物師《いもじ》の遠藤喜代志さん（芦屋《あしや》釜《がま》の製作で著名）が、鋳込みと削り仕上げは宮田教授が、印面の篆刻《てんこく》（文字彫り）は新啓太郎さん（九産大講師）が分担。

まず初トライ。一昨年二月初めから準備にかかり、同三月三十日、宮田教授の勤務する福岡教育大学（宗像市）の鋳造室で初の鋳込みを行う。①鋳型は蜜蝋《みつろう》（蜂の巣の外型）で②熱源は木炭を③材質は金（純金九五パーセント、銀四・五パーセント、銅〇・五パーセント＝志賀島の金印と同じ二二金）――で鋳込んでみたところ、みごとに〝失敗〟！

原因は熔けた金が急速に冷えて鋳型全体に行き渡らず成型が不十分だったから。

さあ、これから九州鋳金研究会の粒粒辛苦の取組みが始まる。つごう一年余、六回の失敗を重ね、七回目の注湯（熔かした金を鋳型に注ぐこと）でようやく「満足いく成果」を得た、という。

あとは削り仕上げを施し、印面の篆刻作業だ。

昨年七月二七日、会は報告会（兼）記者会見を行い、貴重な経験と成果を披露した。一年半の取組みだった。

◇金印製作の検討項目

宮田教授は当講座で、数多くの製作工程動画を映写しながら「何とか志賀島の金印に近いものを再現製作した、との自信はあるが、正直なところ、わからないことだらけだ」と率直に語る。

(1)鈕《ちゅう》（印のつまみ部分）の形状＝明らかにラクダが原型で、蛇に改変されたものと思われる。なぜ、こんな不様《ぶざま》な造りか？

(2)鈕の施文《せもん》＝子細《しさい》にに見ると、円文《えんもん》はバラバラ、しかも潰《つぶ》れていて魚子《ななこ》文様《もんよう》とは言えない雑な造りだ。鱗文《りんもん》、線文も然り。

(3)鋳型素材＝蜜蝋と松ヤニの配分比が手探りだった。

(4)熔けた金を鋳型に流し込む湯道《ゆみち》の位置と湯口《ゆぐち》の大きさに苦労した。

(5)篆刻《てんこく》＝金属になって鑿《のみ》で彫った。細心の注意を払い、「王」の字で一時間、「漢」の字は四時間要した。

鋳上った金印。煙突のように見えるのが湯道の跡。カットして細工を施す。

◇結局、真贋論争について

宮田教授のコメント

結論から言うと何とも言えない。ただ再現製作してみて、この金印は鈕の部分の造形が〝不細工〟で、だが印面の文字は見事で、そのアンバランスが不思議だ。

鈕がなぜ改変されたのか？　誰もわからない。ただ、この金印に江戸期の偽造説があるが、江戸期だったら技術水準から言って、もっと立派な「蛇」鈕が出来たはず。

一方、印面の篆刻は間然するところがない。封泥印として使用充分だ。結局、私は真贋論争には与しない。

［お断り］この記事は宮田教授の講演（二〇一九年十月）を当編集部で取材したものです。

四、「漢委奴國王」金印偽物説にピリオドを打つ

明治大学文学部教授　石川日出志

【要旨】

近年ふたたび「漢委奴國王」金印江戸時代偽物説が主張されている。この問題に対処するために、二〇一〇年の暮れからモノ資料としてこの金印の多角的・複眼的検討を進めた。従来考古学者が準拠してきた尺度論では決着がつかず、やはり「漢委奴國王」の字形がもっとも精度の高い判断が可能で、蛇鈕の形態や金属組成も説得力がある。江戸時代につくられたという主張が成立する可能性はない。

1. 問題の所在

江戸時代の一七八四（天明四）年に志賀島で発見された「漢委奴國王」金印は（図1）、『後漢書』（図2）に見える倭奴国の奉貢朝賀（AD五七年）に対して光武帝が与えた印そのものだとみるのが定説である。しかし、近年、鈴木勉（二〇〇四・二〇一〇）・三浦佑之（二〇〇六）は江戸時代に製作された可能性が高いと強く主張する。従来の日本考古学界では、岡崎敬（一九六八）に準拠し、金印の一辺平均二・三四七センチが後漢代尺度と一致する点を根拠に真印とみなしてきた。しかし、三浦氏が指摘するように、江戸時代に後漢尺

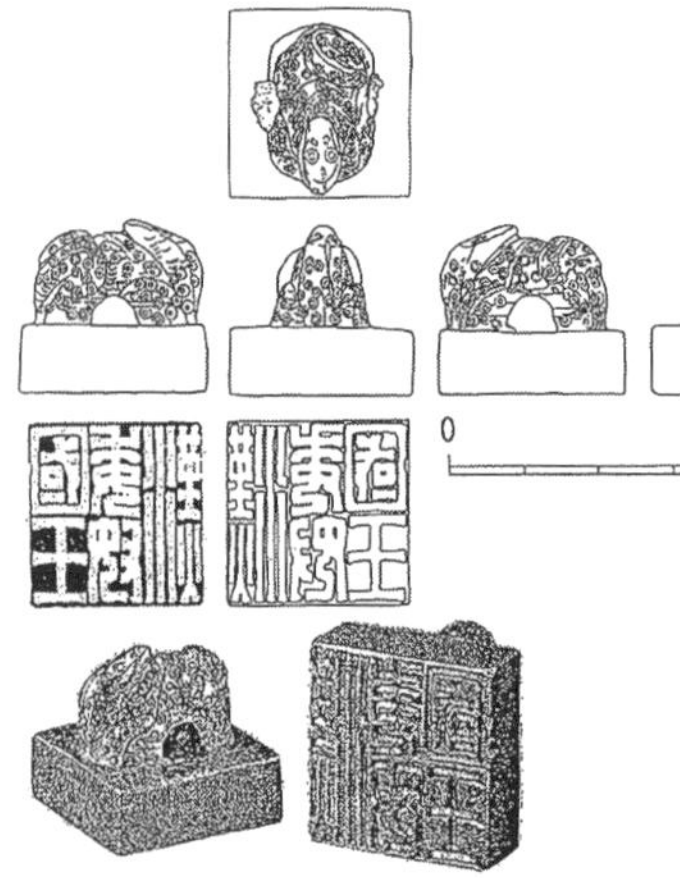

図１　「漢委奴國王」金印（大塚2009）

謹便共殺之建武中元二年倭奴國奉貢
朝賀使人自稱大夫倭國之極南界也光
武賜以印綬安帝永初元年倭國王帥升
等獻生口百六十人願請見桓靈閒倭國
大亂更相攻伐歴年無主有一女子名曰
卑彌呼年長不嫁事鬼神道能以妖惑衆
於是共立爲王侍婢千人少有見者唯有
男子一人給飲食傳辭語居處宮室樓觀
城柵皆持兵守衛法俗嚴峻自女王國東

百衲本

図２　後漢書（抜粋）

図３　金印出土地

の値が知られているので根拠たりえない。そもそも、これまでの「漢委奴國王」金印研究は、「資料論」すなわちモノ資料としての検討が不足であった。

その中で、大塚紀宜らによる「漢委奴國王」金印の詳細な観察・検討はきわめて重要で、とくに大塚（二〇〇九）が、この金印が当初駝鈕として製作されたのち蛇鈕に再加工されたと主張したことは、真偽論争から新たな議論の展開への転換を促すものである。なぜ駝鈕として製作されたのか、なぜ蛇鈕に再加工されたのかが問われるからである。

私は、二〇一〇年の暮れから金印研究に着手し、金属組成、尺度、蛇鈕、字形、鈕孔、四夷印、など複眼的な検討を進めてきた。その結果、後漢初期の製品としてまったく問題がないことを確認し、それを江戸時代に再現することは不可能であると断定した。その要点を紹介しよう。

2. 尺度問題

考古学界では、一九六八年に岡崎敬が、通産省工業技術院計量研究所の協力によって詳細な計測を行い、印面の四辺の平均が二・三四七センチであり、後漢建初銅尺（慮俿銅尺：一尺二三・五センチ）や戦後の漢代出土尺（二三・〇～二三・八一センチ）と整合することから、後漢代の製品と断定してのち（岡崎一九六八）、誰も疑わない。しかし、三浦が指摘したように（三浦二〇〇六）、亀井南冥（一七四三―一八一四）の弟・曇榮（一七五〇―一八一六）が、この金印が「方七分八厘」（二・三六三四センチ）で、漢代の方寸にあたることを書き留め、南冥に先立つ中村惕齋（一六二九―一七〇二）も『律尺考験・三器攷畧』で、漢尺を「曲尺七寸七分八釐二毫強」（二三・五七九四六センチ）とする。また、狩谷棭斎（一七七五―一八三五）も『本朝度量権衡攷』（一八三五）で、後漢尺を「曲尺七寸八分三釐三毫三絲二忽」（二三・七三四九六センチ）とする。また、狩谷が後漢の建初六年（AD八一）銘の慮俿銅尺（模造）を所持し、一尺＝二三・五六六センチと計測され、さらに惕齋が「監造」した中国古尺の模作品が流通している（岩田一九七九）。「漢委奴國王」金印が後漢代の尺の合致することを根拠とする立論は説得力をもたない。

しかし、後漢代の一寸が実物資料で二・三五センチと確認できるか否かは、その後の資料を用いて検討する必要もある。出土尺の集計としては、国家計量総局『中国古代度量衡図集』（一九八一年）が優れており、戦国晩期から西晋代までの四八点が収録され、そのうち後漢代が三三点を占める。素材は玉一点・銅二一点・骨八点・牙二点・竹一点で、銅製がもっとも多い。全体でも、また銅製にかぎっても一寸二・二五〇センチから二・四〇八センチまであり、全体で平均二・三六五センチ、銅製のみ平均は二・三三一センチとなる。〇・〇二五センチごとに集計してその法量分布をみると、銅尺では二・三五〇センチ以上二・三七五センチ未満がもっとも多く二・三二五センチ以上二・三五〇未満がこれに次ぎ、後漢代の出土尺の一寸は約二・三五センチ内外に集中する（図4）。金印の一辺二・三四七センチは、後漢尺の一寸にほぼ合致するのである。しかし、尺度の点からは後漢代とも江戸時代とも決めることはできない。

3. 金属組成

「漢委奴國王」金印の金属組成は、蛍光X線分析で、金：銀：銅＝九五・一：四・五：〇・五と測定されている（本田ほか一九九〇）。中国戦国時代から江戸時代までの金製品の金属組成を集成してみると（図5）、戦国～後漢代は金九九パーセント以上から九五パーセント内外であり、「漢委奴國王」金印はその範囲内に収まり、後漢代とみなすことはまったく問題はない。日本列島出土品では、古墳時代になると九〇～七〇パーセントと金の純度が低下して揺れ幅が大きくなり、古代になると再び九〇パーセント以上の純度となる。江戸時代は、例えば一般に流通する金製品で純度が高い小判では、江戸時代前・中期は金八五パーセント内外、後期五七パーセント程度である。金製品は時代ごとに変異があり、その中で後漢代金製品の金属組成を江戸時代に知ることはできないであろう（石川二〇一四a・二〇一五a）。

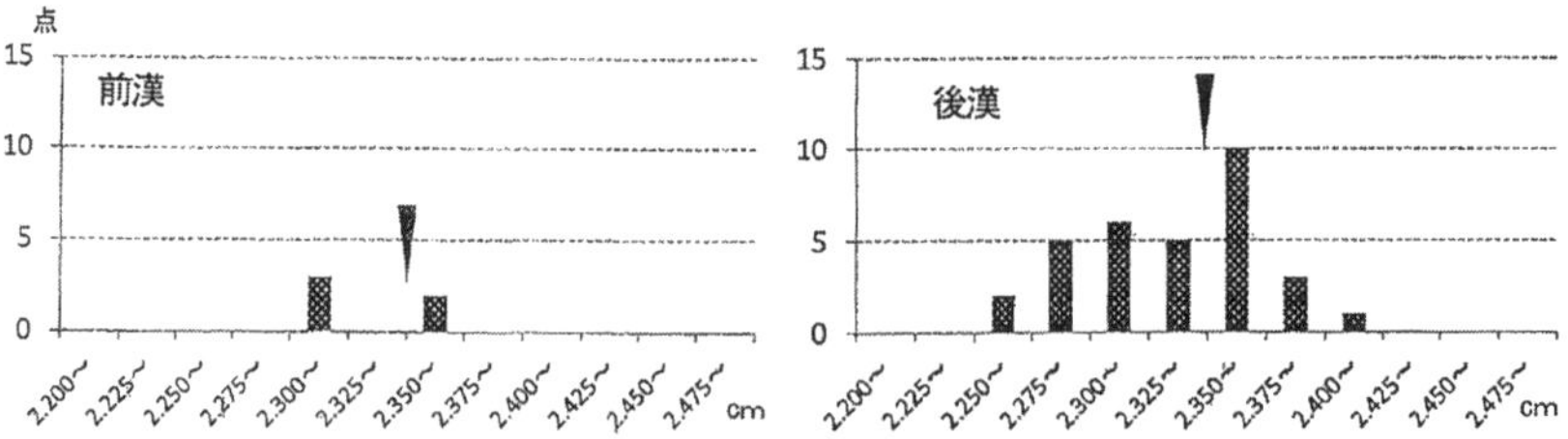

図4　中国前漢・後漢代の出土尺の法量〔1寸換算値〕（国家計量総局 1981 より作成）

4．蛇鈕の類型化

前漢代から晋代に至る蛇鈕印を年代順に配列して、「漢委奴國王」金印が後漢代としてふさわしいことは、すでに高倉洋彰（一九九五・二〇〇八）や金子修一（二〇〇一）が指摘している。しかし、蛇鈕印をその形態的特徴から類型化（型式分類）し、その各類型の年代を検討する必要がある。

各種の印譜や図録で蛇鈕と報告されたことのある古印を集計し、現在五一例を収集している（表1・図7：二〇一五データ）。そのうち鈕形を写真や図等で確認できるのは四五例ある。これを、1）蛇鈕と印台の接続法、2）蛇体の上面観、3）蛇形の細部形態、の観点からⅠA・B・C類、ⅡA・B1・B2・C類に分類した（表2・図6：石川二〇一四bなど）。この分類では「漢委奴國王」金印はⅡA類に属す。ⅡA類は、前漢後期に類列があり、後漢前期に存在しても問題はない（表3）。後漢後半以後はⅡB1・B2類が主となる。もちろん、江戸時代にこの類型変遷を知ることは不可能である。

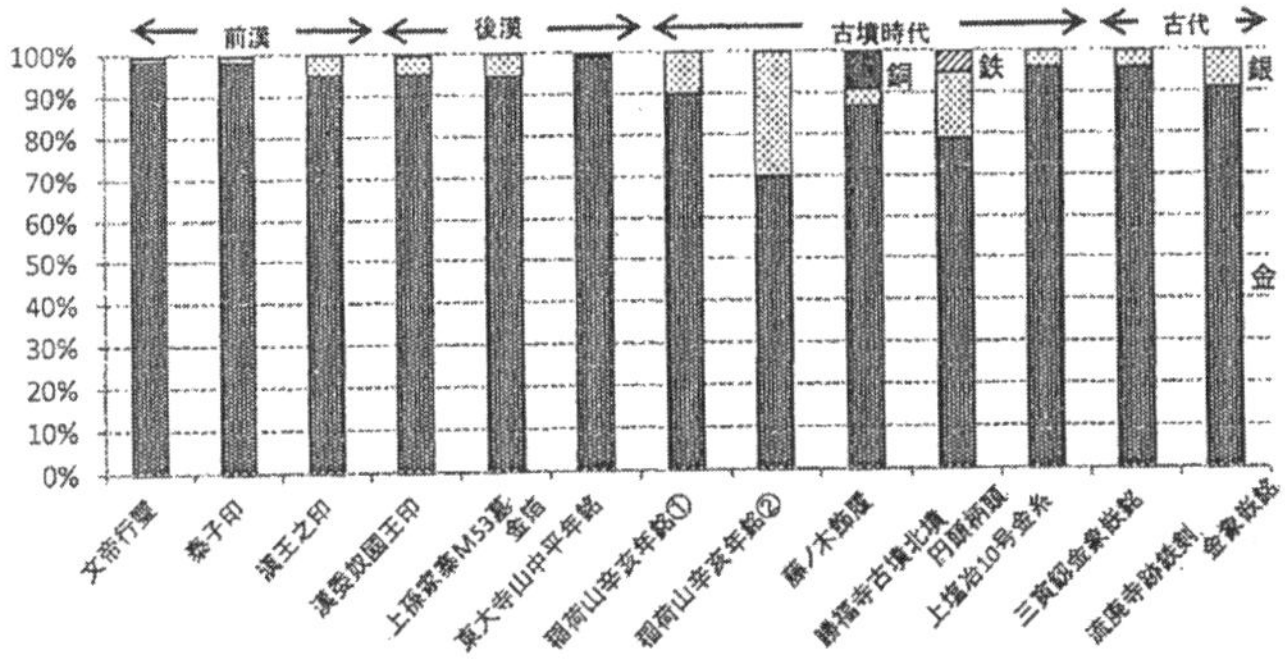

図5　出土金製品の金属組成推移

	分類	印　文	時代	素材	印面法量	所蔵者	文　献
1	?	商庫	秦	銅	2.3×1.5	上海博物館	方1989：36
2	ⅠA	浙江都水	秦	銅	記載なし	上海博物館	孫2010：p.67，羅1987：No.48拓本，荘・茅1999-p.37-241
3	ⅠA	旃郎廚丞	前漢	銅	2.4×2.4	故宮博物院	王・葉1990：pp.24・25，羅1987：No.45
4	ⅠA	白水弋丞	前漢	銅	2.5×2.5	故宮博物院	王・葉1990：pp.24・25・237，羅1987：No.46
5	ⅠA	代馬丞印	前漢	銅	2.5×2.5	故宮博物院	王・葉1990：pp.24・25・237，葉1997：p.141-33，羅1987No.51
6	ⅠA	琅左塩丞(琅塩左丞)	前漢	銅	2.5×2.5	上海博物館	孫2010：p.78，王・葉1990：p.20，羅1987：No.52
7	ⅠA	彭城丞印	前漢	銅	2.5×2.5	藤井有鄰館	大谷1974：pp.144-14，王・葉199：pp.24・25，羅1987：No.53
8	ⅠA	新淦丞印	前漢	同	2.55×2.8	寧楽美術館	神田・田中1968-p.59-14・p.59
9	ⅠA	宇丞之印	前漢	銅	2.1×2.2	上海博物館	荘・茅1999-p.37-246，羅1987：No.55
10	ⅠA	左礜桃支	前漢	銀	2.5×2.5	天津芸術博物館	荘・茅1999-p.36-239，羅1987：No.61
11	ⅠA	?	前漢	銅			孫1999-p.34図59
12	ⅠA	犍為太守章	前漢?	銅		寧楽美術館	金子2001
13	ⅠA	趙臨	前漢	銅	1寸×5分	故宮博物院	羅1982：p.100-561，金子2001
14	?	平陸丞印	前漢	銅			
15	?	睢丞之印	前漢	銅	2.5×2.5	故宮博物院	羅1987：No.54
16	ⅠB	朱盧執刲	前漢	銀	2.4×2.4	楽東県文化局	孫2010：p.90，中国1993，籾山2011：p.247
17	ⅠC	滇王之印	前漢	金	2.3×2.4	中国国家博物館	大谷1974：pp.144-145，孫2010：p.75，羅1987：No.1202，荘・茅1999-p.63-417
18	ⅡA	労邑執刲	前漢	琥珀	2.3×2.3	広西壮族自治区博物館	金子2001：p. 353（写真＝吉開氏），呉・蔣1985：p.5
19	ⅡA	漢委奴國王	後漢	金	2.347	福岡市博物館	名古屋市博・中日新聞社1989：p.71，羅福頤1987：No.1203
20	ⅡB1	蛮夷里長	後漢	銅	22.6×22.1	藤井有鄰館	加藤1986：p.5・49，大谷1974：pp.144-14
21	ⅡB1	漢叟邑長	後漢	銅	22.9×23.0	寧楽美術館	加藤1986：p.9，金子修一2001：p.359
22	ⅡB1	漢匈奴姑塗黒臺耆	後漢	銅	2.3×2.3	故宮博物院	羅2010：p.118，王・葉1990：pp.154・155
23	ⅡB2	漢夷邑長	後漢	銅	2.17×2.21	寧楽美術館	加藤1986：p.10，金子2001：p.354
24	ⅡB2	漢夷邑長	後漢	銅	2.20×2.18	平倉	加藤1986：p.10
25	ⅡB2	魏蛮夷率善邑長	魏	銅			大谷1974：pp.144-145，加藤1986：p.61
26	ⅡB2	魏蛮夷率善邑長	魏	銅	2.2×2.2	故宮博物院	吉開1999：p.10-7，孫1999：p.132 - 図68
27	ⅡB2	魏蛮夷率善邑長	魏				加藤1986：p.61
28	ⅡB2	魏蛮夷率善仟長	魏	銅		上海博物館	孫2010：p.126
29	?	晋蛮夷率善仟長	晋	銅			顧氏『集古印譜』吉林版p.86-7，甘・徐2000-p.21-下中
30	ⅡB2	晋蛮夷率善仟長	晋	銅	2.27×2.27	藤井有鄰館	大谷1974：pp.144-145，加藤1986：p.43
31	ⅡB2	晋蛮夷率善仟長	晋	銅		上海博物館	孫1999：p.131図66
32	ⅡB2	晋蛮夷率善佰長	晋	銅	2.4×2.3	大谷大学図書館	竹田1964：369，加藤1986：pp.56-112・p.121
33	ⅡB2	晋蛮夷率邑長	晋	銅		大谷大学図書館	竹田1964：368，加藤1986：p.68
34	ⅡC	蛮夷侯印	晋	金	2.3×2.3	湖南省平江県文物管理所	孫2010：p.141，賀2006，荘・茅1999-p.124-852
35	ⅡC	蛮夷邑長	呉/蜀	銅		故宮博物院	葉1997：p.141，羅1987：No.1505
36	ⅡC	親晋王印	晋	銅		故宮博物院	葉1997：p.141，羅1987：No.2054
37	?	樊輿侯印	?	銅		甘粛省天水市文物館	金子2001：p.367
38	Ⅲ	涂渚之印	?	銅		上海博物館	金子2001：p.359
39	?	単尉	後漢	銅		上海博物館	羅1987：No.1063
40	ⅡC?	行（朱文印）	?	銅	1.35×1.6	大谷大学図書館	竹田1964:158（写真あり）

表１　蛇鈕印一覧

分類階層 1	2	3	分類基準：　階層１＝印台と鈕の接合状態，　階層２＝蛇体の上面観，階層３＝蛇体の細部形態.
Ⅰ			鈕の蛇体が独立して印台の上にのるもの.
	A		蛇体が直線的なもの. 幅狭い鼻鈕の前後に頭と尾をつくる. 頭と尾はΩ形をなす場合がある.
	B		蛇体がS字形をなすもの. 鼻鈕の形態から逸脱する.
	C		蛇体が前後に（頭から尾にかけて）螺旋形をなすもの.
Ⅱ			鈕の蛇体が印台と面的に付着するもの.
	A		蛇体が塊状を呈し、頭と尾が、斜めに伸びる蛇体の前後で螺旋形をなすもの.
	B		蛇体が前後に長く、左右両側が直線的なもの.
		1	頭部や尾部を長軸線の左や右につくるもの.
		2	頭部を長軸線上につくるもの.
	C		蛇体の上面観が丸い渦形をなすもの. 頭部は鈕の上方に延びる.

ⅡA類中の19とⅡB類はすべて駝鈕の再加工品と判断できる.

表２　蛇鈕の類型分類基準

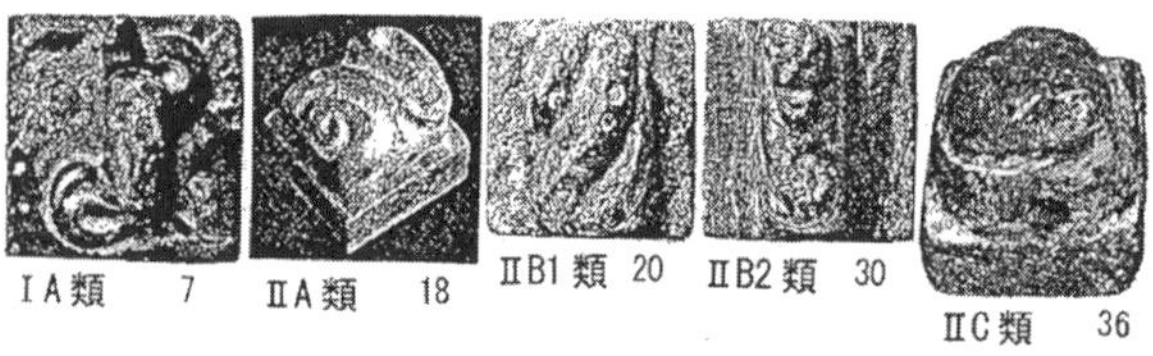

図６　蛇鈕類型の上面観

類型		秦	前漢	新	後漢	魏	晋
Ⅰ	A	1	11				
	B		1				
	C		1				
Ⅱ	A		1		1		
	B1				3		
	B2				2	4	4
	C					1	2

表３　各類型の時期別例数

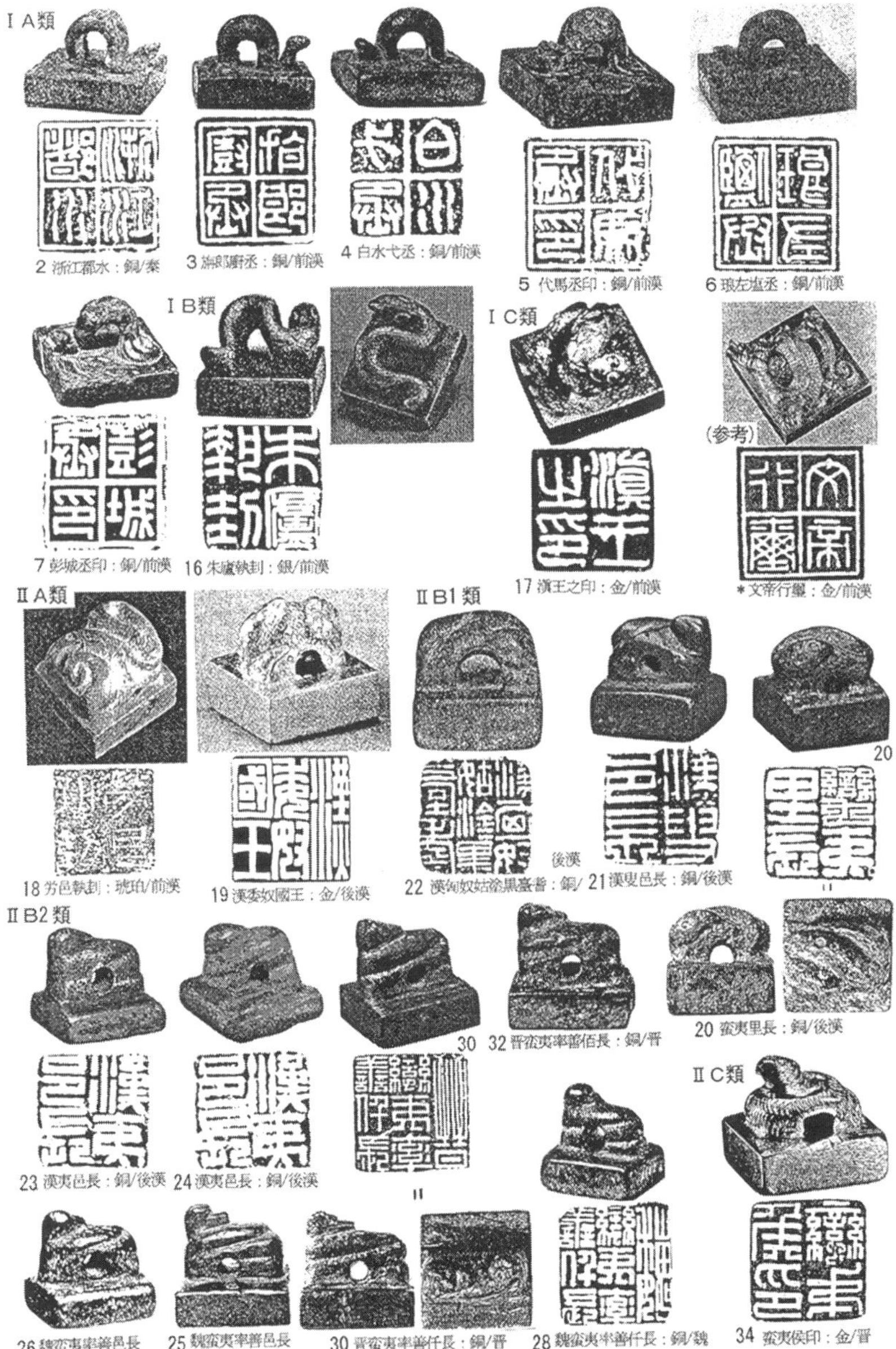
ⅠA類
2 浙江都水：銅/秦
3 旃郎廚丞：銅/前漢
4 白水弋丞：銅/前漢
5 代馬丞印：銅/前漢
6 琅左塩丞：銅/前漢
ⅠB類
ⅠC類
（参考）
7 彭城丞印：銅/前漢
16 朱廬執刲：銀/前漢
17 滇王之印：金/前漢
＊文帝行璽：金/前漢
ⅡA類
ⅡB1類
20
18 劳邑執刲：琥珀/前漢
19 漢委奴國王：金/後漢
22 漢匈奴姑塗黒臺耆：銅/後漢
21 漢叟邑長：銅/後漢
ⅡB2類
30
32 晋蛮夷率善佰長：銅/晋
20 蛮夷里長：銅/後漢
ⅡC類
23 漢夷邑長：銅/後漢
24 漢夷邑長：銅/後漢
26 魏蛮夷率善邑長：銅/魏
25 魏蛮夷率善邑長：銅/魏
30 晋蛮夷率善仟長：銅/晋
28 魏蛮夷率善仟長：銅/魏
34 蛮夷侯印：金/晋

図７　蛇紐印各類型の代表例（数字＝表１）

5. 字形の検討

不思議なことに、この金印にきざまれた「漢委奴國王」の字形は日本では詳細に検討されたことがない。古印の字形の研究は、中国では一九七〇～九〇年代に飛躍的に進み、特に王莽代を挟む両漢代の字形はかなり詳しく分かるようになった（羅一九八七、王・葉一九九〇など）。

まず「國」字（図8A）については、王人聰・葉其峯（一九九〇）による前漢代と後漢代の「國」の対比が説得的である。前漢と後漢の字形のもっとも明瞭な違いは「戈」字にある。⑴一画の横棒が、前漢代では右下がりなのに、後漢代は水平となる。⑵第三画の斜線が、前漢代では第二画と短く交差して直線的ないし緩く弧を描いて垂下するのに、後漢代になると第二画と交差する付近で大きく折れる例が目立つ。⑶短い横棒で表現される第四画が、前漢代はその左側が第二画と接し、なおかつ右端が上に折れて横L字形なのが、後漢代では「二」字形が多い。ただし、⑶の横L字形例は後漢中・後期にも稀に認められる点は留意する必要がある。「漢委奴國王」金印では⑵と⑶に前漢代の特徴をもつ一方、⑴に後漢代の特徴が見える。より細部をみると、⑴の横線はわずかに右下に傾斜しており、前漢代の特徴の残影が認められる。

「王」字も後漢代前期の特徴を備えている（図8B）。前漢代と後漢代の「王」字を比べると、中央の横線が前漢代は上方にあるのに対して、後漢代はほぼ中位にくる。「王」字の横線は前漢～後漢とも水平線で表現されるが、AD五七年の「漢委奴國王」金印とAD五八年の「廣陵王璽」金印ではともに横線の主に下縁が緩い弧形をなしている。これは後漢代では横線が直線をなす傾向が顕著なのに対して、前漢代の横線がしばしば弧線をなすことの名残とみることができる。三本の横線が後漢代に多い直線なのに、第一・

三画の横線がわずかに弧線をなす点も注目される。

「漢」字は、「水」形で表わされる「氵」に時期的変遷が明瞭に読み取れる（図８C）。「漢委奴國王」金印の「漢」の「氵」は、中央の縦線が直線的だが上部がわずかに左に曲がり、左右上方の短縦線もこれに従う。また、左上の短縦線は下端が左に折れるという顕著な特徴がある。前漢初期から後漢末までの「氵」の変遷を見ると、前漢前～中期は上部が強く湾曲するのが、前漢後期に直線化が進み、後漢前期から直線表現が多数を占め、後漢中～後期には直線表現のみとなる。左上の短縦線の下端が逆L字形となるのはほとんど新莽代で、前漢末や後漢初めにごく稀に見られるにすぎない。この金印の「氵」の下半部が直線である点は、新莽代ではなく、後漢代に限定できる。したがって、「漢委奴國王」金印の「漢」の「氵」は、後漢初期以外ではありえない特徴を備えていると断定できる。

「委」と「奴」字の「女」部も、最近ようやく時期判別できるようになった（図８D）。古印の「女」字は甲骨文の字形の名残をとどめるが、前漢～後漢代は、下部中央が緩い「S」字形と「己」形の2種が併存する。「漢委奴國王」金印の場合は「己」形だが、「己」の上半部と下半部の縦幅が、「奴」では前漢～新莽代に多い下半部が長い形なのに対して、「委」は後漢代に一般的な上下が等しい特徴を備える。また「己」形の左方の縦線が上部が弧形で下部がより直線的なのは新莽代の特徴を留める。また「女」字の上部の横「日」形の上線が、「委」では前漢的な弧線をなすのに対して、「奴」は後漢的な直線となっている。後漢初期とみるべき諸特徴である。

　このように、これら「漢委奴國王」金印の五字は、すべて前漢～新莽代の特徴を留めつつ後漢代の特徴も備える点で共通している。しかもこれら五字の諸特徴は、江戸時代にもっとも信頼された顧従徳一五七二（一五七五補）『集古印譜』では一例も確認できないのである。したがって、「漢委奴國王」金印は

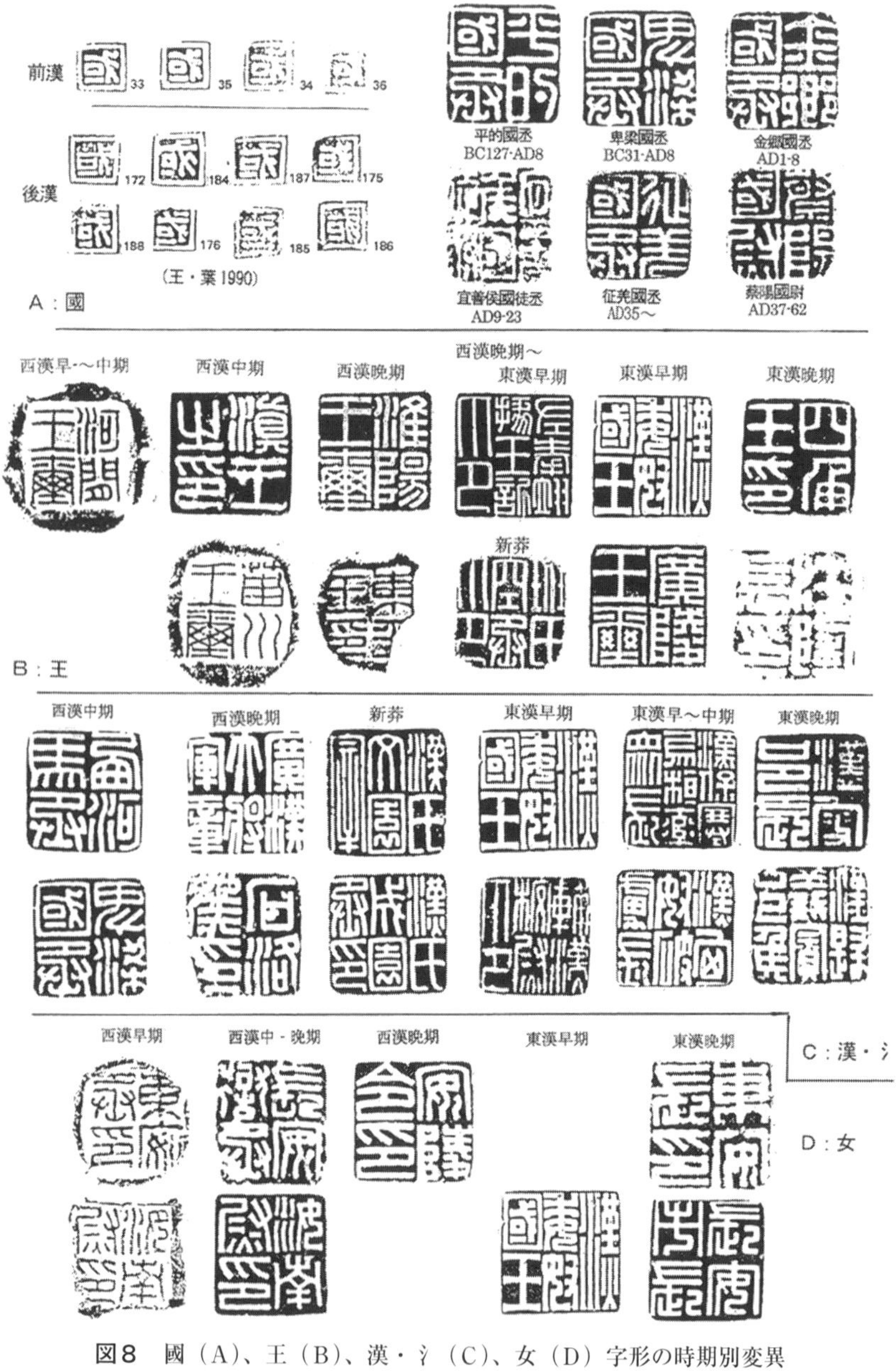

図8　國（A）、王（B）、漢・氵（C）、女（D）字形の時期別変異

後漢初期の製品と断定でき、江戸時代にこれらの字形をデザインすることは不可能である。「漢委奴國王」金印真贋論争は終結した、と宣言するのはこれら字形の検討を最たる根拠とする。

6. 鈕孔の形状

二〇一五年三月に中国・南京市にある南朝博物館で晋代の亀鈕「關中侯印」金印を観察した際に、亀鈕の下方＝印台上部に窪み状の削り込みがあるのを確認し、鈕孔の検討が重要であることに気づいた。「漢委奴國王」金印の画像をみて、鈕孔の印台上部に窪みがあることを確認して、これも江戸時代には知り得ないことを知った。同年に本田浩二郎が、「漢委奴國王」金印と、その翌年に制作されたと考えられる「廣陵王璽」金印ともに深い窪みがあることを報告した。昨年暮れに、「廣陵王璽」金印をじかに観察する機会を得て、その形状が「漢委奴國王」金印と酷似することを確認した。鈕孔下の窪みの形状はさまざまあるが、この二例はかなり特異な形状で一致する点は重要である。少なくとも、その一方を江戸時代に日本で製作することは不可能であろう。

おわりに

以上により、「漢委奴國王」金印の真贋論争は終結した、と考える。しかし、なお検討を要する点がいくつもある。漢魏晋代の官印および周辺諸民族に与えた四夷印に関して、もうしばらく多角的・複眼的な検討を進めたい。真贋論争から、本来あるべき歴史学的な議論へと向かうためには、こうした基礎研究が何よりも重要であるからである。

【補記】

本講演から五年を経ているので、本稿の内容と直結する三点について補記する。

（1）三浦氏は藤貞幹が偽造に関与したと疑う。しかし藤貞幹は『好古日録』で、『宣和集古印史』（一五九六年）に収録された「親魏倭王」印影を引用・解説する。ところが、現在もっとも時代判別が容易な「王」字は、中央の横線が上方に偏る前漢代に特徴的な字形である。藤貞幹には字形の時代判別が困難だったことの明確な証拠である。

（国立国会図書館デジタルコレクションによる）

（2）二〇〇九年に西安市の盧家口で発見された新莽代の封泥群の詳細情報が公表された（馬驥二〇一六『新出新莽封泥選』西泠印社）。その「氵」・「王」・「戈」の字形を集めてみると当「漢委奴國王」金印に比べて前漢代の特徴をより明瞭にとどめる。

（3）蛇鈕の分類と系譜については検討し直して論文化したので、参照願いたい。当金印の蛇鈕は駝鈕の再加工であるにもかかわらず、その後の蛇鈕形態の標準となっていることを明らかにした（石川日出志二〇二二「秦漢魏晋代印・蛇鈕の型式学」『古代学研究所紀要』三一、明治大学日本古代学研究所）。

五、『金印』ニセモノ説を概観

「金印と歴史の会」主宰　岡本　顕実

『金印』の発見からすでに二〇〇年の星霜を経た。ニセモノ説は発見当初からあり、ホンモノ説の向こうを張って諸説が飛び交い、今日に至るまで誠にかまびすしい。その消長をたどるだけでも当時の時代背景と知的水準が窺い知れて、これはこれで一個の金印独立史と言えよう。反面、こうも言えるか―少し大げさだが、日本国史の開闢《かいびゃく》にかかわるこの『金印』、ことあるごとに日本人の心の深奥に刺激を与え、関心を呼ぶのだ、と。それほど心の襞に染み入っているのだ。以下、ニセモノ説の〝系譜〟を概観してみよう。

天明四（一七八四）年二月二十三日（陰暦）、田植え準備中の百姓・甚兵衛が偶然、『金印』（「漢委奴国王」印）を掘り出した。庄屋などを介して三月十六日（同）、黒田藩の藩庫に収まる。

「これ（金印）は何か？　ただものではなさそうだ」。世論が湧く。藩は藩校の教授たちに鑑定を命じる。一早く西学問所・甘棠館《かんとうかん》の館長、亀井《かめい》南冥《なんめい》は今日の『金印』解釈の基本を正しく示す。すなわち「後漢の光武帝が建武中元二（西暦五七）年に、倭奴国（日本）に与えた金印である」と。印面の五文字は「漢委奴国王」と判読（但し、読みは委奴をヤマトとした）。その後の考証も厚い。一方の東学問所・修猷館、館長の竹田定良ら五人の学者が連署して言う。「委奴＝倭奴は日本の古号。漢委奴国王とは漢代の臣の王という意なり」。南冥も定良らも、考証の初めの段階ではほぼ同様の見解である。ところが論考が進むと、定良らは「（この印は）後漢の光武帝が垂仁《すいにん》天皇に授けたものか」と述べ、さらに結論部分では、『金印』が志賀島から出土したことについて、「あの壇之浦の源平合戦（一一八五）で安徳天皇一行が筑紫に落ち延び、ほどなく讃岐へ向ったが、その際、『金印』を落して行ったか、あるいは壇之浦に天皇らが入水して『金印』が海中に没した後、志賀島に流れ寄り、土中に埋れたのではないか」―と、大胆というか、笑止千万の説を唱え、後世の笑いを誘う。「五十万石の堂々たる大藩の儒者五名までが連署して、こんな愚説を並べたかと思うと、じつに情ない」（中島利一郎）。

学問というものは時世時節《ときよじせつ》が変ろうとも、真理追及の一点では厳格なものである。今日、南冥の名がのこるのも、彼の『金印』論が、二百年余の後世の比較検証に耐えるが故である（但し、南冥が志賀島から出土した理由について言及していない点は惜しまれる）。

まず、神国思想から否認説

だが当時、「金印はニセモノだ」との声が一早く起こる。主に黒田藩士の間からだった。いわく、「金印の『漢委奴国王』とは、我が国が漢の属国であったとの証になる。神国たる我が国が、そのようなことであるはずがない」との理由。時は幕末。神国思想（国粋主義）なるイデオロギーが再び頭をもたげ（この〝国民精神〟は、その五〇〇年前の元寇以来である）、『金印』が排外思想の悪しきシンボルとなる。『金印』出土の六年前、ロシア船が蝦夷《えぞ》地に来航し、開国を強く求めるなど江戸幕府の鎖国政策は大きく揺らぎ始め、攘夷《じょうい》（外夷をうち払う）思想が時代をおおい始めた（六八年後、ペリー来航）。

黒田藩士は声高に言う。「金印だと？　そんなペテンなもの、鋳つぶして刀の飾りにでもしたら良い」。

これに対し、南冥は慎重に、丁寧に反論の説明を述べ（著書『金印弁或問』＝或問とは、ある問いに対する回答のこと）、『金印』保護の重要性を語る。「おそらく中国の文字が我が国に正式に伝わった最初である」と。凄《すご》い解釈である。

日本に漢字がいつ入って来たのか。これも未《いま》だ嘗《かつ》ての難問で、古くは西暦紀元前後の土器などにヘラ書きの文字痕（？）らしきものがある。一方、紀元前の「前漢鏡」には沢山の文字配列があり、これが船載《はくさい》されていることから、これを初例としたいところだが、それは頂けない。倭人（日本人）が鏡を手にして、鏡背の文字を認識していたか？　おそらく鏡のデザインの一部と解していた、と思われる。つまり、正しく文字として読めたとは思われない。

さて、『金印』の印面にある文字は、これ、正真正銘、中国の皇帝が倭国の王に伝達した文字情報である。「漢委奴国王」の五文字。堂々の金石文が西暦一世紀半ば、日本国家の中枢に届いたと解すべきであろう。特筆すべき歴史遺物だ。

それが前述の如き事情（神国思想）で否認され、抹殺の危機に晒された。それを「百両出しても買い取る」と守ったのが南冥であった。

偽造説第1号…松浦道輔

松浦道輔（生没年未詳）は天保七（一八三六）年の著書で中国の史書『漢旧儀』を引き、『金印』には①「之爾《のじ》」「之章《のしょう》」の印字がないこと②鋳物ではないこと③印字の頭に「漢」の字がついていること—の3点から偽造説を唱えた。

これに対し、三宅米吉（現在の学界の定説である「漢委奴国王＝カンのワのナのコクオウ」との読み方の提唱者）

は明治三十一（一八九八）年九月の『考古学雑誌』で松浦道輔の疑念をことごとく論破、「道輔の論は云うにも足らぬものなり」と斥けた。

田沢謹吾の偽造説

昭和二十六年、文部技官であった田沢は日経新聞に『金印』は偽造であると語り、一時騒然となった。その理由は①漢代の公印は文字が陽刻であるが『金印』は陰刻で、しかも薬研彫《やげんぼり》（文字の彫り方がV字型の溝）で、これは近世の技法。漢代ではすべて箱彫式《はこぼり》（文字を角型に平らに彫る）の技法である、というものであった。だが、この田沢説は後に否定される（後述）。

栗原朋信の私印説〜一世を風靡《ふうび》した論争

早大教授、栗原は昭和二十七年の『史観』に、続いて二年後の同誌に、『金印』は「外臣としての倭奴国王が自ら製作した私印であろう」と発表。だが、栗原は後漢書・倭伝の記録を否定するものではなく、この印が外臣の王に下賜された証として①印文の初めに「漢」の字がある②方寸の印である③金印である④白文（陰刻）である―の四点を認めるが、反面、疑わしい点として①印文の末尾に「印」あるいは「章」の一字が欠けている②金印の鈕《ちゅう》が亀でなく蛇である③印文中に「国」字がある―ことの三点をあげた。この私印説は、以前、**藤田亮策**が指摘（昭和二十二年）したところでもあった。

ところが栗原は一〇年後の論文で自説を撤回、真印説を主張するに至る。疑問の三点は彼自ら否定した。この間、栗原説を巡って様々な論争が展開したのだから、これは又、学術上有意義であった。

曾野寿彦――「これだけの文字を彫ったことや黄金製のものを日本で造りえたか」

大森志郎――「印とか章とかの文字が入っていないと言うが、印璽《いんじ》のすべてが璽・印・章という一字で終っていたとは言い切れない」「鈕の説は論拠不十分なり」

水野祐は栗原説を発展させ、次のような面白い説を語った（昭和三十二年、『史観』）。

「倭奴国王は後漢より授けられた金印を大切に伝世して来たが、その後漢が亡び、魏の天下になった。魏の明帝は景初三年（二三九）、邪馬台国の女王・卑弥呼に『親魏倭王』の金印紫綬を仮す。従って倭奴国に対しても、その印綬の提出（返却）が命じられた。そこで、伝世の宝器を失なった倭奴国は、ひそかに嘗ての宝器の代用として金印を作らしめたのではなかったか。王はその伝統的な権威のために、失なわれた金印と同じ代物《しろもの》が欲しかった。そこで、以前から交易によって親しい楽浪郡あたりの印刻師に依頼して、莫大《ばくだい》な費用を支弁して金印の模造品を作製せしめたのではなかったか」。まさに松本清張ばりのミステリー解説である。

宮崎市定は昭和三十五年、「この印を用いるのは漢の朝廷、もしくは楽浪郡などに書簡を送る場合であろうから、どうもこの漢という字は余計なもののようだ」と疑問視し、「要するに、この金印はわけのわからないものだ」と言う。

一方、**直木孝次郎**は昭和三十七年、栗原説を展望して①漢代の楽浪出土の封泥に押された印章には「章」「印」の字をつけないものがある②異民族の王に与える印が亀鈕に限るという明証はない③後漢書の光武本紀に「東夷倭奴国王」とある以上、印文に「国」の字を入れることもありうる――などの理由を述べて「真印説に従っておきたい」と言う。

だが、**河上光一**は昭和四十二年、「金印の印文には漢の字があり、印制に合致しているが、章・印の文字がなく、国の字があるのは印制に合致しない。しかし、文字の彫刻は陰刻で印制に合致している」と、暗に私印説に賛成している。

以上のように栗原説（私印説）は多方面の関心と話題を呼んだのだが、まだまだある。

金印私印説、影を薄める

刮目《かつもく》すべきは篆刻《てんこく》家の立場から**小林斗庵《とあん》**（本名・庸浩、文化勲章受章者）が発表した見解である（昭和四十二年、『東洋学報』の「漢代官印私見」）。彼は栗原説に反論する。

第一　最近出土のものを含めて、現存の漢から晋に至る蛮夷《ばんい》印約七百顆近《か》くの中で「印」字を加えたものは、王莽《おうもう》時代のもの三例のみで、「章」字を加えたものは一例も見ない。

第二　ラクダ鈕は漢旧儀にあるように、多少文献に見えるが、蛇鈕は文献に全く見当らない。（中略）西北砂漠の地、戎狄《じゅうてき》にはラクダ鈕、南方卑隰《ひしつ》の地、蛮夷には蛇鈕であることは多くの遺例が証明するところである。従って漢代以後、晋に至る間、外夷に与えた印鈕は位階の上下にかかわらず、すべて駝《らくだ》・蛇《へび》を用いたものと思われる。

第三　印文中に「国」字が入っているという疑問、これは現存の蛮夷印中にも一例も見出せないので最も問題の存するところである。（中略）当時、国といえば、官制上からも常識上からも、封建王国侯国の意味でなければならない。（中略）「漢委奴国王」印は、倭人集団の中の一区画を持つ奴という国の王という意味であるから、栗原博士の言う如く「委奴王」とすれば「委奴」二字が委人集団の総称になってしまう。「国」字を入れないと混乱を生ずるわけで、その最も良い例が「親魏倭王」の称で、これは集団の総称だから、ここに「国」字を入れないのは当然のことになる。「親晋胡王」等の古印もその良い例であろう。従って、後漢書・光武本紀の「倭奴国王」というのは、そのままで正しいので、決して史官の筆の誤りではなく、奴国の王の正式の称号であったわけである―と。

以上、小林斗庵の反論をやや詳しく紹介したが、この辺を境にして「金印私印説」は急速に影を薄める。今ではこの説を信奉している研究者を、筆者は寡聞にして知らない。

偽造説は消長を繰返し今日に至る

『金印』は実は長崎にあった?!

他方、金印偽造説の方である。こちらは一時、「金印私印説」と並行して、ことあるごとにマスコミ等で取上げられ、今日に至るまで〝命脈〟を保つ。日本の国民諸氏の間に『金印』の存在感が、いかに深く浸透しているか、の証左であろう。先に、文部技官田沢謹吾の偽造説を紹介したが、これが新聞記事になった直後の昭和二十七年一月の西日本新聞に実に突飛《とっぴ》な記事が載った。「金印は長崎にあったもの」との見出しで郷土史家、**渡辺倉輔**の説が紹介された。それによると長崎博物館が所蔵する古文書(文政年間発行)に、問題になっている金印と同じ印文、同じ形のものが長崎市西泊にあった神崎神社に黄金の印といわれて宝物とされていた、という。同神社の一帯は天明年間、黒田藩の警備地区であったが、宮司家の内田家は一家離散に陥り、金印および関連文献が行方不明になった、と記されている。渡辺は「黒田藩が金印を持ち去った」と主張するのである。ところが、これも疑問が提示され、消える。金印の印影は、金印発見当初から亀井南冥らによって広範に配られたので、神崎神社の蔵した印影もその一つであろう、とされた。

『漢委奴国王』の印譜の発見

今度は翌二十八年二月の毎日新聞が「山梨県立図書館で〝天明の印聖〟といわれた高芙蓉《こうふよう》が造った『漢委奴国王』の印譜が発見された」と報じた。これを山梨大学の**藤田元春**講師（元京大教授）が支持、世間を賑《にぎ》わせた。高芙蓉は高名な篆刻《てんこく》家で、甲州文庫に印譜が多数収蔵されており、その印譜のひとつに『漢委奴国王』の捺印があった、と同図書館の**中島正行**司書が〝発見〟した由。鑑定に当った藤田は「篆刻のノミ跡の細部まで同じだ。従来の金印は光武帝のものではなく、高芙蓉が後世に偽作したもの」と結論。発見者の中島司書は「高芙蓉は、漢という字を千字も彫ったから金印もあったはず。だいたい、黒田侯が金印を発見した甚兵衛に米一斗をほうびに授けたと記録にあるが、二十九匁《もんめ》の金に米一斗の代償は余りにも少なく、インチキくさい」とコメント。続けて「特に天明年間は考古畑の偽作が盛んに行われた（傍点、筆者）ので高芙蓉も金印を造って黒田侯に譲り、黒田侯は百姓甚兵衛らと組んであたかも本当の出土品のごとく装い、お国自慢をつくったもの」とダメ押しの〝解説〟まで付けた。

さらに鑑定後の藤田は補足して「金印の字体はどちらかといえば貧相で、私は京大にいたころから、天明時代に渡ってきた『顧氏印譜』という本をみて日本人が刻んだものだと主張し続けていたが、山梨の図書館でこのナゾが解けてうれしい。歴史学界で一波乱を呼ぶだろう」と手放しの自賛だった。

これに対し、反論が続く。まず、**中山平次郎**は「山梨大の藤田講師はノミ跡の細部まで同一だというが、私の手もとにある金印の写真と甲州文庫にあるものとは全然違う」と一蹴した。また、**安藤更生**は**岡部長章**と共に山梨県立図書館へ出向き、調査結果を毎日新聞で公表。「私は黒田家の金印の印影と、印譜のそれを比較してみた。すると直ちに両者は同一でないことが明瞭になった。私は一瞬、啞然とした。（中略）。こんなものを根拠にして金印そのものを偽作呼ばわりされては金印も迷惑だろうが、高芙蓉の冤罪《えんざい》もはなはだしい」。

その後、高芙蓉の印譜を徹底的に調べた**水田紀久**は山梨図書館蔵の印譜に見える芙蓉斎とは、高芙蓉とまったく別人物であることが判明し、印譜問題はここで姿を消した。

田沢謹吾への重なる反論

前に触れた田沢（文部技官）の昭和二十六年、金印文字の彫り方に関する疑問点は昭和二十七年の年明けから、続々と反論のかたちで始まった。まず、**杉村勇造**は「私は数人の篆刻家に意見を聞いたが、技術的には疑う余地なしということだった」と記し、続いて**岩井大慧**は田沢説について「実に大胆不敵である。どうしたら、こんな無鉄砲なことが言えるのであろうか」と文献も並べ、あきれる。

また、専門誌『書品』は同年五月に「漢委奴国王印特集」を組み、専門家三人の意見を載せている。**太田孝太郎**は篆刻家の立場から江戸～明治初期にかけての篆刻家で漢印に関する智識を有する者はいなかった、と述べる。次に**西川寧**は「天明期の印学」という一章の結びで「安永～天明の日本の印人には、あの金印を偽作し得る人なく、又、そうした知識すらないことはわかったとおもう。そもそも、多少とも漢印の真味を知るものにとって、あの金印が漢印として最も典型的なものであることは一見はっきりしている」と偽造説の愚なることを論じている。さらに小林斗庵（前出）も偽造説を斥けた。

昭和三十二年、**和田清**は言う。「近頃、金印が偽物であろうという説がやかましいが、これは純金に近いものだから、それで偽物を造るよりも地金《じがね》（金メッキの模造品）を使った方が良いので、偽物を造ったとは考えられない。なお、彫り方が怪しいとか色々の説もあるが、文字も漢代のものに相違なく、当時の日本の技術では到底出来そうもない」。

その後、少し時間を置いて昭和四十七年、作家、**海音寺潮五郎**が西日本新聞の正月号に江戸時代の偽造であろうと発表。「奴国の使者が光武に会ったのは正月辛未《しんび》の日。翌月の戊戌《ぼじゅつ》の日に光武は死ぬ。その間、長く見つもっても一ヵ月。この短期間に金印を彫ることが出来たかどうか。ともあれ、後漢書には印綬を賜うと書いてあるが、その印が金印であったという記述はないのである」。この説について**大谷光男**氏は「根拠が薄弱」と斥ける。

最近になって、再び賑やかな真贋論争

今年一月二十一日、福岡市で『金印』に関する大がかりな真贋論争の公開討論が行われた。福岡市博物館の主催（文化庁の支援事業）で、会場の福岡銀行ホールの六〇〇席は、ほぼ満席状態。筆者も参加して、ある感懐に打たれた。「なぜもこのように、浮世離れした古代の話に多くの人が感応するのであろうか」。もちろん、講演者の顔ぶれに魅力があったことは間違いなかろうが、それ以上に何というか、『金印』の持つ不思議な魅力が人を引き寄せるのではなかろうか、と感じた。逆説的に言えば『金印』が秘密のベールを被っているからこそ、人は魅せられるのだ、と。そう考えると『金印』のニセモノ、ホンモノ論争が一役も二役も買っている。つまり、多くの人が関心を寄せ、論争に参加できる裾野を形成している。さながら、邪馬台国論争の如き、ではないか。そう思って周りを見ると参加者の皆さんの熱心なこと！　耳を凝らし、メモのペンを走らせ、会場には咳《しわぶき》の声すら無い。古代の湖底に沈んだようだった。但し、壇上の講師たちの口上は遠慮なく、激しかった。普通の学会では見られない程の、熱のこもった〝口論〟であった。これも又、おもしろかった。何しろ、『金印』ホンモノ説、ニセモノ説の代表格の論者が、一壇に並び、

持説を論じ、司会者の制止を無視するが如く、熱弁を奮うのである。それぞれ、真摯《しんし》の極みで、まことに得難い機会であった。

以下に、論者のポイントを報告しよう（報告順）。

論者一、三浦佑之氏（千葉大名誉教授）

偽造説をとる。二〇〇六年の著書『金印偽造事件』でおなじみの方が多いのでは。氏は『金印』に関する多くの文献をもとに分析、検討を加えた。真印であることを疑う理由として以下の七項目をあげる。

①印文に「印」あるいは「章」の一字を欠いていること。
②亀鈕ではなくヘビの鈕であること。
③印文のなかに「國」の字がみえること。
④きれいすぎる（傷がないことなど）。
⑤発見に関与した人があまりにも緊密につながりすぎる。
⑥出た時がわざとらしい（ある種の作為や意図を感じさせる）。
⑦中国古代の官印の模刻の絶頂期（江戸時代に流行）に、これほどの物が、ひょっこり現われるという、余りにも出来過ぎた話。

そして、以下の解説を加える。

・②は栗原朋信（前出。この説を指摘した学者）の認識不足であり、これは排除。
・①③は議論がほとんど進んでいないのではないか。
・「倭」が「委」となっているのは省画とみて問題ない。但し、その「委奴」を「伊都国」と解釈するのは全くの見当違いで拡大解釈である。なぜなら「漢委奴国王」印が光武帝から下賜されたのは『後漢書』が根拠のはず。「伊都国」説では『後漢書』を根拠にできないではないか。

・「倭奴國」を「倭の奴（ナ）の国」と解釈するのが一般だが、この解釈は実はきわめて危うい。南冥はヤマトと訓《よ》んだ。それは「奴」を蔑称として理解したくなかったからである。

以上を踏まえて、氏は「私が言いたいのは金印が国宝になっているからホンモノだと単純に信じずに、真印であることを科学的に証明する努力をすべき、ということだ」と結んだ。

論者二、鈴木勉氏（工芸文化研究所々長）

江戸期の偽造説をとる。氏は自ら金工家の立場から述べた。

○印面の加工痕の比較

「漢委奴国王」印の文字の溝の両側には異なる「たがね」跡が残っている。この技法を「さらい彫り」という。一方、「廣陵王璽」印の文字の溝の加工痕は「線彫り」だ。両者の違いは明確で、「同一工房での製作」とは言えない。これまで両者は〝兄弟印〟と言われて来たが、明らかに間違いである。

次に、文字線の「肥《ひ》瘦《そう》」表現について。「漢委奴国王」印の文字の線画には他の古代印にはない特徴がある。それは「肥瘦」（文字線の太さ）の変化である。線画が端部へ向って肥となる（つまり太くなる）特徴があって、これは江戸時代の製作印章と同様の特徴を持っている。

「線幅率」の比較。印面のデザインを布置というが、その主要な点は文字線の幅である。印面の限られた狭い領域は①文字線の面積②地の部分―で占められるが、①と②の比率が「線幅率」で、「漢委奴国王」印は五〇〇％《パーセント》となる。漢印の中で、最大で他にはない。これは丁寧な「さらい彫り」で初めて可能になる。

○鈕の加工痕
円文たがね（魚々子《ななこ》たがね）の使用だが、微細にみると「漢委奴国王」金印と「廣陵王璽」印では異なることが判明。従って両者は「同一工房、同一工人」の製作とは言えない。

次に各部位に残る加工痕から推定すると「漢委奴国王」印は、ろう型鋳造法と彫金加工で製作された、と考えられる。福岡市教委の大塚紀宜氏の駝鈕改作説は江戸時代にこそ相応しい製作方法だといえる。

真印説を唱える石川日出志氏（明治大学）に反論。まず、金印の金の純度について。石川氏は『金印』の純度九五・一パーセントは江戸時代には入手困難というが、そうではないことを挙証できる。次に『金印』の字形だが、後漢時代の字形は、宋代以降も複製が繰り返されていて、江戸時代に製作することは十分可能であった。

論者三、石川日出志氏（明治大教授）

真印説の立場。氏は、昨年の第十一回金印シンポジウムin志賀島（主催・志賀島歴史研究会）でも「漢委奴国王・金印偽物説にピリオドを打つ」と題して講演。「これまでの金印研究は歴史資料としての実物研究が不足していた」との観点から、次々と新しい見解を打出し注目されている。
○尺度問題。『金印』の印面の四辺は一辺が平均二・三四七センチで後漢の一寸に相当する。このことをもって従来、「金印ホンモノ説」が確立したかに見えたが、三浦佑之氏は疑問を呈した。私もその点を認める。
○金属組成。『金印』は、金が九五・一パーセント。中国の後漢代、金製品は九九パーセント～九五パーセントであり、志賀島の金印はその範囲内だ。一方、江戸期の金製品は、代表格の小判だが、前～中期で金八五パーセント、後期になると五七パーセントほど。江戸期に金九〇パーセント以上の純金を入手することは困難で、つまり『金印』を江戸期に造ることは無理だった。

○字形の検討。私が不思議に思うのは『金印』に刻まれた「漢委奴国王」の字形について、これまで日本では詳細に検討されたことがなかったことだ。中国では一九七〇年代から古印の字形の研究が飛躍的に進んだ。字形も時代の特徴を強く帯ぶ、という。

まず、『金印』の「國」の字だが、字画の一部の「戈」について、前漢と後漢では明らかに異なる。例えば一画の横棒が前漢代では「右下下《さが》り」なのに、後漢代では「水平」となる。次に「王」字も、中央の横線が前漢代では上方にあるが、後漢代はほぼ中位に来る。AD五七年の「漢委奴国王」印とAD五八年の「廣陵王璽」印は「王」字が酷似する。

従って「漢委奴国王」印は後漢初期の製品と断定でき、江戸期にこれらの字形をデザインすることは不可能である。

私が「金印の真贋論争は終結した」と宣言するのは、これらの字形の検討を最たる根拠とするからである。

ニセモノ説、ホンモノ説—両々相俟《あいま》つ

以上、『金印』にまつわるニセモノ説のあれこれを概観して来た。中には当然、ニセモノ説に反駁《はんばく》するために、ホンモノ説を語らざるを得ないケースもあり、それも一部紹介した。

そこで筆者は思い当った。「ニセモノ説だからといって単に斥けてはいけない」と。ニセモノ説の論点を丁寧に検証してみることで、逆にホンモノ説の欠陥、弱点を超克《ちょうこく》できることもある。つまり、両々相《あい》俟《ま》って真実に迫る手段でもあるわけだ。

そう見ると、まさに「ニセモノ説よ、来たれ」だ。大いなる参考意見なのだ。それにしても時代ともに現われては消えるニセモノ説の数々。それは歴史の大舞台で『金印』という稀代の役者の〝隈取《くまど》り〟なのかもしれない。

「学びて思わざれば即ち罔《くら》し」（論語）

六、『金印』の来た道

「金印と歴史の会」主宰　岡本　顕実

志賀島で見つかった国宝『金印』は周知のように西暦紀元一世紀半ば、後漢の光武帝から倭国の使者に下賜されたものだが、当時の交通事情を考えると、さまざまな疑念が湧く。まず第一に後漢の都・洛陽から陸路〜海路をたどって延々二一〇〇㌖余！　大変な危険や苦労があっただろうが、何故、光武帝に伺候しなければならなかったのか？　そもそも、どのようなルートをたどったのか、往還ともに記録がない。類書がないので少し探ってみた。

『金印』がわが国に至った事情

古代、九州北部の倭の国々の中には西暦紀元前後から、漢帝国が朝鮮半島に置いた四つの統治機関の一つ、楽浪郡（平壌付近）に定期的に使者を送り、時には楽浪郡を介して後漢の都の洛陽にまで伺候したクニがあったようだ。

後漢の班固が編集した『前漢書』地理志に「楽浪海中に倭人あり。分かれて百余国をなす。歳時を以て来たり献見すという」とある。また『後漢書』倭伝には、光武帝の建武中元二（西暦五七）年と安帝の永初元（一〇七）年に、倭の国々からの遣使を記している。

一方、博多湾頭の志賀島で発見された「漢委奴国王」金印や、北部九州の弥生時代の遺跡から多数出土する前漢鏡、後漢鏡などが、日中の交流を実証していると言えよう。

やがて後漢の末、遼東に地歩を築いた公孫氏は楽浪郡を奪い、その南に帯方郡（ソウル付近）を新設したが、後漢が滅びると今度は華北を統一した魏が二三八年に公孫氏に代わって楽浪郡、帯方郡を支配下に置いた。倭の邪馬台国の女王卑弥呼が帯方郡経由で魏に遣使したのは、その翌年（景初三年）に当たる。

このように、漢・魏と倭との政治的な通交はすべて楽浪郡、帯方郡を介して行われた。帯方郡から倭に至る行程は『魏志』倭人伝に詳しく記されているので、改めて説くまでもないと思うが念のため。ソウル近海を出帆して朝鮮半島の西岸に沿って南下。半島南端から東に進んで狗邪韓国、つまり金海付近から対馬海峡を渡り、壱岐を経て末盧国（唐津市）に上陸し、そこから東南に陸行五〇〇里、伊都国（糸島市）に至る。邪馬台国はここに一大率を置き、魏も帯方郡使を常駐させていた。ここが当時、倭国の玄関口であった。

従って、倭から楽浪郡、帯方郡に至るのも伊都国付近を起点とし、壱岐、対馬を経て、朝鮮半島の西岸沿いに北上するコースをとったと考えても無理がなかろう。

さて、それから先である。中国の洛陽や長安の都に至るには、どのようなルートがあったのか。その辺の記録がない。地形上、考えられるのは陸路ならば遼東地方を大きく数千《キロメートル》迂回しなければならないから、近道としてはなんらかの方法で黄海を横断して山東半島に取り付くことであったろう。それから陸路で洛陽へ向うのである。『魏志』や『後漢書』はその辺の事情を何も語らないが、以下の二つのコースが考えられる。

①遼東半島の先端から、点々と小島が南に連なる廟島《びょうとう》列島があり、山東半島に結ぶ。船で、このコースをとる。

②もうひとつは、最短コースをとり一気に黄海を横断して山東半島に上陸する。

遣唐使船の北コースが参考に

時代は降るが、次の二つの史料がその辺のルートをやや詳しく述べる。一つは『隋書』倭国伝にみえる隋使裴世清《はいせいせい》一行の旅程である。大業四（六〇八）年のことで、隋から倭国に至った。以下のように記す。「百済を度《わた》り、行きて竹島に至り、南に耽羅《たんら》国を望み、都斯麻《つしま》国を経、はるかに大海の中にあり。また東して一支《いちし》国に至り、また竹斯国に至り、また東して秦《しん》王国に至る」

竹島は釜山沖の絶影島、耽羅は済州島、都斯麻、一支、竹斯はそれぞれ対馬、壱岐、筑紫だが、秦王国とは秦氏の周防か？「百済を度る」とあるから、百済経由であり、従って隋使の一行は山東半島から黄海を横断するルートをとったと考えられる。

次は遣唐使の入唐のケースである。第一次の派遣（六三〇）から実質一六回にわたって唐に向かった一行は、都合二六〇年の間、時代が下るにつれ三つのルートを選んだ。初期は北路をとった（後述）。次いで、白村江の戦い（六六三）で新羅との国交がとだえると九州南端から琉球列島沿いに南下、沖縄から東シナ海を横断して揚子江を目ざす南島路を選んだ。三番目。奈良後期になると筑紫大津浦をたち、肥前の値嘉《ちか》島（五島）から順風を利用して一気に東シナ海を横断、揚子江に向う南路がとられた。これらの選択は航海術の技術向上と無縁ではなかっただろう。

初期の北路のルートは筑紫大津浦から壱岐、対馬を経て、朝鮮半島の西海岸を北上し、渤海湾口から山東半島に至るもので、新羅道《しらぎのみち》とも言われた。

第三次遣唐使の場合、日本書紀によると、白雉《はくち》五（六五四）年二月、二船に分乗して出発したが「留連すること数月、新羅道を取りて、萊州《らいしゅう》に泊まり、遂に京に到りて、天子にみえ奉る」と記す。

第三次遣唐使のとったルートは、漢江の河口を出て甕津《おうしん》半島付近から黄海を横断し、まず登州《としゅう》（現在の山東省蓬萊《ほうらい》）に取りつき、ついで萊州《らいしゅう》（山東省掖県《えきけん》）に入港し、ここから青洲（山東省益都）―兗州《えん》（山東省兗州）―汴州《べん》（河南省開封）をへて洛陽・長安に至ったのであろう（図1「遣唐使の北路と南路」参照）。

造船術や航海術の未熟な時代である。このルートも決して安全、容易なものではなかったはずだ。第三次遣唐使の記録に「留連すること数月」と、渡航に数カ月を要したほか、同じ記録に、大使や学問僧らが唐で客死し、また、他に同乗者らが航海中に遭難死したとも伝える。

ながながと行程をたどって来たが、それは筆者自身、当時の様子をリアルに知りたいからだ。も

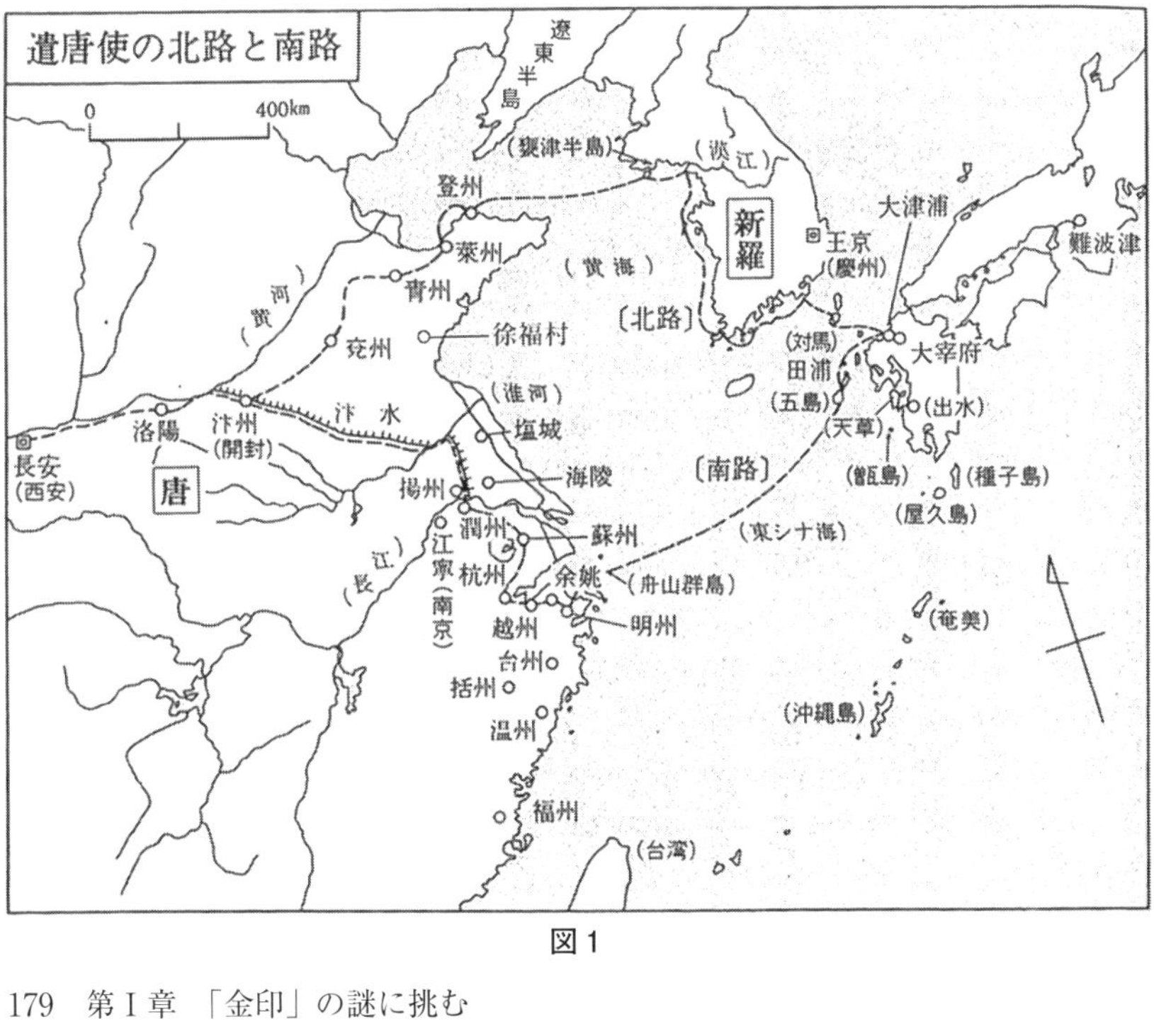

図1

う少しお付き合いを願いたい。山東半島から洛陽に至る主要な古都を紹介したが、それらの古都は現在も健在だ。

登州（現在の蓬萊）＝西は渤海、東は黄海に臨む良港で、漢の黄県の地。明・清代は登州府の治所。沿海漁業や農業が盛ん▽萊州（掖県）＝萊州湾は渤海の三大湾の一つ▽青洲（掖都）＝漢が広県をおく。北斉、隋、明などが治所とした▽兗州＝漢代に瑕丘県がおかれ、南朝宋代に兗州の治所となる▽汴州（開封）＝戦国時代の魏、五代の梁など、北宋はいずれもここに都をおく。民国時代は河南省の省都。名勝古跡が多い。汴水は黄河の一支流。

ここから洛陽をめざす。結局、登州から洛陽まで約九四〇キロメートルを、ひたすら歩く。ざっと福岡市から東京までの距離に相当する。

『金印』下賜。光武帝、死に際して

さて、この辺で本題の『金印』の話に入らなければならない。『後漢書』倭伝にある『金印』下賜の記事は周知のように以下の通り。「建武中元二年、倭奴国、貢を奉り朝賀す。使人自ら大夫と称す。倭国の極南界なり。光武、賜うに印綬を以てす」。原文、わずか三二文字の記述である。

倭国（正しくは倭伝にあるように倭奴国）の使者は海路〜陸路で実に約二一〇〇キロメートルを踏破して洛陽に着き、光武帝に拝謁することができた。建武中元二（五七）年のことである。この年、二月には光武帝は六十二歳で崩御しているから、倭奴国の使者はタッチの差で光武帝に拝謁できたのである。幸運であった。『後漢書』本紀・光武帝紀は、その辺の件を次のように記す。

「建武中元二年、春辛未《しんび》、初めて（地を祭る）北郊を立て、（地の神である）后土《こうど》を祭った」と始め、続いて「東夷である倭奴国王が使者を派遣して貢ぎ物を献上しに来た」とふれ、次に光武帝の死去を告げている。「二月戊戌《ぼじゅつ》、光武帝は南宮の前殿にて崩御された。享年六十二歳」。

このように、『金印』下賜は光武帝の最後の政治的行為なのであった。なぜ、使者に『金印』が下賜されたのであろうか？　ちなみに後漢という帝国が蛮夷の王に金印を下賜したのは、この時の例をもって嚆矢《こうし》とする（以後も決して多くはなく、後漢二〇〇年を通して九例ほどだ）。これは死を目前にした光武帝の気まぐれだったのか？

筆者はそうではないとみる。それは光武帝の〝人となり〟が語っている。彼は当時としては名君というにふさわしかった。彼の人物像を紹介する紙幅はないが、その遺詔《いしょう》に次のようにある。「朕はなんら百姓《ひゃくせい》の利益となる政治を行ったわけではない。葬儀はつとめて質素に行い、地方の役人はすべて任地を離れてはならず、属吏や上奏を送ってはならない」。

後漢を興《おこ》し、初代皇帝として三三年間在位した英傑であった。その彼が、絶遠の地から使者を派遣して伺候して来た東夷の王（倭奴国王）を、〝あわれんだ〟のは間違いあるまい。心中、「これぞ中華思想の表れである」と思っただろう。「天子の徳化が遠夷に及んだ」と。

一方、倭奴国の使者は『金印』が下賜されるという、予想もしなかった事態に驚喜したものの…。帰るべき母国の地はまたもや遥かなる絶遠の地なのであった。

『金印』は山東半島〜朝鮮西岸コースで来た

『金印』は使者が来た時の逆コース、すなわち洛陽から山東半島へ、そこから黄海を横断し、朝鮮半島の西海岸沿いに南下して運ばれ、倭国に至った、と考えられよう。

今、私たちの眼前に燦然《さんぜん》と輝やく『金印』＝「漢委奴国王」印＝がある。福岡市博物館に常設展示されているので、いつでも対面できる。一世紀に、海を渡って中国・洛陽から日本に来た。

だが、二〇〇〇年も前のことである。誰が、どのように運んで来たのか、事情が判らない。「初め」があり、「結論」があるので、話の骨格は確かである。言うまでもなかろうが、「初め」とは『後漢書』倭伝の『金印』の言及であり、「結論」とは志賀島での出土である。その現物が『金印』である。

私たちは、史実や史料に直面しても、その歴史的背景にまでは、なかなか理解が及ばない。『金印』も然り。『後漢書』にある「倭奴国」とは、どのクニなのか。私たちの『金印シンポ』の一〇年でも、登場して頂いた識者は「ナ国」説、「イト国」説、「ヤマト」説、「ワヌ」説と、多様であった。本文では一応、「ナ国」としておく。それはそれとして、現物の『金印』がある以上、①誰が②どのように、『金印』を日本に運んだのか、も気になる。

紙幅が尽きて来たので、筆者の結論を言おう。

①は、古代海人族が担ったと思う。海人族とは、古代史に登場する阿曇族、宗像族、住吉族が知られるが、『金印』については志賀島〜阿曇郷に盤踞《ばんきよ》した阿曇族が役目を果たしたと思う。

②は、運搬の苦労話であるが、少し思ってもみてほしい。倭国（奴国？）から、片道二一〇〇㌖の距離である。

直線距離で北東へ伸ばすと北海道を越えてロシア・樺太に至る。『金印』を奉じて、往来した使者たちの苦労は、いかばかりであったろうか。

この小文で紹介した遣唐使船の困難は七世紀のこと。それを実に約五〇〇年も遡る古代の出来事である。その実際は現代の私たちの想像をはるかに超えよう。そのような言葉すら空疎に響く。遣唐使船で見た遭難、破船、漂流といった海の恐さと、さらに疲労、病死…。彼ら使者の一行は、どのような思いで洛陽を目指したのか。単なる命令されての使命感か、家族や親族のために？　それを命じた権力者の思惑とは？　それにしても、倭国の使者は、なりふりかまわずの命がけで洛陽に至ったようだ。（図2参照）。

使者の目的は何だったのか

使者一行が、波涛万里を乗り切り、万死を恐れず洛陽を目指したのは、中国・皇帝への単なる「ご機嫌伺い」であったのか。そうではあるまい。三世紀の邪馬台国の時代と違い、一世紀、倭国を巡る国内～国際情勢は大国の後楯を必要とするような切実な様相ではなかった。では何故？

「朝貢」貿易であった、とする見方がある。光武帝から倭国の使者に金印が下賜された下り（『後漢書』・倭伝）に「建武中元二年、倭奴国、奉貢朝賀す」とある。「奉貢」とは「貢物を奉る」こと、「朝賀」とは「臣下が参内して天子に祝詞を述べる」こと。中国では四夷の入貢に対し、賞賜《しょうし》（賞して物を賜うこと）を与えたが、その利に引かれて多くの国々が集まった。これを朝貢貿易という。一世紀、中国は四方からの富を吸収して国富は肥大化した。最大の拠点は番禺《ばんぐう》（広州）で、主に南方との貿易であったが、他に呉《ご》（蘇州）と、臨淄《りんし》（現在の山東省淄博《りんぱく》市付近）を軸とする三大拠点が後漢帝国の富を支えていた。いずれも海の交流である。

倭国は、中国・山東の臨淄を拠点とした経済圏のもと、活路を得ていた。臨淄は古く、秦の時代には臨淄郡が置かれた。倭国の輸出品は主として「米」と「生口」であった由。「生口」とは奴隷のこと。その辺の報告は、次回のシンポジウムに譲りたい。

『金印』の語る諸事情はまだまだ語り尽くせない。

余話

倭国の使者は、このような出いで立ちだった?

『梁職貢図《りょうしょくこうず》』という本がある。梁の武帝（五〇二〜五四九）の時代、梁に来朝した外国使節の姿、およびその国情を記した本で、職貢とはみつぎ物のこと。一九六〇年になって、北宋時代の模本（十一世紀）が見つかり、その中に倭国使の図が描かれていた（図2）。しかし、その倭国使の姿は異様。裸足で、布をスカートの様に腰に巻き、粗末な服装で、他国の使者に比べて著るしく劣る風采である。長旅のせいか?

文献（『梁書』・倭条）では梁の武帝に、倭国王・武が使者を立てて来た、とされるが、実際には使者は入朝していなかったと見られ、北宋模本の倭国使は『魏志倭人伝』の記述に基いた想像画では、との見解もある。真実のほどは…?

図２　『梁職貢図』中の倭国使

七、注目すべき金印『平阿侯印』検証

所有者（株）栄豊齋　佐野　豊進

金印『平阿侯印』との出会い

二十数年前、香港より一枚の写真と印影が届いた。印影は『平阿侯印』と白文で、漢代官職印の雰囲気があり又、写真には黄金色の亀の鈕（つまみ）の形も、甲羅の尻が盛り上がった力強い感じの良い印であった。早速に中国の文物に詳しい先生に見て頂くと、印の一辺が二四ミリで漢の度量衡の一寸であり、漢代官職印の規格に合致し、刻風も漢代の味わいある印とのことだった。店に帰り『大漢和辞典』を引くと平阿「縣名・漢、置く今、安徽省懐寧縣の西南」と記載され、「漢は平阿縣を置き沛郡に属す」とあり、前漢時代の地図にも載っていた。これは、大変貴重な印なのではないかと思い、すぐに香港の業者に電話をかけ、金印の所在と価格を聞き香港へ向かった。

香港の業者は以前より取引があったので、すぐに購入できると思っていたが、私が着いた二日前に台湾のコレクターが来て、私に提示した二倍の価格で欲しいとの事であった。私は日本からこの印のためだけに来た旨と、今までの関係や取引の話などをし、今後の事もよく考えて結論を出すよう説得したが難しい雰囲気だった。そこで無理を言って、一晩だけ黄金色の印を借り出し、すぐに香港の友人にその印を見せ、本当の金であるか、もし金ならその純度はどの程度のものなのか、調べられるか相談すると、彼は一軒の大きな貴金属店を紹介してくれた。当時、香港での金の純度の検査方法は硝酸と塩酸を混ぜ「王水」というものを造り、その王水にだけ金は溶ける特性を用い、その溶け具合で純度を出す方法だった。結果は九九・九九パーセントの金ではなく、九五パーセント以上の金という事だった。漢代に九九・九九パーセントの純金は考えられず、九五パーセント以上の金となると話は違ってくる。ますます興味がわき、何としても欲しくなった。ホテルに帰り金印に付着している印泥を洗い落とすと印面の鑿跡がはっきり判り、国宝金印（志賀島出土の『漢委奴国王』印）とよく似ている感じだった。鈕も洗うと今作られたのではないかと思うほどに、眩しく光っていた。それを眺めながら、手に入れるためにはどの様な方法が良策であるか一晩中考えたが妙案も浮かばぬまま、翌朝業者の処に行った。

玄関のドアを開けると、いきなり彼は自分の非を認め、最初に価格を提示したのは私なので、この金印は私に譲ると言ってくれたのだった。この金印との出会いは生涯忘れられない出来事となった。

平阿侯印の検証

『平阿侯印』を検証するに当たり、国宝金印『漢委奴国王』の検証の方法を参考にした。国宝金印は後漢書のなかに、「建武中元二年、倭の奴国、奉貢朝賀す。使人自ら大夫と称す。倭国之極南界なり。光武、賜ふに印綬を以てす」とあり、これが大きな裏付けとなっている。『平阿侯印』は前漢印なので『漢書』を調べた。それから化学分析も行ってみた。

『漢書』による裏付け

平阿は何処か――

『漢書』地理志第八上に「**沛郡**　もとの秦の泗水郡。高帝改称。莽に吾符。豫州に属す。**平阿**　侯国。莽に平寧。（安徽・懐遠西南六十里）」とあり、平阿侯国があったことが分かった。

平阿侯は実在したか

『漢書』元后伝第六十八に次のようにある。翁孺は王禁を生んだ。禁は字を稚君といい、子供が都合四女八男いた。

翁孺―王禁

長女	君狭		
次女	**元后政君**＝成帝の母		
三女	君力		
四女	君弟		
長男	鳳	字　考卿	陽平侯
次男	曼	字　元卿	
三男	**譚**	**字　子元**	**平阿侯**
四男	崇	字　少子	安成侯
五男	商	字　子夏	成都侯
六男	立	字　子叔	紅陽侯
七男	根	字　稚卿	曲陽侯
八男	逢時	字　季卿	高平侯

王禁＝陽平侯＝成帝皇后の父

建始元（前三二）年舅の王崇封じて安成侯とし、舅の王譚・商・立・根・逢時に爵関内侯を賜うた。

前漢の十一代皇帝、成帝は河平元（前二七）年夏六月、舅 **譚を平阿侯**、商を成都侯、立を光陽侯、根を曲陽侯、逢時を高平侯にそれぞれした。五人目が同じ封じられたので、世間はこれを「五侯」といった。太后と父を同じくするものでは、ただ曼侯だけが早く死んで、それ以外はことごとく列侯となった。『平阿侯印』を下賜された年月までわかった。又、平阿侯は三男の王譚であることもわかった。この他に成帝妃や谷永伝にもさらに詳しく載っている。

太后と父を同じくする者は列侯となったとあるのは、外戚恩沢侯表第六に、帝の舅の場合も侯に封じることが出来ると書いてあるところからきたものとわかる。国宝金印は建武二（五七）年なので、平阿侯印とは八四年の差となる。

平阿侯は金印を持っていたのか

百官公爵表第七上に「爵は一級を公士といい、二級を（……）、十九級を関内侯、二十級を徹侯といい、みな秦の制であり、これをもって功労を賞した。**徹侯は金印・紫綬を佩び、**武帝の諱「徹」を避けて通侯といい、あるいは列侯といった」とあり、平阿侯は金印紫綬を持てる事がわかった。

漢書よりの裏付けは十分にとれた。

次に、製作面など他の要素から見てみよう。

鈕　鈕とは印の上にあるつまみの事である。『漢委奴国王』印では蛇、『平阿侯印』では亀の部分の事を言う。『漢旧儀』に丞相・列侯・将軍・金印紫綬で皆亀鈕とある。

布字法　布字とは、印を刻するため印面に文字を入れることで『平阿侯印』は四文字の篆書体でいれてある。『漢官儀』では、列侯印は四文字で○○侯印であり○侯之印である最後は印字で終わるとある。鈕・印文ともに漢代の制度に合致する。

刻法　刻法とは印の刻し方で、鋳法と鑿法があり、鋳法はあらかじめ型に文字を刻して鋳造するものであり、鑿法は鋳造した印に直接鑿で文字を刻する方法である。陽刻（印を押すと朱文字）と陰刻（白文字）がある。『平阿侯印』は鑿印で陰刻である。この印の刻法をみると、函彫の⊔型でも薬研彫のＶ型でもなく、その中間の⊔型である。印面を拡大してみると、始めに起筆と終筆とに鑿を打ち込み中の線を順次⊔型で刻していき力強く刻している。この⊔型で刻するのは封泥にした時に最高の文字表現になるためであり、泥に押した後の印の抜けも非常に良いためである。この刻法は国宝の金印と非常によく似ている。ただ国宝印の方が、字画が多いため非常に難しく思える。両印の封泥の線質が同一に見えるのはそのためである。前漢末期から後漢初期にかけて刻法の技術の継承が見られるような気がする。

封泥　封泥とは古代中国で用いられた封緘の一種でまだ紙が普及していない時代、文書や書物は木簡や竹簡に書き、巻物のように巻いた後、紐で縛りその結び目の上に泥を置き封印したもので、主に秦・漢時代に盛んに行われた。封緘する必要のある物を四角い穴のある検と呼ぶ板を上に載せて紐で縛り、その結び目に粘土を置き、印を押し、封じた人の役職名や人名を明らかにした。その印影が残った粘土の塊を封泥という。封泥が初めて著録に載ったのは道光二十二（一八四二）年に呉栄光が編集した〈筠清館金石〉

であり、六枚の封泥が紹介されているが、この時呉栄光はまだ封泥がどのような物か知らなかった。その後、『後漢書』百官志に「主御紙筆墨及尚書財用諸物及封泥」とありその名前を封泥とした。したがってこの時点では、まだ中国でも漢代の印の用い方はわからなかった。この事は非常に面白い事を気づかせてくれた。すなわち天明四（一七八四）年に発掘された時点で、金印の本来の使用法は中国でも日本でも知らなかった。しかし不思議なことに国宝金印は、見事な封泥を作り出す刻をしている。天明期当時、日本の漢印の研究は古銅印譜等により印面の印影より情報を得ているだけだった。良い封泥を作るためには印面の印影より印面の線の内側が重要なのである。封泥によって用いられる事も知らずに、この印を刻するのは到底無理である。したがって国宝金印は漢代の工人が刻した物であり、筆順までわかるような見事な封泥によって、その技術は素晴らしいものである事がわかる。

化学分析データー

香港の王水を用いた金の検査方法は、物質を溶解しての湿式分解方式で数値も厳密ではない破壊分析である。現在、金の分析は蛍光X線分析法による、非破壊分析で行われている。物質にX線を照射し、二次的に発生するX線（蛍光X線）を用いて元素の定性・定量分析を行い、迅速な測定と正確な元素組成を調べるために必須の方法である。

一九九三年五月二十一日、川崎の（株）日鉄テクノリサーチで蛍光線X線分析法により不純物元素の分析を行う。また、九月八日に港区のフィリップス社でも同じように蛍光X線分析を行う。

	平阿候印		漢委奴国王
	日鉄テクノリサーチ	フィリップス社	セイコー電子工業
金	96.00%	95.60%	95.10%
銀	2.60%	2.30%	4.50%
銅	0.17%	0.10%	0.50%
その他	1.39%	2.00%	
分析方法	蛍光X線	蛍光X線	蛍光X線
分析装置	理学電気製 FXシステム3370	フィリップス製 全自動PW2400	不明

これを、発表されている『漢委奴国王』印の蛍光X線分析の結果と比較すると、上のようになる。

かなり似通った数値であり、中国の砂金は金が九〇パーセント、銀が三〜四パーセント、銅が一パーセント未満で、他は不純物が混ざっているといわれているので、精製された大陸の金といえよう。しかし、二十年前の検査結果で、今ならもっと詳しい数値がわかるはず。二顆の印を同じ条件で分析するのも面白いのではないだろうか。

このような結果から、この印が前漢末、漢帝国（中央政府）より下賜された内臣の公印といえるのではないでしょうか。その時期（一九九二）に出土例の無い「侯印」を選び、金の純度を調べ、その時代の刻風を真似、書籍を読み、贋物を作ったとは考えにくい事です。しかも当時、印面の写真は国宝金印だけしか発表されておらず、刻風を真似るのは至難の技なのです。

金印亀鈕。130.73g。

印面。辺長2.35cmの正方形。

（参考）国宝金印の封泥

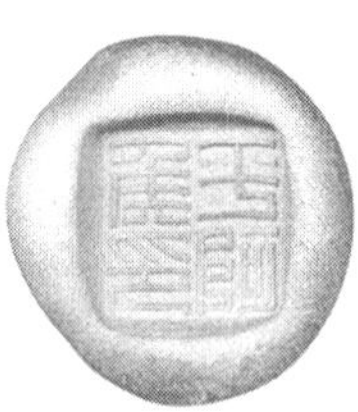
封泥。鮮やかな刻印。

印影。「平阿侯印」の四文字。

金印「平阿侯印」諸元

八、金印と銅剣について

――伊都国を中心とした国々

株式会社「千鳥屋本家」代表取締役　原田　青夜《ひろや》

博多の金印と銅剣について（唐泊沖《からどまりおき》発見の銅剣と志賀島金印との繋がり）

この話については卑弥呼の時代と関係するものの、時代は違います。

金印は志賀島に一七八四年に地元の農家の方が偶然に発見しました。この金印は中国光武帝（西暦五七年）によって製作されたことがわかっています。

このような重要な金印を我が国に贈って来た年代を考えると、五年から十年は年数を要したと思います。それからすると、西暦六〇年から六五年に伝わったということが考えられます。この時代は中国光武帝の最後の年で、西暦五七年に亡くなりました。又、この皇帝は伊斗国（伊都国＝三《み》雲《くも》遺跡）と国交があったと考えています。わざわざ倭奴国の為につくったと思われます。

この金印は刻印されています。中国式に読むと、「漢委奴《かんのわど》国王《こくおう》」と読みます。このことは私の知り合いで、以前、京都大学文学部名誉教授をされた福永光司《ふくながみつじ》氏からしきりに言われたことです。古代中国においては、日本的読み方では無理があると指摘されています。漢委奴国王は「かんのワノなのこくおう」ではなく漢委奴国王「かんのワドこくおう」、これが正しい中国式の解釈であります。つまり、伊斗国のことです。
しかしながら、なぜ金印が志賀島の勝馬地区で、なお海抜約十数メートルのところに発見されたかを考察しますと、当時は気象条件が悪く、突風又は暴風にさらされて難破船になったのだろうと考えています。この気候的不運に、漢の光武帝からの遺使船は沈没したと想定いたします。この周辺は今も昔も遠浅であったと考えられ、この浅瀬の状況下で荒天になれば、当然に浅瀬の海の底は荒れ、その波や風の強さで、猛烈に船底が浮き上がったことが考えられます。当然ながら船もろともに打ち上げられ、破船になったと想像できます。

又、この時代にこの遺使船に銅矛なども積載されていたと考えられます。事実、最近になって一九六二年頃に唐泊《からどまり》の漁師さんの底引き網に掛かって、弥生時代の広形銅矛が偶然に発見されました。新聞の一面にもこのことが大きく掲載されました。なんと、約八十六センチの長さがある銅矛です。この銅矛の長さは、日本一であります。このことは『魏志倭人伝』を解明するにあたり、一番長く大きい剣を戴いたことに通じます。つまり、この二つの要件から、大陸の光武帝と伊斗国の繋がりを表したことがわかるのです。

当時、奴国と称される国は、現在の福岡市にはあり得なかったと思います。それは古代の地形上、油山柏原あたりに僅かに海岸があったと想定できるからです。現在の福岡市の天神辺りは、干拓などによって当時からすると十倍ほどに広がったと思っています。

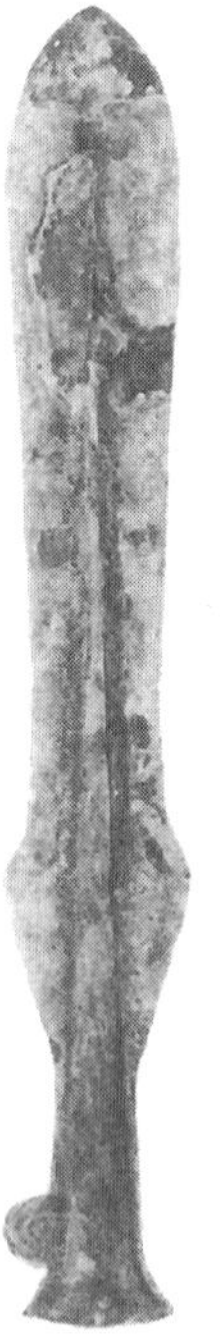

発見された長さ日本一の銅矛

福岡市の南の方の春日市須玖遺跡で銅剣・銅矛等が発掘されていて、現在はこのあたりが奴国となっていますが、距離的に見て、奴国と名前をつけるには言い難いような気がします。

又、筑紫郡那珂川町の安徳には神功皇后伝説が残っています。これは轟ノ岡と言われ、雷光によって岩が砕かれ、那珂川からの水を引いたということです。ですから、いわゆる我が国の最初の稲作文化ができたのは、ここからではないだろうかと思います。

博多湾については、この油山柏原の近くが草香江《くさがえ》に似た地形であったと想像できます。この時代頃から中国貿易は盛んでありましたが、まだ技術的に大きな船（貿易船）が造られる状態ではありませんでしたから、平安時代になって、平清盛が袖の港として開港してから、それが博多港の発展に繋がっていったと思われます。仮想ではありますが、やはり古代船の交易の港としては糸島の深江、または唐津湾を利用した方が安全であったのではないかと考えます。なんと言っても当時、伊都国はまぎれもなく大国家だったのです。その伊都国の東南に近いところに、西区の吉武高木遺跡が存在していますし、これらの伊都国に属する小国家があったと考えられます。これらを経由してさらに東南に下れば、飯塚の穂波国に着くはずです。

金印と福岡

志賀島の金印については、「漢委奴国王」と刻印されていましたが、委奴国《わどこく》、つまり伊都国王に対する表敬の意味が込められていたと考えています。奴国《なこく》と言われる国については、中国式に読めば、奴国《どこく》と読まれ、これも従来言われていた狗奴国《くなこく》ではなく狗奴国《くどこく》と呼んだ方がいいと私は思います。

狗古智卑狗《きこちひこ》は『魏志倭人伝』に登場する名前であります。狗奴国は、すなわち現在の熊本地方を表しており、その民族の代表の名前であったと読めます。つまり、『魏志倭人伝』に登場する人物ということは、紀元三世紀のことを表していて、北部の卑弥呼と戦った可能性があります。私は菊池一族の先祖のことではないかと考えています。この歴史的集団については、後の五、六世紀に代表される、江田船山古墳《えたふなやま》があります。ここでの発掘品については、我が国の歴史の原点であると考えられます。江田船山古墳で見つかった刀剣の文言を調べますと、埼玉県の稲荷山古墳から発掘された鉄剣の銘文ともかなりの関連性があることがわかります。

すなわち、当時、百済系民族や新羅系民族の渡来人たちが、日本と朝鮮半島との関係において、重要な役割を担っていたことが想像されます。

そして、これらの刀剣技術、又は銘文に表されているものを考えますと、この熊本の江田船山古墳発見の刀剣のものと、関東の埼玉県稲荷山古墳から発掘された鉄剣は、関連性が考えられ、当時の五、六世紀の倭国のまとまりとして、北部九州や関東地方が、まず先に支配されたのではないでしょうか。さらに、蝦夷一族が関東から東北までをも統制した時代から、徐々に倭人が勢力を広げ、まとまっていったことがわかります。

蝦夷は北方系民族とも言われます。現在の日本人のルーツについては、北方系民族、深くは旧満州系民族、又はアムール川沿いの民族などによって、満州系民族が形成され、モンゴル系民族になっていった可能性があると思われます。そして、白系ロシア系民族との混血があったことも考えられます。

話は東アジアのことに戻りますが、一九七一年、韓国で百済の第二十五代王武寧王《ぶねいおう》の墓が発見され、そこから黄金の耳飾りも見つかっています。この王は、現在の佐賀県の玄界灘に位置する加唐島《かからじま》で産まれて、『日本書紀』によれば、この島で産まれたことで斯麻《しま》王とも言われた武寧王のことであります。現在はこの加唐島では日朝の歴史家によって石碑が建っています。武寧王は、四六二年、百済の王の子として加唐島で誕生すると、すぐに百済に戻されたそうです。武寧王の祖父は蓋鹵《がいろ》王《おう》です。

熊本県の江田船山古墳で見つかった刀剣ですが、武寧王が祖父から戴いたものであったとは考えられないでしょうか。

最近になって武寧王の墓から見つかった、黄金の耳飾りを図で示します（下右図）。

このタイプの耳飾りはブルガリア共和国の古墳でも発見されていて、同種のものと思われます。ということは、ヨーロッパ（ブルガリア）と東アジアの伝統工芸に関連性があるのかもしれません。

ただ、この伝統のものが中近東やヒマラヤの近くを通り、中国楼蘭を通り、いわゆる下図のA・シルクロードを通って朝鮮半島に伝わったのか、それともB・海洋ルート、すなわち中近東からシナイ半島の近くを通って、はるかインド洋、又、東南アジア（マレーシア）を回航して海流に乗り、南朝鮮に着いたという、この海洋ルートが考えられます。

それは、現在、稲作に使われている言葉に現れています。

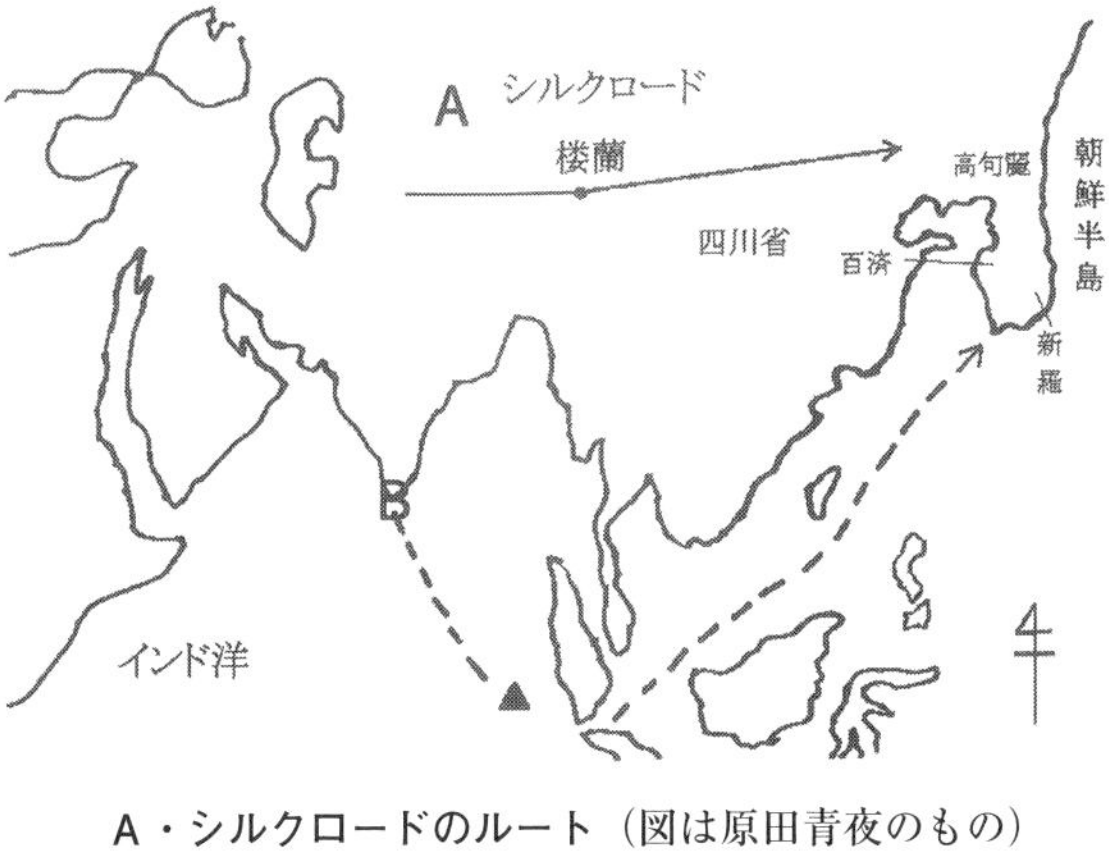

A・シルクロードのルート（図は原田青夜のもの）

黄金の耳飾り
（原田青夜『邪馬台国日出づる国の本当の話』p152）

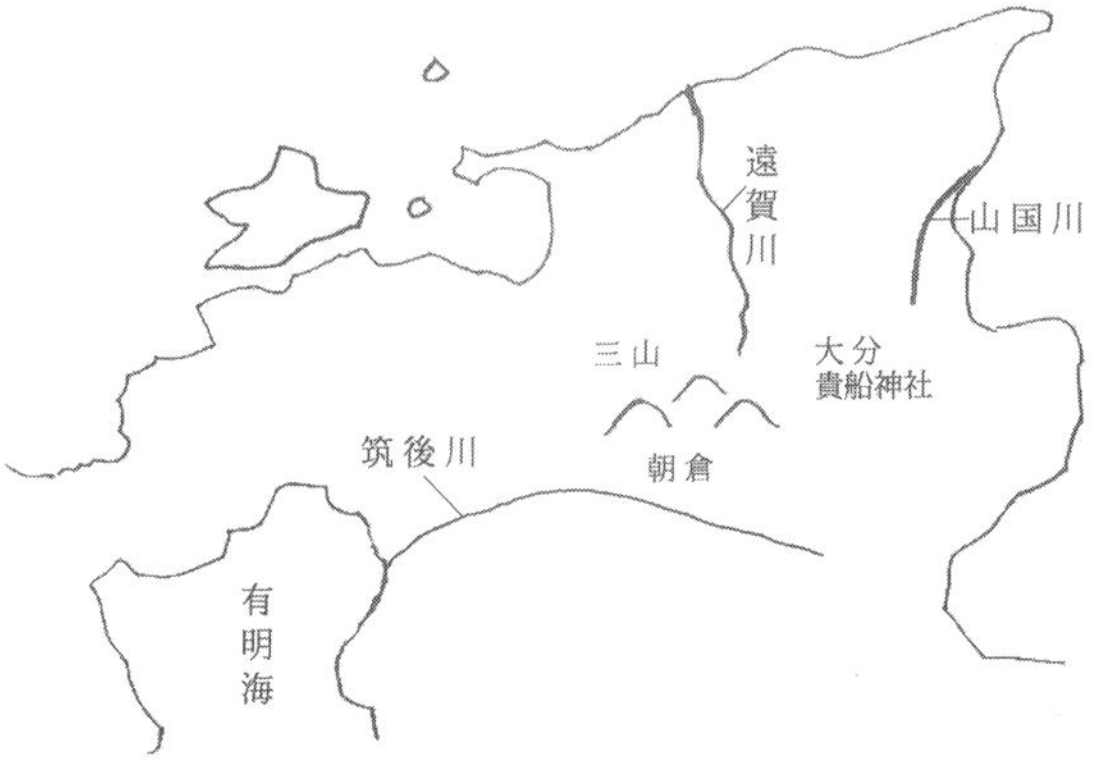

古代の北部九州の地図（図は原田青夜のもの）

鋤《すき》、鍬《くわ》の言語は南東インドのタミール語から来ていると言われています。

又、新羅の王子が南東インド、夏国《かこく》の姫を娶ったことが史実に残っています。このような歴史的な婚姻によって言語が伝わってきたのです。

これらは、東京大学発掘隊の言語学者大野晋博士によって明らかにされたのです。

さらに、タミールにおいても甕棺が発見され、ほぼ、飯塚で発見されたものと同じものと言われています。両方の文化で、甕棺が同時期に存在したとは驚きです。又、この甕棄棺内には銅剣が発見されたこともわかっています。それで海洋を通じた歴史的交流があったことを示しています。

邪馬台の卑弥呼は新羅系民族の王を先祖に持っていたことも考えられます。このことで卑弥呼（神功皇后）が先進的な稲作の文化をもっていたのかもしれません。

地

定価 3,410 円

流通センター 取扱品

補充注文カー

流通セン

地方・小出版 取扱品

貴店名(帖合)

発行所名	書名・著者名
龍鳳書房	現代「金印」考

ISBN978-4-947697-78-3 C0021

定価 3,410 円

本体 3,100 円 +税

注文数

注文制です。返品のないようにお願いします

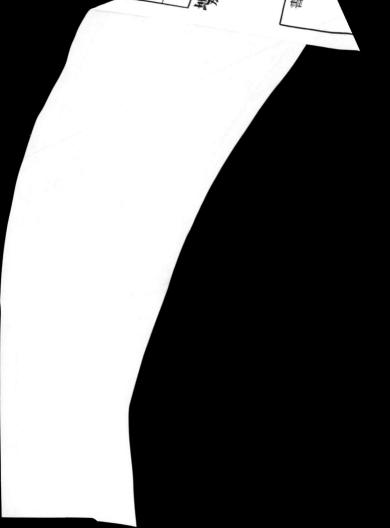

中山平次郎先生と金印

福岡大学名誉教授　小田富士雄

志賀島の『金印』に関しては私も永いつきあいになりました。それについては中山平次郎先生との交流を抜きにしては語ることが出来ません。本日は、その辺のお話から始め、次いで中国・雲南省の金印出土地訪問の話、さらに福岡県立美術館で開催した原始美術展の際に、東京国立博物館から『金印』を福岡へ運んだ体験談などについて話してみましょう。

弥生文化と中山先生

小田　富士雄

（この一文は『日本考古学選集』の集報22に私が執筆したものです。）

中山平次郎先生が亡くなられたのは一九五六年四月二十九日であったからもう二六年も以前のことである。中山先生の業績は福岡地方を中心に北部九州一円に及んでおり、その内容も太宰府関係、元寇、古瓦、金印、銅剣・銅矛、漢鏡、弥生土器、石器製造所など広範囲にわたっていて、いずれも今日の九州考古学の草分けとなった論考ばかりである。とりわけ先生が力を注がれたのは弥生文化の研究であった。

一九一七年六月から十一月にかけて四回にわたり考古学雑誌上に発表された「北部九州に於ける先史原史両時代中間期間の遺物に就て」と題する論考は学史上にも記念すべきものである。弥生土器が銅矛銅剣を伴ない、また貨泉や鉄器をも伴なう文化であり、石器時代（先史）と古墳時代（原史）の中間に位置して金石併用の時代であることを提唱された。弥生時代の名称が定着する以前にその位置づけと文化の内容を洞察されたものであった。先生の観察は科学者としてきわめて緻密であり、今日でもなお教えられるところが多い。つづいては弥生遺跡と中国古鏡の関係にも注目され、中国鏡の沿革から始めて個別の形式論に及び、それらの基礎を踏まえて須玖、三雲遺跡の古鏡を考察し、壱岐カラカミ貝塚の小銅鏡から弥生時代仿製鏡の問題に及ぶなど先生の円熟した論考が一九二九年まで考古学雑誌上に展開されている。

一九三一年には名和羊一郎氏による遠賀川式土器の発見があり、それをうけて翌年には「福岡地方に分布せる二系統の弥生土器」が発表された。第一系土器（須玖式）と第二系土器（遠賀川式）が設定され、銅矛銅剣を出す甕棺は前者であり、両者とも本源は朝鮮にあるが、第二系が第一系に先立つものと考えられ、両者の土器にみる相違を使用民族の相違に帰せられている。一九三〇年以降先生は考古学関係の執筆を断たれたので以上が先生の到達点であったと思われる。

私がはじめて先生に接したのは一九五〇年四月二十三日、福岡高校での九州考古学会の席上であった。森貞次郎先生が「筑前立花貝塚調査談」と題して層位的発掘の成果を報告された。下層から遠賀川式土器―中間型土器（現在の城ノ越式相当）―須玖式の堆積層位が紹介された。最前列におられた小柄な白髪の先生が質問に立たれ、どう勘違いされたか御自身のいう第一系土器が古いことをたたみかけるように念押しされて「それならばよろしい」と言われて、あとは傍らの名和さんと遠賀川の発見土器について声高にやりとりされ、森先生が返答に躊躇されてしまう場面があった。当時の先生は七九歳の高齢であった。

一九五三年、私は九州大学教養部に入学した。五月頃であったか一日福岡市西公園近くの先生の御宅に友人とお訪ねした。兄、妹三兄弟で住んでおられ、それぞれ一間を占居されていた。先生は書物に埋もれて、小さな机を前に執筆しておられたが気軽に私達の質問に応じられた。帰る際に場所が狭いのでこの次からは一人ずつ訪ねて来るように指示され、マッチ箱に入れた筑後岩崎遺跡で採集された弥生時代の炭化米数粒を記念にいただいた。私の下宿先が歩いて十分くらいのところにあったこともあってか、以来翌年秋に文学部に進学するまで先生の御宅を訪ねることが多かった。同年冬には志登支石墓群の発掘があり、先生は現地まで足をはこばれた。故藤田亮策、八幡一郎、鏡山猛先生らと懐旧談がはずんでいた。私が野外で御一緒だったのはこれが初めてでまた最後であった。数日後お訪ねした時には大変懐かしく楽しい一日であったと御機嫌であった。その頃座右に筑後吉井の須玖式土器の肩部に篦描複合鋸歯文をめぐらした土器を置かれていて、先生はこれを研究すれば第一系と第二系の関係が解明されるはずだから追求してみたいと思っている旨を話された。今日の城ノ越式的様相に目をつけておられたのであった。しかし先生は最後まで須玖式→遠賀川式の序列を疑っておられなかったようである。しかしお話の端々には科学者らしい鋭い指摘があって往年の片鱗をかいま見る感銘を受けることは再三であった。

先生が亡くなられて後、蔵書や収集資料のすべてが九州大学文学部に寄贈されることになり、久しぶりで私は先生の御宅を訪ねた。すでに兄守彦氏も亡く、妹千春氏だけであった。蔵書を運び出す私達の傍で、両兄とも言葉少ない方々であったから蔵書の中に千春氏への遺書でもないであろうかと熱心に物色された姿は印象に残っている。先生は生前話されなかったが、あの多くの収集資料はすべて床下に箱に収めて保管されていたのであった。一つ一つの破片には手ずから墨書で遺跡名が略記されていて、大変有難いことであった。私の助手時代にはこれら資料の整理は遂に果せなかったが、九州大学の誇るべき財産としていつの日にか完成してもらいたいものである。

弥生土器を手にして語られた老先生の面影を思い起すたびに申しわけない念に駆られるのである。

私の接した先生はすでに最晩年のごく短期間であった。しかし先生の論考のみならずこの老碩学の謦咳に接し、物の見方について手ほどきを受けた最後の世代であったことに無上の幸福を感じている。

（一九八二・六・二七記）

漢委奴国王印の鋳つぶし説　―亀井昭陽の二文に見る―

中山平次郎

（この文章は昭和二十九年四月八日付け朝日新聞の記事の再録です。）

漢委奴国王印が、天明四年（一七八四年）＝このとき昭陽年十二＝二月二十三日に、筑前国志賀島で発見されて以来、いかに転々してついに黒田家の宝物になったかを調査しようとして昭陽の書いた次の二文を読むと、金印発見の後すこぶる早期に、この印を鋳つぶして武器の装飾にしようとの説が発起したのを書いてあって、そのはなはだ危険な運命に際会したのにびっくりする。

【与平士敬書】（このとき昭陽年五十）（上略）漢印之出、一人（郡奉行津田源次郎と米屋才蔵の両人）呼出人（昭陽の父南冥《なんめい》）諮詢《しじゅん》之時、有銷鑠《しょうしゃく》装武器之説、先人懼《く》走郡宰《そうぐんさい》、乞以団金十五換之、不許、乃曰、得紓《しょ》数旬、請以百金償之、郡宰大驚（下略）

※銷鑠（しょうしゃく）…かねをとかすこと

【題金印紙後】（このとき昭陽年五十二）（上略）印之出、先人懼走郡宰、乞以団金十五換之、不許、乃曰、得紓数旬、請以百金償之、郡宰大驚（下略）

【題金印紙後】（このとき昭陽年五十二）（上略）印之出、先人心知有商人才蔵者、嗔（昭陽の長男）之妻之外曽祖也、買以效於郡庁、有鑠以装兵仗之説、先人乃請以百金換之、郡宰大驚、具状上於州朝（下略）

昭陽の父南冥先生は以上の金印銷鑠（しょうしゃく）説に対抗して、極力金印保全のために努められ、ついに成功されたのだが、先生が金印を鋳つぶしの危険からいかに救われたかを知ろうとするには、この金印鋳つぶしという、途方もない説の起因が、何であったかを究明しておくことが必要である。昭陽の文には「先人乃請以百金換之、郡宰大驚、具状上於州朝」とあって、金印がすこぶる簡単に州朝に提出されたように書かれているが、これは実際の事実と大いに違背し、彼の誤解と認めざるを得ない。

実情を調査すると、当時先生はスロモー戦術を採用して、印の提出を遅延せしめて時をかせぎ、自信を持てる対抗策を完成した後に提出しておられる。かかる戦法を執られたのは、当時起った金印、銷鑠説がこれを論破することすこぶる困難な問題だったからに違いない。昭陽の与平士敬書を読むと、この文に「漢印之為公府之宝先人殆有力焉、然不可他告、竊為吾子言耳」とあって（文化十一年三月二日南冥卒、このとき昭陽四十二。『為吾子言耳』はそれより前なり）彼の書いた「有銷鑠装武器之説、先人懼走郡宰、乞以団金十五換之、不許、乃曰、得紓数旬、請以百金償之」は、後年に及んで先生から聞いた秘密の一部だったと思われる。昭陽はこの事実を重視して、これを以て父南冥の金印保全の功績と考えていたように推察されるが、実はこれは先生の最初に演じた失策であって、金印保全にとって何らの意義を有するものではなかったのだ。金印保全の真の功績はもっと別のところにあって、この肝心の事実については、わが子昭陽にも秘して漏らされなかったようだ。昭陽の誤解は、彼が肝心の事実を聞いていなかったがために起ったように思われる。

金印発見の後、幾ばくもなくして突発した金印銷鑠説の起因が何であるかは、私が大正四年以来、折にふれて考えたところであるが、これを解決するのが至難であって、近年までほとんど絶望の有様だった。然るに三十六年の長期を経て昭和二十五年に至り、春日政治博士珍蔵の南冥先生自筆の金印弁を一読するに及んで、同書のある記述によって、計らず多年の難問題を解し得たように思い始めた。この書には当時金印銷鑠説が起ったことなど全然書かれていないが、同書の金印弁或問を読むとその九問中に左の二問があって、この双方がともに鋳つぶし説の起因になりそうな事柄であり、これに対して大いに弁じておられるのを知った。よって私はこの二カ条を以て、金印銷鑠説の根拠となったものだろうと判定した。同書中にこの二カ条の他には、鋳つぶし説の起因になりそうな事柄について何も書かれておらない。二問は次の通りである。

或問テ曰、異国ニテ本朝ノ国号ヲ、種々ニ名ツケタル内、倭奴国ト云タルハ、北胡ヲ匈奴ト称シタル（この下に「卜」の一字を加うべきか）同意ニテ、大ニ鄙メタル詞ナルヘシ、本朝ハ神国ナルヲ、奴僕ノ奴ノ字ヲ加ヘタルハ、不満ナル事ナラスヤ、或問テ曰、此印漢倭奴国王ト云文字ナレハ、漢ノ属国トセシナリ、縦例マコト二千年外ノ物ナリトモ、我神国ヲ瀆スニ似タル事ナレハ、取上ヘキ物ニ非サルナラン

（この二問によると、当時黒田藩の諸士は、金印の文字「委奴国」を「倭奴国」と同一に視て、これを中国で称す

るわが日本の古名と解したことがうかがわれる。わが日本の古名が倭奴国であるとは、多くの中国古史書の記するところで、漢学の盛んな旧藩時代において、以上の如き解釈があっても、あえて怪しむに足らない）

以上の二カ条を高唱して、かかるわが神国日本国の尊厳を冒とくする、不届千万の無礼極まる文字を刻したものを、取上げて保存し珍重することは、あたかも彼の非礼を黙認するに等しかるべく、よろしくこれを鋳つぶして武器の装飾にしてしまえとの議論が、漢委奴国王印発見の報を聞き伝えて、郡役所に金印を見に来た黒田藩士によって大いに叫ばれ始めたのだろう。これが南冥先生の金印弁を読んで、昭陽の二文に見える「有銷鑠装武器之説」「有鑠以装兵仗之説」に対して私が新に下した解釈である。昭陽が「漢印之為公府之宝、先人殆有力焉」と述べているように、鋳つぶし説に対抗して、極力金印の保全に努めたのは、南冥先生ただ一人であるから、他の多くの藩士らは、いずれも鋳つぶし説養成者だったと思われる。

論旨が上述の如き国粋論に基づいたもので、またその根拠がだれしも一応もっとも考えそうな事柄であるから、この説に対抗して金印を保全しようとするのは、なまやさしいことではないのである。昭陽の記載したように「有鑠以装兵仗之説、先人乃請以百金換之、郡宰大驚、具状上於州朝」と、簡単無造作に乗切り得る問題でないのは無論のことだ。かような鋳つぶし説が起り始めの、南冥先生がいまだ何らの有効なる対策を持っておられなかった時期に、郡宰が驚いて印を州朝に差出したならば、金印はたちまち鋳つぶされて武器の飾りにされてしまったに違いないのだ。昭陽がかような当時の実情と合わないことを平気で書いていたによると、彼は「有銷鑠装武器之説」「有鑠以装兵仗之説」と書いているが、彼自身の記載したこの危険な説が、何によって起り、また何を主張するものだったかを理解していなかったとしか思われない。そうだとすると、南冥先生が以上の危険なる鋳つぶし説に対抗して金印をどう救われたのかは昭陽の記述とは別に研究を要する新課題となって来るのだ。

とにかくこの問題は、その対象物が漢委奴国王印という大物であるだけに、これを排斥するにしても、その言論のスケールがすこぶる大きいのであって、まさかそれ程の大問題とは気付かなかった。私にとっては三十六年の長い間の疑問だったが、やはり時が自然の解決者となって、ついにこの問題を解くのに大いに考慮せらるべきカギを見出したことはまことに偶然の幸いだった。

（九大名誉教授）

Ⅱ章　古代海人族「阿曇族」を追う

序言

古代海の民と言えば、荒波を蹴立てて朝鮮半島~中国大陸と通航した阿曇族、住吉族、宗像族の存在が知られる。中でも阿曇族は「応神天皇三年十一月、阿曇連の祖、大浜宿禰《すくね》を海人《あま》の宰《みこともち》にす」(『日本書紀』)と中央政界にデビューし、全国の海人族を統率する。以後、白村江の戦いでの水軍の将、阿曇比羅夫の活躍や、初めての国史『日本書紀』の修史に参画するなど中央で華々しい動きを見せるのだが、八世紀末、桓武天皇の怒りに触れて中央政界を追放され、以後、歴史の表舞台から消える。史家は「阿(安)曇族は影が薄い」と酷評するが、どっこい、阿曇族の軌跡は全国各地に鮮やかに残る。

一、宮地嶽古墳、日本一の黄金の太刀と渡来人の交流

福岡県教育庁総務部文化財保護課長　赤司　善彦

はじめに

九州国立博物館には、地下の正倉院ともいわれる国宝の宮地嶽古墳出土品が、常時展示されている。きやびらかで国際色豊かな金銅壺鐙《こんどうつぼあぶみ》などの多彩な馬具類をはじめ、金銅透彫冠《すかしぼり》や金銅装頭椎大刀《かぶつちたち》・ガラス板からなる、まさに九州を代表する国宝群といえる。

九州国立博物館では二年間かけて国宝の金銅装頭椎大刀の復元に取り組んだ。平成二十六（二〇一四）年一月に九州国立博物館で開催された『国宝大神社展』ではこの復元資料を公開した（写真1）。

海人の系譜にある津屋崎古墳群の首長墓に納められたこの黄金の大大刀は、まさに権力を象徴するものである。今回、大刀の復元によって判明した成果を紹介し、さらには、宮地嶽古墳を形成した首長と渡来人の関わりについて近年の研究の成果を援用しながら、その歴史的背景について述べることとする。

一　宮地嶽古墳

宮地嶽古墳は福津市の宮地嶽神社奥の院に所在し、南北二七メートル、東西三四メートルの楕円形をなしている。本来は直径三五メートルほどの円墳であろう。内部の埋葬施設は横穴式石室で、幅四メートルを超える石材を用いるなど、いわゆる巨大古墳といわれるものである。その長さは、著名な奈良県明日香村の石舞台《いしぶたい》古墳を超える全長二三メートルで、明日香村の見瀬《みせ》丸山《まるやま》古墳についで日本で二番目の規模を誇る。大きさもさることながら、石室の構造も他に例のないものである。開口部より長い羨道《せんどう》を奥に進むと玄室《げんしつ》（遺体を納める部屋）に至るが、九州の石室に一般的な両者を区画する石列や段もなく、境目も明確でない。この玄室左右の壁石には下部に龕《がん》と呼ぶ小さな穴が設けられている。さらに玄室の奥には一回り小さい石槨《せっかく》が敷設されている。畿内の古墳時代終末期に特徴的な横口式石槨の影響を強く受けたものである。石室の構造にはヤマト王権との強いつながりが認められるのだ（図1）。

写真１　国宝大神社展での復元大刀の公開状況

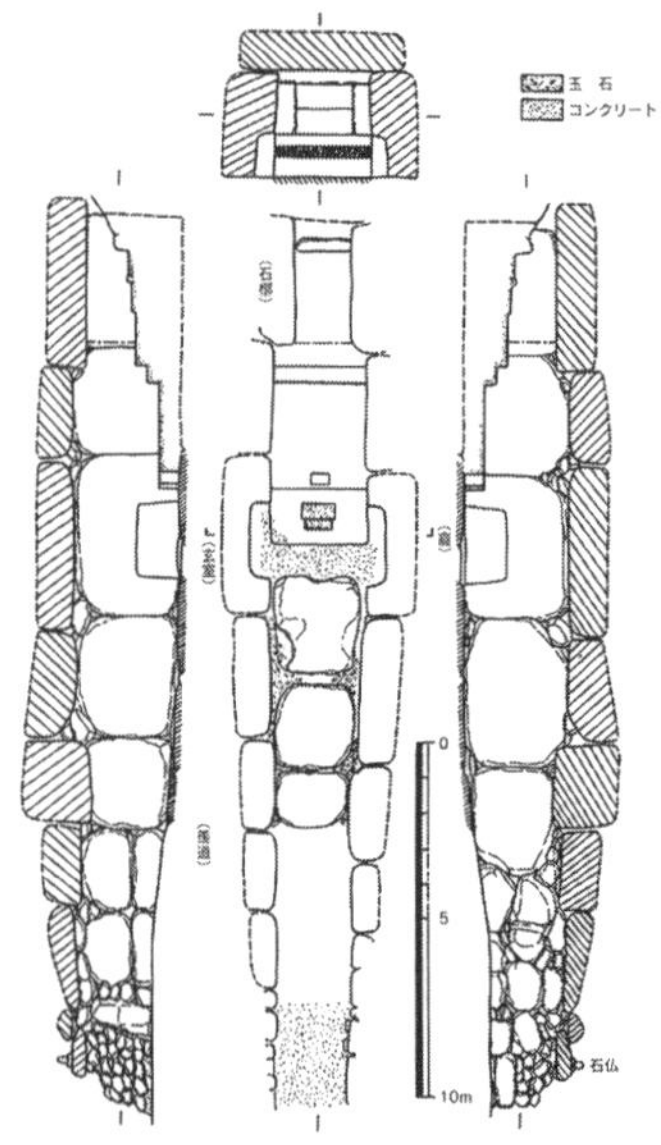

図１　宮地嶽古墳（宮地嶽古墳石室実測図）

一七二一年（江戸時代）の大雨によって山崩れが起こり、石室が開いた時にあまりの迫力ある石室に驚いた村人たちは、不動信仰の対象として石室の最奥部に不動尊を祀ったといわれている。その後、一九三四（昭和九）年に石室内などから発見された豊富な遺物は、昭和十一年に旧国宝に指定された。遺物は学術的にも美術工芸としても優れ、格調の高いものである。

二　日本一、巨大な大刀

出土状況

宮地嶽古墳出土遺物は先述したように一九三四（昭和九）年に社務所を建築する際に発見されている。石室内からではないのだ。しかもその詳細は不明な点が多い。

宮地嶽神社の整備は明治時代から順次行われていたが、一九三〇（昭和五）年に遷宮がなされている。この頃に石室内部がきれいに清掃されたようで、その際床面に堆積していた土砂の中から宝物が出土したものと思われる。

明治時代の廃仏毀釈や国家神道へ傾斜する当時の情勢を考慮すると、ご神体である石室から宝物が出土した事実は、問題化する恐れがあったので、出土遺物は周辺に再度埋められたのであろう。この辺の事情は、霧の中なので分からない。残念ながら、土中に再埋納されたことで、金属製品は分散され、しかも傷みも激しくなってしまったのである。もしも、出土遺物の全貌を見ることができたら、驚愕すべき内容だったことはまちがいない。

ところで、ひときわ異彩を放つのが国宝の金銅装頭椎大刀（大形）である。破損が著しく、柄頭《つかがしら》と鐔《つば》の一部、鞘金具と責金具そして鉄刀刀身の一部がある（写真2）。比類ない大形の柄頭や鐔をみれば、大刀がいかに長大であったかを否応なく物語っている。

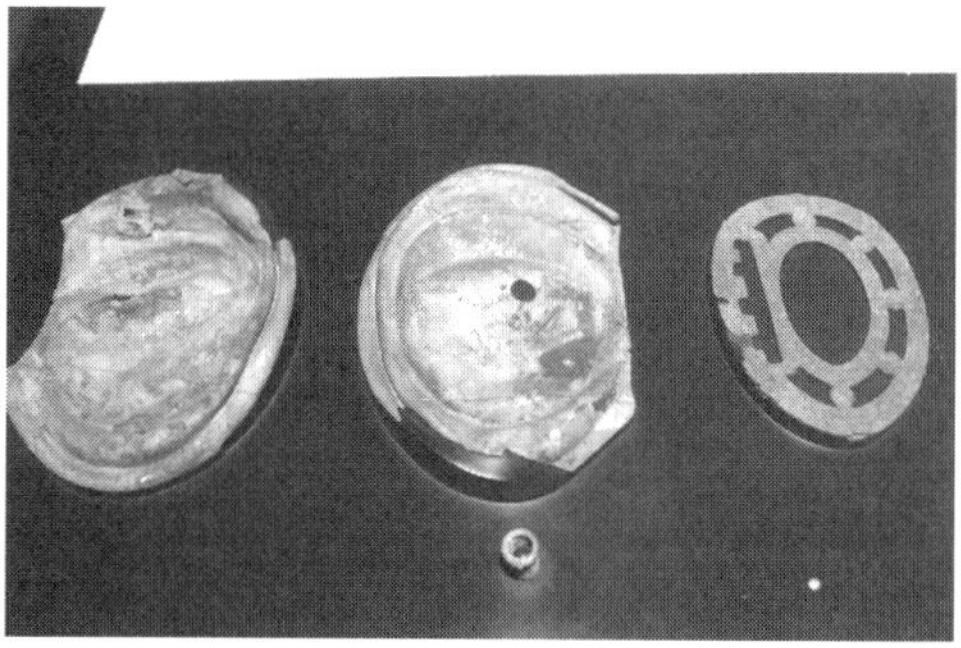

写真２　日本一の巨大な大刀（金銅装頭椎大刀）の残片

装飾大刀の成立と展開

金銅装頭椎大刀はいわゆる装飾大刀とよばれるものである。大刀の用語は、江戸時代に刃を上に向けて腰帯に差す「刀《かたな》」とは異なり、刃を下に向けて鞘を腰につるすものを呼ぶが、平安時代ごろまでの長い直刀を「大刀」、それ以降の反りのあるものを「太刀」と書いて区別している。博物館で古代の大刀を展示していると、漢字に点がないとか、刃が下向きに展示してあるというおしかりを受けるが、実はこのような用いられ方によって展示手法が異なっているのである。

さて、装飾大刀は本来、実用性の高い鉄刀になんらかの装飾を施したものの総称である。金・銀・銅の希少価値の高い金属を用い、細かな細工を施すことで実用性とは関わりのない別の付加価値を刀に持たせようとしたのである。そこには所有者の富と権力を示す威信財というだけでなく、軍事面での指揮権の象徴、さらには中央集権体制下の身分表示であるなど、さまざまな役割が付与されていたと考えられる。こうした鉄刀や鉄剣に装飾を施すことは世界的に見られる事象であるが、日本では近世に流行するものの、歴史的には古墳時代後期のわずかな一〇〇年の間に発展し、その後は消え去った特異な現象とみることができる。古代になると装飾大刀の役割が統一され、成熟したというべきであろう。

この装飾大刀は、柄頭に必ず装飾を施しているので、その形状や細工の仕方で分類される。日本では片

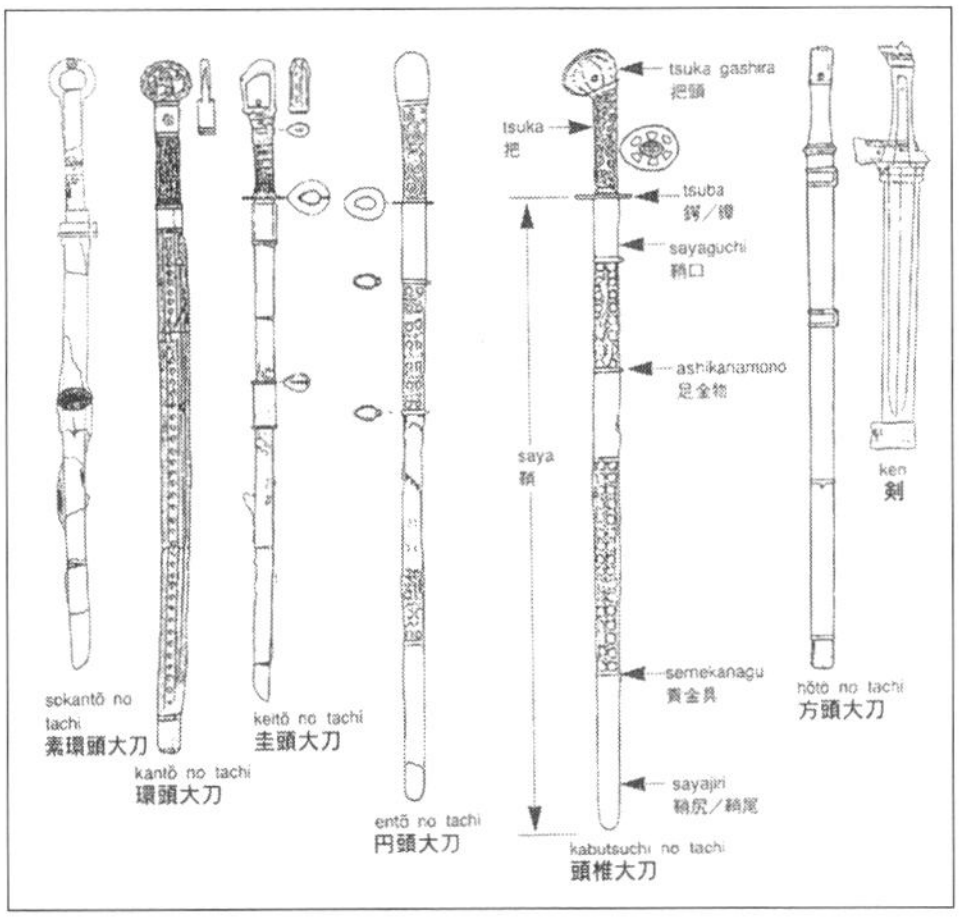

図2　古墳時代の大刀の分類

写真3　復元した金銅装頭椎大刀の柄頭

刃の大刀は弥生時代中期に両刃の鉄剣とともに出現している。古墳時代にかけて出土するのが素環頭大刀《そかんとうたち》と呼ばれるもので、柄頭が環になっていて内部に特別の装飾を持たないものである（図2）。

装飾大刀が日本列島で確認できるのは、古墳時代のほぼ五世紀後半頃からである。装飾大刀は中国や朝鮮半島から舶載されたもので、柄頭が環をなしそこに装飾を施す環頭大刀の一群が主流である。金属製の環の中にパルメットを施した三葉環頭大刀、伝説上の龍や火の鳥をあしらった龍鳳《りゅうほう》環頭大刀である。もう一つの一群が柄頭を鹿角《ろっかく》製や木製でつくる弥生時代の銅剣の装具の流れを汲むものである。

六世紀初頭に、龍鳳大刀が主流となるものの、環頭大刀以外に柄頭を袋状にした円頭《えんとう》大刀が六世紀中頃に朝鮮半島からもたらされる。こうした新しい大刀の流入によって、国産化が開始され、舶来製とその技術を取り入れた金属製の倭風大刀が製作されるようになる。日本では六世紀後半以降になると、金銅装（銅に金メッキ）や銀装、さらには象嵌《ぞうがん》装の大刀が主流になる。この流れの中で圭頭《けいとう》大刀とともに、金銅装の頭椎大刀が作られるようになったのである。頭椎大刀そのものは、五世紀に倭風の伝統的な木製の柄頭として誕生し、六世紀初頭の捩《ねじ》り環頭大刀と朝鮮半島由来の円頭大刀が融合してできあがり、捩りがなくなり頭椎大刀の畦目として変化したもので、いわば倭風の伝統のもとで誕生したのである（写真３）。

三　製作技法の復元

今回の復元製作では、残存する頭椎大刀の柄頭や鐔・鞘金具《さやかなぐ》などを詳細に観察し、他の古墳出土の頭椎大刀を参考に実施設計図を作成した。その結果、全長三〇七センチに復元した（カラー写真を本誌の巻頭に掲載）。

調査の過程で注目すべきは、鐔の装飾性であろう。装飾大刀に鈴を付ける例は六世紀後半の藤ノ木古墳の剣や円頭大刀の柄頭に鈴を入れた例、あるいは双龍環頭の周囲に七個の鈴を付けた例が知られている。

写真４　製作技法の復元（鐔と鈴の復元製作）

いわば聞く鈴から見る鈴への変化である。頭椎大刀の場合、柄頭には製作の技法で鈴を付けられないことから、鐔に付けたものである。しかも、鈴は鋳造して、鍛造の鐔の周縁に挟み込むというこれまでにない技法を用いている（写真４）。

復元では刀身は刀鍛冶によって日本刀と同じ技法で鍛造した。材料には三〇キロの玉鋼を用いた。焼入れ・調整・研ぎの工程を経たが、表面は日本刀のような鏡のような仕上げではなく、古代刀の分析型から粗い研ぎ目とした。鞘はヒノキを用い、収縮変形を考慮して一年ほどかけて乾燥させてから加工した。これらの外装は一度立体モデルを作成し、再度実験をしながら加工技術を研究したのである。

なお、金銅とは銅に金をメッキするいわゆる「鍍金《ときん》」が必要となる。古代には水銀に水を溶かして、これを銅の表面に塗布したのちに水銀を熱で蒸発させることで金を定着させる。現在では水銀は使用禁止であることから、金箔貼りとした。

今回の復元研究で、大型化・巨大化について考えてみた。弥生時代の銅鐸など日本化すると巨大化するものがある。なぜ巨大化したのか。その理由には時代の流行というだけでは解明されない問題がある。なにより平均的な刀身の二・六倍の大きさであるが、実は質量はその三乗倍の一八倍であり、材料もさらにそれ以上必要となる。問題は衝撃力に対する応力も大きくなり、傷がついてもそこにかかる応力は増大するので、たとえ小さな傷でも曲げや折れにつながるのである。

さらには、部材の接合などは小さな刀を大きくしただけではない精緻な技術が求められることが判明した。つまり、巨大化はリスクを伴うが、自動車レースのＦ１と同じように最先端の技術を駆使して未知の領域に挑み、結果的には技術革新を担う役割を果たしていたと結論づけられる。

四　津屋崎古墳群と渡来人の交流

古墳時代に造営された前方後円墳は、単に首長墓としてのみならず地域の政治支配を象徴する記念物である。海の民の本拠地である宗像地域に形成された前方後円墳は、大きく東の釣川流域と、宮地嶽古墳のある海岸部の津屋崎地域に分かれて立地している。

近年、宗像地域の古墳群の調査研究が進展し、当地域の首長墓の解明が進んでいる。宗像地域では四世紀後半に釣川流域で最初の前方後円墳が造営される。ところが、五世紀中頃になると、前方後円墳の造営は津屋崎地域に移動してしまう。この津屋崎古墳群では六世紀後半まで前方後円墳が造られ、その後、前方後円墳は全国的に造られなくなる。そして円墳の宮地嶽古墳そして福間地域の手《て》光《びか》波切《なみきり》不動《ふどう》古墳が造営され、首長墓の系列は続く。

津屋崎古墳群は、九州最大の勢力を誇った筑紫の君磐井の古墳がある八女古墳群を凌駕しており、西日本で大規模な古墳群を造営していた一大勢力が形成されていたことを物語っている。全国的に七世紀前半までには巨大古墳の造営が終了し、地方豪族のステイタスは寺院の造営に変わっていく。津屋崎地域では八世紀に神興廃寺が唯一の古代寺院として福間地域に造営されている。

朝鮮半島からの渡来人の動向についても遺構や出土遺物からの分析が進んでいる古墳時代の集落では、津屋崎地域に現在の韓国全羅南道の渡来人が定住していたことが明らかにされている。彼らは当該地域の大豪族と深く関わりながら、朝鮮半島との対外貿易に大きな役割を果たしただけでなく、農業基盤の整備、さらには鉄器生産などの各種業務に携わっていたと考えられている。これによって得られた経済的基盤を背景に、対外交渉を担うことでヤマト王権との結びつきが強化され、宮地嶽古墳の造営と黄金の巨大大刀がもたらされたといえるのではないだろうか。

そして、宮地嶽古墳造営の主体は、石材の産地である相島周辺海域と古墳眺望の点からも強く結びついているのはまちがいない。そこには糟尾屯倉の外港が想定され、阿曇氏もしくは王権から派遣された王族による地域支配の象徴が宮地嶽古墳ということができる。

〈第八回シンポジウムで発表〈平成二十六年十月十八日〉〉

二、海洋族―阿曇族と宗像族

風浪宮宮司　阿曇　史久

このたび、宗像・沖ノ島と関連遺産群が世界遺産に登録され同じ海洋族の繋がりを持つものの一人として心よりお慶び申しあげます。

今回は、海洋族阿曇氏との関わりを持つとする風浪宮の古代～中世の歴史と祭り等、さらに志賀海神社との対比による相違と類似性を、さらに宗像三神と少童命《わたつみ》三神についてと両者に関わる豪族として水沼氏について述べたいと存じます。

一　風浪宮について

⑴立地

当宮は大川市（旧三潴郡大川町）大字酒見に鎮座している。古代は筑後川の河口域であったが、現在は八女市を流れる矢部川より取水する花宗川が参道下を通り有明海に注いでいる。花宗川は人工の川であり、一説に元明天皇和銅六（七一三）年に肥後並び筑後守として溜池や堀を掘削し筑後の国を開発した道君首名《みちきみのおびとな》が造ったともされるが、いつころ造られたかは不明の運河である。境内地は筑後地区では比較的規模が大きい貝塚跡で酒見貝塚と呼ばれ、隣の柳川市蒲池地区にも弥生遺跡などが発掘されている。参道下の花宗川《はなむねがわ》の約三〇〇～四〇〇《メートル》上流には川沿いに当宮所縁の神功皇后社があり、古代はこの社の左側が筑後川、右側に花宗川が流れ、碇《いかり》という地名が現在残っている。

(2)海洋族の祭―沖詣り海神祭―

当宮文書では江戸期前は「具連葉流神事、沖出規式色色、神役人不残出勤」とする神事である。毎年、旧暦四月一日大潮の日に斎行する祭礼。当日、本殿内陣の扉を開け依代として使う大御幣《おおごへい》と称する二体を宮司が、それぞれ持ち出し階下の神職に手渡した後、宮司以下、神職が捧持する大御幣と共に参道下の花宗川に待つ小船に乗り込む。大御幣を乗せた小船は上流の皇后社（俗称おごどんさん）へと進み、社前の川にて舳先を三度右回転させた後、船上より宮司は社前を拝礼する。いわば出立の儀式である。

その後は川を下り筑後川河口の港へ向かう。港では往昔、阿曇磯良丸の船団の内お供船の謂れをもつ五騎船（與賀丸、六郎丸、古賀丸、石橋丸、徳丸）が待つ大川漁港へ着岸。漁連より借り受けた数艘の中で新造船を御座船（磯良丸）とし、その船の舳

写真１　御座船宮乙名奉仕による海神へ供えるための三段浮かしづくり

写真２　沖詣り海神祭　毎年、旧暦４月１日の大潮の日に行う。場所は柳川沖。この日、有明海は潮が引き、海底が姿を現す。そこへ祭壇を設け、海上安全、海産豊漁の神事を斎行。

先に大御幣を取り付け、五騎船の子孫とする宮乙名《みやおとな》五名とともに宮司以下出航する。船中では早速、宮乙名の手により海神少童命にお供えする（三段浮かしという）二基を藁で作り（写真1）、小御幣、お神酒入り竹筒、小豆ご飯を各三個ずつ載せ、出来上がった浮かしを海と川の境目に至った所で船よりお流しし、他のお供船の氏子さん方と拝礼を行う。船は柳川、大牟田の沖合に碇を下ろし、潮がひく二時間後に干潟に祭壇と依代二体を祭壇左右に立て設ける。神職等は足袋裸足で下船し、祭典の中では海上安全、海産豊漁の祈願を行う（写真2）。

祭後は潮の干く力と満ちる力を新たに宿した大御幣を再び御座船の舳先に立てる。上陸後、夕日の中を神社へと向かい宮司の手により本殿内陣へと納められる。以前沖詣りを取材された西南大学の山中耕作先生によると、この神事は海から帰られる神を迎えることを重儀とする祭であると指摘いただいたことがある。確かに、私が小学生の頃、当時の沖詣りの帰り船は川を潮の満ちてくる力も利用しながら、か細いエンジンで遡上し神功皇后所縁の日吉神社の岸壁に接岸後、青年団が提灯で迎えて皆で暗い夜道を粛々と神社へと帰ったことを記憶している。町に浜の生活があった当時の海神に対する素朴な祈りが生きていた時代の祭であった。

写真３　初代阿曇磯良丸命の墓とされる支石墓

(3) 考古学上より考える

平成四年、大川市が国県の補助を受けて発掘調査が実施された。元々当宮境内地に磯良丸神社があり、その傍らには磯良塚と呼ぶ支石墓がある（写真3）。ほぼ五角形の凝灰岩の巨石で知られ、明治三十六年に二代前の祖父の代に郷土史家等と調査のため、石をあげた所、合口甕棺が現れたために慌てて埋め戻しをしたとの報告書が町に提出されている。さらには、戦後のことであるが、この貝塚で弥生の女性の人骨が見つかっている。また、後に石の側から小児用箱式石棺が露出していることも確認されているが、今回はこの市の発掘の折、この塚の横より偶然に阿蘇溶結凝灰岩の板石が見つかり、朱彩があるなどにより横穴式石室用の「石障」で一部線刻を彫りこんだ面が石障の内壁に相当することが分かった。この線刻を施した古墳は五世紀頃に出現しており、県内では唯一、石障を持つ日輪寺古墳（前方後円墳）が知られている。他に全国で四例目となる鶏の骨二点が出土し、長崎県壱岐郡カラカミ貝塚・同郡原ノ辻遺跡及び愛知県朝日遺跡に次いでの鶏骨であった。学芸員の説明によると家畜として飼われていたと推定され大陸との交易も考えられるとする。なお、出土状況から酒見貝塚は弥生中期初頭（前期に遡る可能性あり）から古墳時代初頭と確認された。後のことであるが、大川歴史講座に講師でお越しいただいた九州大学名誉教授西谷正先生が磯良塚（吉野ケ里遺跡と同期とする）を視察され支石墓としては日本一の大きさであるとの説明戴いた。当時立ち会った歴史講座関係者一同驚きを禁じ得なかった。

⑷中世から江戸期について

境内には五重石塔婆があり、正平十（一三五五）年と銘記され国重要文化財（明治四十三年旧国宝）指定を受けている。俗に正平塔と呼び、二重基壇の上に五層の軸部と屋根とを重ねた塔身と頂上に相輪をもつ石塔で、各層に大日如来、阿弥陀如来、釈迦如来等が彫られ中国の古石塔婆類の影響を受けたものとして、他地方に類例がないとされている。塔のすぐ前面には「正平十年乙未願主菊池城主」と刻んだ一対の石燈籠がある。正平年間は南朝方の年号である所から後醍醐天皇の御子、懐良親王が征西将軍として、武勇で知られた菊池氏と共に約四〇年に及ぶ北朝方との攻防を繰り広げた歴史が偲ばれる遺産でもある。参道、下の宮の南には酒見城跡があり、海運を握るために筑後川を挟み佐賀の竜造寺氏や大分の大友氏らの戦いの舞台の一つになった所でもある。正平年間前後の境内には神宮寺と考えられる浄土寺（天皇家由縁の京都泉湧寺の末寺）、宝琳寺、摂取院があり永仁五（一二九七）年伏見天皇綸旨により浄土寺が勅願寺とされ、正安二（一三〇〇）年鎌倉幕府執権北条貞時の下知状によると幕府の祈願寺でもあった。さらに暦応三（一三四〇）年足利尊氏の弟、直義の文書によると光厳上皇（北朝方）に願い出て、仏舎利二粒を拝受の上、浄土寺に納め、貞和三（一三四七）年筑後国安国寺利生塔の称号が与えられた。正平七（一三五二）年頃、懐良親王（後醍醐天皇の皇子）からも宝琳尼寺に対する令旨が出されている所から風浪宮境内の寺のそれぞれが南朝方北朝方双方より庇護されるという特異な地でもあった。その後、慶長五（一六〇〇）年当地の八院合戦において、柳川の立花宗茂対佐賀の鍋島勝茂の戦火にあうが、御本殿のみが焼亡せずに今日まで現存している。本殿は三間社流れ造り檜皮葺き、朱塗り（溶銀朱）の建造物で明治四十年国宝（現、国重文）指定を受けている。永禄三（一五六〇）年筑後国に約一二万石を領し、筑後十五城の筆頭大名として柳川城、蒲池城主であった蒲池鑑盛公が寄進した建物であり、切妻造平入の前部の向拝（階隠し）部分には床が張られ吹き放しの形をとっている。屋根の厚みは全体から見て厚く、屋根の反りは緩やかで鎌倉時代の刀剣を彷彿させ、さらに本丸柱は特に太く全建築との釣り合いを破り、かえって豪壮な感じを抱かせている。慶長六（一六〇一）年に柳川に居城した田中吉政公は、当宮は「上下舟道、海路順風之祈念精誠」との記述あり航海の安全を祈念されていた。上記のように中世の当宮は神仏習合で境内にはさまざまな仏教施設があるが、記録にあるように当時は風浪大権現を称していたために朝廷や幕府、南北朝に関わらず崇敬を集めていた時代であった。

一説に、長野県善光寺の秘仏に阿曇氏が関わりをもつことや、蘇我馬子が亡くなる二年前の推古三十二（六二四）年、阿曇連が法頭に任じられることなど、仏教文化との関係も深い一族のようである。

二　志賀海神社と風浪宮—海洋族としての各々の歴史・まつり・伝承を比較

(1)創建について

志賀海神社　約一八〇〇年前、神功皇后三韓出兵に際し、舟師を率い御舟を導き守り給うた阿曇磯良丸をして表津《うわつ》宮を当地の麓に遷座した。

風浪宮　神功皇后が新羅御親征よりの帰途、軍舟を筑後葦原の津（榎津）に寄せ給うた時、皇后の御船のあたりに白鷺が忽然と現れ、その鳥の後を武内宿禰に尾《つ》けさせたところ、現在のご神木に止まった。皇后はこの白鷺を少童命《わたつみのみこと》の化身とされ、この所に社を建て阿曇磯良丸をして初代神主とされた〈以下、志賀海神社を（志）、風浪宮を（風）と表記〉。

(2)神階について

（志）貞観元（八五九）年　従五位上、延喜式所載

（風）天慶七（九四四）年　借従五位下、斎衡天慶文書に所載（令和四年度にこの文書を含め高良大社の国重要文化財として指定された）

(3)本殿造り

（志）三間社流造り
（風）三間社流造り

(4)特殊神事について

（志）御神幸祭「龍の舞、八乙女舞」、山誉漁猟祭、歩射祭、七夕祭等
（風）お潮井詣り、火清鳴弦祈祷、沖詣り海神祭、風浪宮当流流鏑馬等

(5)伝承しきたり

（志）八乙女《やおとめ》制「氏子より八名の世襲制」、八乙女による神楽舞等あり
（風）宮乙名制「氏子より五名の世襲制」、祭祀への奉仕「沖詣り、お潮井詣り、神霊移しの儀等」

(6)阿曇磯良丸について

（志）鞨鼓の舞「宮司舞または細男の舞という」、境内今宮社「磯良丸命を祀る」
（風）磯良塚「日本国内最大級の支石基という」、境内磯良丸神社「磯良丸命を祀る」

(7)まとめ

（志）と（風）の共通性については、江戸期に久留米藩でつくられた謡曲「風浪」の中で志賀海神社と風浪宮は一体であるとの一節がある事から、すくなくとも筑後国内では志賀海神社と風浪宮は海神わたつみを奉斎する同族と認識されていたといえる。他に、本殿様式が同じ、代々阿曇氏が社家として奉仕をする、

龍神信仰が根底に流れ（志）の龍の舞、（風）の能楽内容が龍神の物語であることなどがそれぞれにあげられる。

高良大社所蔵の高良玉垂宮神秘書同紙背（文禄五〈一五九六〉年以降）によると安曇氏は小祝職に任じられており、高良の祭神不詳ながら阿曇磯良説もあるという。この文献の中では天照大神の岩戸開きについては『古事記』の中での天の宇受売命《うずめのみこと》や手力男命《たじからおのみこと》の介在ではなく八人の八乙女と五人の神楽男が岩戸開きに関わったと記されていて興味をおぼえる。実は風浪宮大祭の場合、現在も本殿御扉を開き三基の神輿に御霊を移す時にお側に奉仕をするのは五人の男の稚児と八人の乙女となっている。つまり本殿の御扉を開けた時が岩戸開きと同義と考えられ高良大社の古文書で記された岩戸開きを現在も風浪宮大祭で行ってきており、筑後一の宮たる高良大社との祭祀上の繋がりがみられる。

以上いろいろと述べてきたが、志賀海神社と風浪宮は県内の玄界灘と有明海にそれぞれ面しながらも相違性と類似性をお互いに保ちつつも海洋民族阿曇氏としての大きな括りとして考えるとき、不思議にも二つの社が補完しあう関係が成立していることに気づかされる。ふたつの歴史、まつり、伝承が本来ひとつのものであったのではと述べ、まとめとしたい。

三　宗像三神と小童命三神について、並びに両者を結ぶ豪族として水沼君《みずまのきみ》について

⑴水沼君について

筑後地区には往昔の三井郡惣廟とする赤司八幡宮が鎮座している。同宮の御由緒によると、「筑後国三

井郡は筑後川の河北の地（久留米市北野町）に鎮座し、その昔、天照大神が御子神（三女神）のうちの道主貴（田心姫命）を、この河北（海北のこと、古筑紫海の北浜にあたる）の筑紫の道中（筑紫平野の中心部）に降居させたのをはじめとする」と言う。第十二代景行天皇十八（八八）年の御世、道主貴の神壇（宮）を蚊田の地に建て皇子の国乳別命を御手代として祭らせる。これが筑紫道中で筑紫水沼君等の祭る筑紫中津宮（道主貴＝筑後の宗像神社＝のちの豊比咩《とよひめ》神社（赤司八幡宮のこと＝高良下社か）で筑陰河北惣大宮司家の始祖という。古筑紫海は筑前、筑中、筑後と三府あって古筑紫海（現在の有明海と筑紫平野部）の北浜の広い沼地を河北といい、「筑中」つまりここを筑紫の道中と呼ぶと言う。さらに、この赤司八幡宮は元道主貴を斎く筑紫中津宮であり、代々宮崎家が宮司であるとともに、水沼氏の後裔とする。

以上の水沼氏については『日本書紀』第一に「今在二海北道中一、号曰二道主貴一、此筑紫水君等神是也」とあり、日神（天照大神）が生れませる三女神は葦原中国の宇佐嶋の降居《あめくだりなせ》し今海の北の道の中にある、とする。これによると三潴郡は水沼君が治める地と見て取れるが他に、『紀』では景行天皇十年九月四日、呉の献れる鵞《がちょう》を水間君の犬が喰い、水間君が鴻一〇隻と養鳥人を献って罪を贖った。また、『紀』の景行天皇四年条に「其の兄、国乳別皇子は是水沼別の始祖なり。弟豊戸《とよと》別《わけ》皇子は是火国別の始祖なり」とし景行天皇の一族としている。因みに久留米市三潴町（旧三潴郡三潴町）大字高三潴には弓頭神社があり、祭神を上記の国乳別皇子と相殿八柱とする。この神社の由緒などにより、此の地の国造と水沼別と深い関係があったとしている。尚、隣地久留米市大善寺町（旧三潴郡）には御塚、権現塚古墳がある。筑後地区の中では大規模な円墳、前方後円墳であり、およそ五世紀末から六世紀初頭の遺跡とし、古代豪族水沼君の墳墓と考えられている。また、弥生時代は高三潴式土器の出土地でもあるが、水沼別が水沼氏であることや、国司、県主の墓と比定している御塚、権現塚がすぐに水沼氏の墓とすることは難しいのではと考えるが、このことは後述したい。次にまず「古筑紫海」のことを述べることとする。

(2) 古筑紫海とは

『久留米市史』第一巻第三章に古筑紫海の形成として①両筑平野（北野盆窪地）を構成する水域②現在の有明海の一部をなしていた筑後川下流平野を構成―の二つに分けられ、つまり縄文早期は、当時の海岸線は現在の標高は二〇メートル、さらに縄文式文化時代は同一〇メートル、弥生文化始期は四・五メートル～五・〇メートル、弥生中期四・〇メートル～四・五メートル、古墳時代三・一メートル～三・五メートルと変遷しており、両筑平野は最大海進期には久留米地峡部によって海水と連なり、耳納山地の北麓を底辺として朝倉郡夜須町付近を頂点とする一大盆窪地をつくり、海水は甘木地方の洪積台地周辺を洗っていた。大矢雅彦氏によると弥生時代以降の各地に見られる「島」などとつく地名は昔の名残を留めており、当時の海面は三・五メートルプラスアルファとし、大潮の満潮時には海水は海抜六・五メートルに達していた。久留米地峡部は海抜六メートルであるため、デルタはこれより上流に広がっていたとされている。

さらには、この筑紫海については真鍋大覚氏が、その著書『灘の国の星』（昭和五十七年）を発刊されているが、これは那珂川町が広報誌に昭和五十三年四月～同五十六年三月迄連載されたものに加筆された分をもとに製本されている。同氏はこの本の中で、古くは太宰府の前には有明海と玄界灘をつなぐ瀬戸があり、筑紫は東の宇佐島と西の高来島の二つに別れ、西はまたの名を天原《あまのはら》とも称したとする。

この瀬戸の北の出口に西の灘国、東に蚊田国があり、現在の那珂郡粕屋を比定地にする。天智天皇は都府楼に自ら開発になる時計を据え、玄界灘と有明海の潮刻を見計らって水城の上を往来する舟人に太陽暦の時鐘を響かせた。後に、これは母にあたる斎明天皇の菩提寺として建てられた観世音寺に移されたとする。天智天皇は自らの開発した磁石も水城に設置し、舟人にもその航法を授けたと伝える。以上は真鍋氏著書の抜粋であるが、古筑紫海についての地名や伝承がふんだんに記してあり、また、阿曇磯良丸についての記載もあり、著者が江戸時代前からの暦法家系として伝える天文学の知識をもとにした内容は大変興味深いものがある。古筑紫海については未解明部分もあるが、以上述べたことなど考え合わせ蓋然性が高いと考えるところである。

⑶宗像三神と少童三神について

宗像神については三女神とする説が一般的であるが、異説の記述もあるため、このことを述べることとする。平成二十六年十二月、宗像大社社務所発行『むなかたさま』第三版によると、まず、「奉助天孫而為天孫所祭」の神勅について『日本書紀』を引用して、「汝三神、宜しく道の中に降居《くだりま》して、天孫《あめみま》を助け奉り、天孫に祭《いつ》かれよ」とある。「乃以日神所生三女神令降於筑紫州因教之日汝三神宜降居道中奉助天孫而為天孫所祭也」（すなわち日の神、あれませる三女神《みはしらのめがみ》を、筑紫の国に降りませ。教えて曰く。汝《いまし》三神宜しく道中《みちのなか》に降居して天孫を助け奉り、天孫に祭かれよ。）と表記。さらに解釈として道中とは、海外との通路であった筑紫の北の海の中を指し、天照大神は三女神にこの日本海（玄界灘）に降臨して、この周辺海域の守護神になり、歴代天皇（天孫）のまつりごと（統治）を助けることをお命じになられた。またそれと同時にそのような大切な任務をお授けになった神様であるから、朝廷によって丁重な祭祀があることを約束されたのである、と説明されている。

他方「宗像大菩薩御縁起」は文安元（一四四四）年に『西海風土記』より書き写された資料であり、追記されている部分がある。「西海風土記云、宗像大神自天降居崎門山之時、以青蕤玉置奥宮之表、以八尺蕤紫玉置中宮之表、以八咫鏡置邊宮之表、以此三表、成神躰形、納置三宮、即隠之。因曰身形郡。一云、天神之子有四柱。兄三柱神教弟大海命、汝命者、為吾等三柱御身之像、而可居於地。便一前居於奥宮。一前居於海中、一前居於深田村高尾山邊。故号日身像郡云々。後人改日宗像。共大海命子孫、今宗像朝臣等是也云々」。以上を訳すと、この『西海道風土記』によれば、宗像三女神は天上（高天原）から、まず宗像の崎《さ》門山《もとやま》に下られたが、そのとき三女神は青蕤玉《あおにのたま》、八尺蕤紫玉《やさかにのむらさきのたま》、八咫鏡《やたのかがみ》を印として持ってこられて、それぞれを奥宮、中宮、沖津宮に御身の形（ご神体）としてお納めになって身を隠されました。このことにより、ここを身形郡《みみのかたごおり》といい、身形郡を後の人は改めて宗像というようになった。大海命《おおあまのみこと》の子孫が、今宗像朝臣などになっている。

さらに〈注〉として、上記の崎門山については辺津宮の鎮座する境内地の高尾山（または宗像山、現在高宮祭場のある境内の後方・高宮丘陵、そこは宗像三神の降臨地とされ、膨大な祭祀遺跡などが発見されている）をさしているものと推定。また、この縁起の中で括弧にくくられた裏書では、より具体的な説明がなされている。

一曰く（ある伝えによると）、天照大御神の子どもに四柱の神があるが、兄に当たる三柱の身像を一つは奥宮に、一つは海中に、一つは高尾山辺の前にお移しし、この地にいて三宮のご奉仕をするようにと命ぜられた。このことから、人びとは当地を身像郡《みかたごおり》というようになったとし、身形郡身形社《むなかたごおりむなかたしゃ》と称していたのが宗像神社と称するようになったのであり、カタは潟《かた》のことで「空潟《むなかた》」または「沼無潟《むなかた》」が宗像へ転化したとの二説があるとする。

海北道中についての解釈は難解であるが、私は古筑紫海の存在を考えると、この海の道の表現がぴたりとあてはまると考える。本来は有明海から玄界灘に至るルートのことが海道であり、大川市の筑後川河口域に浮かぶ島として道海島（大川市大字道海）の地名が現在ルート上にあり、すぐ上流の支流田手川を溯上すると吉野ヶ里の村中に至ることも付記しておきたい。

　宗像大菩薩御縁では三女神が四人の男神と表記され、大海命はオオアマノミコトと読まれているが、あるいは、これはオオワタツミノミコトのことども読める文字であり、すなわち、文意として大海命の子孫が今の宗像朝臣となっていることを述べているのでは、と考えるところである。さらにまた、大海命は底津、中津、表津のワタツミ三神の総称でもあり、三女神との関連も想像される。『西海風土記』に追記がなされていることは、当時後世に伝えるべきものとしての考えがあったのではないかと思え、海洋族ワタツミ系、ムナカタ系のつながりが読み取れる一文と考えるところでもある。前置きが長くなってしまった感があるが、次に一〇〇年ほど前に自説として『筑後国神名帳』に筆頭の社として酒見東社、酒見西社の記載があり、これについては『新考三潴郡誌』では西社が現在の風浪宮のことであるとしているが、東社については記されていない。当宮の東には無償で戦後、大川市が借地している中学校敷地が小字内ノ宮と登記されており、この小字の敷地の大半が神社の敷地であるため、この内の宮を当神社の東社と比定するものである。次に前述の志賀海神社の御由緒二の(1)の中で約一八〇〇年前に阿曇磯良丸が表津宮を現在御鎮座の地に遷座したことを調べさせていただいたところ、偶然にも志賀海神社参道を基点とし、国土地理院五万分の一の地図をつなぐと、真っ直ぐ風浪宮の内の宮に達していることが判った。当時推測であるが、同じ阿曇族同士の関係で何らかの事情、または意図がそこに働いたと考えるに至った。次に同じ海洋族宗像氏についても調べる内に前記三の(1)の水沼氏が三女神との関係が深く、古筑紫海三の(2)の存在を考えるときに、三潴郡との地形上のことも考慮すべきであると考えた。実際、『久留米市史』の資料図Aでは約一八〇〇年ほど前の風浪宮一帯は筑後川に浮かぶ大きな島であったと考えられる。さらに水沼氏についてては前記、赤司八幡宮由緒によると同宮は筑紫中津宮にあたるという。では筑紫辺津宮は三潴にあり、元来、風浪宮が位置する大きな島（仮称、辺津島とする）にあったと考える。又、江戸期久留米藩の謡曲「風浪」の中では当宮のことを水間宮と謡われており、筑後国神名帳では当宮名を地名である酒見社と表記されていること等から広義での水沼、水間のお社とは即ち風浪宮のことと推察するものである。

次に宗像三神については、皆さんご承知の通り沖ノ島の沖津宮と大島の中津宮と宗像市の辺津宮が一直線に繋がっていることから、如実に関係が示され日本書記の朝鮮との海北道中にあたるが故に、この通行を治める神として道主貴との尊称があるとされている。

丁度三年前くらい前に、この三神が一直線に繋がることを考えた時に、では少童命はと閃き、海図などで調べた所、沖ノ島と志賀海神社と風浪宮が同じように一直線で結ばれていることが（資料図B）判った。今まで志賀島の志賀海神社がなぜ、表津宮として態々現在地へとご遷座なされたかの謎がひとつ解けたような気がしている。私見であるが、沖ノ島に鎮座されている元宗像大社の社務所近くに鎮座されていた正三位社は本来、志賀海神社を祭神とされているとのこと、さらに真っ直ぐに沖ノ島の志賀海神は志賀島の表津宮の方向を指しているともいう。因みに考古学上、沖ノ島での国家的祭祀は四世紀後半から十世紀初頭の間とのことであるが、沖ノ島で最も古い出土は海岸に近い正三位社、旧社務所側にあり弥生時代とする（一部は縄文期という）。

以上のことから沖ノ島での、わたつみ信仰は海洋族により草創期より信仰形態があったと考えるところである。

おわりに

沖ノ島は古くより、わたつみ系が祭祀上関わった聖地でもあった。宗像三神同様に、阿曇氏はわたつみ三神をそれぞれの地に、海の信仰を宿した祭祀場をもち、三つの島（沖ノ島、志賀島、三豬）に一直線上に配すという特殊な形態を保持した一族であったと考えたい。

最後に阿曇族と宗像族は、万葉集に、志賀の荒男のことを歌っているように、荒れ狂う海を相手にする海洋族として共に友好的関係であったと考えることが自然であり、特に沖ノ島を両族が信奉することは、例えばキリスト教とイスラム教が同じエルサレムを聖地と崇める等の事例からも明らかである。

結びに、わたつみ三神を祀る海洋族は草創期より大陸と日本を自由に往来したとされる一族であり、その足跡は全国の広範囲に及んでいるとされているが、今ひとつ物証などの具体性に欠けているとの指摘もある。しかし志賀島で、見つかった金印のように、考古学上の知見や歴史書などを通して今後も新たなる発見があることを期待して、拙いながらも今回の発表とさせていただく。

（第十一回シンポジウムで発表〈平成二十九年十月七日〉）

三、安曇族と宗像(胸形)族

元福岡市埋蔵文化財センター所長　塩屋　勝利

はじめに

これからお話しする内容は、九州大学の昭和四十四年度沖ノ島第三次調査隊員で私の学友、元宗像大社神宝館学芸課長の松本肇氏との対話の中から導き出されたものであり、松本氏との論争によるところが大きいことを、冒頭、断っておきます。

(1) 海神のおこり

創造期（『古事記』・『日本書紀』から）

○伊弉諾尊《いざなぎのみこと》・伊弉冉尊《いざなみのみこと》は大八洲を生む。

○次に自然物と自然現象を対象とする。

○出現の最初の神は大綿津美神《おおわたつみのかみ》。

○海幸・山幸の物語

海の幸の文化：海外文化・黒潮と交易、文物・漁撈と製塩活動

＊『日本書紀』雄略天皇二十二年七月の条：浦島伝説
【例】渡海神社（村社、千葉県銚子市）
祭神：大綿津美神、猿田彦大神

(2)海神と海人族

【日本の海神】
○日本で海神といえば、綿津美三神、筒之男三神、宗像三神である。
○綿津美三神：筑紫の日向の橘の小戸の阿波岐原―伊弉諾尊の禊ぎの後、出現。表津綿津美、中津綿津美、底津綿津美の三神で、本社志賀海神社。海人族安曇族の齋《いつ》き奉る神：内海型。
○筒之男三神：上筒之男、中筒之男、下筒之男の三神で、本社住吉大社。海人族津守族の齋き奉る神：外敵守護型。
○宗像三神：天照大神と素戔嗚尊との誓約後出現。田心姫、瑞津姫、市杵島姫の三女神で、本社宗像大社。海人族胸形族の齋き奉る神：外洋型。

【日本の海人族】
○「男子は大小と無く、皆鯨面文身す。古より以来、其の使中国に詣るや、皆自ら丈夫と称す。夏后少康の子、会稽に封ぜられ、断髪分身して、以て蛟龍の害を避けしむ。今、倭の水人、好んで沈没して魚蛤を捕え、文身し亦た以て大魚・水禽を厭わしむる後、稍く以て飾と為す。諸国の文身おのおの異り、或いは左にし或いは右にし或いは大にし或いは小にし、尊卑差有り」（『魏志倭人伝』）

(3)沖ノ島の祭祀

【『日本書紀』】

「日神所生三女神、今在海北道中」

「三女神、此則筑紫胸肩君所祭神是也」

○海北道とは、北部九州—朝鮮半島を結ぶ外交航路を意味する。

【祭祀遺跡】

○四～十世紀初期まで、岩上祭祀、岩陰祭祀、半岩陰半露天祭祀、露天祭祀の四段階の時期の祭祀遺跡がある（全部で二三か所）。

＊三六九年：神功皇后三韓征伐。三九一年：倭軍高句麗侵寇。四二一年から四二八年：倭の五王が南朝宋に朝貢。五二七年：筑紫君磐井の反乱。以後、六世紀前半から七世紀中葉までヤマト政権による朝鮮半島南部の三韓地域との密接な交渉（五六二年の任那日本府滅亡問題）。六〇七年：遣隋使派遣。六六三年：唐・新羅連合軍と白村江の海戦大敗（先軍の将は、二万七千人を率いた阿曇連比羅夫）。六三〇年～八九四年：遣唐使派遣。

○この間、宗像（胸形）族が古代国家の外洋祭祀を統括。

(4)安曇族と宗像族

【阿曇族】

○「筑前国糟屋郡阿曇郷を根拠地にした氏族」（『和名類聚抄』）。『和名類聚抄』には糟屋郡の項に「志珂郷」の郷名があり、諸説あり。

○「安曇連の祖大浜宿禰、各地の海人の騒ぎを鎮めて海人之宰とす」（『日本書紀』応神天皇三〈三七五〉年十一月の条）

＊阿曇族の海上支配により、全国に「アヅ（ズ）ミ」の地名が出現。

＊有明海に面する風波神社（大川市酒見）も安曇氏。

○「糟屋郡資珂島、昔者、息長足姫尊、新羅時、此島に来泊、陪従名大浜、小浜と云う」（『筑前国風土記』逸文）

【宗像族】

○「神亀年中（七二四年～七二八年）、志賀の白水郎の遭難事故（『万葉集』巻第十、志賀白水郎歌十首・左注）

＊志賀島の勝馬を根拠地にして航海を担った白水郎（海人）荒雄。

＊宗像郡在住の宗像部津麿は太宰府から対馬の防人へ兵糧米運送の任務を与えられたが、体力の衰えから荒雄に船長交代を依頼する。荒雄は肥前松浦郡美弥良久崎（福江市三井楽町）から出航するが、暴風雨にあって遭難する。

(5) 遺跡より見た阿曇族と宗像族

【阿曇族】

○弥生時代：江尻川流域の勝馬地区を中心に、前期末～中期初頭の弥生土器が出土。昭和二十年、勝馬の前田氏宅の井戸掘り工事中、弥生時代中期の細型銅剣鋳型が出土。江戸時代、叶ノ崎という所から後漢の光武帝から紀元五七年に授かったとされる「漢委奴国王」金印が出土。

○古墳時代～古代：志賀島の入口の大岳古墳・勝馬の中津宮古墳は六世紀末～七世紀にかけて築造され

た石室古墳。新宮町の相ノ島には五世紀～九世紀にかけて築かれた六百基にもおよぶ積石塚古墳がある。海ノ中道の玄界灘側には、六世紀～九世紀にかけて営まれた製塩関係遺跡が連綿とつながる（海ノ中道遺跡）。

【宗像族】

○弥生時代：今川地区一帯に、弥生時代前期初頭から集落が形成される。前期末～中期にかけては朝鮮半島製の武器型青銅器を大量に副葬した墳墓が出現する。

○古墳時代～古代：六世紀末～七世紀にかけて巨大石室をもつ桜京古墳（壁画あり）、宮地嶽古墳、大小の古墳からなる奴山古墳群が築造される。四世紀～十世紀初頭には、絶海の孤島の沖ノ島に二三か所の祭祀が営まれる。

（第五回シンポジウムで発表〈平成二十三年十月十五日〉）

四、海北道の三海神
阿(安)曇族の全国伝承と足跡──宗像

宗像大社・神宝館もと学芸課長　松本　肇

ここで述べる「海の神」は左に掲げる
志賀海神社(綿津美三神)
住吉神社(筒之男三神)
宗像神社(宗像三女神)──を指す。

一　海北道の領海権

北部九州の玄界灘を介して、近接する朝鮮半島とを結ぶ海上の道を「海北道」と呼ぶ。この道は古代、東西を結んだシルクロードの延長線上で、弥生時代すでに「倭人伝の道」といわれ交易・文化交流を果たし、後に終着駅と知られる奈良正倉院へと継いでいる。

玄界灘の真只中に浮かぶ沖ノ島は、海北道の中心に位置する孤島で、航路の標識とされる。海人胸形族の祖神、宗像三女神の一、田心姫神を祀る神の島である。五〇〇〇年前の縄文時代の曽畑式土器、朝鮮半

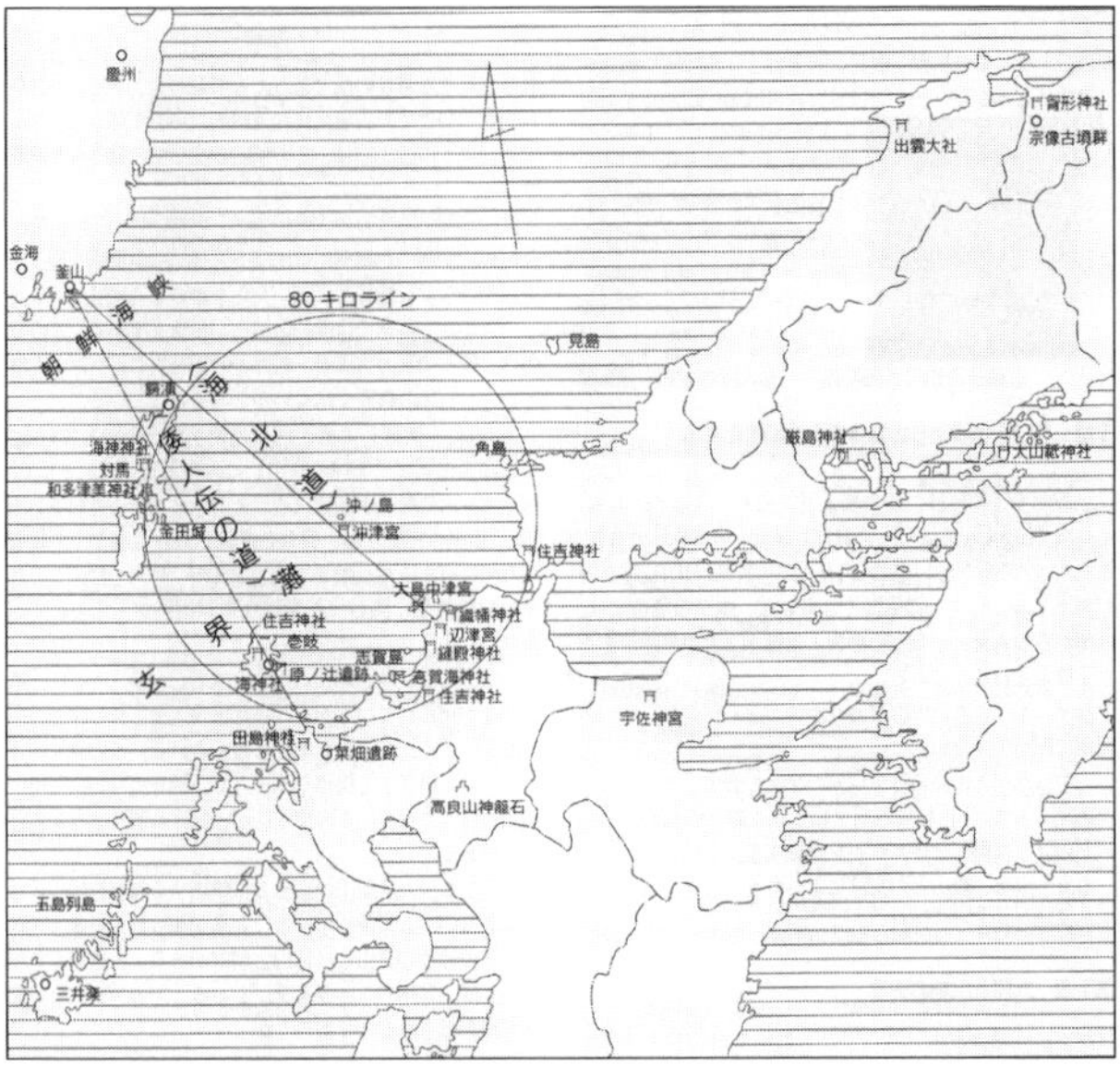

図１　海北道の領海権〜沖ノ島関係位置図

島の無文土器・細形銅矛の出土から見るように、島は太古から人々の海上往来の拠点である。

神々の系譜や海人の行動から見ると、胷形族は、西は五島列島、東は出雲地方までの海上権を領有していた（図1）。

出雲大社　摂社筑紫宮　祭神　多紀理毘賣命（大国主命、多紀理毘賣命を娶る）

ＢＣ一〇〇〇年　菜畑遺跡（唐津）

ＢＣ五〇〇年　原ノ辻遺跡（壱岐）

ＡＤ三六九（仲哀九）年　宗像大神、神功皇后の征新羅に神助を給う（『三代実録』）

ＡＤ四一三（応神四十一）年　胷形大神に織女工兄媛を捧ぐ（『日本書紀』）

ＡＤ七二八（神亀五）年　防人船楫取・宗像部津麻呂（代難）志賀白水郎荒雄

「大君の　遣はさなくに　さかしらに　行きし荒雄ら　沖に袖振る」（『万葉集』巻十六）

ＡＤ七六八（天平神護三）年　深津、金崎に船瀬築造

二　三海神の誕生

イ、禊《みそぎ》　綿津美三神（志賀海系）…阿曇族―内行文物伝導型

　　筒之男三神（住吉系）…津守族―首都防衛型

創造期において、火迦具土神の誕生で伊弉冉尊は火傷で崩じる。黄泉国まで会いに行った夫神、伊弉諾尊は、帰着後すぐ全ての穢れを祓い落とすため―橘の小戸の阿波岐原―で禊ぎを行う。ここで六神が同時に誕生。

ロ、宗像三女神は、天照大神（大日孁貴）と素盞鳴尊の宇気井《うけい》（誓約）により誕生。一日神の生ませる子「海の北の道の中」に居すと、外洋系を指す。

ここでは、志賀海系、住吉系、宗像系が―深・中・浅―と―遠・中・近―三神誕生し、陸の主神が海の神々をも統括していく様子を表現している。

三　倭人伝の道の三海神（延喜式内社）

帯方郡→狗邪韓国―朝鮮海峡―

→対馬国（延喜式・対馬嶋、大六座・小廿三座、計廿九座）

和多都美神社（峰町・海人神社）大―

和多都美御子神社（峰町）大―
和多都美神社（豊玉町）大―
住吉神社（美津島町）大ｖ
和多都美神社　小―
↓一支国（延喜式・壱岐嶋、大七座・小十七座、計廿四座）
水神社（勝本町）小―
住吉神社（芦辺町）大―
海神社（石田町）大―
↓末廬国（延喜式・肥前国、大一座・小三座、計四座）

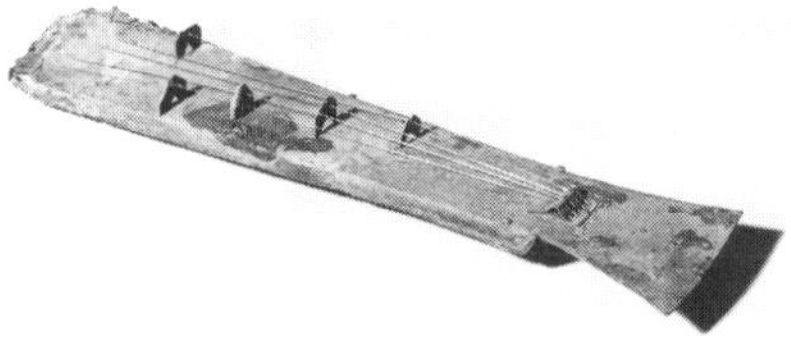

写真１　金銅製雛形五弦琴。国宝５号遺跡。第三段階、半岩陰半露天祭祀。7世紀末。

写真２　金銅製雛形紡織具。国宝５号、22号遺跡。7世紀末。

田島座神社（呼子加部島）
↓伊都国↓奴国↓不弥国（延喜式・筑前国、大十座・小三座、計十九座）
那珂郡大四座の内　住吉神社・大三座
粕屋郡　志加海神社・大三座
宗像郡大四座の内　宗像神社・大三座

四　官制祭祀の原点、沖ノ島

沖ノ島の祭祀では四世紀から十世紀初頭まで原始

神道期の型で約六〇〇年続き、四形態に分類される二三か所の祭場が現存している。

第三期の半岩陰半露天祭祀（六六三年の白村江の戦い頃に比定）の祭場に初めて金銅製雛形（琴・紡織具・人形など）奉献品が供えられる。これ以降、終了までほとんどの奉献品は実用品が消え、雛形品となる。

大化改新（六四五年）により、各地の神社・祭儀を官制とする。

持統四（六九〇）年伊勢神宮の第一回遷宮祭が斎行され、以降二〇年ごとの式年遷宮が執り行われ、定義化された祭祀の状態が『延喜式』に記載されている。

五　結び

「海神」とは、「綿津見三神」・「筒之男三神」・「宗像三神（比売大神）」の総称であり、古代からの対外交渉の場「玄界灘」を前にして興った現象である。各地に一族が居住していたことを示しているのが地域に残存する古墳群である。形態や数量により部族の勢力関係も見られ、日本列島が「倭」から「大和」へ統一が進むにつれ、海神を「祖神《おやがみ》」とする「海人族《かいじんぞく》」の役割も大きく転換する。
イ、海外から移入した新文化の伝播を司る役。綿津見神系の阿（安）曇族
氏名《うじな》　阿曇・安曇・安積・安住・厚見等
地名　安曇・渥見・厚見・阿豆美・温海等
ロ、常に海外との交渉の先鞭を務めた。宗像三女神系の宗像族
氏名　胷肩・胸形・宗像・宗方・牟名加多等
八幡大神系に比売大神として入れられる。

ハ、多数の氏族を纏めた神。筒之男神系の住吉族

筑前國那珂郡住吉神社（佐伯族）・長門國住吉坐荒御魂神社。攝津國住吉坐神社（津守族）と、役割も分担され、分業化されていくが、各地に派遣され、同一神社名の「社《やしろ》」と族名が氏名や地名として残存する。呼び名を同じであるが漢字が異なることは多々ある。これは各地に祀られている神社の祭神で知ることが出来る。古代他地方に派遣された者が定住し、祖神を分祀し社を建て土地人となる。この場合祭神が単一神の時と、先住民との合同神の場合がある（民俗学の—氏と氏神信仰—の分野）。全国に宗像三女神系神社六千余社、綿津見神系神社と筒之男神系神社が各三千余社が全国に分布している。

大化の改新（六四五年）により國郡制が布かれ、玄界灘に面した地域が筑前國と肥前國とに分かれた。この玄界灘を共有の生活圏として活動する海神を祖神として仰ぐ海人族の、阿曇族と胷形族の発祥の地が『和名類聚抄』（九三七編）によると、

阿曇族—筑前國糟屋郡阿曇郷（粕屋郡新宮町～福岡市東区三苫あたり）

胷形族—筑前國宗像郡（宗像市と福津市）と記されている。

『魏志倭人伝』（二三九年）に記す「奴國」の博多湾の東側外海から響灘に接する海が、両族の共有の海であり、友好の海域である。大化の改新で神社祭儀も国が統括する官圓弊社官制とされ、後の『延喜式』（九二七年編）に記載された。筑前國十九座中に

宗像郡　四座（並大）

宗像神社三座（並名神大）…宗像三女神

那珂郡　四座（並大）

住吉神社三座（並名神大）…筒之男神三神

糟屋郡　三座（並大）

志加海神社三座（並名神大）…綿津見三神

と海神を祀る社が記されている。

志賀島西海岸博多湾側叶崎は、「金印（漢委奴國王）」――「後漢書東夷伝（五七年）」として有名であるように、阿曇族は奴国の一員として早く加わり、『魏志倭人伝』（二三九年）に記される「倭人伝の道」を行き交う船舶の取り締まり方を兼ね、奴国の守護的役割を持つ住吉神社氏族（那・津口・住か）の一統と協力関係を築いていた。

三六九年、神功皇后、三韓征伐に際し（『日本書紀』巻九「神功皇后記」）、筒之男三神が現れ出でて、『和魂《にぎみたま》』は皇后の身の近くに着き、『荒魂《あらみたま》』は船団の先鋒を務めるとなり船を導く」、同じくも、阿曇大浜は兵団を率いて皇后に従いて出陣する。応神三（三七五）年に阿曇族が海上の長官である「海人《あま》の宰《みこともち》」（『日本書紀』巻九「神功皇后記」）に任命されるのは、新羅征伐での軍力の勢いが基になったと言える。

倭人伝の道すがらに祀られている「延喜式内社」の中で「海神」を祀る社は、

對島嶋（廿九座中に、）

阿曇族系　和多都美神社（上縣郡）

和多都美御子神社（上縣郡）

阿曇族系　和多都美神社（下縣郡）

和多都美神社（下縣郡）

佐伯族系　住吉神社（下縣郡）

壹岐嶋（廿四座中に、）

阿曇族系　水神社（壹岐郡）

佐伯族系　住吉神社（壹岐郡）

阿曇族系　海神社（石田郡）

肥前國（四座中に、）

宗像族系　田嶋坐神社（松浦郡呼子加部島―唐津市）

唐津市浜玉に石釧《いしくしろ》を副葬品とする「谷口古墳」がある（全長八八メートルの前方後円墳・四世紀末）。畿内の古墳に多く使われている石製腕輪の副葬である。九州では非常にめずらしく、沖ノ島の「岩上祭祀」（四～五世紀）の奉献品として、碧玉製腕輪類を用いている。当時肥前国あたりまで胸形族は、足を伸ばしていたことが実証できる。同じ様なことが山陰地方でも言える。出雲国（島根県）出雲郡に杵築大社（出雲大社）がある。隣県の鳥取県（伯耆國）會見《おおみ》郡（米子市）に延喜式内社の「胸形神社」がある。前面が美保湾で日野川を上った丘陵部に「宗像古墳群」一一基（内前方後円墳三基―最長で全長三七メートル）がある。出雲大社の本殿透塀の内に摂社「筑紫宮（宗像三女神）」がある。このあたりが胸肩族の山陰の拠点であったであろう。佐伯國會見郡内には、隣接して、「安曇郷」があり、なかに字名で「上安曇」・「下安曇」もある。古代の文化伝達、他地との交流時に阿曇族と胸肩族が共同で行動し、拠点地を作り居住していった例である。

律令時代の行政区画「五畿七道」が施行され、弘仁六（八一五）年編纂された『新撰姓氏録』には、左京・右京・山城・大和・摂津・河内・和泉・平安京と畿内五国に居住する一族を皇別・神別・諸蕃（帰化系）に分類し記載している。この内に阿曇族・胷形族の一部が出ている。

右京　神別下（第十五巻）

地祇　宗形朝臣。大神朝臣《おおみわ》（祖神大物主命）
　吾田《あた》片隅《かたすみ》命の後《すえ》ナリ。
安曇宿禰。海神《わたつみのかみ》、綿積豊玉彦命の子
　穂高見命の後なり。
海犬養《あま》。海神綿積命の後なり。
凡海《おほし》連。同じき神の子、穂高見命の後なり。
阿曇犬養連。海神大和《おおわ》多《た》罪《つみ》の三世《つぎ》の孫《まご》穂《ほ》己《こ》都《つ》久《く》命の後なり。

攝津國　神別　（第十八巻）

地祇　凡開運。安曇宿禰と同じき祖（オヤ）、綿積命の六世の孫
　阿曇犬養連。海神大和多罪神三世の孫　穂己都々命の後なり。

河内國　神別　（第十九巻）

地祇
　宗形君。大國主命の六世の孫、吾田片隅命の後なり。
　安曇連。綿積神命の兒、穂高見命の後なり。

大和の都より遠く、外国と接する玄界灘を活動の場としている阿曇・胸形両族は、畿内に進出し全国へ渡る足がかりしていく。これは籍を畿内とする豪族と祖神を同じくする証明であり、天武十二（六八四）年に制定された「八色《やくさ》の姓」で宗形朝臣・阿曇宿禰と姓を賜り、身分も上位に、内政参加で有力な豪族の一つに数えられてくる。国の統一が進むにつれ、部族の活動が分業的となり移動が繰り返され、血縁、地縁の関係が進み、同族意識がより強く出てくる。これが各地に土地を領有し、「神」を同じくする者が「社」を創り、「氏

神」として祀る氏子となる豪族の姿である。

博多湾東外海を阿曇族と共有している胸形族は、祖神宗像三女神が「海の北の道の中に、降り居さしむ」（『日本書紀』神代巻「誓約の一書」）、北部九州と朝鮮半島とは独自の交流を行っていたことは、弥生時代の奴国・伊都國と同量の青銅製品の出土を見ることが証明している。なかでも沖ノ島の大麻畑より出土する細形銅鉾を初めとして、宗像市田熊「石畑遺跡」の銅剣・銅矛・銅戈、福津市宮地「今川遺跡」の銅鏃・銅鑿計二八本は、刃が全て細形造りの朝鮮系の銅製武器である。

律令制の世の一齣に、「阿曇比羅夫」が登場する。

斉明天皇六五八年　阿曇比羅夫船団を従え、東北遠征。
六六〇年　蝦夷を平定。
六六三年　百済救援に朝鮮半島に派遣される（白村江の戦）。
六六四年　対馬・壱岐・筑紫に防人《さきもり》と烽火《とびひ》を設置。

やはり、阿曇族は海人として屈指の船団を持ち、海上を右へ左へと漕ぎ渡っていた。綿津見三神の本宮「志加海神社」が延喜式内社として志賀島に遷っているが、社の正面は新宮を見ている。『万葉集』巻十六（七七〇年）に、志賀白水郎《あま》の歌が一〇首ある。「志賀白水郎部荒雄」が防人船の楫取を、海の同志「宗像部津麻呂」に頼まれ代役を務めてやるが、福江島三井楽の沖で遭難し、あえなく亡くなり悲しみが詠われた歌である。歌の中に筑前守として太宰府長官を務めた山上憶良の歌が一首ある。

阿曇・宗像両族の全面の海の占域の一例を上げると、宗像神社文書「寛喜三（一二三一）年八月二日、後堀河天皇綸旨」に、「寄物での御殿修理停止」とある。宗像大宮司家が、宗像社の占有海域を、「新宮浜から芦屋津まで十数里とし」、難破船からの漂着物をあてている。海難船を救助し、積荷を戴くとする不文律が古来よりあり、海域を示した文献である。

相島をみる

志賀島・海の中道・和白・新宮・古賀・津福間・津屋崎・大島から海を見ると、目の前に等距離に「相島」を見る。この島が古代海人阿曇族に所属する島で、江戸時代福岡藩が「朝鮮通信使の客館」を建て饗応した島である。

新宮港から北へ海上七・三二《メートル》渡ると相島に着く。島の北東岸に二五四基の積石墓群（五世紀〜七世紀にかけての石棺・前方後円墳・円墳・方墳とある）。博多湾から東側志賀島・相島・大島・勝島（無人島）・地島と五島が連なり響灘へとぬける。この内の大島（湍津姫神を祀る島）・地島・勝島は、古代から胷肩族の島であり、これら三島には古代の墓地は皆無である。宗像本土には小形であるが古墳が多く群れをなしている。神湊から南へ八《キロメートル》の宮地嶽神社内の「宮地嶽大塚（円墳・七世紀末）」まで、五世紀からの津屋崎古墳群（内前方後円墳二〇基）は、胸形族の奥津城といわれ史跡に指定されている。三女神の末娘市杵島姫神を祀る田島辺津宮は「第《てい》一宮」といわれ宗像の本宮とされ、他族との交流の拠点である。一族の者の埋葬も全て内陸で扱うとしたと考えられる。宗像大宮司家の領海が博多湾入り口の「小呂島」まで延びる一方、阿曇族の勢力は衰退していく。しかし阿曇族の発祥の地は新宮町であり、福岡市和白三苫周辺である。相島へ渡る港の湊区に海を前にして「綿津見神社（祭神底津綿津見神・中津綿津見神・底津綿津見神三神・県社）」を祀り、周辺部も綿津美神社が点在する。延喜式にみられる様に阿曇族の祖神の本宮が、志賀島に遷せられ「志加海神社」とされて祀られていることは、早くから一族は奴国成立に加わり、「倭人の道」を往来する船を取り締まる役を持ちつづけていた。志賀島が完全に島であった時に「社」が造営された位置から考えると、博多湾以東の海岸に建つ本殿も正面は外向して新宮を向いている。時代がどのように変わろうと、阿曇族の本拠地は、やはり新宮であり、ここは故郷である。相島の「積石塚群」は集大した阿曇族の家族墓である。

最近の調査によると、相島の積石塚に使用している石材オパサイト玄武岩とほぼ同質の石材を、津屋崎古墳群の石室に使用している古墳があることも判明してきている。巨岩を運ぶ技術は、両族ともそれより以前より航海術と共に長けていたことは「倭人伝の道」、「海北道の道」と、各々別々に行き来していたが、隣り合わせの居住地で共有の海を共存・共営の地域として生活していたことが推測できる。

〈第六回シンポジウムで発表〈平成二十四年十月二十日〉〉

五、西海の海神祭祀と海民文化（抄）

対馬　歴史研究家　永留　久恵

はじめに

『記・紀』の創世神話には、イザナギ・イザナミ女男神により、「国生み」といわれる大八洲生成の次に、天・地・山・海の諸神を生む「神生み」がすすむなかで、

海神《わたのかみ》、名は大綿津見《おおわたつみ》を生みましき

とあり、少し後れて大山津見神も見える。こうして宇宙のなかに「八百万《やおよろず》の神たちが生まれたというのが、この世の始まりとされている。

森羅万象、宇宙間に存在する万物に、神が存在するとした。ここでいう神は信仰上の神ではなく、万物の精霊《かみ》を漢字の「神」で表現したもの。

そこで海にも、海面・海中・海底・岩礁・瀬・津など至るところに神があるわけだが、それらの神々を支配したのが大海神（大綿津見）だと教えている。

その大綿津見の娘が豊玉姫《とよたまひめ》で、この二神が海神崇拝の中心的存在だと見られるが、後世、神社に祀られた祭神が異なることについては、後で詳しく触れる。

次に「海民」について述べておきたいことがある。古代中国の史書には、日本列島の海洋民を「倭の水人」と呼んだものだが、日本では海人を「アマ」と呼んできた。それを現代の学術用語では「海民」と呼ぶ。日本列島の海民は、原始の縄文時代早期から、海を越えて大陸民と交渉した形跡がある。北海道とシベリアがそうだが、西北九州（松浦）から壱岐・対馬の西海岸を経て、朝鮮半島東南部に交流した遺跡が、この線上に点々とある。

縄文後期になると、対馬の佐賀《さが》貝塚遺跡から、北海系の漁具（離頭式銛、結合式釣針）などが出土した一方、南海産の貝殻で作った呪倶《じゅぐ》（腕輪・首飾）が出たほか、南方系の海民の遺体と見られる人骨も出た。この呪倶（呪《まじな》いの道具）を所持した人物は、おそらく呪いをもって人心を収攬した呪術者だったのであろうと推定される。その呪具として用いた貝殻は、美しい不思議な光沢を放っていたはずで、おそらく霊器だったと思われる。

そこでこの時代に、南方系海民文化が対馬まで北上してきたことを思うとき、『記・紀』の神代篇に取りあげられた薩摩半島西南端の、阿多《あた》の隼人《はやと》の伝承文化が、南海から北上してきたのもこの頃だったのではないかと考えられる。その一派が対馬まで来た可能性を考察してみたくなる。

その当時（およそ三五〇〇年前）、宗教的な神や祠があったはずはないが、自然界の精霊《かみ》を崇拝し、これに

〈資料1〉西海道の式内社（官社）で海人を祀った名神一六社

社名	祭神名	所在地
宗像神社	宗像三女神	宗像／玄海町田島・大島・沖ノ島
住吉神社	筒男三神	博多／住吉
志賀海神社	綿津見三神	福岡市東区志賀島（旧糟屋郡）
志登《しと》神社	豊玉姫ほか	前原市志摩町志登
田島坐《たしまにます》神社	宗像三神	唐津市呼子町加部島

〈資料2〉延喜式神名帳に記載された海神の名称

1. 海神	筑前の志賀海神社／名神大	福岡市志賀島
	海をウミと呼んだ神社は他にない	
2. 海神	紀伊の海神社	紀の川市（旧打田町）神領
	播磨の海神社／名神大	神戸市垂水区宮本町
	但馬の海神社／名神大	豊岡市小島海の《あまの》谷《たに》
	隠岐の海神社	隠岐市西の島別府

志々伎《しじき》神社	十城別命《とおきわけ》	平戸市志々伎《しじき》
住吉神社	筒男三神	壱岐市芦辺町住吉
月読神社	豊玉昆古・豊玉姫	芦辺町国分東触
海神《あまわたつみ》社	豊玉彦・豊玉姫	石田町筒城西触
和多都美神社	彦火火出見・豊玉姫	豊玉町仁位海宮浦《わだうら》
和多都美御子神社	豊玉姫・御子神	峰町木坂伊豆山
和多都美神社	豊玉姫ほか	厳原町中村清水山
住吉神社	筒男神・豊玉姫	美津島町雞知《けち》住吉
早吸日女《はやすひめ》神社	早吸日女・筒男神	北海部《あまべ》郡佐賀関
鹿児島神社	彦火火出見・豊玉姫ほ	国分市広瀬
枚聞《ひらきき》神社	豊玉彦・豊玉姫ほか	指宿市開聞町十町

壱岐の海神社	壱岐市石田町筒城西触
3. 和多都美神社　対馬の前述した和多都美三社のほか	
和多都美神社	美津島町雞知住吉
阿波の和多都美豊玉比賣神社	徳島市不動西
薩摩の枚聞神社は主神が豊玉姫で、元は和多都美（綿積）という説も有力	

（以上の資料は、『式内社調査報告』による）

祈る慣行があったとすれば、そのための磐座《いわくら》かと見られる聖地が方々にあって、豊玉姫の墳墓と伝えている所もある。

『延喜式』「神名帳」所載の官社が西海道に一〇七社ある。筑前国一九社、筑後国四社、豊前国六社、豊後国六社、肥前国四社、肥後国四社、日向国四社、大隅国五社、薩摩国二社、壱岐嶋二四社、対馬嶋二九社で、その多くが北面の海域に集中している。

一　倭国の始まりと西海の諸国

一、倭国成立までの歩み

1. 稲作文化を運んだ「倭の水人」、北部九州の海民
2. 稲作社会の発展とクニの成立、倭に百余国有り

3．五七年、倭のなかで突出した奴国の使、後漢に朝貢
光武帝は「漢委奴国王」とした金印を下賜
4．二三八年、倭国連合の女王卑弥呼の使、魏に朝貢
翌年、魏帝より卑弥呼に「親魏倭王」の金印紫綬を下賜。
5．卑弥呼は邪馬台国にいた倭国連合の女王で、伊都国に一大率を置き、北部九州の諸国を検察させ、
魏使との外交機能を果たさせた。

二、「魏志倭人伝」に見える西海の諸国

①対馬国　②一大国（壱岐）　③末盧国（松浦）　④伊都国（糸島）　⑤奴国（那の津）　⑥不弥国（宗像方面）

以上六国、倭国連合に加盟し、海外との交流を果たした文化財を遺している。これには遠洋航海を得意とする海民を擁していたはずで、前に示した有名な海神の所在地は、国の権力や財力との関係を示唆した所が多い。

三、南北に市糴《してき》の船が往来した海路

1．南北に市糴とは『魏志倭人伝』に、対馬は「良田無く、海物を食して自活し、乗船して南北に市糴す」とあり壱岐は「やや良田あるも、なお食するに足らず、また南北に市糴す」とある。市糴とは本来、米や粟を買うことだが、交易を表す熟語となった。
2．対馬の船が市糴に向かう所は、まず対岸に見える加羅《から》国だった。加羅には定住した倭人の集落もあった（考古学資料）。

3. 漢文化と交易できる楽浪郡・帯方郡まで通交していた。楽浪は北方市羅の北限だった。南方に目を向けると、
4. 縄文前期には、松浦と加羅を結ぶ線が主流だったが、
5. 縄文後期には、北部九州宗像との交易が主流となる。
6. 宗像を中継して瀬戸内・出雲・北陸とも通じていた。
7. 弥生時代になると、奴国との交易が中心で、伊都国、不弥国、末廬国との交易もあったはずだが、調査不足でよく説明できない。

四、北部九州と対馬を結ぶ海路の守護神

1. 住吉神社の線　大阪～下関～博多～壱岐～対馬（雞知）
2. 宗像神社の線　宗像～沖の島～対馬（佐賀）
3. 志賀海神社の線　志賀島～対馬（対馬に志賀神社が数か所ある）

五、倭王権と対馬県主の関係

六、対馬から壱岐へ移った対外交渉の任

二　阿曇の海神と対馬の和多都美

『日本書紀』応神天皇三年条に「海人《あま》の宰《みこともち》」に任じられたという阿曇連は、軍事上の任務が主で、志賀海神社も単なる航海神ではなかったはずだ。阿曇氏の祖神を祭ったはずの「海神社」が、大綿津見命（大海神）

を祭神とはせず、社号も和多都美との縁故を絶っているのはなぜだろう。

対馬は和多都美と号する官社が四社もできた海人の島だが、朝廷の命により、阿曇水軍が出陣するときは、当然和多都美の海人がその先陣に組込まれたはずで、阿曇連の配下にあったことが推察される。和多都美神社の宮司長岡氏が、祖神を穂高見命とし、阿曇を姓とした系図もあるが、それは中世の作で、古代文書がないのが残念で、確かなことはわからない。

田中先生が言われたように、ワタツミの発生地が対馬であったことは十分に考えられるが、阿曇氏が「海の宰」となってからは、その配下となったことは疑いない。

天智天皇二（六六三）年、阿曇比羅夫《あずみのひらふ》が率いた百済救援の日本軍が、大唐の巧妙な作戦に大敗して、以来、阿曇水軍の活動は歴史に見られなくなる。

（第四回シンポジウムで発表〈平成二十二年十月十日〉）

六、阿曇族と太宰府天満宮

太宰府天満宮　禰宜
総務統括部長兼文化研究所主管学芸員　味酒　安則

一　重文「志賀社」がなぜ天満宮に？

太宰府天満宮の参道の途中に心字池《しんじがいけ》がある。そこに、三つの神橋《しんきょう》が架《か》かり、中ほどに鎮座する「志賀社《しかしゃ》」は国指定重要文化財建造物である。そして、九州でも最古級の木造建築物といわれている。御祭神は綿津見三柱大神を奉祀する。中世の海外貿易の繁栄を祈念して志賀島より勧請されたもので、長禄二（一四五八）年の再建と記されているので室町時代、創建は平安時代末期とも考えられる。

社殿は、一間社の入母屋造《いりもややづくり》である。土田充義博士によると、正面に唐破風《からはふ》と千鳥《ちどり》破風を付けて、その檜皮葺《ひわだぶき》の屋根を変化させている。周囲の縁を挿肘木《さしひじき》で支え、扉は桟唐戸《さんから》で柱上には台輪を置く禅宗様《よう》、巻斗《まきと》方斗《ほうと》には二つの棰《たるき》を掛け、和洋の六枝掛を形成している。これらのことから、和洋、禅宗様、大仏様の三様式を留めているといわれるが、基本は禅宗様式で木割が大変細い。

『太宰府神社明細図書』には、長禄期の再建とある。同博士は、「整然とした六枝掛を示し、木割が整えられていて、文様にも古風を留め、蟇股《かえるまた》の曲線にも古さを感じるので、中世の中期ごろの社殿であることは推定できる。

最も特徴とするのは、四手先《よてさき》出組で支輪を支え、組物の横の広がりがなく、縁下の挿肘木と同様に前方向のみに出ていることである。そのため横の広がりを幾分でも示すために挙鼻《あげばな》をつけている。」

写真１ 太宰府天満宮の志賀社１ 正面１間、側面１間の入母屋造。小さいながら気品と風格で堂々の存在感を漂わす。内部には漆塗りの痕跡あり。

写真３ 太宰府天満宮の志賀社３ 精緻で美麗な組物。彩色はなく、木割りも細いが、繊細な造形美は、まるで工芸品を思わせ、単なる建造物の域を超える。

写真２ 太宰府天満宮の志賀社２ 正面に唐破風、後ろ側に千鳥破風（写真１参照）の屋根をつけて一工夫。檜皮葺。

内部には漆塗《うるしぬり》の痕跡を留め、外装も漆塗であったとも考えられる。いずれにしても、現在でも社殿全体として、美しい建造物というより工芸品であり、太宰府天満宮のひとつの末社で、これだけの様式をとる理由《わけ》は何か？ それは、海外貿易の繁栄と海上安全の御加護、そしてその信仰心にあると思われる。

二 太宰府天満宮の誕生と荘園

延喜三（九〇三）年、菅原道真公は、勅許の沙汰《さた》もなく、左遷後二年一か月後の同年二月二十五日、大宰府南館において、五十九年の生涯を終えた。『北野天神御伝』は、同年正月、道真公が次の遺言をしたと伝える。「大宰府はもとより京の外で死去した貴族の遺骸は、送骨使の手によって都へ運ばせている。しかし私は、『思ふ所』があってそのことは願わない」。そこで、遺言どおりその遺骸は大宰府に葬られることになった。『帝王編年記』には、「三笠郡四堂の辺《あた》りに葬ろうとしたが、牛車が途中で止まって動かず、そのためにそこに葬り奉った。そこが太宰府天満宮の御本殿である」と記されている。

そして、重要文化財『安楽寺草創日記』に、延喜五年八月十九日、京より随従した門弟の味酒安行《うまさけのやすゆき》が御殿（御廟殿）を創建。同十年、安楽寺を建立し、さらに同十五年、御墓寺を造営するが、一説には同十九年ともいう。ここで御殿・御廟殿・安楽寺・御墓寺と書き分けているのは、道真公の墓が、廟となり、寺院となって規模が拡大していった経過を示している、と考えられる。

創建されたばかりの天満宮の発展の経緯は、他の寺社とは大きく異なっていた。その発展に大きく寄与したのが、大宰権師《ごんのそち》や大宰大弐《だいに》をはじめとする大宰府政庁の在庁官人たちだったからである。彼らは、道真公の至誠、謹直・忠誠・寛容の心を追慕し、文神として尊崇するところから、天満宮経済の充実に積極的に努めた。そこには、京で行われたような御霊信仰の片鱗すらなかった。

そして、きわめて短期間に基礎を固めていった天満宮は、道真公の曾孫《ひまご》にあたる菅原輔正《すけまさ》の大宰大弐補任によって、飛躍的に発展した。輔正は大宰府赴任に先立って破格の栄進の厚遇を受け、天元四（九八一）年に着任した。そして、永観二（九八四）年には中門、回廊などの大増築がなされている。

このように、大宰府官人をはじめとする道真公を崇敬する人々によって、天満宮の殿堂は整備されていくが、一方では、神社を維持する経済事情は困難を極めていた。平安時代中期、荘園経済の時代にあって、太宰府天満宮は忽然《こつぜん》として誕生している。しかし、すでに日本全土の荘園領地は、既存の神社仏閣、貴族、

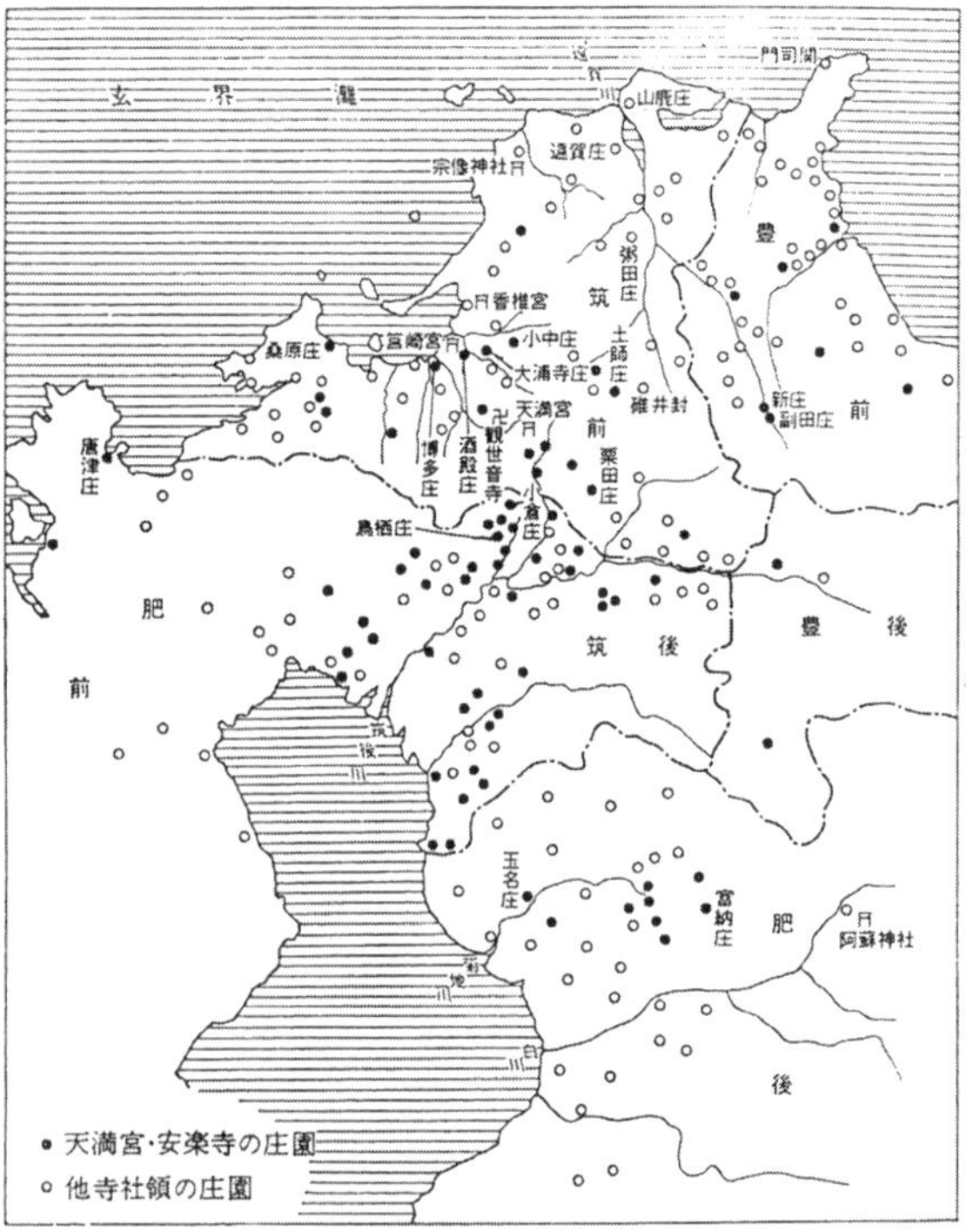

図1　北部九州荘園分布図

国司によって支配されていたのである。その中にあって、天満宮安楽寺領は、鎌倉時代中期成立の『安楽寺草創日記』で、四十余か所、観応三（一三五二）年の『安楽寺領注進目録案』では前欠史料ながら百八十余か所、元亨三（一三二三）年の『安楽寺雑掌佑舜申状』には数百か所とある。

天満宮安楽寺領は道真公を崇拝する貴族や地方官人の力によって寄進された荘園が多く、天神信仰が介在しているところが、一般の寄進地系荘園と性質を異にしている。したがって、荘園の拡大とともに、その中心に天満宮が荘園鎮守神として勧請され、天神信仰の地方伝播の大きな動力となっていた。中世において、荘園分布と天満宮の鎮座および信仰の分布が一致するのは、このためといえるのである。

三　荘園での海外貿易

天満宮安楽寺領の分布を検討してみると、次のことに気づく。その位置が比較的に国府に近い所が多いことや、流通経路上の要衝地が多いこと、中でも海外貿易の基地となる所を多く占めている点が指摘されている。実は、このことには、ある重要な事情が隠されていた。

古代において、海外諸国との貿易権は朝廷のみが有する特権で、一般には認められていなかった。和市《わいち》という公貿易が、鴻臚館《こうろかん》（福岡市中央区）によって行われていたが、仁和元（八八五）年、朝廷によって大宰府における唐物の売買が禁じられているのをみてもわかるように、本来貿易を管理監督するはずの大宰府の役人らが直接商人と交易し、この制度を崩しはじめていたのである。その後みずから大宰大弐を希求して、赴任した藤原惟憲《これのり》は、この地で海外貿易に怪腕を揮《ふる》うと同時に、蔵人所《くろうどどころ》の名をかりて宋商の積荷を騙《だま》し取るなど「悪行万を越える」と噂され、ついに長元二（一〇二九）年京へ召喚された。だが、惟憲は、殊《こと》の外、道真公を尊崇し、天満宮に仁王堂、往生院、西法華堂を建立し、浄妙院《じょうみょういん》（榎社《えのき》）を復興した。そして、さらに筑後の得飯《たかい》庄や、肥後の玉名庄を天満宮に寄進している。この両荘園は、天満宮の有明海沿岸の海外貿易の拠点となったところで、惟憲が治外法権の天満宮の荘園を通して貿易を意図したことであったと考えられている。さすれば、天満宮は藤原惟憲に利益の大きい海外貿易を指南されたことになる。

十一世紀に入ったころより、新興寺社である天満宮は大きく発展する。天満宮領においては、最も古い（天禄元〈九七〇〉年）荘園である壱岐《いき》島分寺《とうぶんじ》中浜荘のように、海外貿易との関連が推察できる地域もあるが、博多湾に面する博多荘、大浦寺荘、桑原荘、有明海に近接する玉名庄、得飯荘などは、天満宮が日宋貿易に進出した荘園であることは明白である。このころ、大宰府政庁や観世音寺、そして宇佐八幡宮弥勒寺と衝突するようになった天満宮の基盤には、この貿易による大きな実力をつけていたのである。

平安時代後期以降には、朝廷の権力も衰微し、大宰府政庁も弱体化していくなかで、荘園の治外法権を利用して、博多湾内を中心に私貿易が盛んになる。そこで、京の大貴族や寺社は、博多湾沿岸の荘園確保に躍起になる。そんな時、天満宮は、大宰府居住の宋商との連絡も容易で、海外貿易には数歩も先の至便《しべん》の位置にあったといえる。天満宮が博多湾に入ってくる中国船を、自分の荘園へ着岸させ、交易を独占し、国内で転売したことはよく言われている。しかし、少ない確率で、帰国の中国船に同乗したり、天満宮が船を出す場合（太宰府では安恒家の役目と伝承されている）の海上安全守護神の加護が必要となった。古くより天満宮では、博多湾私貿易では対立している宗像宮の三女神ではなく、志賀海神社の綿津見三柱大神を勧請したのだと言い伝えられてきたが、私は阿曇族の航海術、すなわち東シナ海の潮流を読む術に対する報賽《ほうさい》の意味が籠められていると考えている。

四　平氏政権と阿曇族

平氏政権の基盤のひとつが、海外貿易の利潤にあったことはまちがいない。平清盛の父忠盛と神崎荘を通じて縁の深かった天満宮が伝授したという説もある。保元三（一一五八）年に清盛は大宰大弐に任命され、弟の頼盛が仁安元（一一六六）年、大弐に就任して、大宰府へ下向着任した。大弐の下向は大宰府政庁にとって四〇年ぶりのことであった。天満宮の発展が、まさに最高潮に達した時、天満宮の社家が挙《こぞ》って平氏と和合した。しかし、「驕《おご》る平家は久しからず」。寿永二（一一八三）年、福原の都を落ち、安徳天皇を奉じた平家一門は八月十九日、目指した大宰府に着き天満宮に参詣し、夜どおし法楽の和歌連歌を詠んだのである。

ところで、清盛は「博多袖《そで》の湊《みなと》」といわれる港湾を整備し、数千人ともいわれる宋人を櫛田《くしだ》神社の近くに居住させ「大唐街」を造るなど、天満宮と同じ道を行く。実は、対外貿易に最も重要なものは、通訳である。資金があっても通訳がいなければ話にならない。清盛は、日宋貿易で、宋銭を主として輸入し、次に唐錦《からにしき》すなわち「呉服」を買い入れた。現代、博多遺跡群で大量の中国陶磁、墨書に中国人名のある陶器など、大唐街（チャイナタウン）の存在を示唆する出土品もある。清盛を、単に古代貴族政権を倒した武将とだけ言い切るのは尚早である。度重なる地震・津波など自然災害から国家財政を立直するため、日本初の貿易による重商主義を導入し、加えて宋銭による初の本格的貨幣経済を目指した偉人といえる。その清盛をささえたのが太宰府天満宮であり、志賀海神社、そして阿曇族だったといえまいか。

外洋を航海するには今でも航海士が必要である。阿曇族は古代における航海士、水先案内人といえ、東シナ海の海流を知り尽くした唯一の集団であったと考える。歴史的には神功皇后の新羅《しらぎ》遠征の阿曇磯良▽六世紀前半の筑紫国造磐井の乱の時、新羅と連絡にあたったという説▽六六三年白村江の戦の阿曇比邏天▽そして太宰府天満宮の海外貿易を支援し、さらに平家の日宋貿易を裏方で支えた。そして、それが最後の雄飛の場となったと考える。

加えて志賀島と太宰府、両者の関係を別の角度から見て、国宝「金印」と、「金印」のことを唯一記した国宝『翰苑《かんえん》』とを両者が伝え持っていることも歴史の偶然であろうか。

おわりに

この拙文の中で如何に「志賀社」が創建当時、豪華絢爛で、建造物というよりも工芸品であり、五五五年を経過した現代でも国指定重要文化財として高く評価されていることを最初に指摘した。これは、神社の末社としては破格の待遇で勧請されたものだからである。その事情には、太宰府天満宮の海外貿易と深い関わりがあった。そこで、天満宮が古代末期より中世に渡っての海外貿易の過程を述べ、その中で平氏

写真４　太宰府天満宮の志賀社　太宰府天満宮の一角、心字池の前に堂々たる存在感を示す志賀社（国重文）。阿曇族の活躍の歴史的証明であろう。

政権を支援したことも記した。いずれにしても、末社である志賀社が立派な理由は、志賀島の阿曇族の持つ特殊技能、すなわち外洋航海術への感謝と、いうまでもなく「志賀大明神」への報賽の誠から醸《かも》し出されたものに違いないと私は思うのである。

参考文献
『図録太宰府天満宮』所収「志賀社」土田充義著、太宰府顕彰会

七、阿曇氏と五島列島【五島】

小値賀町歴史民俗資料館（前）学芸員　塚原　博

一　はじめに

『筑前国風土記』逸文に志賀島は「もとは近嶋だったが、今はなまって資珂嶋という」とあるが、『肥前国風土記』（以下『風土記』と略記する）によれば五島列島の古称も近嶋である。偶然ではあろうが、奇しくも両島が同じ古称をもつという不思議な縁に、海民文化の繋がりを感じて感動したことをお伝えし、ご挨拶としたい。

さて、本題である阿曇氏と五島列島の関わりについて確認できるのは、管見の限り『風土記』の記事にある一例のみである。また、歴史の上で志賀島と五島列島との直接的関わりについても、『万葉集』にある志賀島の白水郎荒雄の海難事故の一件を知るのみである。この二点を素材として、以下に私見を述べてみたい。

二　阿曇氏と五島列島海人との接触とその時期

『古事記』の国土創生神話に「次に知訶嶋を生みき、またの名は天之忍男という」とあるのが、史書での五島列島初見である。『風土記』には「近嶋」「小近・大近」、『三代実録』は「値嘉嶋」と記し、『青方文書』（五島列島の中世文書）は「小値嘉嶋・大値嘉嶋」と表記する。

『風土記』の五島列島関連記事は前段と後段に分かれ、後段は遣唐使船団の寄港地など編纂当時の現地情報の記事で占められているが、前段には「近嶋」の地名起源説と共に、「昔、景行天皇が平戸島南端の志自伎に進駐した際、西方にある島影を認め、阿曇連百足に調査を命じた。百足は、島はたくさんあるが人の住む島は二つで第一の島は小近《おぢか》、第二の島は大近《おおちか》というと報告し、捕らえてきた土蜘蛛小近の大耳《おほみみ》と大近の垂耳《たりみみ》を天皇の前に引き出した」とあり、ここに阿曇氏が登場する。

『風土記』に拠れば、この時点まで五島列島の海民集団は大和の勢力圏外にあり、阿曇氏との関わりもなかったように読める。この両者の接触の時期について考えてみたい。

弥生時代の五島列島は、土器などから見ても北部九州との交流が深い。五島列島で唯一古墳時代の墳墓が確認されている小値賀諸島では、五世紀中葉以降にも伽耶系陶質土器や北部九州系の須恵器が搬入されていて、なおも交流が盛んであったことを物語っている。ところが墓制を見ると、弥生時代以来の伝統的な箱式石棺は六世紀中葉に途絶え、六世紀末から七世紀初頭に古墳が出現してこの間に文化的断絶が生じている。また、西海地方には平戸市田平町に五世紀代築造と思われる前方後円墳二基があるが、その後は空白期間が続き、六世紀中葉以降唐突に離島を中心に小型の横穴式古墳が出現するという状況がある。この現象は、五島列島を含む西海（西北部九州）全域の海民集団社会に、何らかの重大な政治的変動が生じたことを示唆するものと考えられる。この広域に及ぶ変動の原因こそが『風土記』が伝える説話であり、島々での古墳築造に遡る数十年前の出来事であったと推測している。

その前後に起こった、五二七年の筑後国造磐井の乱、五二八年の糟屋屯倉（阿曇氏発祥の地）献上、五三六年の那津官家修造、数次に及ぶ朝鮮半島出兵、六六三年の白村江の敗戦などは、西海の海民集団社会に変質をもたらすに至った。その歴史的背景を理解する事件として参考になろう。

若干飛躍するが、このような歴史的政治情勢が変遷する中で、恐らくは西海離島の海民集団と阿曇氏との関係も、両地域間における弥生時代以来の伝統的あるいは平和的交流から、大和勢力の権力構造に組み込まれる形での支配と被支配関係へと変質していったことも考えられよう。西海離島の海民集団自体の社会内においても、またしかりである。

なお、『風土記』に「近嶋の住民は容貌が隼人に似ている」とあることから、両地の関係をいろいろと取り沙汰されることがあるが、筆者は単純に九州弥生人の三タイプの違いに過ぎないのではないかと考えている。

三　筑前志賀島の白水郎荒雄が選んだ五島列島経由の対馬渡海路について

『万葉集』巻第十六にある、しかのしまの白水郎荒雄を詠んだ歌は悼ましいが、見方を変えると縄文時代以来、玄界灘を越えて朝鮮半島と往来し、『魏志倭人伝』では「水人」とも呼ばれた北部九州の海民が、広

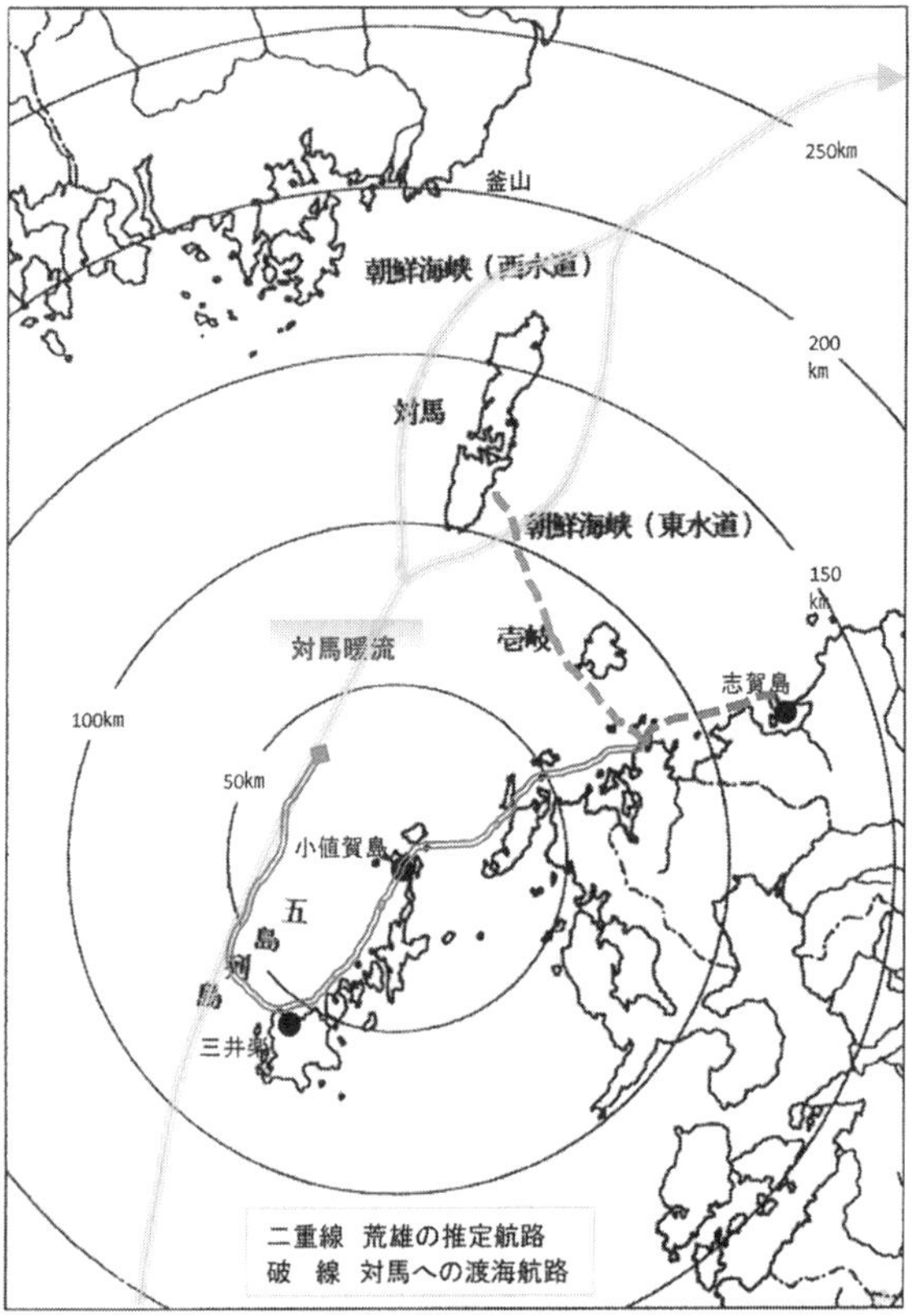

写真１　五島列島と対馬暖流

範囲な海域の潮流に深い知識を持っていたことを示す事例でもある。

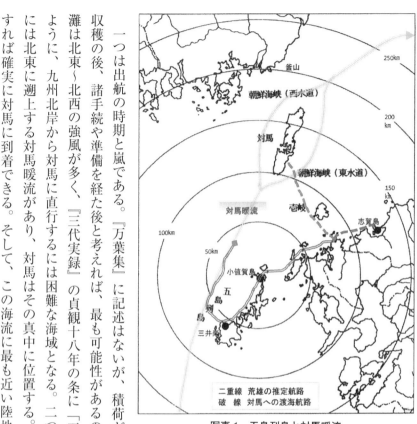

神亀年中（七二四～七二九）に「防人の兵糧米を積んだ荒雄を船頭とする船（団か）が、五島列島福江島のミイラク崎から対馬に向かった」ということについて、壱岐経由の対馬直行の最短距離ではなく、五島列島経由の遠回り海路をとったことに対し、「遠すぎて現実的ではない」という意見もあるようだが、二つの問題点を指摘してその合理性を主張したい。

一つは出航の時期と嵐である。『万葉集』に記述はないが、積荷が米であるから出航の季節は十月の新籾収穫の後、諸手続や準備を経た後と考えれば、最も可能性があるのは十一月頃であろう。この季節の玄界灘は北東～北西の強風が多く、『三代実録』の貞観十八年の条に「五～六回に三～四回は漂着した」とあるように、九州北岸から対馬に直行するには困難な海域となる。二つ目は海流である。九州西方の東シナ海には北東に遡上する対馬暖流があり、対馬はその真中に位置する。したがって、対馬暖流と北西風を利用すれば確実に対馬に到着できる。そして、この海流に最も近い陸地が、まさに福江島のミイラク崎なのでである。

この二つの理由故に荒雄は、防人の兵糧輸送という重要任務をより確実に遂行するため、五島列島経由で対馬暖流に乗る航路を選択したものと推測される。この海流が存在することは、広く海人の白水郎に知られた知識だったのであろう。

四　五島列島と北部九州の交流

俗姓を阿曇という入唐八家の一人である恵運は、天長十（八三三）年太宰府観世音寺の講師兼筑前国講師に任ぜられて筑紫入りし、承和九（八四二）年、唐商人の船に便乗して渡唐したが、その際に途次の遠値嘉島（五島列島）那留浦（島）で船主李処人は船を廃棄し、同地にて三か月をかけ新船を建造したといい、恵運はその間を同島にて過ごしたらしい。当時にあって学僧が渡唐する機会は、数年から数十年の間隔で不定期に派遣された遣唐使船団にほぼ限られていた。最後の派遣となった第十七次遣唐使船団は承和三（八三六）年で、この頃から中国の商船が日本に来航するようになったらしい。李処人はその先駆けの一人であり、恵運は唐商船で渡唐した最初の学僧であったかもしれないが、造船がどのような体制で行われたのか大変興味深い問題である。

西海には平戸島の志々岐神社と七郎神社、そして小値賀諸島野崎島の神島神社という古社がある。貞観十八（八七六）年に朝廷は平戸島と五島列島を肥前国から独立させ、新たに値嘉島を設置したが、この際に田島・志々岐・神島・鳴の各神社の神階を贈位した。航路筋の重要神との認識があったのであろうが、実は志々岐の神を分祀した神社が糸島半島にあって、太宰府観世音寺の鐘を新羅から輸送するに霊験があったからだという伝説がある。

筆者は、平成十六年から昨年（平成二十三年）までの八年間、水中考古学を志向する仲間と小値賀島の周辺海域で海底の調査を行った。その結果、小値嘉島東部に湾入する前方湾内の海底に、大量の中国陶磁器と少量の国産土器及び碇石の存在を確認した。中国陶磁器は十一世紀後半から十四世紀前半代にまとまっており、ほぼ日宋貿易の時期と重複している。また、碇石は湾外発見を入れると計一七本の中国タイプと、五本の和船タイプ?がある。当時の中国貿易船の目的地は博多津であり、その航路途中の前方湾でおおよそ二〇〇年間に渡って機能した中継貿易港であったと考えられる。平安時代中葉から鎌倉時代のことで、『青方文書』などが伝える小値賀諸島の領有を巡る争論の背景が見えると共に、近年話題となっている薩摩塔や宋風獅子の分布も合わせて、九州北部及び西部沿岸における海洋文化の普遍的国際性が感じられる。

時代は下って近世には、小値賀の豪商小田氏と博多の神谷氏との間に親交があり、また、博多湾岸の白水郎などから小値賀への移住者があって、現在も博多・博多屋、かつては白水の姓もあった。年配の方には、益牛の小値賀牛や燃料の五島薪《まき》の名をご存じの方もあろう。

五　おわりに

先史から近代まで北部九州と五島列島には、海の回廊を通して海民の活動を支えた深い交流関係があった。時代の流れに伴う交通体系など、環境の変化によって海路による各地の交流は希薄となったが、島の住民の海と関わる文化は古も今も変わることはない。

八、海人族の鉱山・砂鉄探し【長野】

有限会社龍鳳書房代表取締役　酒井　春人

一　はじめに

縄文から弥生を経て、古墳時代に至る日本古代史は、極端に言って推理の世界である。正確な文献資料がのこされているわけでもなく、考古学的知見に頼らざるを得ない。唯一、中国正史の『三国志』の「魏志」などに記述された中国の記録をもとに、考古学的知見との整合性を試みるしか方法はない。

したがって、そこには推測が主流を占め、歴史事実を実証的に証明することはきわめて困難と言わざるを得ない。なるほど、日本には『古事記』『日本書紀』があるではないかと言う向きもあるが、ご存知のように、権力者による創作の部分が多く、正史とは言い難い。

こうした立場をふまえて、それでも我々日本人のルーツ探しに挑もうという根底には、いったい日本人はどこから来たのか、そしてそのアイデンティティを求めようとする欲求があるからに違いない。

かくいう私も、ひょんなことから、古代海人族といわれる安曇族を追いかける羽目に陥った。福岡を始め、米子、滋賀県安曇川、兵庫県揖保郡、安曇野市、渥美半島などその関係地と言われる場所を幾度となく訪れ、安曇族の痕跡探しにここ一〇年ほど力を注いできた。いまだ確たる結論をみいだせないまま、いまたどり着いた思い（歴史事実とはほど遠い）を簡略に記してみたい。

二　古代信濃国は敗者復活の地

古代信濃国は、不思議なことに敗者及び難民受け入れの地であり、復活の地ではなかったかと思える。そう考えられる根拠を伝承と考古学的知見により記すと、

①『記紀』に描かれた出雲国譲りに際し、建御雷神と力比べの末に負けた建御名方神が、信濃の諏訪にまで逃亡、生涯この地から出ないという条件で許されたという神話が存在する。以後、諏訪神社の祭神に祀られた建御名方神は、全国各地に諏訪信仰を広げていった。この話は神話だが、何かしら事実の反映されたできごとであったと考えたい。

②北部九州を根拠地とした安曇族は、ヤマト王権に幾度か反逆し、信濃国安曇郡を第二の根拠地としたと伝えられている。

③庶民信仰の寺として全国に知られる善光寺の阿弥陀三尊像（百済の仏像）は、物部氏と蘇我氏の権力争いのなか、物部氏により難波の堀江に廃棄され、その後本田善光に拾われて現在地に安堵されたという『善光寺縁起』が存在する。

④百済や高句麗の滅亡によって生みだされた数多くの捕虜や難民は、その後日本各地に生活の場を得たが、とりわけ信濃国の北部、大河千曲川（信濃川）流域に数多くの居住地を構えた。そのことはこの流域に大室古墳群を始めとする日本最大規模となる高句麗系の墓制積石塚古墳群が点在することで証明される。

かように信濃国が日本古代史の重要な場面に登場し、敗者たちの安住の地となったのはなぜであろうか。

結論を先に述べよう。戦に負けたら、敵の捕虜になるかあるいはどこか安全な場所に逃げ込むのが人間のとる行動である。現代のシリア難民もウクライナ難民も同様に、国を捨てEU諸国に逃げ込む。これは古代とて同じであろう。ヤマト王権との権力闘争に負けた安曇族、あるいは朝鮮半島での戦いに敗れた高句麗、百済の民が安住の地を求め、信濃国を目指したとすれば、この地は彼らを受け入れる条件が揃っていたことになる。その条件とは、北アルプスなど周囲が高い山に囲まれ、隠れるのに適した地であること、また北アルプスなど周囲が高い山に囲まれ、隠れるのに適した地であること、また信濃国が弥生時代の初めからすでに渡来系の人々（安曇族）によって開発されていたこと、鉱山資源を含め自然がもたらす恵みが豊富であったことに起因すると考えてみた。その端緒を成したのが、安曇族にあったと私は考えている。

つまり、縄文から弥生への転換点に海人族安曇族は、中国大陸の農民や技術者たちを山深い信濃に送り込み、稲作・金属器を使用する生活をつくりあげていた。したがって後世になって、敗者となった人たちは自分たちの祖先がつくりあげた地に安心して逃げ込めたのではないかと思えるのだ。

ところで海人族は海を生活圏とする人々である。これまで古代史家たちが、例えば信濃の安曇野に糸魚川から姫川を遡行して入り込み、農民に転化したという説をとってきた。しかし、古代史研究家亀山勝氏によれば、海の民が海を捨てて、農民に転化することは考えられない。海の民は生涯海に生きるという。とすると、海人安曇族の足跡がなぜ安曇野にあるのかということになる。亀山氏は、渡海の技術をもった海人なくして、大陸から農民や技術者を日本に運ぶことはできない。つまり、安曇族は中国大陸を追われた人々を日本各地に送り込み、そこで生活を成り立たせる面倒をみた人々だとしている。そして信濃国の場合、船で遡行できる信濃川から安曇野に入ったと推理している。姫川は勾配がきつく、船の遡行は無理であると結論づけている（『安曇族と徐福』龍鳳書房）。

三　海の文化は日本海経由信濃川から

ところで縄文時代、長野県中央部に位置する和田峠から、切れ味鋭い黒曜石が産出され、それは広く日本各地に運ばれていた。驚くべきことに信濃から遠く離れた青森の三内丸山遺跡からも、さらに近年では北海道からも信濃産の良質な黒曜石の石器が出土している。そしてこの運搬ルートは日本海経由だとされている。つまり、三内丸山集落が存在した縄文時代中期には、すでに日本海を利用した船運が確立していたことになる。操船を得意とする海人族にとって縄文人が日本海を船で往き来する情報は当然掴んでいたことであろう。

かくして北部九州を拠点に紀元前五世紀に中国江南地方（呉国）から日本に上陸した海人族は、日本海あるいは瀬戸内海を利用して、各地に文明をもたらしたという亀山勝氏の説に私は賛同する。

信濃の場合、「神鳳鈔」（『群書類従』第一巻所収）には、伊勢神宮への貢物の中に布施御厨、富部御厨（現長野市南部）から鮭とイクラが献上された記録が見える。

早稲田大学文学学術院教授新川登亀男氏は、「鮭の文化圏」と海人族の定住圏が重なるとして、『延喜式』記載の主計上に記載された、鮭を伊勢神宮に貢納する地域の産物をあげている。信濃国は鮭の楚割《すわり》（内臓を取り除いた乾燥鮭）と氷頭《ひず》（頭の軟骨）、背腸（部位の塩辛か）、子（筋子あるいはイクラ）、越中国は前記に加えて鮭鮨を、越後国はさらに鮭の内子《こごもり》が加わっていたとしている。そしてこれら鮭の文化圏は、『延喜式』によれば、信濃・若狭・越前・丹後・丹波・但馬・因幡と数えられるという（「海人フォーラムin米子」基調講演「日本古代の〝海の民〟」)。

内陸地である信濃国、しかもその北部から鮭が貢納されたことは、海の民による捕獲ならびにその調理法がすでに平安時代中期には確立され、海のない内陸地信濃に海の文化が及んでいたことを指す。とくに信濃国の場合、楚割とよばれる内臓を取り除いた乾燥鮭や塩辛だということは、塩を使った日持ちの技術が必要となる。それは海の民の存在なくしては考えられない。平城京の跡から見つかった塩の荷札として使われた木簡の中に、若狭湾の塩を記したものが多数見つかっている。ここで作られた塩が日本海・信濃川・千曲川経由で信濃国にもたらされた可能性は高い。

もちろん鮭の捕獲は、縄文時代から行われていた。北海道石狩市の石狩紅葉山四九号遺跡から柵や魚叩き棒、漁具のタモなど縄文時代の鮭漁の道具が多数出土している。ただ、縄文時代は、天日干しの乾燥した鮭を食していたという(いしかり市民カレッジ「講座9　石狩遺跡と縄文文化~石狩市の遺跡と人々の暮らし」)。

一方、縄文時代後期(今から三〇〇〇年ほど前)から製塩は始められ、海水を煮詰めるための薄手の製塩土器が主として東北太平洋岸から出土している。青森、岩手、宮城など太平洋沿岸部の縄文遺跡から出土した製塩土器がそれを物語る。ところが、弥生時代に入ると、今度は西日本から東北にかけた日本海側、あるいは瀬戸内海沿岸部で、製塩土器や製塩の遺構が見られ、しかも東北太平洋岸の製塩は見られなくなる。さらにその土器も縄文から弥生へとつながっておらず、全く別の形であるという(たばこと塩の博物館HP)。

これらのことは、西日本から東北にかけての日本海側及び瀬戸内海沿岸部に弥生時代になってから海の文化が急速に広まったことを物語る。その海の文化は縄文人とは別な人種、海の知識をもった弥生の海民たちによってもたらされたと考えられる。

鮭の遡上は全国の河川で見られるわけではなく、太平洋側の南限は千葉県の栗山川、日本海側のそれは島根県の江の川支流濁川までとされていた（かつては一部福岡県の遠賀川流域でも見られたという）。そしてその漁獲高の多くは新潟・富山・長野の各県である（「サケの遡上」フジクリーン工業株式会社HP）。

したがって長野県の場合、太平洋側に流れ込む天竜川や木曽川を鮭が遡上することはない。この事実は、弥生時代にもたらされた海の文化は、信濃川（経由千曲川）から入り込んだと言えることである。

また、長野市篠ノ井五明の式内社布制《ふせ》神社（写真1）との関連が考えられる富山県魚津市の布勢《ふせ》神社（写真2）、また同氷見市の布勢《ふせ》神社（写真3）は、ともに大彦命を祭神としていることから、北陸と信州の強い繋がりを感じさせずにはおかない。ついでながら、氷見市には『和名類聚抄』に平安時代の十世紀前半

写真１　篠ノ井布施五明の布制神社

写真２　魚津市の布勢神社

写真３　氷見市の布勢神社

に射水郡の郷として、「阿努」「宇納」「古江」「布西」など一〇の郷があったとしている。このうち阿努郷を勢力基盤とした地元豪族に阿努君広嶋《あぬのきみひろしま》がいた。天平勝宝三（七五一）年、越中の国司の任期を終えて都へ帰国する大伴家持の送別の宴が、阿努君広嶋の屋敷前の林中で開かれたという。私が注目したいのは、「阿努君」は「あどのきみ」と読めることだ。

つまり「阿努＝安曇」で安曇族と関係があるのではないか。飛躍しすぎるのかもしれないが、氷見の地の北西、能登半島の西側には、石川県志賀町がある。この地も安曇族の関係地と考えられている。すると、能登半島を横断して志賀町から氷見へ安曇族は進入したと考えられる。古代海人族は、能登半島を回るのではなく、半島の中央部を横断していると長野正孝氏は指摘している（『古代史の謎は「海路」で解ける』）。

富山湾に面した地域と長野市南部の篠ノ井の地域が深い関係にあり、それは千曲川が、物や人の交通路であったことを物語ると私は考えている。

四　川中島平は海人族が拓いた地

上杉謙信と武田信玄との間で繰り広げられた川中島合戦で有名な川中島平（善光寺平）は、古来より千曲川と松本平から流れ来る犀川の合流点に位置し、かつては肥沃な田園地帯を形成していた。その一角に安曇族の祖神とされる「宇都志日金拆命《うつしひがなさく》」（『古事記』に登場するが、穂高神社の穂高見命は『記紀』には記されず、『新撰姓氏録』に登場する）を祀る式内社氷鉋斗賣《ひがのとめ》神社（長野市稲里町下氷鉋　写真4）と綿津見神の娘で神武天皇の母親となる式内社玉依比賣神社（長野市松代町　写真5）の二座が鎮座する。さらに犀川・千曲川の合流点近くには川合神社（長野市真島）が鎮座する（現在の祭神は建御名方命と事代主命、かつては綿津見神が祭神であっ

写真４　氷鉋斗賣神社

写真５　玉依比賣神社

たと言われている。安曇野でも同様に穂高神社の北約五〇〇メートルの地点に式内社川会神社があり、こちらは底津綿津見神が祭神）。この三座は犀川・千曲川の川筋近くに存在する神社である。

　海神系の神社がこの平に三座もあるということは、少なくとも海人族の人々がこの地に存在した証しと私は考えている。

　長野県は、安曇郡（現安曇野市）が安曇族の第二の故郷として有名なことは言うまでもない。海神穂高見命を祀る穂高神社（写真６）が安曇平の中央に鎮座し、今日も安曇の人々は安曇族の末裔である誇りをもって生活している。しかし、前述のようにもう少し視野を広げると安曇郡だけでなく川中島平も安曇族の関係地と考えられる。むしろ、安曇野より先に川中島平に安曇族の一派は上陸したのではないかと私は考えている。つまり、海人族の信濃入りルートは、信濃川～千曲川、そして犀川であったと考えられる。

　かつて『穂高神社史』（昭和二十四年刊）を著した神道博士宮地直一氏は、信濃の玉依比賣神社に触れ、「本社（注酒井：玉依比賣神社）の所在は大小古墳群に囲繞せられ、前面山脚部には数個の石塚も横たはつて、その中に付近第一と称せられる構造の宏大なのもある。積石塚は埴科の外、上下高井・小県・東筑摩の各

写真６　穂高神社

郡に散在してゐるが、それについては対馬より内地の海岸線を飛び飛びに遠く東国に至つてゐる。之が分布区域と海神族のそれとの略ぼ相重なる点に着眼して、古く九州の故国で大陸より学び得た墓制にかかり、部族の蔓延とともに各地に将来せられた海神族に特有の表象とする新説も立てられてゐる。（中略）是等古墳を残した本主を安曇の氏人に帰する時には、その主力は安曇や松本平でなく、北信の一方善光寺平の辺にあつたと断ぜねばならないこととなる」としている。

また、考古学的見地からしても、川中島平南部に位置する篠ノ井の塩崎遺跡群からは渡来系弥生人の人骨が出土している。さらにその墓は西日本に見られる木棺墓である。塩崎遺跡群は弥生時代前期後半から平安時代までの複合集落遺跡群だが、その規模の大きさから見て、弥生時代にはかなりの渡来系の人々が住まいしていたと考えられる。

令和五（二〇二三）年一月、衝撃的なニュースがもたらされた。この塩崎遺跡群から中部・関東では出土がまれな弥生時代前期（紀元前三、四世紀ごろ）の北部九州の遠賀川《おんががわ》系統の土器が数百点まとまって見つかったのだ。塩崎遺跡群は千曲川左岸沿いにある遺跡群である。

以上のことから、海人系の人々が北部九州から川中島から篠ノ井の地にやって来ていた可能性は極めて高い。私はそれが安曇族であったと考えている。

五　海人族のもう一つの目的は鉱山・砂鉄探しか

信濃国の場合、なぜ彼らがこんな山奥にまで入り込んだのか、その強力な理由が今ひとつ確定できない。前記の玉依比賣神社から南東一キロメートルのところに赤柴銅山がある。戦国時代、武田信玄が発見したとされ、江戸時代から昭和三十年代半ばまで採掘され、かなり良質な銅を産出したという。安曇族は稲作の適地探しばかりでなく、銅あるいは鉄が出てくるようになると、鉱山探しなどを日本各地で行った可能性がある。赤柴銅山は戦国時代どころかもしかしたら、もっと古く安曇族によって発見されていたのかも知れない。

　宇都志日金拆命は、宇都志＝顕（あらわれる）、日金＝金属、拆＝拓くと解釈すると、どうも川中島平に安曇族が上陸した目的は、弥生時代初期には銅山探し、そして鉄が登場してくると砂鉄や鉄鉱石といった鉱山探しも目的の一つであったのではないだろうか。

　話は飛ぶが、千曲川を遡ると、長野県佐久に行き着く。「佐久」は「宇都志日金拆命」の「拆《さく》」から付いた地名であろう。この地には海ノ口を始め、海瀬、小海、海尻など多くの海に関わる地名が残る。また、その中心には新海三社神社（祭神：興波岐命・健御名方命・事代主命）が祀られているが、この主神興波岐《おぎはぎ》命は別名「新開の神」と言われ、「新開」は「にいさく」と読む。つまり「新海」＝「新開」＝「新拆」であり、「宇都志日金拆命」に通じる。

　信濃川から千曲川経由で進入してきた海人族の一派は犀川を遡上して安曇野へ、またもう一派は千曲川を遡上して佐久へ、その要となったのが、善光寺平の中心川中島平（川中島〜篠ノ井）であると考えられる。

先ほどの鉱山探しの話に戻そう。思えば安曇族の本拠地とされる志賀島の志賀海神社の例祭で行われる「山誉種蒔漁猟祭」は「やまほめたねまきかりすなどりのまつり」と呼ばれ、種まき、鹿猟、鯛釣りの所作が神職により行われる。

不思議なことは「漁猟」の部分を「かりすなどり」と呼ぶことだ。「かり（猟）」は分かる。鹿などの獣を狩るという意味にとれる。では、「すなどり」は『広辞苑』によれば「漁り」すなわち、「魚貝類を獲ること」とある。『万葉集』にも「志賀の浦漁《すなど》りする海人《あま》……」という歌がある。

しかし、私がこだわるのは「すな」の意味だ。もしかしたら魚や貝を獲ること以外に浜の砂鉄を採取することも、この「すなどり」という言葉には込められているのではないのか。

「すなどる」の語源が不勉強でわからないのでもどかしいが、私は「す＝洲」「な＝渚」であろうかと思う。「漁る」は「あさる」とも読む。つまり、「すなどる」は、洲や渚、あるいは浜辺であさること、砂鉄などを探すことも意味するのではないかと思う。

写真７　志賀海神社参道におかれた清めの「御潮井」

志賀海神社をはじめ志賀島の家々では、浄《きよ》めに塩を用いず、「御潮井《おしおい》」と呼ぶ浜砂を用いる。私はこうした慣習から、砂鉄採取を大事にした海人族の姿を思い浮かべる。したがって「漁猟」は、魚を獲ることと砂鉄を採取することの二つを意味するのかも知れない。

穂高神社の式年遷宮祭でも、わざわざ志賀島から浜砂を大量に運び、本殿の周囲にその砂をまく「玄海の砂持ち行事」が行われる。海人族が日本各地に向かった目的の一つに案外、鉱山や砂鉄探しがあったのではないかと考えている。

弥生時代は稲作・養蚕・金属器使用という、縄文時代とは全く違う文化が誕生した時代である。島国日本には大陸から渡来した人々の新文化持ち込みなくして、その発展はのぞめなかったと考えるのが、最も合理的であろう。

ヤマト王権（邪馬台国とヤマト王権は別物と私は考えている）に反逆した九州王朝の生き残りが案外、信濃国したがって私たちの祖先であったという推理は、的が外れていないように思えるのだが……。

主な参考文献

長野県更級郡役所『更級郡誌』（一九一四年　信濃毎日新聞社）
『長野市誌　第九巻　旧市町村史編』（二〇〇一年　長野市）
『塩崎村史』（一九七一年　塩崎村史刊行会）
宮地直一『穂高神社史』（一九四九年　穂高神社）
『岩波講座日本通史　第二巻　古代1』（一九九三年　岩波書店）
『日本の古代3　海をこえての交流』（一九八六年　中央公論社）
田村圓澄・荒木博之編『古代海人の謎』（一九九一年　海鳥社）
大和岩雄『信濃古代史考』（二〇一三年　大和書房）
亀山　勝『安曇族と徐福』（二〇〇九年　龍鳳書房）
亀山　勝『弥生時代を拓いた安曇族Ⅰ・Ⅱ』（二〇一三年・二〇〇五年　龍鳳書房）
長野正孝『古代史の謎は「海路」で解ける』（二〇一五年　ＰＨＰ研究所）

福永武彦『現代語訳　古事記』（二〇〇三年　河出書房新社）
福永武彦『現代語訳　日本書紀』（二〇〇五年　河出書房新社）
宇治谷孟『続日本紀　上・中・下』（一九九二年～一九九五年　講談社）
金富軾・井上秀雄訳『三国史記1～3』（一九八〇年～一九八六年　平凡社）

九、安曇人の信仰―海から山への神々【安曇野】

穂高神社名誉宮司　小平　弘起

北アルプスの眺望と田園風景が広がる安曇野。平成二十四年十月七日、豊科インターから安曇野インターに名称変更（全国で三例目）され、名実共に安曇野になった。かつては松本盆地の内の安曇平、武者小路実篤の書簡、若山牧水の短歌会で「野」が使われ、郷土出身作家、臼井吉見により安曇野が全国に知られることとなった。

そのインターから車で一〇分ほど、深い緑に覆われて標高五四三メートルの地に穂高神社が鎮座されている。神社から西には常念岳、有明山がどっしりと構え、朝な夕な仰いでは安曇人の心を和ませ、活力を与えてくれる。有明山は有明山神社の神体山として信仰されている。常念岳の西南の奥山にアルピニスト憧れの峰宮を祀る奥穂高岳（三一九〇メートル）を主峰とする穂高連峰と槍ヶ岳（三一八〇メートル）が聳え立つ。槍ヶ岳を源流とする梓川と高瀬川、その他、大小の川は水清く豊かで田園を潤す。梓川（梓橋南）付近と高瀬川（大町市常盤）の間（約二二キロメートル）が安曇野の範囲であることが穂高神社古文書、三宮穂高社御造宮定日記＝文明十五（一四八三）年、一一巻、市文化財＝によって知ることができる。今も安曇野の範囲は変わらない。その安曇野に太古、安曇族が「いつ」「どこから」「どうして」来たのか、謎は解明されていなかったが、近年安曇野への移住は、弥生時代であると安曇族研究会の人たちにより明らかになった。

太古、信州への移住は主に安曇族と出雲族が考えられている。出雲族は諏訪湖の辺りに諏訪大社を創祀。出雲族の進入経路はヒスイの産地に近い糸魚川（新潟県）よりと伝え、深い山中をぬけ小谷・白馬→大町市→安曇野→松本→塩尻峠→諏訪が素直な道であるにもかかわらず、白馬付近より左折、善光寺平を上り上田→和田峠（ワタツミの和田か）、他の峠より→諏訪の地に。安曇野には安曇族が先に定住しており、安曇族の神々への敬意と、無用な争いを避けて左折したものと諏訪地方では語られている。

山国信州に移住した安曇族は、よくぞ「安曇」の固有名詞を地名とされた。遥か遠い故郷、安曇族の活躍と誇りなど、強い思いを地名として残したのではないだろうか。

強い思いや深い考えは信仰に繋がり、形となったのが安曇野の祭りに登場する「御船《おふね》」と呼ばれる山車。安曇野では氏神様を祀る神社が七八社あり、その内、海神を祀る神社は住吉神社と穂高神社だけにもかかわらず、戦前では四八神社、現在でも二四神社ほどが、祭りには地域により構造や大小は異なるものの「御船」が奉納される。安曇野の安曇族を象徴するのが「御船」である。御船五艘が奉納される穂高神社の例祭「御船祭り」には大勢の人たちが訪れる。

穂高神社は本宮（里宮）・奥宮・嶺宮から成り立っているが、当神社の創祀は自然発生的に生じたものと考えられる。本宮の祭神は綿津見神の御子神、穂高見命を主祭神に、綿津見神、天孫降臨神話のニニギ神の三柱の神々をお祀りする。志賀島の志賀海神社の御本殿には綿津見神三柱、境内の今宮社には穂高見命が祀られており、志賀海神社は穂高神社の御本社であるといえる。

当神社の本殿には特徴があり、屋根の最上部に置かれる勝男木《かつおぎ》は、釣竿を無造作に差しかけた型と言われ、海神を祀るに相応しい御本殿で「穂高造り」と言う（写真1）。

例祭は御船祭と称えられ親しまれている。安曇野が収穫の秋九月二十七日（明治の新暦前七月二十七日）に

写真１　本殿（左より３宮目）の屋根に注目。勝男木が全国でも他例がないつくり「穂高造り」と言われる。

写真２　御船祭り　名称は優雅だが、本格派のケンカ祭りで、巨大な祭り船が激しく正面からぶつかりあう。

斎行され、大人船二艘、子供船三艘（県指定無形民俗文化財）が神前に奉納される。船上には歴史場面などの穂高人形の飾り物が飾られ、安曇人たちが神に捧げる心意気が勇壮な祭りを醸し出す（写真2）。

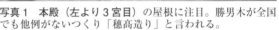

　祭りの起因は天智天皇二（六六三）年、先大将軍・阿曇比羅夫連《むらじ》が朝鮮半島白村江《はくすきのえ》に船団を率いて八月二十七日、唐と新羅の水軍と戦うも大敗。日本書紀に「水に赴き溺れ死ぬる者衆《おお》し」とある。御船祭は、阿曇比羅夫連を偲び、安曇族を称えたのが起りだと伝えられている。船上の穂高人形の飾り物はその勇姿を人形に模して飾ったのが始まりと言われている。境内の若宮社（志賀海神社の今宮社に当る）には阿曇比羅夫命がお伽草子の物草太《ものぐさた》郎《ろう》と共に相殿の神として祀られている。

　本宮より車で一時間半、景勝地・上高地の河童橋に着く。水温一〇度に満たない清き梓川、標高一五〇〇メートルの地は別世界。明治以前はこの地を神合地、神垣内、神河地、神降地、梓川は宮川とも書かれ、

写真３　御船神事　上高地の明神池で秋10月に行われる奥宮の御船神事。この〝清浄さ〟は何に例えられようか。海の民（阿曇族）が、山の〝神気〟に魅せられたのか……。

神々を祀る神聖な浄地であった。河童橋から四キロメートル、穂高連峰の支峰・明神岳（二九三一メートル）の直下に奥宮が鎮座。御祭神は穂高見命で山の守り神として祀られている。御本殿よりわずか奥に湧水を湛えた明神池は一の池、二の池からなり、かつては鏡池・霊湖と記され、山と明神池の対象は神秘的で神宿る所であることが元禄六年の古文書でも明らかである。かつては奥宮まで道なき道を一泊二日で登り、帰りは一日で下ったもので、奥宮への道は遠く厳しいものであったが、神々に近づく尊い道であった。

　昭和十五年より毎年例祭を斎行、昭和二十六年より本宮の御船に因み、御船二艘を浮かべ、山の精霊を招き、山の安全と天下泰平を祈り一周する。祭日は紅葉が始まる十月八日である（写真３）。

　元禄六（一六九三）年の古文書には「比の岳清浄にして幣帛《へいはく》の如し」とあり、松本藩信府統記（享保九年・一七二四年）には、「祭神穂高大明神、往古穂高岳に神のかりの姿として現れ、後に神合地に鎮座したので、号を穂高と称するに至ったのであろう」といって、穂高岳そのものが祭神であり、天孫降臨信仰に基づいている。大正年代、奥穂高岳頂上に嶺宮を建立、現在は石造りの洞に日本アルプス総鎮守として穂高見命をお組りしている。

　玄界灘の志賀の海の海神が、北アルプスの主峰にして険しく切り立つ岩肌の奥穂高岳の頂上に鎮まることは、自然崇拝の特異な例であり、海の神の高い御神徳と安曇族の壮大な物語が秘められている。

十、山陰における海人系神話の回廊【米子】

伯耆の古代を考える会　黒田　一正

写真１　宗形神社　米子市に鎮座、檜皮葺き屋根が美しい。

序章　二つの視点から山陰の海人系譜をたどる

鳥取県米子市には、上安曇《かみあづま》と下安曇《しまあづま》という地名がある。これは『和名抄』にいう「会見郡安曇郷」の遺称地である。また、この安曇の近くには式内社の宗形神社（写真１）が鎮座する。わずかな痕跡ではあるが、米子市周辺には、九州からの人々―阿（安）曇族・宗像族などの移住があったと推定されるのである。

なぜ、米子に九州の直接的な影響が及んだのか、二つの視点で、探ってみたい。

一つは九州と山陰の弥生以来の交流の歴史、そして大きな画期として、六世紀に九州で起こった磐井の乱が、山陰にどのような影響を与えたかを検証する。

もう一つは、畿内との交流によってもたらされる海人文化の足跡をたどってみたい。

第一章　九州と山陰の交流

弥生時代、あるいはもっと古い時代から、九州と山陰は日常的な交流をかさねてきた。鳥取県の青谷上寺地遺跡からは、弥生人の人骨が大量に出土し、山口県の土井ヶ浜遺跡の弥生人骨、島根県の古浦遺跡の弥生人骨との比較から、同じ系統に属する人々の流入と考えられる。この流れが、九州とつながるのか、朝鮮半島と直接的につながるのか、いずれにしろ、西から東への文化伝播があったことがわかる。

こうした交流の上に、オホナムチと宗像女神の婚姻、崇神紀の出雲振根が筑紫に出向いたという伝承などが語られることになる。

さらに、山陰と九州の交流を決定づけたのが、五二七年に九州で起きた磐井の乱である。この乱の後、急速に出雲から伯耆にかけての古墳文化に九州的な影響が強まる。なかでも、米子市淀江町は、その痕跡が集中的に残された地域である。

淀江は弥生時代の妻木晩田《むきばんだ》遺跡、古墳時代の国際色豊かな福岡古墳群、白鳳期には法隆寺と並ぶ装飾壁画を誇った上淀《かみよど》廃寺など、継続的に高い文化が営まれた地域である。

ここから、本州では唯一の石馬《いしうま》が出土している。この石馬は、磐井の乱の首謀者・磐井の君が造営した岩戸山古墳の石人《せきじん》・石馬《せきば》の影響ではないかと考えられている。さらに、「新家《にいのみ》」と書かれた墨書土器が出土している。これは宣化紀に「那津の官家」に穀物を送る氏族として、物部麁鹿火《あらかひ》の命により新家連《にいのみのむらじ》がその任にあたった記事がある。「那津の官家」は磐井の乱後に、ヤマト政権が九州に打ち込んだ楔である。

写真2　高杉神社が祀られる孝霊山　背後にかすんで見えるのが孝霊山。

淀江の「新家」は、この九州の戦後処理に関わった新家連の可能性が考えられている。

　また、淀江には「津守」という地名があり、そこに上津守神社が祀られているが、これは住吉大社を祀る津守氏系の人々によって祀られた神社と考えられる。この津守氏は住吉大社が鎮座する摂津を本拠とし、磐井の乱後に九州に進出したとされる。この津守氏が、淀江に痕跡を残しているのである。

　もうひとつ、孝麗山《こうれいさん》のふもとに鎮座する高杉神社にふれておきたい。この神社には景行天皇が祀られている（写真2）。その神社の裏山には宮内古墳群があり、大きなくくりでいえば、九州的な影響を受けている。その神社になぜ景行天皇が祀られるのであろうか。

　孝麗山は地元では「かわら山」呼ばれる。また『文徳実録』によれば、斉衡《さいこう》三（八五六）年に「伯耆の大帯孫神が従五位上を授かった」とあり、この「大帯孫神」が高杉神社の祭神とされる。景行天皇は別名「大足彦《おおたらしひこ》」である。この景行天皇を祖とするのが、九州の高良《こうら》神社を祀る水沼《みぬま》の君である。高良神社は一名「かわらの神」であり、宇佐の香春社《かわらしや》と同神だといわれる。おそらくは、淀江に水沼氏系の氏族がやってきて、背後の山を「かわら山」とよんだのではないだろうか。

　以上、淀江の九州的痕跡を紹介した。

第二章　因幡の海人族の系譜をたどる

写真3　加知彌神社　ヒコホホデミを祀る。

因幡国気多《けた》郡の式内社・加知彌《かちみ》神社は、海神のヒコホホデミを祀る（写真3）。この神社に関わるのは勝《かつ》部《べ》氏である。この勝部氏の本拠である気多郡勝部郷には、神前神社があり、その社伝によれば、「当社は元大和国葛城に鎮座したが、雄略天皇のころ摂津国神前の里に移り、降って慶雲四（七〇七）年に鳴滝村美古峯、至徳二（一三八五）年に鳴滝村亀山（現宮坂）に遷座し今日に至る」という。祭神はサルタヒコである。

この社伝はある程度の歴史的事実を含んでいる。摂津国三島に太田神社が鎮座し、サルタヒコを祀るが、この神社の祭祀氏族が勝部氏である。

『播磨国風土記』によれば、三島の勝部氏は、むかし韓国から紀伊国名草郡の大田村に渡ってきて、その後分かれて摂津国三島上郡の大田村に移り、さらに播磨国揖保郡の大田の里に至った」とある。この播磨の勝部氏がさらに因幡に移動してきた可能性が高い。この痕跡を、以下「第三章　摂津―海人族と畿内勢力の交流の場」「第四章　丹後の海人系と尾張氏と日置氏」のなかでたどってみたい。

第三章　摂津―海人族と畿内勢力の交流の場

勝部氏の紀伊↓摂津↓播磨の移動伝承から思い浮かぶのが、同じ『播磨国風土記』揖保《いぼ》郡の石海《いわみ》の里と浦上の里の記事である。難波の浦上にいた安曇連百足《ももたり》がこの地に移り、当地の「百枝の稲」を天皇に献上し、その功績により、安曇連太牟《たむ》が派遣され、石海の人夫を召して当地を開墾したという話である。九州の海人の長であった安曇氏は、ヤマト政権との関わりから、中央に進出。摂津国西成郡安曇郷の地を拠点に、広く海部全般を統率する地位を得たとされる。

住吉大社の境内社には式内社の大海神社があり、豊玉彦・豊玉姫・大綿津見など安曇系の神々を祀っており、津守氏と安曇氏の関係の深さを物語る。また三島鴨神社も、大和の葛城から摂津に進出してきたカモ氏の祀る事代主と海人系の大山積神を合わせて祀る。

このように摂津という地は、畿内の氏族と海人族が密接な関係を結んだ場所として重要である。

先ほどの播磨の安曇氏に戻ると、摂津には新屋坐天照御魂《にいやにいますあまてるみたま》神社三社（福井。上河原・西河原）が鎮座するが、西河原の神社の境内社に磯良神社がある。この神社は古くから「玉の井」とか「疣水《いぼみず》神社」と呼ばれ、「イボの神」である。谷川健一氏は、このイボは「飯粒」と関連し、播磨国の揖保郡と結び付けている。

播磨国の揖保郡にも天照神社があり、新屋坐天照御魂神社と同じ「火明命《ほあかりのみこと》」を祀る。この「火明命」を肥る天照御魂系の神社は、大和の他国坐天照御魂神社（尾張氏）・鏡作坐天照御魂神社（尾張氏）、山代の木島坐天照御魂神社（尾張氏↓秦）、それに摂津の新屋坐天照御魂神社（物部氏）など畿内を中心に鎮座する。いずれも海人族と関わりの深い尾張氏と物部氏が関わる神社である。

尾張氏と物部氏は密接であり、『旧事本紀』には尾張氏の祖神「火明命」と物部氏の祖神「饒速日命《にぎはやひのみこと》」を「天照国照彦天火明櫛玉饒速日尊」として、同一神であるとする。

しかし、この神名を見ると、「天火明」と「饒速日尊」を結ぶ「櫛玉」という神の存在が注目される。この「櫛玉」は、天孫降臨神話で瓊瓊杵尊《ににぎのみこと》の従者の一人「櫛玉神」のことであろう。この「櫛玉神」を祀るのが「日置氏」である。

ではこの日置氏がどう尾張氏や物部氏、あるいは日神祭祀に関わるのであろうか。

第四章　丹後の海人族―尾張氏と日置氏を結ぶ

丹後国与謝郷に海部氏が祀る籠《この》神社がある。奥宮と本宮があるが、奥宮の祭神は天照大神・豊受大神などを祀る。

本宮は海部氏の祖神・火明命を祀る。この神社には日本最古といわれる「海部氏系図」が伝わっている。「海部氏系図」は「本系図」と「勘注《かんちゅう》系図」の二種があるが、「勘注系図」によれば、彦火明命から始まる系図の十三世の孫・志理都彦命《しりつひこのみこと》の弟・尻綱根命《しりつなねのみこと》が尾張氏の祖と記されている。

尾張国には海部郷があり、尾張氏と海部氏は密接であるが、この関係を『古代海部氏の系図』の著者・金久与市氏は「元は丹波の海部氏が大和葛城の高尾張邑に移住し、高尾張氏を名乗り四世紀ごろ尾張へ移動した」と考察されている。

しかし事実は逆で、大和の葛城の高尾張邑か尾張国か、いずれかを本拠とする尾張氏が摂津に進出し、海人族との関係を深め、丹後の海部氏が祀る籠神社とも関係を持ったと考えられる。

この籠神社に隣接して、丹後国日置郷があるが、ここには浦島太郎の伝承が残されている。浦島太郎が竜宮城に行った話だが、これは海神の宮を訪れるヒコホホデミと重なる物語である。日置氏は海人族ではないが、籠神社に隣接し、海人系の伝承を持っていたことは重要である。

籠神社に進出してきた尾張氏と日置氏は密接である。尾張国には日置郷があり、大和国の尾張氏の拠点と日置氏の本来的な拠点である大和国上葛郡日置郷は近い距離にある。『新撰姓氏録』によれば、摂津や河内などにも日置氏の存在は確認できる。

日置氏は名が示すとおり日神祭祀に関わる氏族である。当然、籠神社や畿内の天照御魂神社の日神祭祀に関わったと思われる。尾張氏と物部を結ぶ役割は、このような状況下で醸成されていったのではないだろうか。

終章　山陰と畿内・九州を結ぶ日置氏と勝部氏

因幡の気多郡には勝部郷と隣接して日置郷がある。この勝部と日置は出雲にも姿を現す。出雲国大原郡の大領を務めるのが勝部氏であり、出雲国出雲郡の大領が日置氏である。

この日置氏は、先述したように大和国上葛郡日置郷を本拠地とするが、『出雲国風土記』の神門郡日置郷の条に「欽明天皇の時代に出雲に遣わされて、留まって、祭りごとをなす」と記されている。出雲西部地域は斐伊川《ひいかわ》という荒れ川が開墾を阻んでいたが、六世紀代に河内地域の開拓に関わった渡来系技術者集団が出雲に移動し、斐伊川を中心とする開拓を行ったといわれている。日置氏や勝部氏の出雲への登場もそうした動きと連動していると思われる。

摂津や河内を基点にして、勝部は摂津→播磨→吉備（後の美作）を経て因幡・伯耆・出雲へ進出するルート、日置は日本海沿岸の丹後→但馬を経由して、因幡・出雲へ進出するルート、二つの経路が想定される。とくに日置の経路は、海部、あるいは安曇の山陰進出のルートと重なる。

出雲の北方海上に位置する隠岐国には、海部と安曇ら海人が濃厚な分布を示すが、この隠岐国における海人の結集は、欽明朝以後のヤマト王権による対新羅政策によるものである。その際、海人に課された任務は、日常的な海の幸の貢納というより、緊急時の軍事力であったと思われる（加藤謙吉「隠岐の氏族・部民と畿内政権」『原始・古代の日本海文化』）。

このようにみてくると、全国各地に点在する海人の痕跡をたどる場合、たんに九州起点の視点にこだわるのではなく、中央化した安曇族の、ヤマト王権による重要拠点への再配置という視点も重要であろう。

そのような視点に立てば、軍事面での対新羅の前哨基地としての隠岐国の海人集結、対東国の前哨基地としての信濃国の安曇族配置の可能性がみえてくる。さらに祭祀面においては、出雲におけるオオナムチ祭祀は対新羅、能登国気多大社におけるオオナムチ祭祀は対渤海、薩摩国におけるオオナムチ祭祀は対隼人、常陸国におけるオオナムチ示現は対蝦夷を意識した祭祀構造であろう。

欽明朝においては、軍事面は物部氏・尾張氏などが担い、その軍事力による支配の正当性を、日置氏の日神祭祀のイデオロギーがバックアップする政策がとられた（上田正昭「祭官の成立」『日本古代国家論究』）。

全国各地に分布する海人、そこに重なるように日置氏の存在が散見されるのは、そのような背景が推考されるのである。

十一、近江・安曇川《あどがわ》の阿曇族の足跡

高島歴史民俗資料館　白井　忠雄

一　はじめに

安曇川の水源は京都市左京区大見町《おおみ》にあり、花折峠《はなおれ》から本流は北上し丹波高地と滋賀県側の比良《ひら》山地との間を流れ、花折断層を超えて高島市朽木市場で東流し、朽木渓谷・高島平野を形成しながら琵琶湖に流れ込む。河口部は江若国境《こうじゃく》（近江と若狭の境）の山並みが望める景勝の地である。

安曇川の地域史については、安曇川の河口の北船木に住まいされて日本民俗学の泰斗で木地師の研究を長らくされていた橋本鉄男先生の著書群が大いに参考となる。その中で、昭和五十九年に刊行された『安曇川町史』には、橋本先生の独特の筆致による「海人《かいじん》の系譜」の章が記されている。もちろんこれはいわゆる古代安曇族《あづみ》における論考である。

高島市あづみ族勉強会の誕生

・平成二十二年八月二十三日、安曇川町下古賀「畊心菴《こうしんあん》」において、仮称「安曇《あど》あづみの会」【ゆかりの地を訪ねる会】の設立総会が発起人代表霜降利男さんによって開催され、霜降さんは重責の会長に推挙され満場一致で選ばれた。以後、「安曇ゆかりの地」との交流会と行動を共にすることとなっていく。

・「安曇あづみの会」は、平成二十五（二〇一三）年五月三十日の勉強会において「高島市あづみ族勉強会」に名称変更し、現在に至る。

二　高島の「安曇」関連地名から観る

近江の海人については、先に記した『安曇川町史』（昭和五十九〈一九八四〉年十一月発行）に詳細が記されており、ここではその要点について書き記すこととする。

安曇の地名については、安曇川の左岸高島市新旭町大字安井川の字限図に「安曇《あど》」という小字名が残っている。場所的には、安曇川町常盤木《ときわぎ》から安曇川を渡り新旭町安井川に架かる橋「常安橋《じょうあんばし》—常盤木と安井川に架かる橋」の北詰に細長く「安曇」の地名が残る。地名の残る場所は、現在は田地として耕作されている。

万葉集には、「安曇」・「安曇川」と記される歌が詠まれている。（『安曇川町史』より抜粋）

・竹島《たかしま》の阿戸《あど》白波は動《さわ》げども吾《われ》は家思ふ廬《いおり》　悲しみ（巻七　一二三八）
・高島の阿《あ》渡《ど》川波は騒《さわ》げども吾は家思ふ宿《やどり》　悲しみ（巻九　一六九〇）
・率《あど》ひ《も》て榜《こ》ぎ去にし船は高島の足《あ》利《ど》の水門《みなと》に泊てにけむかも（高市の歌一首　巻九　一七一八）
・高島の足利の湖《みなと》を榜ぎ過ぎて塩津菅浦今は榜がなむ（小辨の歌一首　巻九　一七三四）

・霞降り遠淡海《とつおうみ》の吾跡《あど》川楊《やなぎ》　苅れれどもまたも生《お》ふとふ余跡《あど》川楊（巻七　一二九三）

高島市内周辺地域の安曇族に関する地名は、安曇《あど》川町《がわちょう》上古賀「天川《あまがわ》」・安曇川町中央「雨ケ森《あまがもり》」・新旭町安井川「安曇《あど》」・新旭町太田「安曇連《あづみのむらじ》」・同「阿曇比羅夫《あづみのひらふ》の石碑」・今津町南浜「天川《あまかわ》」・福井県若狭町「海士坂《あまさか》」と県境の「天増川《あますがわ》」などがある。

以上、地名などから安曇川流域の地に、海人族の安曇族が生活していたであろうと想定される。安曇族は、北部九州の宗像から奴国にかけて蟠踞《ばんきょ》していた一族であろうといわれる。今から約二五〇〇年前におこった弥生文化の担い手であり、彼らのルーツは中国大陸および朝鮮半島と推察され、一族の生活文化は半農半漁民であったと考える。彼らは、まず北部九州に新たなムラを作りクニへと発展させていく過程において、その半農半漁文化を各地に拡散させ、それが日本列島全体の弥生文化の伝播として繋がり、現在の稲作農耕の基礎を形成したものであり、その流れの一つが、安曇川流域に残る地名群と捉えられる。

三　考古遺跡から観る

平成二十六年は、国鉄・JR湖西線が開通してから四〇年の年にあたる。開業の翌年である昭和五十（一九七五）年、安曇川駅から国道一六一号線までの区画整備事業が着手され、水田面下より多くの土器片が出土し安曇川町役場の知るところとなり、遺跡の発見に繋がることとなった。周辺には以前から南市東遺跡が周知されていたが、この遺跡が東南に広がる可能性が出てきた。そこで、昭和五十一年四月の第一次調査を皮切りに、以後安曇川町教育委員会から平成十七（二〇〇五）年一月の町村合併によって誕生した高島市教育委員会へと調査が引き継がれていき、三十四次に及ぶ発掘調査が実施されている。

これらの遺跡の調査から、遺跡の範囲は、安曇川駅東部一帯に広がり、面積も約三万平方メートル以上となっている。弥生時代中期から室町時代にかけての複合遺跡であることが判明し、とりわけ弥生時代後期と古墳時代中期の遺構・遺物が多く見受けられる。標高は八六メートル前後（琵琶湖標準水位＋八四・三七一メートル）である。

遺構面のベース層としては、黄色粘質土層で形成されている。この層は北西へと繋がっていき、次に下《しも》五反田《ごたんだ》遺跡・下ノ城《しものしろ》遺跡・八反田《はったんだ》遺跡に続くものと考える。遺跡の東南方向には、三尾里《みおざと》小字婦希《ふけ》に通称「底無し」と呼ばれる低湿地が広がり、このあたりが遺跡の端と考える（婦希は大和長谷寺の観音霊木信仰伝承地）。

弥生時代後期を中心に検出された遺構は、竪穴住居群で二〇棟以上を数えており、全体としては四〇棟程度の集落構成と想定されている。住居跡の平面形は、円形と方形が混在しているようである。円形住居の場合、直径が七メートル前後で、深さは約三〇センチ、床面には四本柱が据えられ、その中央には炉跡が見られ、大量の焼土や炭が見つかっている、方形住居については、床面に設けられた柱穴の数により、四本・二本・柱穴無（置き柱）の三種に分類できそうである。昭和五十三年の第七次調査区において検出された六号住居跡は、一辺の長さが5メートル前後で、深さが二〇～三〇センチで、四本柱の中央に凹み状の炉跡があり、焼土や炭が検出された。七号住居跡は、一辺が四・五メートル前後、深さが二〇～二五センチで、床面には二本柱跡があった。

五号住居跡は、一辺が五メートル、竪穴の深さが一六センチで置き柱の構造であった。円形並びに方形という竪穴住居のプランの違いや主柱の本数の違いについては、家族構成や寄棟造り・切妻造り・入母屋造りといった住居の屋根の造り、および微妙な築造時期における変化がこのバリエーションをつくったものと考える。

特殊な住居として、八号住居跡がある。この住居の平面プランは五角形に近い形態で、直径は七・七～八・〇メートル、深さは三〇センチの規模をもち床面には五本柱があり、その中央部に凹み状の炉跡が検出された。南壁に接して貯蔵穴が穿たれていた。このような五角形住居跡については、その特異性から村長の住居の可能性をのぞかせる。近年の発掘においては、この五角形住居の北西に位置する第三十二次調査において、土壙（井戸跡？）内から高床倉庫に伴う丸太状の刻み階段一本が出土しており、共同体における倉庫管理に伴う家としての位置づけができるのかもしれない。南市東遺跡から検出された各住居跡群は、深さが約三〇《チセン》と残存度が非常に良く、住居群は集落の東南に位置すると考えられ、今後の調査に期待するところが大きい。

墓域は住居群より北西の位置で検出された。昭和五十一年の秋から冬にかけ、安曇川駅前の東口広場建設工事に伴う第二次調査が行われ、一四基にもおよぶ方形周溝墓群が確認された。このことから、駅前広場周辺には十数基からなる墓域が形成されていたと考える。時期的には、中期後半期が一基、後期が一四基、庄内期が一基であった。これらの方形周溝墓は一辺が六・五～九《メートル》で、幅は〇・五～二《メートル》、深さ〇・三～一・七《メートル》の周溝が巡っている。台上部および周溝内からは、まとまった供献土器は発見されなかった。このことについては、盛土等が後世の開墾などに際して、大きく削平を受けたと考える。特異な遺物として、後期の築造にかかる一号周溝墓の溝底において、二条の半円状の溝をもつ玉砥石が出土している。

弥生時代全般をみると、方形周溝墓の墓制は畿内において弥生時代前期に創出され、後期まで脈々と造墓活動が営まれるなか、関東および北陸へと伝播していく。その過程で南市東遺跡においても稲作文化の浸透と共に造墓されたものといえる。このことから、南市東遺跡は畿内系弥生文化を享受したといえる。

話を戻すと、北部九州に登場した海人族いわゆる安曇族の一派が、諸経路を伝って日本列島に彼らの文化を伝えることによって、例えば地名などが残されていったと推測され、また同行動の時期は弥生時代であろうと考えられている。その意味から、安曇川町に所在する南市東遺跡は、周辺に残る地名および所属する遺跡の時期から、安曇系の遺跡であると考えるのが妥当であるが、住居跡内から出土する土器群および方形周溝墓などの墓制からは、畿内系弥生文化が根底に流れている。そこに若干の違和感がある……。

安曇川左岸北側には弥生文化の遺跡として針江遺跡群(平野の集落)をはじめ高地性集落の熊野本遺跡があり、弥生集落の動向が気にかかるところである。熊野本遺跡の南には戦国期の清水山城館遺跡が所在しており、この辺りの高地の特殊性を覗かせているのかもしれない。

四　新たに調査された天神畑・上御殿遺跡

鴨川補助広域基幹河川改修工事事業(青井川)に伴う天神畑《てんじんばた》・上御殿《かみごてん》遺跡は、青井川の流れに沿って平成十九(二〇〇七)年に試掘調査、平成二十年から平成二十六年まで滋賀県教育委員会・公益財団法人滋賀県文化財保護協会が発掘調査を実施され、多くの成果を収めている。調査成果は、中世の馬具・室町時代のこけら経、奈良時代後半から平安時代初めの居宅や人形代・斎串を用いた水辺の祭祀跡、古墳時代中期の木棺墓や同期の石釧片などの出土、あわせて古墳時代前期の大壁造り建物と考えられる構造物跡の検出と多彩を極めた。平成二十五(二〇一三)年度には国内初のオルドス系の双環柄頭短剣鋳型(石笵の完形品)が出土するなど、多くの成果が得られた。双環柄頭短剣鋳型については。製品の短剣の形式がオルドス銅剣に求められるが、オルドスの銅剣自体は中国の北方民族における実用短剣であり、今回出土した鋳型を鋳造した場合の短剣の製品は、薄作りでグリップの部分が短く形代・祭祀具として造られるべき品物であったと考える(図1)。

海人および安曇族に関わる遺構・遺物としては、古墳時代前期の所産である大壁造り建物がある。この祖形は朝鮮半島の西南部に見受けられることから、その地域との交流が窺えるとともに、同建物跡周辺調

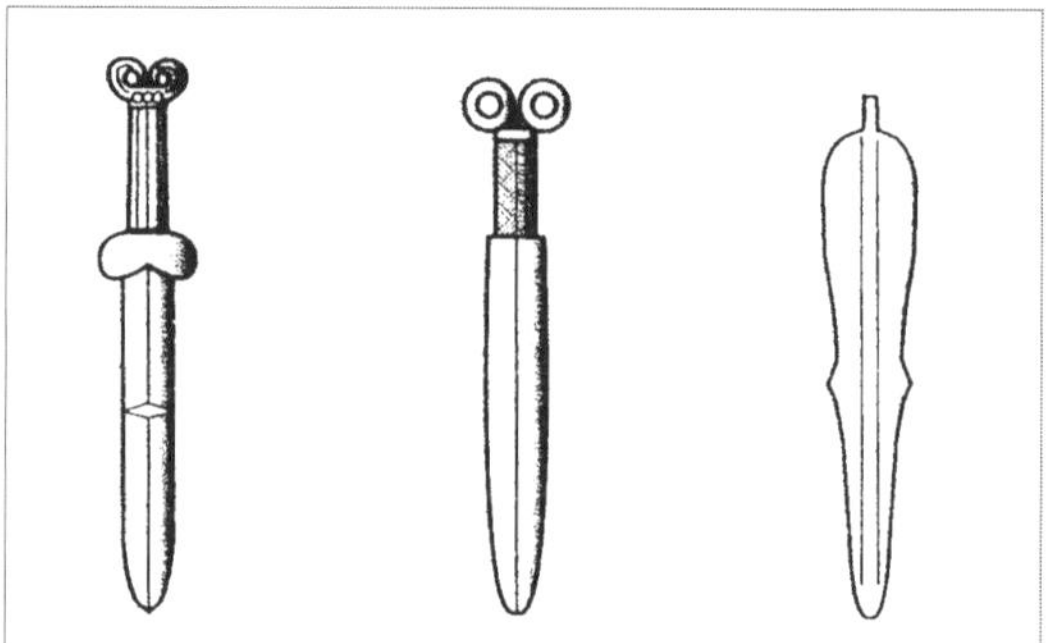

図1　中国北方民族の銅剣　「広報たかしま」№.165号より

査区では朝鮮半島系軟質土器片が多く見られたこともあげておきたい。なお、オルドス系短剣の鋳型が上御殿遺跡にもたらされた経路は謎が多い。

ここに、謎の海人安曇族が介在している可能性があり、今後の資料の増加を待ちたい。

上御殿遺跡の所在する高島市安曇川町三尾里は、日本古代ヲホド王（第二十六代継体天皇）がヒコウシ王とフリヒメとの間に産まれた三尾別業伝承地があり、その地が上《かみ》御殿・下《しも》御殿・御殿川《ごでんがわ》と伝わる。上御殿遺跡の位置は三尾里集落の墓地西にあたる。

五　ミヲ・三尾・澪

古代安曇族が近江に盤踞した安曇川以南地域が三尾郷として呼ばれる。ここで、ミヲについて述べると、ミヲは澪標に繋がり水夫・水脈と関連づけられる。三尾郷の中心には有名な鴨稲荷山古墳が所在し、明治三十五（一九〇二）年八月九日に発見されて以来、ヲホド王を大王に擁立した際の地域連合体の近江三尾氏の族長墓（六世紀前半）と考えられている。もう少し踏み込んで発言すれば、ヲホド王にお妃（稚子媛）をだした三尾角折君の墳墓である可能性もある。副葬品に金銅製広帯二山式宝冠があり（図2）草花の立飾りが三本確認でき、魚形と円形の歩揺《ほよう》が取り付けられてある。私は、草花飾りはゴンドラを模した船であろうと考える。まさに、海人族の末裔の墳墓では……。

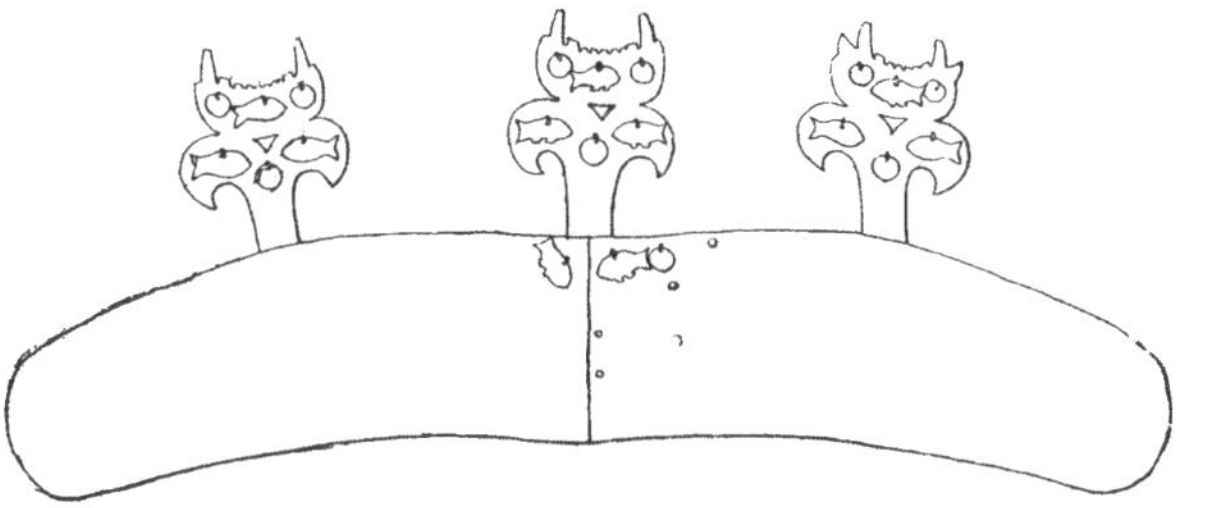

図２　金銅冠復元図　京大報告第八冊『近江国高島郡水尾村古墳』大正12（1923）年より

最近、ヲホド王こと継体大王の墳墓として有名な今城塚古墳の高槻市立今城塚古代歴史館特別館長の森田克行さんがしきりと「水運王継体」を説かれておられる。

これは、水運王、三尾族、安曇族、海人族と遡れる系譜になるかもしれない。

大切な附けたし

オルドス系双環柄頭短剣鋳型については、高島市広報NO.１６５号（二〇一三年十月号）に特集記事として、発見当時の臨場感も含めて掲載させていただいた。現在の研究状況は、季刊『考古学第１３５号』（編集・小林青樹二〇一六年五月一日発行）「特集東アジアの青銅器と弥生文化」に田尻義了氏が、東北アジアの青銅器生産技術―近年の出土資料について―にレポートされている。要旨は「現在のところ、この資料は鋳造に慣れた制作者による鋳型ではなく、試行錯誤しながら製作した鋳型状製品であると位置づけている」と慎重な見解であった。

とはいえ、上御殿遺跡にいた集団は、日本列島において初見であろうオルドス系短剣の形状や鋳造に伴う鋳型の造りを習得していたに違いなく、今まで弥生時代の銅鐸が未発見の高島市としては海人安曇族を視野に入れた研究が待たれる。

平成二十七（二〇一五）年四月に「琵琶湖とその水辺景観」が日本遺産に認定された。構成遺産は、高島市内三か所の文化的景観選定地（海津・西浜・知内の水辺景観、針江・霜降の水辺景観、大溝の水辺景観）と白鬚神社、シコブチ信仰である。

日本遺産とは、文化庁が平成二十七年度から認定を開始された制度で、地域の歴史的魅力や特色を通じて我が国の文化・伝統を語るストーリーを「日本遺産」として認定する遺産である。この中に「シコブチ信仰」が揚げられているが、シコブチ神は筏師を守る神様で安曇川水系に思子淵神社・志古淵神社・思子渕神社などとしてお祀りされている（現在は現役の筏師はいない）。わたしたちの調べた範囲では、シコブチ信仰は安曇川水系のみに分布しているようである。近江の海人安曇族がシコブチ信仰に発展するのであろうか……。

（で、何処かでシコブチ神の伝承などをお持ちの方はご教授くだされたし……）

近年刊行された埋蔵文化財調査報告書

『天神畑遺跡・上御殿遺跡』滋賀県教育委員会・（公財）滋賀県文化財保護協会編集／発行　平成二十五（二〇一三）年

『上御殿遺跡』滋賀県教育委員会・（公財）滋賀県文化財保護協会編集／発行　平成二十六（二〇一六）年

『上御殿遺跡』滋賀県教育委員会・（公財）滋賀県文化財保護協会編集／発行　平成三十一（二〇一九）年

十二、古代の筑紫と北東アジア

海の道むなかた館長
九州大学名誉教授　西谷　正

はじめに

日本列島では西南端部に位置する九州ではあるが、東アジアの地図で見ると、様子が少し変わって見える。古代に筑紫と呼ばれた福岡平野から筑紫平野にかけての地域は、それぞれ七世紀後半には筑紫前国と筑紫後国に、続く八世紀以降には筑前国と筑後国に分割された。その筑前に当る現在の福岡市から東京までの距離およそ九〇〇㌖を反対側の西に測ると、中国大陸東岸の揚子江河口付近に達する。北に目を転じると、朝鮮半島の西側の付け根部分に当る鴨緑江下流域が視野に入ってくる。そして南方では、同じ距離で、琉球列島北部の沖縄に至る。

福岡市は、このような地理的位置から考えて、日本国の首都が東京に移るまでの前近代において、歴史的に東アジアの対外交流の拠点であったことが容易に理解できる。事実、福岡市は、原始・古代から中・近世に至るまで、東アジア諸地域との対外交流を深めながら発展してきたのである。福岡市は、近世初期や近代には一時的にアジア諸国への侵略拠点の一翼を担ったこともあったという、不幸な経験を踏まえて、現代では東アジアの中の重要な交流拠点として、さらにはアジアの中のリーダー都市として、平和で友好的な、そして、繁栄する新たな発展を目指している。

そのような福岡市の歴史は、さかのぼって古代には北東アジアの中の筑紫として、半島や大陸の先進的な技術や文化を受け入れる窓口の役割を果たし、列島の歴史的発展にとって重要な位置を占めてきたのである。

一 歴史のあけぼのと採集生活の発展

八世紀はじめに成立した『古事記』・『日本書紀』の国産み神話の中に初めて登場する筑紫という呼称よりはるか以前に、歴史のあけぼのが認められる。今から二万四〇〇〇～二万五〇〇〇年前の旧石器時代後期のことである。筑紫の故地では各所で、ナイフ形石器・剥片尖頭器・角錐状石器・細石器などの旧石器が発見される。そのうち特に剥片尖頭器と呼ばれる槍先の製作技術は、朝鮮南部から当時は氷床に覆われていた現在の対馬海峡を越えてもたらされたものであろう。

ついで、今から一万三〇〇〇年ほど前に、温暖な気候となり、海水面の上昇に伴って現在に見るような対馬海峡とその周辺の海岸地形が形成されたころになると、朝鮮と日本でそれぞれ櫛目文土器・縄文土器と呼ばれる特色ある土器文化が成立した。その時代の生活基盤の主体は、旧石器時代以来の動・植物の獲得もしくは採集活動によるものであったが、弓矢の発明、多種多様な石器の製作や竪穴住居による定住生活の開始など、採集経済は飛躍的に発展した。そのような縄文文化初期の様子は、福岡市の大原D遺跡や柏原遺跡の発掘成果からうかがうことができる。縄文文化が発展した後期初頭段階の遺跡として、市内西区の桑原飛櫛貝塚《くわばるひぐしかいづか》遺跡では、朝鮮の櫛目文系土器が出土している。対馬海峡沿岸部では、土器ばかりでなく釣針・銛先などの漁労具が共通していたり、西北九州の腰岳《こしだけ》産の黒曜石が朝鮮の南海岸地域に運ばれていたりと、地域間交流の様子がうかがえる。こうした状況が基盤となって、新しい時代を迎えることになった。弥生文化の成立である。

二　農耕社会の形成と展開

今から二四〇〇〜二五〇〇年ほど前に、稲作と金属器に象徴される農耕文化が成立した。福岡市の板付遺跡の環濠集落と周囲の低湿地での水田や、そこからの出土品は初期の農耕文化の様子を彷彿とさせる。少し遅れて築かれた板付田端の甕棺《かめかん》墓《ぼ》には細形の銅剣と銅矛が副葬されていた。これらの先進的な技術や文化は、朝鮮南部に直結するもので、そこからの技術移転もしくは文化移植によって達成されたと考える。その際、おそらくその担い手としての渡来人が果たした役割が大きかったと思われる。福岡市の金隈遺跡《かねのくまいせき》から出土した人骨は、朝鮮南部に特徴的な形質を備えていたのである。

そのようにして始まった弥生時代も中期後半から後期はじめにかけてのころ、つまり、二〇〇〇年ほど前の紀元前後の時期になると、農耕社会は大きく発展した。農耕の開始以後、人口増大に伴って農村も拡大あるいは増加していったが、やがてそれらの村々の統合化が進み、地域的な政治集団の形成へと発展した。さらに、そのような政治集団は、紀元前一〇八年に朝鮮北西部に設置されていた楽浪郡を通じて、漢帝国との間で朝貢・冊封といった外交関係を結んだ。その結果、福岡平野に形成されていた政治集団は、奴国として、また、その首長は奴国王として認証された。そのことを示す物証が福岡市の志賀島出土の「漢委奴国王」金印であり、それと符合する文献史科が、『後漢書』倭伝に見える建武中元二（紀元五八）年の奴国王朝貢の記事である。ここに、福岡平野に形成されていた地域的な政治集団は、北東アジアの国際社会の仲間入りを果たしたことになる。

このような国際情勢は、弥生時代も終末期、いい換えれば、邪馬台国の時代へと継承された。すなわち、三世紀前半のころ、魏王朝と倭国、とりわけ邪馬台国との中間に位置して外交交渉の拠点となったのは、魏王朝側では楽浪郡の南部の一部を分割して開設された帯方郡と、邪馬台国側では一大率が置かれた伊都国であった。

三　ヤマト王権の成立・発展と筑紫

三世紀後半に入ると、邪馬台国が発展して、現在の近畿地方を中心に、ヤマト王権を盟主とする統一的な連合国家がほぼ一応、成立したと考えられる。ヤマト王権の盟主としての大王は、壮大な前方後円墳を築造した。同時に、全国各地の首長である王もしくは県主《あがたぬし》も相次いで前方後円墳を築いた。そのような前方後円墳を福岡平野で例示すると、福岡市の那珂八幡古墳が挙げられる。

古墳時代も、四世紀中ごろになると朝鮮の加耶・百済や、五世紀に入って四二一（永初二）年の倭の讃による中国・南宋への入貢など、外交関係が頻繁になってきた。その際、外交交渉の成功と航海の安全を祈願して、玄界灘のまっただ中に浮かぶ宗像・沖ノ島で国家的な祭祀が執り行われたわけである。そのような国際交流の活発化を背景として、五世紀から六世紀前半にかけてのころ、手工業製品製作の技術革新が大きく進んだ。たとえば、須恵器の生産開始、新型式の農具の出現、甲冑における新しい技法への変化、馬具の普及、そして、金・銀・金銅製装身具の登場などである。それらの技術革新の系譜をたどると、朝鮮の加耶・百済を主として、新羅や中国・南朝などに求められるように、当時の複雑な国際関係を反映したものであったが、その最初の舞台が筑紫をはじめとする北部九州であった。

四　新羅の台頭と国際環境の変化

古墳時代後期の六世紀末から七世紀前半にかけてのころは、飛鳥時代とも呼ばれるが、近畿地方で百済と高句麗様式の仏教寺院が造営された。筑紫においては、そのころの瓦窯跡が見つかっているので、寺院の建立は十分に想定されるが、今のところ不明である。一方、そのころの古墳には壁画が認められる。うきは市の珍敷塚《めずらしづか》や宮若市《みやわかし》の竹原古墳では、それぞれ蟾蜍（ヒキガエル）と朱雀が描かれているが、ともに高句麗古墳壁画の題材が部分的とはいえ受容されているのである。

そのような諸現象の背景には、日本と朝鮮との間の国際環境における変化が渦巻いていた。すなわち、六世紀中ごろの新羅の真興王代から新羅の勢力が拡大されるにつれて、新羅と高句麗の関係が悪化し、また、新羅によって加耶が滅ぼされた。そうした朝鮮内部における力関係の変化に対応して、倭と百済の関係が一段と緊密になる一方、倭は新羅に対する牽制策から高句麗との直接交渉を開始したのである。ここに至って、倭と高句麗との間の交渉という新たな局面が出現したわけであるが、その際、筑紫はそのような国際関係の変化に敏感に反応する地域でもあったといえる。

今から一三〇〇年余り前の七世紀後半、つまり白鳳時代に入ると、新羅は中国の唐と結んで、百済そして高句麗を相前後して滅亡させた。その結果、友好あるいは同盟の関係にあった百済や高句麗から、一部の人々が政治的亡命者として日本に渡来してくることとなったらしい。そのことは結局、百済と高句麗の先進文化を流入させることにもなった。

北部九州の豊前地方では、たとえば田川市の天台寺廃寺跡の法起寺式伽藍配置の寺院跡からは高句麗の文様を持った軒丸瓦が出土している。それに対して筑紫では、大宰府防衛のために大野城・基肄《きい》城という百済式山城が築かれた。これらの山城の構造や築造方法は、百済の山城と共通点が多い。このことは『日本書紀』天智天皇四（六六五）年の条に、百済人の技術指導によって築かれたと見える記事とも符合する。これらの山城築造の契機は、同じく天智天皇二（六六三）年の条に見える白村江における敗戦、つまり唐・新羅連合軍による百済・倭連合軍の敗退という国際紛争と、それに対する敏感な反応が筑紫の地で見られたということである。

五　統一国家の確立と北東アジア

七世紀後半における百済・倭の敗戦の後、ただちに外交の修復が行われ、新羅・唐と倭の間で新たな外交の展開が見られるようになる。その結果、六〇九（推古天皇十七）年における筑紫大宰の設置に始まる大宰府の重要性が一段と高まった。

八世紀の奈良時代に律令制にもとづく統一的な古代国家が確立すると、九州九国二島の統括という内政と、新羅・唐との外交という二つの職掌を担って、大宰府の組織体制も確立し、首都の平城京から見て、「遠の朝廷」と呼ばれるほど重要視されるようになった。大宰府の古代都市は内陸部に営まれたが、外交の拠点は博多湾岸に設けられた鴻臚館《こうろかん》であった。大宰府鴻臚館は、七世紀後半の筑紫館を継承、拡充したものであるが、九世紀前半に、外交から貿易へと、つまり政治から経済活動へと質的変化を遂げる過程で改修されたものである。

大宰府鴻臚館の活動の舞台は、十二世紀の中ごろに、北東に約二・五キロメートル地点の博多に移るが、七世紀後半から十二世紀中ごろまで、筑紫館・鴻臚館そして大宰府の所在地はもとより、筑紫の地一帯では新羅や唐との交流を物語る考古資料や文献史料には事欠かないといっても過言ではあるまい。

おわりに

以上のように見てくると、古代の筑紫は、倭の中でも最もその前史から北東アジアの一員としての歴史的発展を遂げてきたことが理解できよう。その史脈は、それ以後、中・近世を経て近・現代まで一貫して流れている。このことを改めて再認識するとともに、さらに新たな歴史を創造してゆきたいものである。

古代海人族と金印

同志社大学名誉教授　森　浩一

一　古代日本の文化は稲作だけだったか？

古代の日本を稲作文化一辺倒で理解し、倭人を稲作民族とする思い込みが学界に根強くある。古代日本を簡単に稲作文化だけで代表させることは、本当の古代日本の形をゆがめているのではなかろうか。

三世紀末に著された『魏志』倭人伝の舞台は、玄界灘の島々や九州島の北半分である。さらに九州島の北半分を国とよんだ。細かな地域に分けて記述している。その倭人伝を読んでも、水人（海人のこと）の漁撈活動は何度も出ているが、農耕関係は次の五文字があるだけだし、先人たちの多くは見事に読み違えている。

「種禾稲紵麻」

この個所をたいていの本は「イネとチョマを植え」と読ませている。だがこの読みは古代の日本や中国の漢字本来の意味を調べることなく、倭人は稲作民族とする先入観を前提にしての誤読だとぼくは見ている（『日本の深層文化』ちくま新書）。

田に植えられている状態が稲、収穫後が米で、決して「稲のご飯」などとは言わない。「米の飯」である。

これに対応するように畠にあるときが禾、収穫後の粒（子・実）が粟で、古代人はこの区別を厳重に守っていた。例えば粟が植えられていたとは昔は言わなかった。また倭人伝での「紵麻」は、その箇所を下敷にして描いたとみられる『後漢書』では「麻紵」となっていて、倭人伝の記述はチョマ（カラムシ）と麻（大麻）の一種だったのである。それと古代では紵の一字で書くことが多い。

中国人の目には、北部九州のどこか（対馬や壱岐か）では、アワの栽培が第一の印象にのこり、稲はその次、さらに織物の原料であるカラムシや麻の栽培の盛んなことも印象にのこったのであろう。

江戸時代の一七九一年に朝鮮から通信使としてやって来た申維翰は、玄界灘の地島で次の光景を見た。この島には「禾と黍」がよく繁り、農家の庭には蓆の上に粟数斗がひろげてあったという。ここでは禾と粟をきちんと使い分けているし、小島にもそれなりの農業のあったことがわかる（『海游録』）。

二　「津々浦々」は海人のいる土地、つまり日本全国を意味する

現在よく使われる慣用句として、「津々浦々」がある。津は交易もできる大きな港、浦は主として漁撈だけをしているいわゆる漁村である。要するに海人のいる土地だけで、日本列島の全域をいった

ことになっている。

海人は一字の海で表記することもある。奈良時代になると地名や氏名を海部の二字で書くこともある。これは一字の漢字表記を二字にするという流行（法令もある）によって部の字を添えたのであって、発音はアマである。時々ヤマト朝廷が管掌する部民の部のように錯覚されているが、そうではなかろう。

律令時代の行政区分で、国の下に海部郡があるのは、尾張、隠岐、紀伊、豊後の四か国である。発音はアマ郡、漁獲物の多い土地というよりも、四か国とも海上交通にとって重要な土地である。

三　古代志賀島阿曇族の活躍

今日の会場のある志賀島は筑前国の糟屋郡にある。この郡の志阿（賀）郷には式内社の志賀海神社がある。この島の海人は、遣新羅使の歌を集めた『萬葉集』の巻十五にもでているし、巻十六には対馬に粮を運ぶ途中で、水死した白水郎の荒雄を詠んだ歌十首が収められている。白水郎は海人のこと、泉郎とも表記し、中国の泉州の水上生活者からでた言葉ともいう。なお糟屋郡には阿曇郷がある。倭の海人を代表する阿（安）曇氏の本来の根拠地であろう。

『日本の古代』（中央公論社刊）の第八巻はタイトルが「海人の伝統」で、この巻に黛弘道氏が亡くなられる少し前に書かれた「海人族のウヂを探り東漸を追う」の論文が収められている。海人族に関心をもつ人の必読書といってよい。ただし海部を部民制で解いている点は賛成できない。ぼくも黛論文に導かれて長野県穂高町の穂高神社の祭礼である御船祭を見学したことがある。

新潟県の糸魚川に河口をもつ姫川は長野県では北安曇郡と南安曇郡を流域とする。古代の安曇郡である。このように信濃のアズミは南北約六〇キロメートルに及び、川の流域では木崎湖などの湖が点在する。東へ移った安曇氏の大きな根拠地だった。

福岡の朝食ではよく「おきゅうと」を食べる。海草の恵古苔《えごのり》（イギスの一種）を加工した食品である。ある時、新潟県や長野県の一部にやはり恵古苔を加工した食品があることを知り、安曇族の移住にともなっての食品の伝播かと思ったことがある。

安曇氏は難波、今日の大阪市にも大きな根拠地をもっていた。難波の海ぞいの地を安曇江ともいった。元の淀川（大川）の南岸に飛鳥時代後期からあった安曇寺があり、この寺の中世（一三〇六年）の銅鐘が今日では京都山科の安祥寺に移っている。

安祥寺は入唐八家といわれた恵運が建立した。恵運《えうん》は安曇氏の出である。恵運は中国へ渡ることを決心し、中国の商人とともに五島列島の那留浦（島）へ行き、ここで船を造った。おそらくこの地にも安曇氏の根拠地があったのだろう。恵運は仏像をたずさえての帰国にさいしても那留浦へ寄っている。『肥前国風土記』には、景行天皇が安曇連百足を派遣して五島を支配下においた伝承がある。

恵運が請来した五大虚空菩薩は、東寺の観智院に今日は移されている。仏像を安置した前の庭は、配石で東シナ海をわたる船などを造形している。寺では空海の帰国の様子と言っているが、ぼくは恵運の帰国の様子と考えている。この仏像や庭は拝見できるので、一度訪れてほしい。

能登の古社に「志賀島より到来」との社伝はあるが……

石川県志賀町教育委員会生涯学習課主幹　大畑　喜代志

能登半島の中央部、西の海に面して位置する石川県志賀町《しかまち》は現在、北陸電力赤住原発の所在地としてたびたびマスコミなどに登場しますが、本来、豊かな自然に恵まれ、景勝地の能登金剛は全国的に有名です。歴史的にも古く、旧石器時代の遺物を始めとする多くの遺跡が所在します。奈良平安時代には大陸の渤海海国（現在の中国・東北部あたり）との交流の窓口として、さらに江戸時代には北前船《きたまえぶね》の航路の寄港地として福浦港が栄え、その名は全国に知られました。

志賀町の地名由来の諸説

(1)四ヶ所訪中世以来の四か所の荘園領地オス
前田利家折紙「外四ヶ諸給人惣百姓中」（天正十一〈一五八三〉年）の文言
（参考）外四ヶ→「外浦四ヶ庄」の略称で広域地名の意
(2)潮流渡来説⇩海人阿曇族が渡来した
加茂地区に所在する「安津見《あづみ》」集落と、そこに建立されている古社「奈豆美比咩《なづみひめ》神社」（祭神トヨタ

マヒメ）の関係

（参考）志賀疾風《はやて》太鼓保存会阿曇族が望郷の念を断ち切れず打ち鳴らしたことに由来

(3)四家⇩近世に所在した有力四者から。加賀藩十村役を勤めた有力百姓など。

(4)鹿⇩かつて生息していた鹿に因む。鹿西《ろくせい》、鹿島《かしま》（香嶋大伴家持の歌）など隣接する町名にも関連。

(5)低湿地⇩海岸の砂洲、または低湿地の意。「スカ」の転か。

妥当性のあるものは(1)であり、文献資料に初めて登場する「シカ」の語源として町史では(1)を推している。(4)は参考程度。しかしながら、「四ヶ」⇩「志賀」に至る結論を導くことも非常に困難である。本町は明治初期から羽咋《はくい》郡という広域行政エリアの志賀郷とも呼ばれて来ている。また、町内の校区には「志加浦」地区という名称も存在し、「志賀」と「志加」が混在している。

安津見と奈豆美比咩神社について

安津見《あづみ》⇩近世初頭以前に能登国羽咋郡にこの地名が成立していた確証をもたない。安津見は、ナズミの音訛か？

奈豆美比咩神社の由緒

本来はナヅミヒメと呼称された地主神が祭神であったが、十世紀初頭の延喜式神名帳では、いわば国家公認の海神であるトヨタマヒメ（豊玉比咩）に変更されている。なぜか？　トヨタマヒメは阿曇族の祖神である海神、大綿津見神の長女とされる。

社伝では、祭神トヨタマヒメは安曇族の一族を同伴し、九州志賀島より桃の木で製作した船に乗り、能登国は桃ヵ浦（現在の志賀《しか》町《まち》百浦《ももうら》）に着岸。福野潟をのぼり、米浜《よねはま》で下船。その後、一行は安津見に到着したという。

Ⅲ章　「金印」の出た志賀島という土地柄

序言

博多湾頭に浮かび、玄界灘の荒波を防ぐ志賀島。南北三・三キロメートル（長軸）東西二キロメートル、周囲一一キロメートル。長軸が少し西に傾き、全長一二キロメートルの砂嘴《さし》「海の中道」が九州本土と結ぶ陸繋島である。この小島は周知のように『金印』出土地として知られるが、よくよく知ると〝徒者《ただもの》〟ではない。神話の時代（志賀海神社の祭神・豊玉彦は神武天皇の曾祖父に当たる由）から登場するし、阿曇族の盤踞地として著名。博多湾をはさんで東南に二〇キロメートル、奴国の本拠地（春日市）がある。これまで、しばしば言われたことだが「なぜ、こんな辺鄙《へんぴ》な島からあの豪華な『金印』が出た？」と言う謎も、故なきこととは言えない事情があるのだ。

一、磯良の海

福岡県文化財保護審議会委員　森　弘子

わたつみの宮

百船《ももふね》の泊《は》つる対馬の浅茅山《あさじやま》時雨の雨にもみたひにけり

（『万葉集』巻十五　三六九七）

対馬の中部に深く湾入した浅茅湾は、「百船の泊つる」といわれたように、『魏志倭人伝』の昔より南北に市糴《してき》した海人《かいじん》達が船を休めた港だった。その浅茅湾の最奥、現在の豊玉町仁位の海にこじんまりとした鳥居を海中に並べた聖地がある。和多都美《わたつみ》神社である。

社伝によるとここは、兄の海幸彦と生業《なりわい》の道具を交換した山幸彦（彦火火出見命《ひこほほでみのみこと》）が、漁の最中になくした釣り針を求めてやってきた海宮《わたつみのみや》の古跡で、彦火火出見命が帰ってしまった後、彦火火出見命とその妻になった海神《わたつみのかみ》の娘豊玉姫、二神の子鸕茅葺不合尊《うがやふきあえずのみこと》をまつって神社としたという。

社殿を包む欝蒼とした照葉樹の森の中に、豊玉姫の墓といわれる大きな磐座《いわくら》があり、豊玉姫・玉依姫姉妹が水を汲んだという「玉の井」や、海神が山幸に贈った満珠《まんじゅ》・干珠《かんじゅ》にゆかりの満珠瀬・干珠瀬など、記紀神話にゆかりのものも付近にあって、「わたつみのいろこの宮」もかくやと、思わず神話の世界に遊ぶ心地になる。

それ以上に私の興味を引くのは、社前の渚にある「磯良恵比須《いそらえびす》」とよばれる鱗状の亀裂を呈した黒い石である。潮が引いた時には姿を現すが、満ちたときには海中に隠れる不思議な石で、磯良の墓とも出現地とも云われている。磯良は亀に乗って水中を往来し、ある時は童形で、またある時は老翁の姿で現れる。海から上がってくる磯良が最初に居着く所がこの磐座だという。

磯良は『古事記』『日本書紀』にはその名を現わさないが、中世に広く流布した神功皇后の物語に、その活躍がいきいきと語られている。対馬の生き字引、永留久恵先生のご教示によると、対馬の神功皇后伝説が分布する所は本来磯良の祭祀があった所で、その話も磯良との絡みで語られている。また「志賀」という地名が対馬には多く、そこには磯良が祭られているという。

神のあらわれる島

磯良の出現地としてよりポピュラーなのは、博多湾頭にうかぶ志賀島の「磯良ヶ崎」である。『太宰管内志』筑前之十糟屋郡下磯良ヶ崎の項に『梁塵秘抄《りようじんひしよう》』からの引用として「磯良崎に鯛釣る海人《あま》の鯛釣る海人の、わぎも子がためと鯛釣る海人も鯛釣る海人も」という今様を記載している。

磯良ヶ崎は志賀島の南にあり、そこから金印公園に向かって進めば、ほど近い海中に志賀明神が釣りをしたという丸瀬という岩礁があり、鯛つり瀬とも二の瀬ともいわれている。島の東南部勝山に鎮座する志賀海神社の本殿東にある二つの亀石は、志賀明神が乗った亀が雌雄の石に変じたものと伝えられ、江戸時代はじめにここから移された。また丸瀬の近辺にある、俎瀬《まないたせ》、夫婦石なども「明神の釣を垂れ給ひし所」として、舟を乗り上げたり櫓《ろ》や櫂《かい》がさわれば不漁になるといって近づかなかった。このあたりは能古島と志賀島が最も接近した所で、ここを過ぎれば波荒い玄界灘に漕ぎ出すことになる。

志賀明神すなわち阿曇磯良《あずみのいそら》が上陸したのは、海の中道の外海側にある吹上浜《ふきあげはま》と伝えられている。江戸末期の福岡藩を代表する国学者青柳種信は『瀛津島防人日記《おきつしまさきもりにつき》』に「わきて打昇《うちあげ》の浜のありさま、かしこき画工《えだくみ》の筆にも書きうつすべからずや。蒼き海に、いときよらかなるまさごの、拷領巾《たくひれ》ひきはへたらんやうにて、今の道三里ばかりつゞきける。あらら松原の、とほく打ちけぶりたるなんど、目もはるばる也」と海の中道の美しさを讃美している。この夢見るような美しい風景は、何時の世の人にも他とは違う何かを感じさせるのだろうか。ここが神の上陸地と考えられたことに、今の世の人たちも「さもあらん」と思うことであろう。

磯良の出現

磯良出現の話は、細部の異同はあるものの『八幡愚童訓《はちまんぐどうきん》』、『高良玉垂宮縁起《こうらたまたれぐうえんぎ》』、『太平記』など、蒙古襲来の後にまとめられた様々な中世の八幡系縁起に見られ、阿曇（安曇）磯良の名は全国になりひびいた。そこに語られる磯良の特長は顔に覆面の布を垂れていることで、これは長い間海底に棲んだため顔にカキヒセという物がついて大変醜いことを恥じたためである。

神功皇后は磯良を軍船の楫取《かじ》りとして召そうと思ったが、磯良はなかなか召しに応じない。そこで住吉神が拍子を打ち歌を謡い、諏訪・熱田《あつた》・三嶋・高良の神々が笙・笛・和琴《わごん》・篳篥《ひちりき》を奏し、宝満大菩薩以下八人の女神が八乙女《やおとめ》となって神楽を舞ったところ、顔に覆面を垂れ首に鼓をかけた磯良が八尋の亀にのって顕れ、海から上がって細男《せいのお》という舞を舞った。本によっては磯良を呼び出すのに、神楽ではなく「住吉神が磯良が好きな細男の舞を舞った」となっているのもある。そして三韓へ向かう前に、磯良は皇后の妹豊姫が沙伽羅竜宮《しゃからりゅうぐう》に干珠・満珠をもらいに行く水先案内をしたというような話である。

豊姫は豊玉姫という名に通じるものだし、干珠・満珠も海幸・山幸の神話に登場するのと同じモティーフ。中世の神話は記紀の神話をベースに神仏習合的要素などを加味してつくられたものという。しかし潮の干満を自由にあやつることができる干珠・満珠や竜宮、豊玉姫、そして磯良も、元来この海を生活の場、生業の場とした海人《かいじん》達の神話で、それが『古事記』『日本書紀』編纂の段階で、取捨選択をされながら記紀神話に採り入れられた。そして記紀に採られなかった磯良の話や山幸彦と結びつかない干珠・満珠の話などは、時を超え、地域を越えて海人たちの間に語り伝えられていたとも考えられるのである。

一躰分身同躰異名《いったいぶんしんどうたいいみょう》

中世の物語では、磯良は安曇磯良《あずみのいそら》といい、常陸《ひたち》（茨城県）の海底に住んでいるという。そして磯良は、「筑前国にては志賀、常陸にては鹿嶋大明神、大和国にては春日大明神とぞ申し、一躰分身同躰異名《いったいぶんしんどうたいいみょう》の御事」とされている。また細川幽斎の『九州道記』にも志賀島の宮司の家に宿ったとき、宮司が当社の由来を話す中に「春日・鹿嶋・当社おなじおちかひの神也」と物語したという。奈良の春日大社の一神武甕槌命《たけみかづちのみこと》が常陸の鹿島神宮から勧請《かんじょう》されたことはよく知られているが、それが筑前の志賀明神と同体であるというのである。

こうした話は中世におこった荒唐無稽な言説《げんせつ》だともいわれるが、鹿島もシカシマである。常陸の鹿嶋市が市制施行して「鹿島市」としようとしたところ、すでに佐賀県に鹿島市があり「こちらが本家本元」「いやこちらの市名は何年も前につけた」と論争になったことは記憶に新しいが、全国に鹿島・鹿嶋あるいは志賀という地名はたくさんある。

志賀海神社の境内に、その数一万本ともいわれる鹿の角ばかりを入れた鹿角堂《ろくかくどう》という建物がある。神功皇后が対馬で鹿狩りをし、鹿の角を多数納めたという由緒によって、長い歳月の間、鹿の角が奉納され続けたものという。奈良の春日大社では今も鹿が神の使いとして大切にされている。中世には、武甕槌命が鹿に乗って常陸鹿島からやってくる様を表した「鹿《か》島立《しまだち》神影図《しんえいず》」や、春日の神の影向《ようごう》をあらわした「鹿曼荼羅《しかまんだら》」が描かれた。「志賀が鹿に通じる」とか「志賀島にも鹿がいたから」というような単純な理由からではなく、もっと深遠な理由がありそうだ。

鹿の角は春生え始め、秋には抜け落ちる。それが稲作農耕の周期と一致するところから大事にされた動物であり、弥生土器や銅鐸《どうたく》、銅戈《どうか》には鹿の絵を描いたものが多い。また鹿と共に釣り針を描いた福岡市の赤穂ノ浦遺跡出土の鋳型、吉武高木遺跡の甕棺《かめかん》、糸島市の上鑵子《じょうかんす》遺跡出土の板材などの報告がなされており、稲作を伴った海人の渡来を想起させる。各地に点在するシカを神の使いとする信仰は、シカをトーテムとする海人族の移動を示唆するものではないだろうか。

海人阿曇族

対馬には「志賀」という地名があちこちにあり、しかもそこは磯良が祭られている場所という。佐賀県の鹿島の地名の由来は今となってはわからないが、有明海に面したまちである。有明海沿岸にも磯良の足跡は多く、大川風浪宮《ふうろうぐう》の宮司家も志賀島の宮司家と同じく「阿曇」さんである。有明海から筑後川を遡った久留米の高良大社の小祝《はふり》職にも阿曇氏があり、前に述べた対馬の和多都美神社の旧社家長岡氏も阿曇磯良の末裔だという。

高良の神も記紀には登場しないが、『八幡愚童訓』では神功皇后の軍の副将軍となり、磯良・豊姫と一緒に竜宮に干珠・満珠をもらいに行き、彼の地ではその珠を海に投げ入れ敵を溺れさせるという重要な役目を果たしている。珠を海中に投げ、我が国を勝利に導いた故に「玉垂命《たまたれのみこと》」というのだと伝えられている。

最近訪れた鳥取県米子の近くに安曇という所があり、そこに高良社もあるのには驚いた。宗像市鐘崎の海女が能登半島に移住した話はよく知られているが、それよりもずっと古い時代に、阿曇の海人は海流にのり、日本島のあちこちに移住して行ったのであろう。山深い信州安曇野も安曇氏が開拓した土地で、穂高岳は『新撰姓氏録《しんせんしょうじろく》』にみえる阿曇氏の祖、海神綿積豊玉彦《わたつみとよたまひこ》神の子穂高見命《ほだかみのみこと》によるという。宮地直一氏によれば、全国にアツミ（安積・厚見・渥美・温海）アタミ（熱海・阿潭）等の地名があるのも阿曇（安曇）氏の開拓地であったのではないかといわれる。

もちろん地名の付合だけで、何百年も昔の出来事を軽々に述べるべきではないが、いちど海からの視点でこういうことを考えてみるのも無意味ではないだろう。

細男《せいのお》の舞

磯良が好んだという細男舞《せいのおのまい》は、寛弘二（一〇〇五）年の京都紫野御霊会《ごりょうえ》（『日本紀略』）や万寿二（一〇二五）

年の御霊会（『栄華物語』巻二四「わかばえ」）で舞われたことが記されていて、日本芸能の源流ともいわれ、現在、人が舞うものと傀儡子《くぐつ》に舞わせるものが伝えられていて、いずれも国や県の無形民族文化財に指定されている。

細男の起源については、折口信夫以来の「安曇の神遊《かみあそび》が宇佐八幡宮から石清水八幡宮を経て宮中にはいったものである」という説に対して、最近の福原敏男氏の「平安中期、京の御霊会で舞われた細男と、傀儡の細男、磯良舞は本来別系統のもので、磯良舞が細男として確立するのは、蒙古襲来後の宇佐宮放生会においてであった」という説、あるいは韓国にその源流を求める三隅治雄氏、野村伸一氏等の説がある。

細男は八幡信仰の中世的展開と密接な関係があることは、これまで縷々述べてきたことに照らしてお判りと思うが、宇佐八幡宮においても、一人舞で狩衣様《かりぎぬよう》の姿に、頭上に六尺の麻布を被り、前に二尺を垂れた姿で「ていでい」という唱え詞で舞う細男舞があった。

現在も伝わる宇佐宮放生会関係の細男で著名なのは、福岡県築上郡吉富町の八幡古表神社《はちまんこひょうじんじゃ》と大分県中津市の古要神社《こひょうじんじゃ》の傀儡子の細男である。ここでは細男を「くわしお」とよませている。二つの神社は今では県を異にしているが、もとは豊前国上毛郡と下毛郡にあり、どちらも息長帯姫《おきながたらしひめ》（神功皇后）とその妹虚空津比売命《そらつひめのみこと》（豊姫）の二柱の神を祭神とし、宇佐宮の放生会には、それぞれの神社から和間浜《わまはま》に傀儡子をのせた船を出して細男の舞を舞わせ奉仕した。その始まりは『豊前志』によると、応永二十七（一四二〇）年までは確実に遡らせることができるという。

四年に一度行われる吉富の八幡古表神社の放生会は、御座舟を中心に氏子各地区から出される舟に傘鉾とお囃子の太鼓をのせ、楽を奏しながら大船団で山国川から周防灘にくり出す。その御座舟に寄り添うように幕を張り注連縄をはった神相撲舟の上では、細男《くわしお》の舞・神相撲が演じられる。笛・太鼓・銅拍子にあわせて、腕を二回上げ下げし、次ぎに身体を左右に向けることを三回くり返す単純な動きだが、リズミカルなお囃子の音が海に流れ、舟々に立てられた笹竹や大漁旗が風にはためき、何とも心楽しい。夜は境内の神舞殿に、虚空津比売に導かれた神功皇后の御像がお出ましになり、ふたたび細男の舞・神相撲が演じられる。丸提灯に灯がともり、人々は地面にすわって舞殿の傀儡子たちを見上げる。なんだか郷愁をそそる光景だ。

古表神社の細男舞では覆面をした人形は出ず、磯良も神相撲で住吉大神にあっさり負けてしまう役回りだが、中津の古要神社の舞楽殿で行われる古要舞には「鞨鼓打《かっこうち》」の男神二体、龍神であると伝えられ、顔に白い覆面をした「磯良神」が二体登場し、最後に「細男役」の傀儡子が舞台中央に進むと、奏楽が止まり、「国のおさのおしくるよう、おしくるよう……」という細男の舞ののりごとが唱えられる。東方に「明けの明星」西方に「宵の明星」を表す「小豆童子」という人形が出て、最後まで控え傀儡子たちの舞や相撲を見届けるのも興味深い。

人が舞う細男《せいのお》で有名なのは奈良の春日若宮おんまつりで広瀬神社の社家六人が舞う細男。多くの八幡系絵縁起に見られる磯良の姿のように、顔に覆面を垂れ二人は鞨鼓を胸前に下げている。夕刻より夜もすがら黒木の御旅所の前で、神楽、田楽、舞楽、猿楽、東遊《あずまあそび》などの古典芸能が演じられ、カラフルな衣裳を着た舞人が次々と登場する中、白い浄衣に白い覆面の細男の極めて単調な舞は素朴な笛の音と相候って、師走の底冷えのする闇の中、ひときわ清浄で神秘的だ。細男のファンも多く、これを見たさに毎年おんまつりに来る人もいるという。

志賀島の細男

志賀海神社は、伊弉諾尊《いざなぎのみこと》が橘小門《たちばなのおど》の檍原《あわぎがはら》で禊ぎ祓いしたとき、水の底と中と表面から住吉の筒男《つつのお》三神と共に生まれた底津綿津見神《そこつわたつみのかみ》・中津綿津見神《なかつわたつみのかみ》・上津綿津見神《うわつわたつみのかみ》のワタツミ三神を祭神としている。本殿にまつられているワタツミの神が神幸した御旅所で、細男舞が舞われるという。数々の物語で、細男舞を舞うのは安曇（阿曇）磯良。阿曇氏の本拠地は志賀島。「本家本元の細男に逢いたい」という長年の念願叶って十月七日、神幸祭の夜に志賀島に渡った。

日がとっぷり暮れた境内には、大勢の志賀の白水郎《あま》の末裔が集まり、綿津見三神の御発輿を待っている。神幸の花形、白装束に白鉢巻の若者が、二本のバチを揃えて揮身の力を込めて、一番から六番まで古例のとおり打ち分ける太鼓の音が、逞しく響き渡り、ささらはギッギッと素朴な音を奏でる。想像していた粛々とした神幸とは大違い。かなり賑やかで海の男の意気が伝わってくる。一ノ戸（志賀島浜部）、二ノ戸（志賀島岡部・弘）、三ノ戸（勝馬）に別れて、三神の神輿を受け持つのだが、それぞれの戸によって鳴らし方や音色も違うという。

にぎやかな神幸の行列には、「八軒の浦公」が一軒一艇ずつの櫨をもって供奉し、父親に抱かれた赤ちゃんが紅白のねじ鉢巻きをして獅子頭のじょう口を執っている。目当ての細男はと見ると、白衣を着た社人《しやにん》のおじいさんが、羯鼓を捧げ持ちニコニコと歩いている。すぐ後には幣《ぬさ》をつけた大榊を持った人が従っている。

御旅所では祝詞奏上の後、まず「竜の舞」が舞われた。仄《ほの》かな明かりの中、竜頭を胸前にささげ、あたかも竜がくねり舞うように動く若者。この舞は秘伝だと言うが、見ていて惹き込まれそうな迫力さえ感じられる。次に緋袴に白い千早、瓔珞《ようらく》をつけた「八乙女」が太鼓・銅拍子をうち鈴を振りながら右回りに廻る。歌は毎月月代わりの歌と特別の祭事用の歌があり、折々の奉仕に謡われる。乙女といっても相当のお年。八乙女になると年中慎みの生活をし、神に仕えて島人の安全を祈念する。

さて次はいよいよ細男だ。志賀島では「鞨鼓の舞」といっている。社人のおじいさんは胸前に赤いひもで鞨鼓を吊り、覆面を垂らして「細男」になった。

昔の写真を見ると白布で目から上頭までをくるんでいるが、今は白い布を顔の前に垂らしている。「舞能の岸の姫松や」と唱えながら、頓宮の舞場を右回りに一回転しては神前で鞨鼓をポンと打ち一礼するという所作を三回繰り返す。全く単純きわまりないもので、ちょっと拍子抜けながら、これほど素朴だからこそ「やっぱり本家本元だ」と思えてしまう。

舞能の岸

志賀島北端に中津宮が鎮座する小高い丘がある。実はここには積石塚古墳があり、石室からは須恵器、耳環、ガラス製管玉、ビーズなど多数出土した。この下の海岸が「舞納浜」で、沖合一五〇《メートル》には沖津宮が鎮座する小さな島があり、干潮時には歩いて渡ることができる。遣唐使の航海安全が祈られた瀬戸内海の大飛島のように、潮が引くと歩いて渡れる島はしばしば祭祀の場となった。沖津宮も全く同じ条件の島。そしてそこに続く舞納浜は白砂の風光明媚。まさに聖地である。もともとこの辺りが島の中心であったらしく、古くはここに志賀海神社もあったという。

一月の歩射祭《ほしゃさい》の時、十四日には射手の若者は朝「お汐井掻き」をして沖津宮と中津宮に詣るが、沖津宮にわたるとき、新参の射手は岩間に潜って「ガラ藻」をとり、神前に供え、鞨鼓の舞と同じように「舞能の岸の姫松や」と先輩が唱えるのに合わせて右回りに三度「ガラ藻の舞」を舞納める。ガラ藻はウミトラノオというホンダワラ科の海藻にフクロノリの寄生したものだという。

島一番の聖地に生える松に言寄せて、島の弥栄《いやさか》を言祝《ことほ》ぐ磯良の末裔たち。年中を通じて古い祭事が行われる志賀島には、今も磯良がいきいきと生きている。

小童命《わたつみのみこと》

磯良舞は対馬の和多都美神社、福岡県那珂川町の岩戸神楽、宇美町の宇美神楽等でも舞われる。宇美神楽では磯良は仮面をつけて「異国征伐」という曲を舞うが、その仮面は頭頂部がハゲでオカッパ頭になっている。西田長男氏は、磯良は海中の精霊で河童の類ではなかったかと考えた。ワタツミ神は『古事記』では、綿津見神と表記され阿曇連《むらじ》の祖神とされているが、『日本書紀』では底津《そこつ》小童命《わたつみのみこと》・中津小童命・表津《うわつ》小童命と表記し、阿曇連等が祭る神だとしている。

神幸式御旅所での鞨鼓の舞は、磯良は神そのものではなく綿津見神に奉仕する者という形に見えた。あるいは『宗像大菩薩御縁起』の磯良や対馬の多くの伝承では、「磯良は童形」であり「磯良丸」と童名をつけて呼ばれることもある。『日本書紀』で、とても「ワタツミノミコト」と読めないにもかかわらず「小童命」と記すのも、海人達のそうした古い信仰があってのことだろうか。

八尋の亀にのって自由自在に海中を往き来する元気な童子。そんなイメージの磯良に、古き古き代《よ》の海人達は憧れ、身近なカミと祭った。阿曇族は志賀島を根拠地とし、半島との往来の途次、壱岐・対馬の泊地において磯良をまつり、また岬を通るときには磯良を逢拝したことであろう。

ありねよし対馬の渡り海中《わたなか》に幣《ぬさ》取り向けて早帰り来ね

（『万葉集』巻一　六二）

［編集部より］当記事は『西日本文化』誌三八五（二〇〇二年十月）号に掲載されたものを転載。著者・森弘子氏と、同誌の発行元の西日本文化協会様の許可を得た。森氏は第二回金印シンポジウムin志賀島に講師として登壇された。

二、安曇族と金印〜志賀島から出土したわけ

古代史研究家　亀山　勝

本課題は、二〇〇八年一〇月一八日に志賀島小学校で開催された「第二回志賀島歴史シンポジュウム」で講演したものだが、今回の金印シンポ集大成に向けての本稿は、その後得た知見も加えて再考し加筆した。なお、紙面の都合もあり、ここでは金印を主として安曇族は奴国との関係を付記する程度に留めた。

金印関連文献資料

まず、「漢委奴國王」と彫られた金印に関わる中国の歴史書を石原道博の「魏志倭人伝」（一九五一年、岩波文庫）を主資料にして古い順に並べた。関係している歴史書は次の七書、これを撰者の生存時代で整理すると、その製作は次の順番になる。なお、『三国志』は以降『魏志倭人伝』と略称する。また、『魏志倭人伝』は『魏略』を引用しているそうだから製作年代は『魏略』が先になる。

・『史記』　司馬遷（BC九一年頃）
・『(前）漢書』　班固（三二〜九二）

・『魏略』　魚豢（陳寿と同世代）
・『魏志倭人伝』　陳寿（二三三～二九七年）
・『後漢書』　范曄（三九八～四四五年）
・『晋書』　房玄齢（五七八～六四八年）
・『翰苑』　張楚金（六六〇年以前）

中国の時代区分は細かく見ると不明な点があるが、大雑把に見て、それに七書の製作年代をはめ込むと数行先に記したようになる。歴史書が歴史に沿った順で製作されていれば混乱しないが、『魏志倭人伝』と『後漢書』のように、時代としては三国時代より古い後漢時代だが、三国時代を表した『魏志倭人伝』を引用しているなど、時代とその製作年が前後していると少々頭が混乱する。そんなこともあって歴史書とその製作時代を整理した。なお、本稿で深いかかわりがある「漢委奴國王」の金印に関する事項が掲載されている書には（金印）と付記し、春秋時代の呉の創建者と言われている太伯の後裔とある書には（太伯）と付記した。

・春秋時代　BC七七〇～BC四七三年
・戦国　BC四七三～BC二二一年
・秦　BC二二一～BC二〇六年
・前漢　BC二〇二～AD八年『史記』
・新　〇八～二三年
・後漢　二五～二二〇年『（前）漢書』

・三国（魏・呉・蜀）　二二〇〜　二八〇年
・晋　二八〇〜　四二〇年『魏略（太伯）』『魏志倭人伝』
・南北朝　四三九〜　五八九年『後漢書（金印）』
・隋　五八一〜　六一八年
・唐　六一八〜　九〇七年『晋書（太伯）』『翰苑（金印）（太伯）』

『魏志倭人伝』に倭王卑弥呼が登場するのは西暦二三〇年代以降だが、それより一七〇年ほど前の西暦五七年に奴国の使者は後漢の光武帝から印綬を授かっている。この印綬を授かったことは、范曄《はんよう》の中国正史『後漢書』に「建武二年倭奴國奉貢朝賀使人自稱大夫倭國之極南界也光武賜以印綬」とあるので確かだ。また、授かった印綬が紫綬であったことは、『翰苑』逸文に「中元の際紫綬之榮」とあり、『後漢書』に「建武中元二年倭奴國奉貢朝賀使人自稱大夫倭國之極南界也光武賜以印綬」とあるのでこれも確かだ。だが、印の材質が金であったことは、中国正史などの記録にはない。石原も著書「魏志倭人伝」の注書きで『後漢書』にある印綬は、おそらく金印紫綬、この金印が『「漢倭奴國王」であろう』としている。このように、中国正史の記述を見た限り光武帝から授かった印が金印であったことは確認できない。その点、『魏志倭人伝』では卑弥呼が金印紫綬を仮授した旨記述されている。

しかし、現在、福岡市の博物館に展示されている志賀島から出土した「漢委奴國王」の印は金印である。この金印に関して贋造説を唱える人もいて真贋論争が続いている。考えてみると、「漢委奴國王」の印が本物であれば金印で問題ない。

仮に本物に似せた偽物であったとしたら、贋造者は何を根拠に金を使って作成したのか、また「漢委奴國王」

と言う文字を彫ったのかなどの疑問が残る。逆説的に言うと偽物を造った人は「漢委奴國王」と彫られたこと、印が金製であったことを知っていたのだ。そう解釈すると、真贋を問わず光武帝から授かった印綬は金印だったことになる。

ところで、印綬にはランク付けがあり、印の材質は玉・金・銀・銅の順、綬すなわち紐は色でランク付けされて、綟《れい》・紫・青・黒・黄の順だった。玉と綟は王朝及び王朝に直接仕える内臣に使われるものだから奴国王が授かった金印紫綬は外臣として最高の格付けである。どうして最高の印綬を奴国王が授かることができたのだろうか。奴国王の使者が後漢の帝を直接訪ねて行って「遠くからよく来たな。ご苦労さん。」と言って金印紫綬は授かれるものではない。アポイントもとらないで直接訪ねれば門前払いは必至だろう。だが、史実は金印紫綬を授かっている。何故だ。これからこの疑問を解くのだが、前漢の武帝時代からの話から解き始めるので、話がややこしくなる。だから、そのややこしい話の前に簡単に結論を述べておく。

金印の背景

奴国王の使者は直接後漢帝を訪ねたのではなくその両者の間に帝と密接なつながりがある大商人を介した。その人物の具体的な出自や氏名などはわからないので、本稿では大商人某と呼ぶこととする。後漢創建を財政面で支えた大商人だった。前漢時代の武帝がとった塩鉄の専売制で、それまで奴国との交易で扱っていた塩の販売が禁じられたので、この大商人某は、密に奴国から輸入した塩を販売して財を築き、その財でもって後漢の光武帝と親密な関係を築いていたのだった。一言で言えば、奴国は後漢の創建を蔭から支えていた功労者だったのだ。

それでは、奴国が後漢の功労者であったややこしい話に入る。この課題は、前漢の七代目の皇帝だった武帝時代から解き始める。武帝はBC一五六年生まれでBC一四一年に一六才で帝位に就き七一才までの五五年間に漢大帝国を築いた。まず、その間に施行した諸策は領土の拡大とそれに要した財源確保策から前漢武帝の動きを見る。

武帝は漢が東夷《とうい》、西戎《せいじゅう》、南蛮《なんばん》、北狄《ほくてき》と蔑称する東西南北へ領土を広げた。それらを東西南北の順に記すと次のとおり。なお、漢は侵出先に中央から官吏を派遣して統治する郡県制を敷いて、漢王朝の中央集権を強化している。

東夷には、BC一〇八年に朝鮮半島に侵出して真番《しんばん》、楽浪《らくろう》、臨屯《りんとん》・元菟《げんと》の四郡を置き、西戎には、BC一三九年に敦煌《とんこう》（現・甘粛省）などを支配下に治めて郡を置き、また、BC一〇〇年に中央アジアの現ウズベキスタン付近の大宛を攻めて降伏させている。南蛮には、BC一三八年に華南の東甌《とうおう》（現・浙江省）、閩越《びんえつ》（現・福建省）、南越（現・広東省）に派兵して南越を滅ぼして日南郡など南海九郡を置き、北狄にはBC一二九年から一一年かけて派兵して匈奴を制圧した。

この領土拡大は、前漢の財政を圧迫し、その立て直し策として、BC一一九年に、前漢政府は塩と鉄の専売制を施行した。専売制は、それまで民間の塩や鉄の生産者とその製品を扱う商人が得ていた大きな利益を全て政府が取り込んで財政を安定させることだった。だから、塩を扱う商人は、それまで得ていた巨万の利益の道を遮断されたので政府の方針に反対で憤懣やるかたない思いでいた。しかし、この専売制で政府は、塩を扱う塩官と言う役所を三六か所、鉄を扱う鉄官と言う役所を五〇か所設けて生産と販売の全てを政府の管理下に置いた。以来、生産者や販売業の商人は、これまで得ていた巨利を失うことになったのだ。この塩と鉄の専売制で奴国王が授かった金印紫綬と深く関わるのは塩だから、以下、塩に絞って話を進める。

塩の生産・販売がいかに大きな利益に結びついていたかは次の具体的な話から理解できる。前漢成立当初に揚子江・淮河の一帯の三郡五三城を統治していた呉王劉濞《りゅうび》はこっそり銅貨を鋳造し、海水を煮て塩をとった。そのおかげで人頭税をとる必要はなく、領国は富みうるおった（『史記・呉王劉濞伝』）。猗頓《いとん》は山西省の塩池から産出する塩で利益を得て王者に匹敵する富があった（『史記・貨殖列伝』）。その他にも、春秋戦国時代に山東半島にあった国の斎は海水から塩を生産して国力を維持していたと言う記録などがある。

塩は人の健康に欠かせない物質だから貧富に関わらず万民が摂取しなければならない。それをいいことに前漢政府は財源確保のために専売価格をつり上げた。民衆の不満はつのり、そのことは塩の密売に結びついた。そこで前漢政府は密売を取り締まる塩法をつくった。しかし、この法はなかなか機能せず、唐の時代（六一八〜九〇七年）を経て宋の時代（九六〇〜一二七九年）になってようやく確立したと言うから前漢時代には塩の密売がかなり横行していたものと考えられる。

塩の生産地は、前漢領土では、内陸部の塩湖にもあるが、そのほとんどは海に面した地に限定されている。密売業者は、塩官の監視をくぐり抜けて生産される塩を取り扱うわけだ。海水から採る塩の生産は、海水を天日や風で水分を蒸発させて、さらに煮詰める作業だから、その施設も使われる燃料も屋外にあり、その上、生産時間も短時間ではない。いくら中国大陸の沿岸が長いと言っても、塩の生産施設が塩官の監視網に引っかかる率は高い。その点、密売商人にとっては、日本列島など塩官の監視網が届かない地で生産された塩を扱えば、監視・摘発の網を潜り抜けやすい。ここに大商人某と奴国との結びつく余地があった。

海水から採る塩の基本的生産技術は、電気を使うイオン交換膜法を除くと、西暦前も現代もそれほど変わっていない。先にも記したように、海水から水分を蒸発させて残った結晶を得るだけだ。だから、製塩技術は大雑把に見ると、燃料を少なくすることと時間を短くするために、いかに天日と風で水分を蒸発させるかである。そのために、海水で濡れた海藻を焼くだけ、あるいは、海藻・砂・塩田を使って海水を蒸発させてできるだけ濃厚な塩分の海水（かん水）をとり、それを煮詰めて蒸発させる方法を取っている。

武帝時代が終わると、武帝の側近だった官僚の主導権争い、専売制廃止の建議、皇帝の継承問題などで前漢は乱れた。ＢＣ三三年に一一代皇帝の元帝が死去すると皇帝の外戚の王氏が実権を握った。西暦五年に一四代皇帝の平帝が死去すると、実際は皇位に就いていないのに前漢最後の皇帝とも言われる二歳の孺子嬰《じゆしえい》は王莽の傀儡にされてしまった。王莽は権力を強めて翌西暦六年に仮皇帝、さらに八年に皇帝に即位して国号を新として建国した。王莽は漢が与えていた印綬を回収して別途新の印綬を授けた。

ところで、王莽は、現代感覚でみるといいこともしている。男子八人までの家族の土地を九百畝《ぽ》に制限し、それ以上の所有地は親族や近隣に分かち、土地の無い者には百畝の土地を与え、土地の売買を禁止した。また、奴婢の売買を禁じた。だが、無一文の奴婢が開放されても生きていける社会的条件が整っていなかったので、奴婢に喜ばれたわけではない。当時の王莽支持者は有産階級だけで現実離れした政策に全国から不満が起こり、それが後漢の建国につながった（常石茂『新十八史略』）。

後漢の光武帝に就く劉秀《りゆうしゆう》は、前漢武帝の異母兄弟の末裔だから血筋はよかったが、王莽の時代になると落ちぶれて両親も早世したので叔父に引き取られて、現在の河南省と湖北省にまたがる地の春陵で百姓仕事の手伝いをしていた。王莽の現実離れした政策は失敗に終わり、西暦一七年になると各地で農民の蜂起が発生し、これが、後に政府軍と闘う赤眉軍《せきびぐん》になった。この騒動は劉秀ら春陵の農民にも波及した。前漢皇帝の血を引く劉秀は義軍の重鎮に担ぎ出されて赤眉軍と対決し、これを征して後漢を建国する。後漢の政策は、前漢が重農抑商策を採ったのに対して、挙兵の当初から商業資本と結び、政権の基礎に官僚・地方勢力のほかに商業資本を加えた（常石茂『新十八史略』）。

この王莽政府に抗して劉秀が勢力を結集させて後漢を起こして行く過程で必要経費をどこから捻出したのだろうか。いくら血筋はいいと言っても、農家に雇われていた人に等しい存在だった劉秀が軍資金を準備していたとは考えられない。でも、戦力増強に軍資金は欠かせない。盗賊集団ではないから略奪で賄うわけではない。ここは常石が指摘するとおり商業資本、すなわち、財産をもっている商人の手助けがあったと考えるべきだろう。

同じような例は、日本の戦国時代の武将と豪商との結びつきにもあった。織田信長の軍資金調達に応じた堺商人今井宗久（一五九三年没）、大友宗麟の軍資金を調達した博多商人の島井宗室（一六一五年没）などはその例だと言えるだろう。また、考え方にもよるが、現代のプロ野球もスポンサーがつかないと成り立たない点では共通している。もちろん、大商人もスポンサーもその見返りを計算しての手助けだから持ちつ持たれつの関係にある。

ここで一旦政治と商人との関係を離れて次の疑問の検証に入る。繰り返すが、西暦五七年に日本列島では後漢の光武帝から奴国王だけが金印紫綬を授かっている。『(前)漢書』によると、当時の日本列島には百余国あったのに、なぜ、奴国だけなのかという疑問が生じる。この疑問を解く鍵は、時代をさかのぼって前漢の武帝時代に、漢が現在の雲南省にあった滇国と現在の貴州省にあった夜郎国との間で結んだ冊封にある。

冊封とは、平たく言えば、漢の皇帝を親分とすると、その子分として仕える国という関係、つまり、漢の臣下に位置付けられる。前漢の武帝は、冊封するに当たって滇国へは張騫《ちようけん》を、夜郎国には唐蒙《とうもう》を派遣して事前に綿密な調査をして信頼できると判断した上で、両国周辺の諸国は全て征服して冊封対象国を絞って滇国は身毒《しんどく》（現在のインド）の産物、夜郎国は南越（現在のベトナム）の産物を集荷して漢へ納入する代理店的な扱いを課せて金印を授けている。なお、滇国の金印は発見されているが、夜郎国の印綬は発見されていない。したがって、ここでは夜郎国も金印を授かったものと推定して記述した。

　これと同じように、後漢の光武帝は、日本列島（倭）の産物の集荷を奴国だけに絞って金印紫綬を授けた。ただし、前漢武帝が行った事前調査はなされていない。このことは、『魏略』『晋書』『翰苑』に奴国の使者が「自謂太伯後」と言ったと記述されていることからわかる。おそらく、後漢の役人にとって、奴国の使者から春秋時代の呉国創建者と崇められている太伯の後裔だと初めて聞いて、この初耳が情報として価値があるから記録したのだ。

　では、後漢は、なぜ日本列島の事前調査をしないで、奴国と冊封関係を結んだのだろうか。それは、光武帝に引き合わせた後漢の大商人某と奴国との間に長い取引実績があり信頼関係を確立していたからである。おそらく、塩が専売制だった前漢時代に日本列島産の塩を奴国から買い取り密に売りさばいて巨利を得て後漢創建への資金提供で大きく寄与していたのであろう。つまり、大商人某は光武帝政権と密接な関係にあったので、奴国の使者が光武帝と会うアポイントも、金印紫綬を授かるまでの段取りも取り付けることができたのだろう。この奴国王への金印紫綬授与は、それ以降、大商人某と奴国との取引が密かな取引でないという証になる。これは、大商人某にとって、日本列島の産物を一手に引き受けての商売で大きな利益に結びつく取引であるし、また、後漢政府にとっても、大商人某から上納される財で潤うのだから、この金印紫綬は、後漢政府、大商人某、奴国の三者とも満足する授与だった。これが、大商人某が奴国の面倒をよく見てくれ、また光武帝が快く金印紫綬を授けてくれた由縁であろう。

　なお、西暦一〇七年に伊都国は、後漢に生口一六〇人献上しているが（『後漢書』）、印綬を授かった記録はない。

また、西暦二三九年に倭の女王（ヒミコ）は使者（大井難升米）を遣わして魏の天子に朝献して金印紫綬を仮授している（『魏志倭人伝』）。この時のヒミコの使者は、当時朝鮮半島にあった帯方郡の役人を介して洛陽に朝貢したと記録されているので（『魏志倭人伝』）、西暦五七年の奴国の使者も朝鮮半島経由したものと受け止められる向きもあるが、後漢の時代は朝鮮半島の郡に関心をもたなかったこともあって、朝鮮半島における後漢の郡役人は力が弱く土地の豪族にも従わねばならない状況だったので、奴国の使者は、朝鮮半島を経由することなく大商人某を介して直接洛陽に向かっている。

以上が、先に断った奴国が金印紫綬を授かるまでのややこしい話だが、念のため簡単に整理すると、武帝時代の前漢は、周辺諸国の産物を集めるための調査や領域を広げる闘争で財政難となり、その財政策として塩・鉄の専売制を執り関係商人を圧迫した。その結果、塩の密売が横行した。政府は、それを取り締まる塩法をつくったが、効果は上がらなかった。塩が専売制になるまで奴国と取引していた大商人某は、政府の監視が手薄い奴国産の塩を密に売りさばいて巨利を得た。この大商人某は、劉秀を支援して後漢の創建に寄与した。後漢を創建した劉秀は光武帝となり、大商人某と奴国との取引を正当化する証として金印紫綬を授けた。

金印を隠す

ところが、西暦二二〇年に後漢が滅びて魏・呉・蜀の三国時代になり魏が倭を臣下に治めると、先に新の項で述べたように王莽が前漢時代の印綬を返還させて改めて新の印綬を授けたことと同じように、魏は奴国が後漢から授かった金印紫綬を返還するように迫っただろう。また、倭王のヒミコが別途魏から金印紫綬を授かっているので、前漢の滇国・夜郎国、後漢の奴国のように、ある広い地域集団との取引を一国に限定すれば、倭と魏との取引はヒミコの倭王に限定されるので奴国に光武帝から授かった金印紫綬の返還を促したであろう。

一方、『魏志倭人伝』によると、その所属は魏か倭かわからないが、ともかく、倭の各国が怖がった権限をもった検察官のような、あるいは、後世の隠密のような一大率という役人が諸国を検察していたので、たとえ奴国が光武帝の金印は所持していないと主張しても探して見つけ出せば没収したであろう。

そう言った状況の中だったが、奴国は、前漢が滅んで後漢が創建される間に王莽の新が覇権を握っていた期間が一〇年余り一五年足らずの短命だった例を知っていたから、もし魏も短命で終わり漢が再々建国すれば、正当な取引ができる証の金印「漢委奴國王」は活用できるので返したくなかったから密に隠すことを選んだ。

時代と話は大幅にずれるが、この時の奴国の責任者は、現代、歳を取ったことを理由に自動車免許証の返納を促される高齢者の心境と相通じるところがある。高齢者としては、世間、娘や息子、あるいは孫から高齢者の事故が多いことを指摘されても、近いうちに完全自動運転の自動車が出来れば免許証が使える可能性への期待もあるし、また、金も時間もない若い時代に苦労して、やっと手にした自動車免許証だ、単に歳を取ったからと言ってそう簡単に手放す気にはなれない。

横道にそれたが、元に戻ると、奴国は金印を隠すことにした。ではどこにどうやって隠したのだろうか。隠した位置やメモや図面にしておくと、それが見つけ出される危険性がある。また、長い年月が経過して隠し場所を覚えていた人が亡くなると誰にも見出せなくなる可能性もある。だったらどうするか。それはメモも図面も使うことなく口で伝えておくことだ。この口伝だと信頼おける人だけに伝えておくことができる。でも、口伝が長くなると正確さが薄れる。だから、一言で伝え、それを聞けばわかる伝え方になる。

それは、ＧＰＳが出て来る前、漁業者など海上で仕事をする人に使われている山合わせあるいは山立などと呼ばれるシンプルな位置を出す方法だ。仮に私が金印を隠す当事者だとすれば、具体的には次のように考える。金印の場合、山立で使う目標物は、樹木や建物など年が経てば変わるものでなく、変わることのない動かない山、岬、島などになる。これを志賀島の金印が出土したとされている金印公園の近くで探して図1に示した。志賀島から見て能古島の大波戸崎と福岡市西区にある長垂山を結ぶ線だと誰にでも分かり易いかと思う。その線にできるだけ九〇度に近い角度で交わる線が出せる目標物を探すと博多湾に浮かぶ小さな端島が使えそうだった。それで志賀島の海岸から大波戸崎・長垂山を結ぶ長垂山ラインに沿って島の山の方へ登って行き、端島が出っ張った崖などで見えなくなる地点、すなわち端島が見え隠れする山や崖と結んだ端島ラインの交点を金印の隠し場所にすれば、二本のラインを伝えるだけで金印の隠し場所は第三者にもわかるわけだ。

また、金印が傷つかないように隠すには、眼下にある海岸に転がっている手頃な石を二個もってきて、一つは雨水などが流れ込まないように置いてその上に金印を置き、もう一つの石に金印を収納できる大きさの穴を開けて蓋として被せておけば大雨でも大丈夫だろう。もっとも、二個の石が動かないように周りに小石を埋め込んでおく必要はある。

こんな考えは、二〇〇〇年前の人も現代の人も変わらないだろう。そう思って、実は先の長垂山ラインと端島ラインの交点に立ってみようと思い、地元志賀島歴史研究会の方々に案内していただいた。ただ、現在、志賀島の海岸から長垂山ラインに沿って歩いて登るに

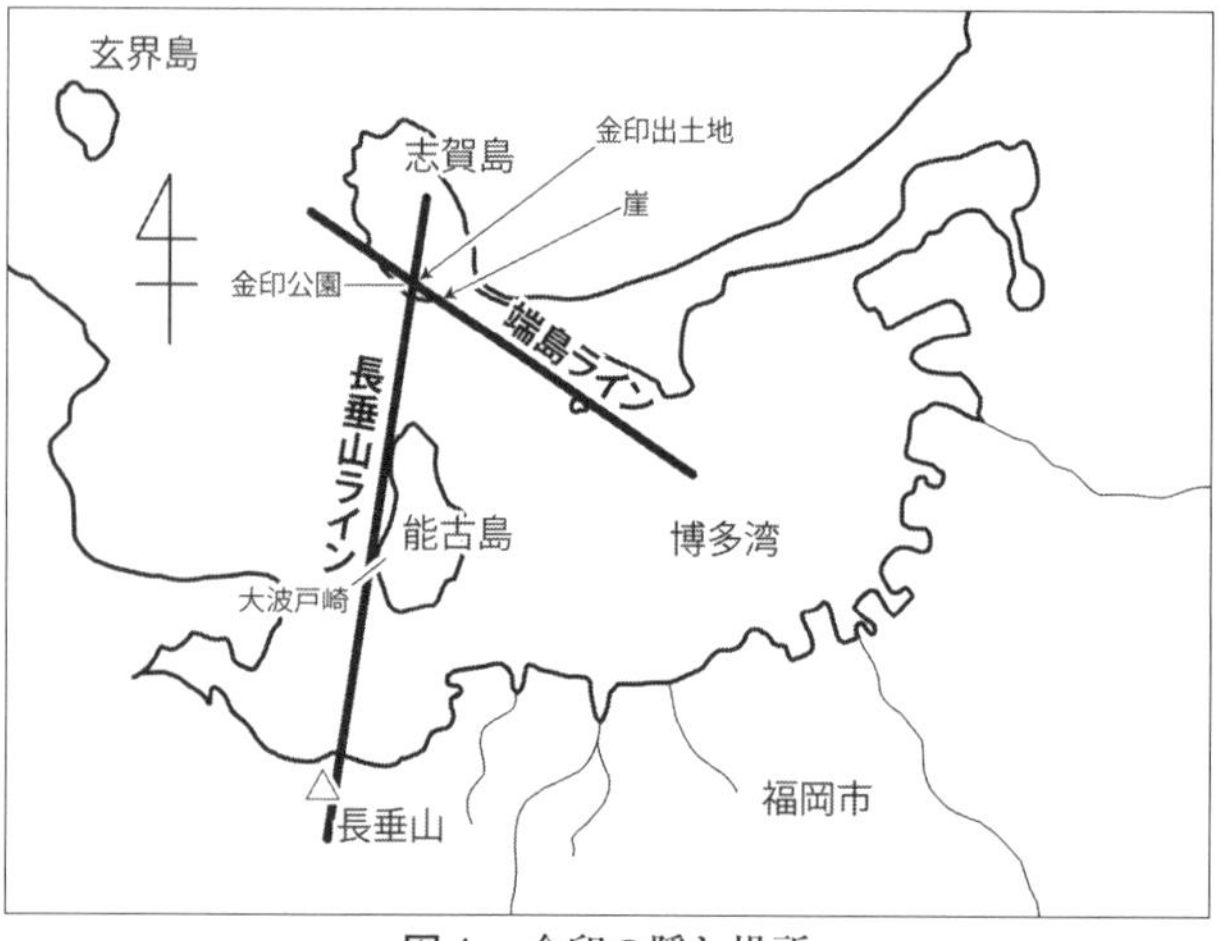

図1　金印の隠し場所

は、草木が茂り簡単ではなく、むしろ危険だから車で上に行って端島ラインとの交点に挑んだが、交点付近は、柵がしてある枇杷畑で入ることができず断念した。私は、先に述べた金印を隠し穿った石は、現在でも長垂山と端島ラインの交点付近に転がっているのではないかと思っている。なお、なぜ志賀島に隠したのかと言えば、志賀島全体が綿津見神を祀る聖域だからだ。現在でも一つの島を聖域としている例としては、宗像大社の神領として神宿る島としている沖ノ島がある。

奴国と安曇族

現在、福岡市の博物館に展示されている金印に刻んである「漢委奴國王」の「委奴」の読み方は、「委」は人偏を省略した減筆で本来「倭」だから「わのな」と読む、あるいは「委奴」は「いと」と読んで「怡土（伊都）」のことだなど難しい読み方がなされているが、龍鳳書房社主で安曇族研究会事務局長の酒井春人氏は、何も難しく読むことはない「漢《かん》は奴《な》国王《こくおう》に委《ゆだ》ねる」と素直に読めばいいと言う。先述の「金印の背景」のとおり、後漢の光武帝は、大商人某を通じて奴国王との取引を認可したのだから酒井氏の読みが金印の背景にぴったり当てはまる。

ただ、奴国の読み方がなぜ「なこく」なのかの疑問は残る。繰り返しになるが、西暦五七年後漢の洛陽に行った奴国の使者は、挨拶か自己紹介で「太伯の後裔」と言っている。つまり、奴国は、BC四七三年に越に滅ぼされた呉の後裔の国だと証言したのだ。この呉人が志賀島を根拠地にしている安曇族である。この詳しい説明は、紙面の都合もあり、また、拙書『安曇族と徐福』などに記したので省略させていただくが、一言で言えば、越に滅ぼされた呉の海人が、現在の福岡市、新宮町、古賀市、宗像市付近に渡来して根拠地とし、すぐれた操船術と航海術を使って、越への復讐を目的に、越の情報収集や軍資金稼ぎで中国大陸との交易を続けて来た。この交易はBC三三四年に仇敵越が楚に滅ぼされた後も続き、秦の時代も、前漢の時代も続いていたから後漢の大商人某との信頼関係も出来ていたわけだ。と言うことで、金印を授かった奴国は安曇族に他ならない。ではなぜ安曇族が奴国と称されていたのだろうか。

「漢委奴國王」は、漢音では奴婢の「ヌ」、呉音では奴隷の「ド」と読むように「ヌとド」の読み方があり、「ヌ nu」が「na ナ」とuとaが交換されること辺りまでは理解できる。では、なぜ奴国が「ドコク」と読まれないで「ナコク」の読みで固定されているのかが疑問になり当たってみると、白鳥庫吉博士（一八六五〜一九四二年）が「ナコク」と読んだところに行きついた。

話は変わるが、私は戦争末期に福岡県の小郡村に疎開した。子供たちは自分のことを「おどん」と称していた。「ぼく」と言うと笑われるか、いじめられるので私も小学校では「おどん」と自称していた。「お」は小さく「ど」は大きくて強く「ん」は口籠もるような小さい音になり、強いて文字であらわすと「おどン」になろうか。また、九州には自分のことを「おどん」と称する言葉があったのだ。この「おどん」は柳川では「おだん」、長崎の島原では「おどみゃ」、熊本県の五木では「おどま」、鹿児島では「おいどん」などと変化する。

一方、安曇族が拓いたとされる滋賀県には安曇川《あどがわ》があり、米子市に上・下安曇の地名があって「あづま」と称されている。細かいことを抜きにすると、以上あげた自称や地名に「ど」のD音が入っている。時代は変わっても、外から入ってくる言葉がなければ、そう簡単にこのD音が消えることはない。だから、西暦五七年にもD音があった可能性はある。

現在、阿曇はそのまま読めば「あどん」と読んで「あづみ」とは読めない。漢字の読みには、中国読みの呉音と漢音、それに漢字の意味から日本語に翻訳して読む訓がある。阿曇の「阿」は、呉音でも漢音でも「あ」で、訓では「くま・おもねる（阿る）・よる・ひさし・お」などと読むが、「お」の遣われ方としては、阿亀・阿多福・阿国歌舞伎・阿武松《おうのまつ》親方や主として女に阿国、阿千、阿菊、阿富など「阿《お》」をつけて「阿」は「御」や「○○ちゃん」の愛称でも使われている。また、英語を片仮名で表すと、同じAでもアート（art）オート（auto）のように「ア」と「オ」に分かれるし、Oの字が入った out は片仮名でアウトと書く。つまり、「ア」と「オ」は入替り易い音なのだ。

　金印に話を戻すと、奴国の使者が後漢の役人に「おどンの国は」と言えば、聞き慣れない言葉と発音に、「お」が小さくなり、「ん」はほとんど消えて、「ど」の音だけが大きく聞こえる。あるいは、先述のように、「おどん」の「お」が愛称か丁寧の「御」と同じ使われ方がされていたのであれば、奴国の使者は「お」を付けないで「どんの国は」と言ったかもしれない。ともかく「ど」が強調された形で受け取られた可能性が強い。そこで、後漢の役人は、その「ど」に侮蔑の奴を当てて奴国《どこく》とした。だから金印の「漢委奴國王」は「かんはどこくにゆだねる」と読むべきだと考えるが、如何だろうか。もちろん「ゆだねる」は交易の件、つまり、大商人某との取引は奴国に日本列島の産物を一手に扱う代理店の役を一任すると言う意である。

　ところで、感情のぶつけ合いの口論に発展性はないが、知的議論は当人にも、聞いている第三者にも実になる思いがして楽しい。だが、その議論も延々とエンドレスで続くようだと誰しも嫌気がさしてくる。金印の真贋論争もそれに近い状態かと思う。ただ、気になることは、金印の真贋論争が志賀島から発見されたという江戸時代を起点にしてそれ以前の金印授受の背景に触れられていないことだ。これは、たとえて言えば、神社の御神木などの立派な樹木を見て、幹枝葉を愛でる人は多いが、その根っこの深さや広がりなどに目を向ける人は少ない。金印の背景を見ないで真贋論争をするのは、御神木の根っこに目を向けないで論争をしているようなものだ。蝸牛角上の争いとまでは言わないが、金印真贋論争にも目が向くようにと思い稚拙ながらも金印の背景に触れてみた。

万葉集「志賀の白水郎の歌」

この第二回金印シンポジュウムで、万葉集にある「筑前国の志賀の白水郎の歌十首」を紹介された森弘子さんは、パネルディスカッションで、対馬の防人へ食糧輸送を受け持った志賀の白水郎（海人）の荒雄（船頭）が、博多湾から直接対馬へ向かわないで五島の三井楽経由のコースを採っているが、なぜだろうか、と質問をされた。そのとき、同席していた私は、対馬海流を直角に近い角度で横断すると海流に流されて対馬に着かないで日本海の方へ流される危険性があるので、それを避けて沿岸伝いに対馬海流の上流の五島の三井楽へ向かった旨説明した。だが、限られた短い時間で意を尽くせなかったこともあって、会場の皆さんも理解しにくかったかと思う。そこで、この紙面を借りてもう少し説明を加えさせていただく。

対馬海流と九州北部から山陰地方にかけての沿岸流を示した模式図（図2）をご覧いただきたい。対馬海流も沿岸流も年・季節・月・日・時々刻々で変化するのでこの図は固定された流れではなく基本的な流れの形を示している。この流れについては後ほど説明するとして、まず、グーグルアースを使って博多湾・対馬市（旧厳原）・五島の三井楽の三地点を直線で結ぶと、博多湾と対馬市との距離が一一六キロメートル、博多湾と三井楽が一七七キロメートル、三井楽と対馬市が一七〇キロメートルで、三井楽を頂点とした二等辺三角形になる。すなわち、博多湾から対馬市に向かう場合、三井楽経由は博多湾から対馬市へ向かう距離の約三倍の距離になる。だから、地図上で見る限り、荒雄が対馬へ向かって三井楽経由の航路を採ったことに疑問をもつことは当然である。

もう一つ、『日本書紀』には、六六二年に大将軍錦中阿曇比羅夫連らが軍船百七十艘を率いて百済に渡った記録、六六三年に白村江の戦いに二万七千人出兵した記録、白村江の戦後処理として郭務悰《かくむそう》が九州と朝鮮半島を何度も行き来した記録がある。だから、白村江の戦いから六〇年ほど経過した荒雄の時代の七二四～七二九年（神亀年中）には、その間の造船技術も航海技術も向上しているはずだ。そうすると、博多湾から対馬へ向かう航海は難しくなかったのではないか。また、荒雄が、わざわざ遠回りして五島の三井楽経由で対馬へ向かう必要性はなかったのではないか、と疑問がますます深まるのだ。この疑問は、船の形と海の流れの二面から考えてみるが、その前に、次のことを考慮していただきたい。

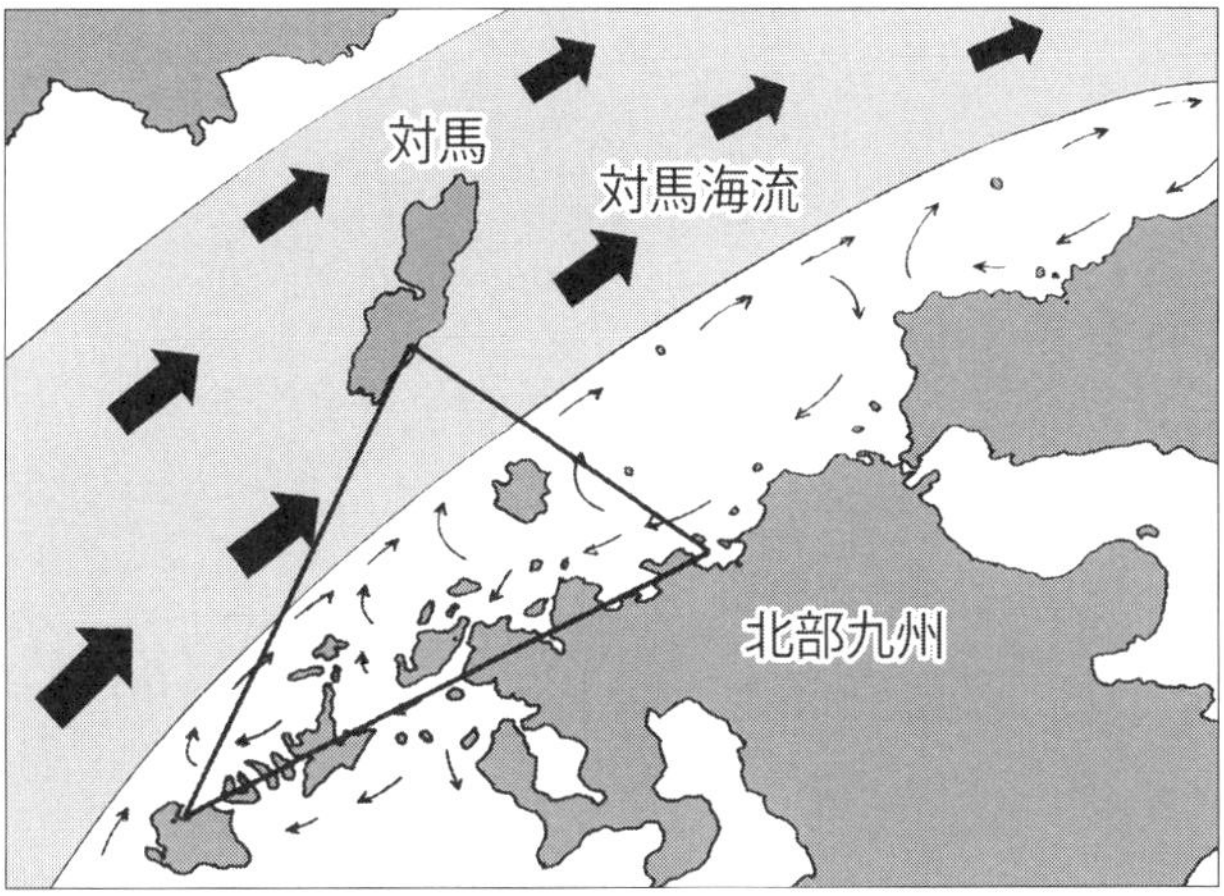

図２　古代も現代も変わらない海流と地形

対馬への食糧輸送を命じたのは太宰府で、その太宰府長官が筑前国守山上憶良だった。シンポジュウムで森さんも紹介された憶良が深く関与した万葉集の『筑前国の志賀の白水郎の歌十首』から読み取ると、憶良は三井楽経由の航路を承知していたことは明白である。また、この荒雄が遭難した食糧輸送の航海を太宰府が命じたのは宗像郡の百姓宗像部津麿だったが、津麿が高年齢を理由に若い荒雄に代替わりを頼んだのだった。この津麿と荒雄のやり取りに関する注書きがあるが、その中に、三井楽経由の是非について触れられていない。以上のことから、この五島の三井楽経由で対馬へ向かう航路は、大宰府に公認されていたと理解できる。

荒雄が乗った船に関する資料はないが、食糧輸送に使った船は船体を赤く塗った官船だったことは、久松潜一の『万葉秀歌』（講談社学術文庫）にある。現代でもそうだが、官船は安定性・安全性を重視した船型を採る傾向がある。荒雄が遭難した船は、荒雄が日頃乗っていた持ち船ではないが、乗組員は、荒雄の指揮の下で働く慣れ親しんだ仲間だったはずだ。

食料を積み込む船と先の白村江の戦いなどで兵士を乗せた船は船型が違った。同じ規模の船だと、重心が低くて喫水線が深く幅が広い船型は波浪に対して比較的強く安定性・安全性で優れるが、速度が出ないし舵の利きも悪い。逆に重心が高くて喫水線が浅く幅が狭い船型だと波浪に対して弱いが速度が出て舵の利きも良い。また、船の走行には風も利用するが、前者の船型だと風が後押ししてくれる順風以外だと利用できないだろう。その点、後者の船型は、順風は勿論、迎え風にも対応できる。なお、両船型とも船底が平らな構造ではなく竜骨などで船底が尖った尖底船だったであろう。もう一つ、流れに対しては、両船型とも逆らえないので、流れより早い船速でなければ流れをさかのぼることはできなかった。

これらの推論を基にすると、荒雄が乗った食糧輸送に使われた官船は、前者の喫水線が深く幅が広くて遅い船速で舵の利きが悪いずんぐりした船型の官船が想像される。それに対して、兵士を運んだ船は、後者の喫水線が浅く舵の利きがいい細身の船型が想像される。だから、兵士を運んだ船が博多湾と朝鮮半島との間を壱岐・対馬経由で行き来していたと言って、食糧を積んだ官船も博多湾から壱岐経由で対馬へ渡れたわけではない。以上の条件を頭に置いて、図2に示した対馬海流と沿岸流を基に、博多湾から対馬に向かう航海を検証してみる。

博多湾を出航した荒雄乗船の食糧輸送ずんぐり船が、壱岐を経由して対馬に向かうコースだと対馬海流を九〇度に近い形で横断しなければならない。荒雄が乗った船の船速はわからないが、船型から考えても推進力は風の利用より人力で櫂を漕ぐことが主力だったろう。そこで、一九七五年に角川春樹の企画で行われた一四人が櫂を漕いだ野性号（長さ一六・五メートル、幅二・二メートル、定員三〇名）の船速が約二ノットだったと言う数値を使い、対馬海流の流速を小さめに一・〇ノット（時速一・八キロメートル）と仮定して壱岐と対馬の対馬市（旧厳原）に向かうとすると、両地点の直線距離は六三キロメートルだから所要時間一七時間、だがその間に日本海側へ流されるので、その流される距離三一キロメートルとなり、結局、漕行距離七〇キロメートルになる。すると一九時間要することになる。

これだと、薄明かりで岩礁など障害物が識別できるようになる明け方に壱岐を出たとしても、対馬に岩礁などが見える明るいうちに着くことは出来ない。そうかと言って、明るいうちに壱岐を出て夜走りして翌朝明るい時間帯に対馬に着くことも考えられるが、島蔭が見えない夜走りは、北極星を頼りに対馬へ向かうことになるだろうが船の舳が左右に揺れるからそれだけ針路を定め難いし、当日の対馬海流の速度がわからないから方向の誤差は避けられない。つまり、壱岐から対馬へ向かうコースは、一つ間違うと対馬に着くことなく日本海へ流されるリスクが大きい。それに、たとえかがり火を焚いたとしても、櫂を漕ぐ足場や手元、それに海面が見えないので、揺れる船上での作業はやりにくい。こう言うことを考えても、博多湾から壱岐経由で対馬へ向かうコースは危険が多いので避けたのだろう。

実際、荒雄の時代から五〇年弱後の七七二年に、この博多湾から対馬へ向かうコースで食糧輸送船の事故が起きている。宇治谷孟の現代語訳『続日本紀』に、「光仁天皇宝亀三年（七七二）一二月一三日に、「壱岐嶋掾《じょう》・従六位上の上村主墨縄《かみのすぐりすみただ》らは年間の食糧を対馬嶋に輸送する時、にわかに逆風に遭って、船は難破し人々は溺れ死にしました。（中略）墨縄らは『運漕の時期は常例に違っていません。ただ風波の災いは人の力ではどうにもならないものです。船が壊れ人が没したことは不正のなき明証として十分です』と申し立てております。大宰府が彼らの申すところを検討しますと、まことに黙視できないものがあります。これから、虚実を詳しく検討し、徴収か免除かを評議して定めたいと思います。」とある。

では、五島の三井楽から対馬へ向かうコースだとどうだろうか。この間の直線距離は約一七〇キロメートル、船が二ノット（時速三・七キロメートル）で走ったとし四六時間、およそ二昼夜で着く計算になる。つまり、三井楽を昼ごろ出港すれば、翌々日の昼前後に着く。二ノットの速度は、対馬海流が一ノットであれば、単純計算で、昼間二ノットで漕いで三ノットで走り、夜間は方向を確認しながら対馬海流に乗っていれば平均二ノットで走れるわけだ。また、当日の対馬海流が早ければそれだけ楽に走れる。当時の食糧輸送船を対馬のどこに着けたのかわからないが、三井楽から対馬海流を下るコースだと、船上から対馬が視界に入ったら豆酘、厳原（現対馬市）、鶏知《けち》（対馬市美津島町）、浅茅湾《あそうわん》などの主要港に入港できる。ただ、博多湾から三井楽へ向かうので日数はかかる。それでも沿岸の流れを利用すれば労力面でも安全面でも楽なコースだったと言える。つまり、博多湾から三井楽経由で対馬へ向かうコースは、日数はかかるが、博多湾から壱岐経由で対馬に向かうコースに比べて安全性が高かった。この食糧輸送の航海にどのくらいの日数を要したかはわからないが、宗像の津麿が「自分は歳をとったから」と言って荒雄に代役を頼んだことから考えると、時化の日もあるので、大雑把に見て二週間や二十日はかかったかと思う。

なお、博多湾から五島の三井楽へ向かう沿岸流の存在に関する傍証となる逸話を紹介する。福岡県新宮町の相島から五島列島への流れがある傍証として、相島にある神宮寺の中澤慶輝住職がフェイスブックに投稿された話の要約。時代は明確でないが、今から一〇五〇年以前のある年、相島が津波に襲われて穴観音に祀られていた観音様が流出して五島の玉之浦海岸に漂着した。それを浦の漁夫が薪とともに持ち帰って燃やしたが燃えない、割っても割れないので不思議に思いお祀りをしたら浦が栄えた。ある夜、漁夫の妻の夢の中に観音様が現れて「我は筑前の国、相島の観音である。早く元の所に返してくれ」とお告げがあったと言う。それを聞いた浦人は驚き、船を仕立て相島に送り届けた。

この話は事実の記録ではなく言い伝えであるが、その昔、相島と五島が流れか航路で結びついていることを暗示している。木製の観音様の比重はわからないが、おそらく、海水とほぼ同じで、海面上にほとんど本体を出さないだろうから、発泡スチロールのように風に流される物体と違って潮（海水）の流れに乗って動かされたことになる。

三、奴国の王都を掘る

春日市教育委員会　井上　義也

一　はじめに

福岡平野は、中国の史書に記された奴国の故地とされる。

春日丘陵は、福岡平野の南部に突出する丘陵で、丘陵とその周辺の低地には、弥生時代中期から後期にかけての住居跡や墳墓などが分布する。春日市教育委員会は、これらの遺跡を一つの遺跡群と捉えており、その範囲は、南北約二キロメートル、東西一キロメートル以上に渡る。この遺跡の集合体を須玖遺跡群、または須玖岡本遺跡群と呼ぶ。

福岡平野には規模の大小はあるが、このような弥生時代の遺跡群がいくつかあり、須玖遺跡群がその中心的な存在である。

今回は、福岡平野（奴国）の中心的な遺跡である須玖遺跡群について述べる。

二　須玖遺跡群の調査

須玖遺跡群では、昔から青銅器鋳型が偶然発見されることがあり、熊野神社所蔵の銅矛鋳型のように江戸時代から現在まで伝世するものもある。また、明治三十二（一八九九）年の須玖岡本王墓の発見は、当遺跡群が全国的に注目を浴びることのきっかけとなった。

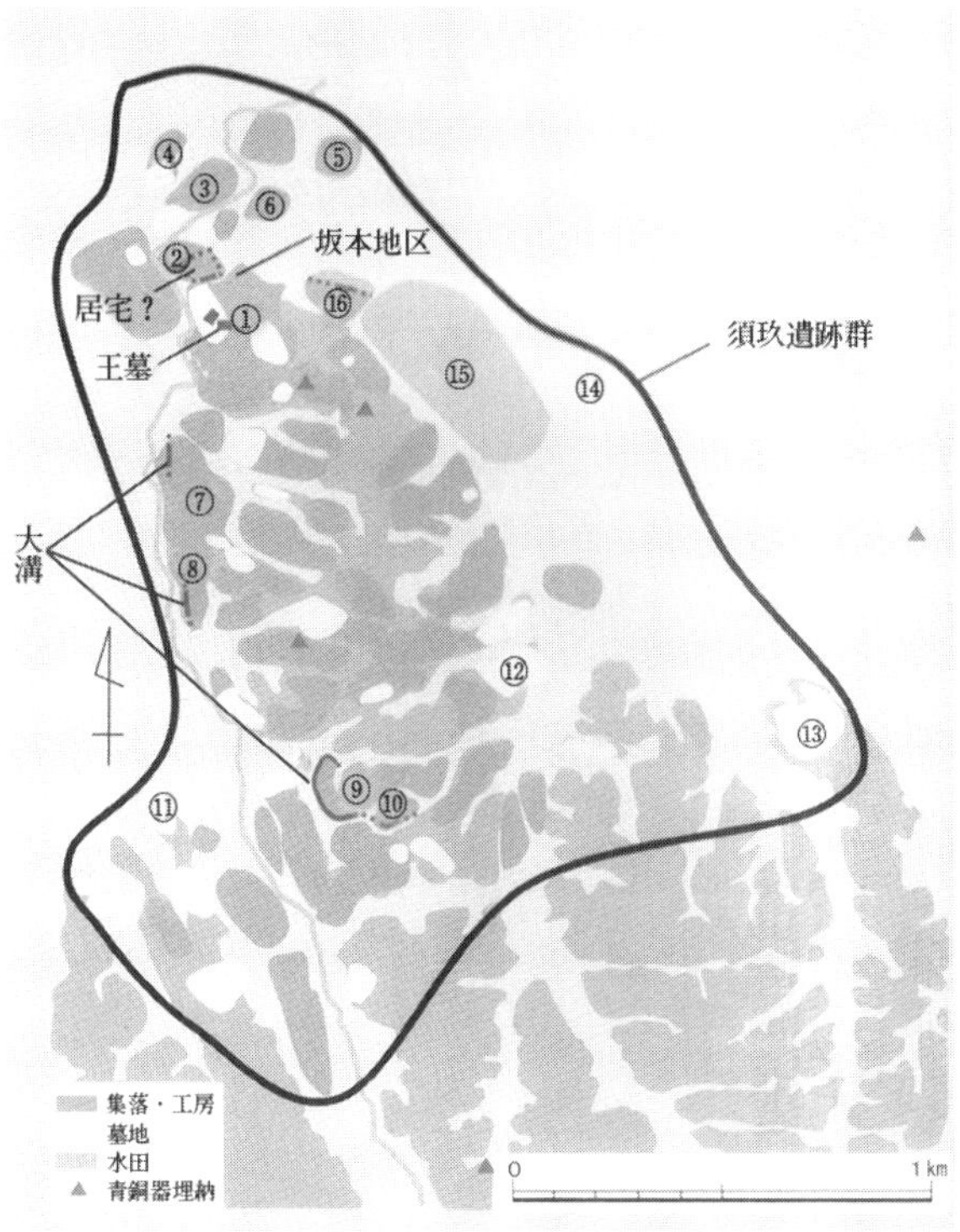

須玖遺跡群遺跡分布図　1須玖岡本　2須玖坂本B　3須玖五反田　4須玖唐梨　5須玖黒田　6須玖永田A　7赤井手　8竹ヶ本A　9大南A　10高辻　11宮の下　12松添　13立石　14大坪　15上平田・天田　16須玖尾花町

王墓の発見以降、京都帝国大学、九州大学、福岡県教委、春日市教委などによって発掘調査が行われ、弥生時代の墳墓群などが明らかにされた。特に昭和四十年以降、開発に伴う発掘調査や試掘調査などが市教委により実施され、集落、工房、水田、墳墓の状況が次第に明らかになってきた。以下では、集落、工房、水田、墳墓について紹介する。

三　集落

須玖遺跡群には、弥生時代前期の遺跡もあるが、規模が拡大するのは弥生時代中期前半以降である。丘陵部とその裾部を中心に居住域が広がり、後期になると丘陵北側の低地部に須玖唐梨遺跡、須玖永田A遺跡、須玖黒田遺跡などの掘立柱建物を中心とする遺跡が新たに展開する。

遺跡群の南部に位置する大谷遺跡は、中期を中心とする約一〇〇軒の住居跡が調査された。当遺跡では、集落の形成時に斜面に土を排出することによって、尾根部の平坦面の拡張を行っている。

大谷遺跡の北に位置する大南A遺跡では、重要な所見がある。遺跡は、後期の住居跡九四軒などが調査され、すでに破壊されていたものを考慮すると総数は二〇〇軒近くになると想定できる。

丘陵斜面の中段には、南北方向に延びる断面V字形の大溝が確認された。大溝は中期末前後に掘削され、掘り直されながら弥生時代終末期まで機能していたと考えられる。

当初、この大溝は、大南A遺跡が立地する小丘陵を鉢巻状に巡ると思われたが、遺跡群の外縁部である丘陵の西～南部だけに確認された。同様の大溝は、大南A遺跡の東側に位置する高辻D・F遺跡、高辻E遺跡や、春日丘陵西部の遺跡である赤井手遺跡、竹ヶ本A遺跡でも確認されている。

このため、これらの大溝は、谷を越えて機能する一連の施設で、須玖遺跡群全体を巡る大溝の一部ではないかと推定される。残念ながら遺跡群東部については、明らかでないが、試掘調査ではその候補となるものが検出されている。

次に王の居宅について触れたい。現在までに王の居宅は未確認であるが、王墓との位置関係や、調査状況から須玖坂本B遺跡が有力候補であり、今後の調査が期待される。

四　工　房

集落の一角に、青銅器・ガラス製品・鉄器の工房が確認されることがある。

青銅器の鋳型は、北部九州で四〇〇点以上が出土する。このうち約七割が福岡平野（奴国域）で出土し、須玖遺跡群に限ると北部九州の約半数が出土する。

さらに、石製鋳型以外の青銅器生産に関連する遺物（以下、青銅器生産関連遺物）である中型（中子）、銅滓、坩堝/取瓶、鞴送風管なども大量に出土し、須玖遺跡群では青銅器工房も確認されている。

特に須玖岡本遺跡坂本地区は、その規模から奴国の官営工房とも称される。また、坂本地区のすぐ北側には、須玖永田A遺跡、須玖黒田遺跡などの青銅器生産遺跡があり、青銅器工房群が計画的に配置された可能性がある。

多くの青銅器生産関連遺物や工房跡が確認されることは、他の遺跡では殆どなく、当遺跡群の特徴の一つである。なお、当遺跡群での青銅器生産は弥生時代中期前半から終末期まで行われた。

これらの工房で生産された青銅器は須玖遺跡群、奴国域はもとより、北部九州地方、中国地方、四国地方、対馬、韓国までもたらされたようである。

ガラス工房は、須玖五反田遺跡で確認された。ガラス勾玉などを作るための鋳型やガラス玉の未製品、玉を研ぐための砥石などが出土した。鋳型は石製だけではなく、真土製のものがある。これらガラス玉の生産に関連する遺物は、須玖岡本遺跡坂本地区や赤井手遺跡などの青銅器生産遺跡でも出土し、逆に須玖五反田遺跡のガラス工房からも、青銅器生産関連遺物が出土する。青銅器やガラス玉の生産には、高温が必要であることから、これらが同じ工房内で作られた可能性は高い。

鉄器工房は仁王手A遺跡、赤井手遺跡で確認されており、今後、須玖唐梨遺跡などでも発見される可能性がある。弥生時代の鉄器生産は、棒状や板状の鉄器の素材を加熱し、切断や鍛打して鉄斧や鉄鏃を作り出している。赤井手遺跡では鉄斧の製作工程を復元できる遺物が出土する。

平成二十六年度に行われた須玖タカウタ遺跡五次調査において、非常に重大な発見があった。同遺跡は、過去の調査において、中期前半頃に青銅器生産が行われた可能性を示唆される遺跡であった。

五次調査の一号竪穴建物跡からは、中期前半の土器と共に、多数の青銅器鋳型が出土した。鋳型は、北部九州で通有な石英長石斑岩製の鋳型は一点もなく、朝鮮半島との関連がある滑石系の鋳型八点と土製（真土製）鋳型二十六点であった。滑石系の鋳型の中には、類例のない一鋳式の有柄銅剣鋳型や多鈕鏡鋳型がある。土製鋳型は、北部九州では筑前町峯遺跡で一点のみが確認されていたが、良好な状態での出土は初めてであった。しかも、銅戈鋳型などのように一組の鋳型がセットで出土したり、把頭飾（銅剣の柄飾り）の可能性がある鋳型片も出土したりするため、考古学だけでなく、冶金学等他の分野までが注目した。

以上のように、須玖タカウタ遺跡五次調査で朝鮮半島との関連が強い滑石系鋳型と土製鋳型が出土したことは、我が国における初期

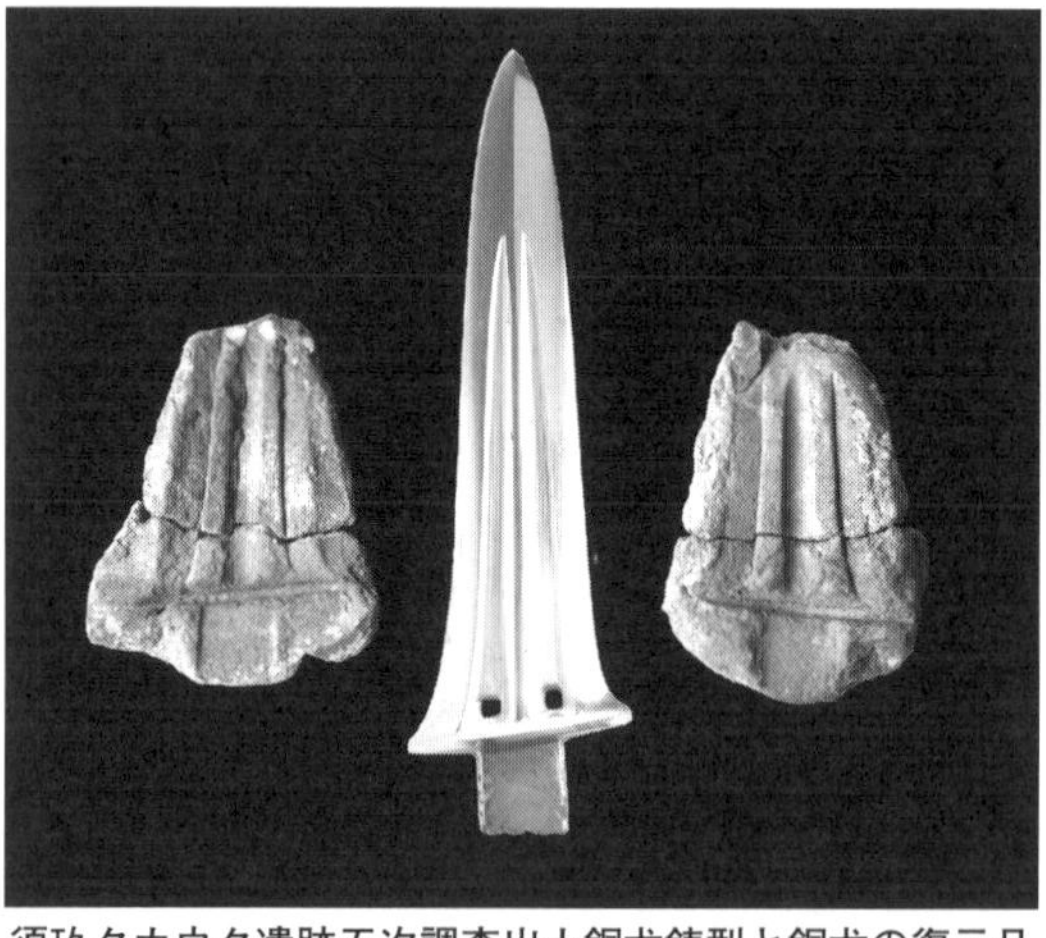

須玖タカウタ遺跡五次調査出土銅戈鋳型と銅戈の復元品

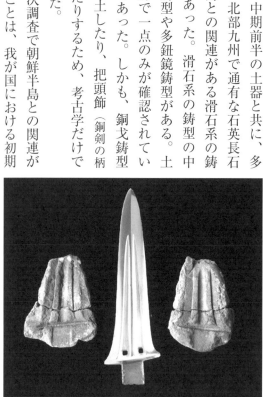

青銅器生産を考える上で重要である。一号竪穴建物跡では、炉跡や鞴送風管などは出土しておらず、工房かは断定できないが、当建物跡は調査区外まで延びており、完全に発掘はしていない。このため未掘部分には、炉跡などがあるのではないかと考えている。

須玖遺跡群での青銅器生産は徐々に分かってきたが、まだ、その全貌は明らかになっていない。今後、歴史を覆すような新発見がある可能性は非常に高い。

五　水　田

水田は、春日丘陵の東側、須玖尾花町遺跡や大坪遺跡、上平田・天田遺跡で確認されている。狭小な調査であったり、水田の残りが良くなかったりするために不明な点が多い。

今後の調査の増加により、須玖遺跡群の生産基盤が明らかにされるであろう。

六　墳　墓

狭義の須玖岡本遺跡である須玖岡本王墓から述べたい。明治三十二(一八九九)年、春日市岡本において、住宅建築のために畑にあった大石を動かしてその下を掘ったところ甕棺の破片と共に多数の青銅器が出土した。

正式な発掘調査ではなかったため、副葬品は全て取り出されていないが、後の追跡調査や研究によって前漢鏡が三〇面前後、銅剣・銅矛・銅戈が一〇本程度、勾玉・管玉などのガラス玉類、ガラス璧などが副葬されていたことが明らかにされた。

さらに、この甕棺墓の周囲には他の甕棺墓がなく、しかも、墳丘を有していた可能性が高いため、特定個人を単独で埋葬した甕棺と考えられる。

副葬品は、質や量において他の墳墓と隔絶し、特に直径二〇チセンを超える大型鏡を三面も含むことは特筆される。中国では、大型鏡は王侯クラスの墳墓から出土するため、甕棺墓の被葬者は王と認められていた可能性がある。

これら副葬品の内容は弥生時代中期末の糸島市三雲南小路王墓と近似し、しかも、東京国立博物館所蔵の須玖岡本王墓の甕棺片も中期末の型式であることから、王墓の時期は中期末、紀元前後と言える。このため須玖岡本王墓の被葬者は、「漢委奴国王」の金印を下賜された奴国王よりも数世代前の奴国王と考えられる。

王墓の北西側には墓地が続くことが発掘調査により明らかにされ、高い比率で青銅器、鉄器、ガラス玉などの副葬品が出土する。また、発掘調査により王墓と同時期の墳丘墓も確認されており、この一帯は王族の墓地であったと考えられる。

須玖岡本遺跡の南側の丘陵部でも、少数ではあるが副葬品を有する墳墓が確認されている。偶然の発見や、後世に攪乱を受け状態は良くないが、松添遺跡、立石遺跡、宮の下遺跡では、後期の墳墓から中国鏡が出土する。

須玖岡本遺跡では、副葬品を持つ後期の墳墓は確認されるが、王墓級の墳墓は現在のところ確認されていない。しかしながら、先述したように銅矛などの青銅器は、後期も坂本地区などで大量に生産されている。

須玖遺跡群の中核である須玖岡本遺跡周辺で、大規模な青銅器生産が行われたことは、それを統括する人物の存在が考えられる。その人物は、松添遺跡、立石遺跡、宮の下遺跡の首長よりもランクの高い人物で、須玖遺跡群さらには福岡平野（奴国）を統括する人物である。その中には「漢委奴国王」の金印を下賜された王もいたはずである。

銅鏡二〇～三〇面を副葬する王墓が代々見つかるとは思わないが、今後の調査によって、弥生時代後期の王墓などが発見される可能性は高いと言える。

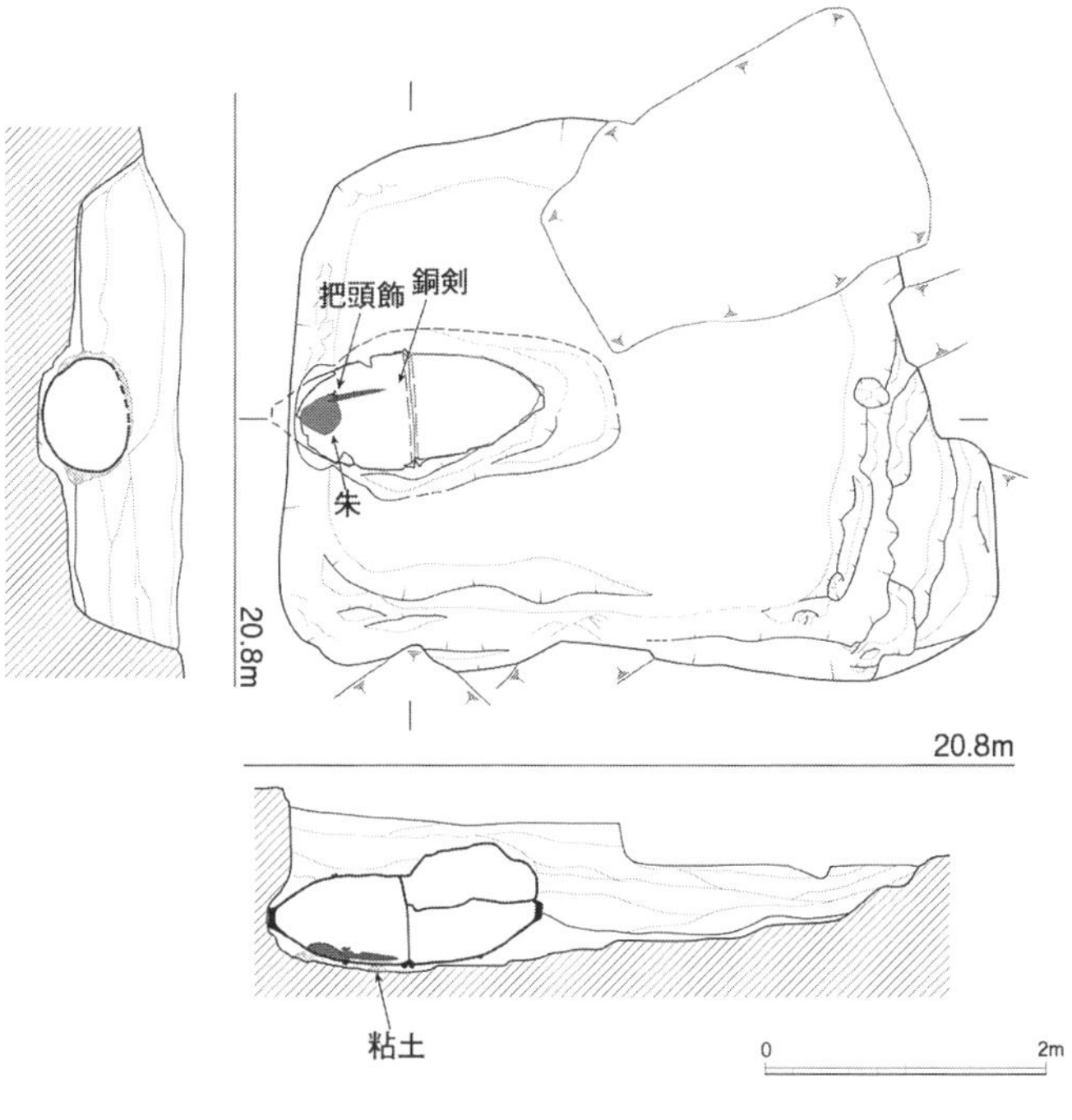

岡本地区二十次調査四号甕棺墓実測図

平成二十六年度に須玖岡本遺跡岡本地区において、遺跡整備に向けた確認調査（二十次調査）を行った際に、全長五メートルを超える墓壙を検出し、そこに甕棺が納められていることが明らかになった（四号甕棺墓）。地中レーダー探査や環境調査の結果から、甕棺内には青銅器が副葬されており、現状は、青銅器の保存には適さない環境であると分かったため、平成二十七年度に発掘調査を実施した。

甕棺は、中期前半の型式で、全長四二センチの銅剣と青銅製把頭飾が副葬されていた。この型式の銅剣と把頭飾が福岡平野で出土したのは初めてで、銅剣は布にくるまれていた。

四号甕棺墓は、巨大な墓坑、副葬品、王墓との位置関係から王族墓と考えられる。

七　おわりに

奴国の中心遺跡である須玖遺跡群について集落、工房、水田、墳墓の順に述べてきた。遺跡群全体を囲むような大溝や青銅器生産工房の計画的な配置と青銅器の大量生産は、奴国王の存在なくしてあり得ないであろう。

発掘調査により明らかになったこともあるが、問題や不明確なことも多い。今回触れなかったものも含め例を挙げれば、須玖遺跡群全体を巡る大溝、王の居宅、終末期の青銅器生産の内容、大型鉄戈の製作、後期の王墓の発見など、今後の調査に期待したい。

岡本地区二十次調査四号甕棺墓出土銅剣・把頭飾

四、最近判った志賀島の諸相

「金印と歴史の会」主宰　岡本　顕実

一　甚兵衛は実在した？　かすかな痕跡

国宝・金印発見者「甚兵衛」さんは実在した⁉

中国の漢王朝から倭の奴国《なこく》の王が賜り、江戸時代に福岡市・志賀島で出土したとされる金印。国宝に指定され、日本史の教科書にも登場して、あまりにも有名だ。だが、実は謎だらけ。〝第一発見者〟の「百姓・甚兵衛」すら、その実在が疑われて久しい。しかし発見二百二十九年目のいまになって、この甚兵衛さんの氏素性が明らかになりつつあるという。考古学、歴史学上の一大発見かもしれない。

—週刊朝日への投稿記事（二〇一二年十月二十六日号）

まず、志賀島で発見された金印について、おさらいをしておこう。福岡・黒田藩の公式文書は語る。いわゆる『百姓・甚兵衛口上書』である。

「天明四（一七八四）年、志賀島の百姓・甚兵衛が田んぼの水はけを良くしようと農作業中、大きな石を取りのぞいたら、金の印判のようなものを見つけた」（抜粋、現代語訳）。甚兵衛は、そのいきさつを庄屋の長谷川武蔵に語り、武蔵は報告書を郡奉行に届けた。読者はこの武蔵の名前もご記憶願いたい。

金印には「漢委奴國王」の陰刻があった。どうも〝ただもの〟ではないらしい。藩は金印を収め、甚兵衛に白銀五枚のほうびを与えると共に、藩内の学者たちに金印の鑑定論文を提出するよう命じた。この話は全国に伝わり、全国の学者が競って見解を発表することとなった。発見から今日に至るまで二百数十年、永《なが》い金印論争の幕開けである。

この金印は何か？　黒田藩内では間髪を入れず町医者出身ながら藩校の館長となっていた亀井南冥《なんめい》が上申書を提出した。南冥は印面に彫られた「漢委奴國王」から中国の史書『後漢書』「東夷伝」にある「建武中元二（西暦五七）年、倭奴国、奉貢朝賀ス……。光武《こうぶ》賜フニ印綬ヲ以《もつ》テス」の短い記録の「印綬《いんじゅ》」に該当する金印だと看破した。要するに「一世紀半ば、倭奴国王が後漢に臣従のあいさつに行き、光武帝から金印を賜った」という記録だ。

南冥の、おそるべき学識が今日の志賀島の金印の歴史的価値を決定づけた。委奴を南冥は日本の古称、ヤマト（倭奴）と読んだが、「委（倭）の奴国王」と読めば奴国（現在の福岡県春日市あたり）の王である。委奴をイトと読み、伊都国（現在の福岡県・糸島半島のつけ根あたり）に比定する説もある。

しかし、いったい『後漢書』「東夷伝」にある「印綬」の二文字だけから、鑑定のために眼前にあるとはいえ、わずか印面二・三五センチ四方、高さ二・二センチの小さな金印が、南冥の観察時点から実に一七〇〇年以上も前の〝あの金印〟だと判定できるだろうか？　想起だに難しい。

金印の真偽にかかわる甚兵衛

金印ニセモノ説は当初からあった。金印には謎がつきまとう。そのひとつに発見者「百姓・甚兵衛」の不在説が深くわだかまる。甚兵衛に迫る前に、「金印の謎」をトータルに挙げてみる。
文章表現のイロハに、5W1Hがある。それに則して、金印発見の状況を照らしてみると興味がわく。

・**いつ**　口上書に天明四年二月二十三日とあるが、確かなことはわからない。
・**どこで**　現在の志賀島の金印公園あたりとされるが、過去四回の発掘調査（最近は一九九四年の福岡市教委の全島調査）でも納得いく結果なし。遺構らしき跡なし。
・**誰が**　金印の発見者、甚兵衛は実在したか疑問視されてきた（後述）。
・**何を**　金印。ニセモノ説あり（後述）。
・**どのように**　田植えの準備で石をどけたら、あった。
・**なぜ**　田んぼの水はけ作業。

ご覧のように肝心な部分の説明に、赤信号、黄信号が点滅する。子細に述べる紙幅がないのは残念だが、このうち、WHAT（何を）を軸に述べるとすると、要するに金印が存在するのは現実だが、それがニセモノかホンモノか、なのである。

少し前にも、『金印偽造事件――「漢委奴國王」のまぼろし』（幻冬舎新書　著者・三浦佑之　第一刷二〇〇六年十一月）という本が出版され、話題を呼んだ。大いに検証に値する。しかし、金印が後代の日本で製作されたのではないかという推測には、こんな反証データもある。金印そのものの成分分析（一九八九年九月、福岡市教委）では中国産の砂金を原料とする鋳造と判定された。

甚兵衛不在説の論拠は何か

このように、謎に満ちた金印だが、発見者とされる「百姓・甚兵衛」は実在そのものが疑われてきた。

最大の理由は、黒田藩の公式文書には「金印の発見者」として記録されているにもかかわらず、彼が島内に居たのか、確認できないからだった。果たして甚兵衛は実在したのか？

この謎に火を点じたのは金印研究の第一人者として知られる二松学舎大学名誉教授、大谷光男氏で、一九七九年刊の名著『金印ものがたり』で志賀島の現地調査の結果を書き、考古学ファンにショックを与えた。それによると①「甚兵衛」なる人物は島の寺の過去帳に確認できない②甚兵衛が百姓なら当時の「田畠名寄《なよせ》帳」に本百姓としての姓名が記されているはずなのに、その名がない③当時、博多の仙厓《せんがい》和尚（洒脱な禅画で知られる僧）が遊行にしばしば志賀島に来ており、地元に残した書に「（金印は）農民の秀治と喜平が掘り出す」とあるが、甚兵衛の名は記されなかった。

そこでこれまで、前出の『金印偽造事件』ほか、様々な金印ニセモノ説が登場し、鑑定者・亀井南冥が自分の名を高めたいがため、金印を偽造し偽装工作を施して志賀島に埋めたといった推測も生まれた。

まさにミステリアス。私はフリージャーナリストとして地元・志賀島の皆さんとかかわり、NPO志賀島歴史研究会の企画担当理事として今年で六回目の「金印シンポジウム」を開催し、全国から、様々な考古学や歴史学者・研究者を招聘し、その御所見を拝聴して来た。

なかでも、先出の大谷光男氏は今年、八十五歳の御高齢ながら金印の謎解きに執念を燃やし、地元の協力も得て、最近、続々と新しい事実を掘り起こした。

大谷氏の手もとに置く江戸時代の志賀島の古文書『宝暦十四年　那珂郡勝馬《かつま》邑《むら》　田方《たがた》百姓別名《な》引帳《びきちょう》』（次頁上の写真）。そこに貼られた小さな和紙の短冊（タテ五センチ、ヨコ二センチ）には、「質　弘　甚平作り」なる一文が明記されていた（次頁下右の写真）。甚平は甚兵衛のことではないか。

『百姓別名引帳』は水田を有する本百姓（地主）の、いわば戸籍簿。しかし、「質入れ」とは、どういう意味か？　大谷氏がさらにこの資料を調査すると、「同人分　大浦……」の地主に勝馬村（志賀島の北端にある農村）の清兵衛なる人物がいた。この清兵衛こそ、志賀島一帯を管理していた大庄屋、長谷川武蔵（前出）の子孫であった。つまり、『甚兵衛口上書』を書いた庄屋の武蔵は「甚平」をよく知りうる立場だったのだ。時間的にも矛盾しない。

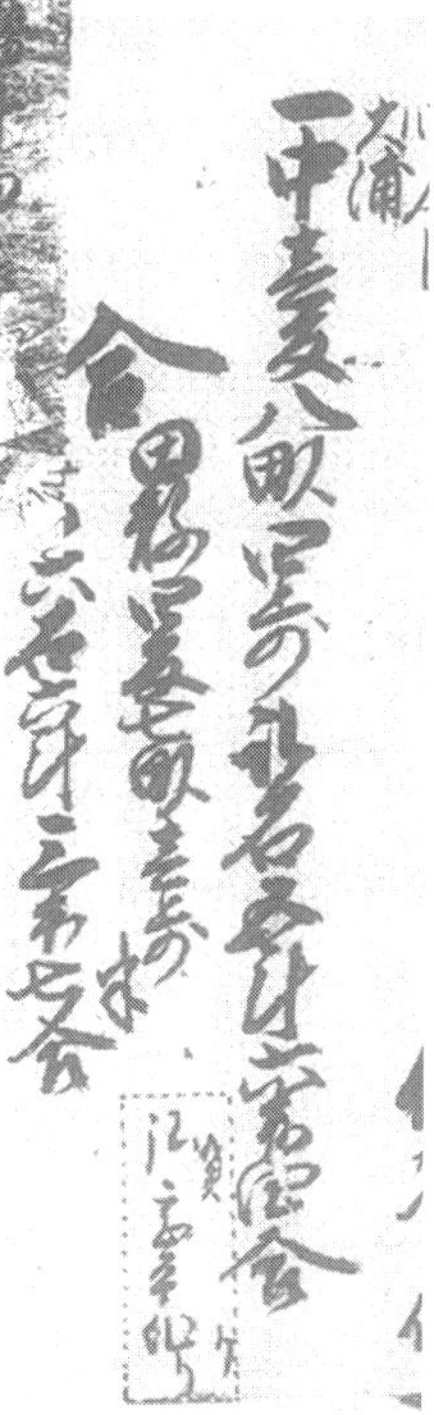

宝暦十四（一七六四）年の『田方百姓別名引帳』（上）の中に「弘甚平作り」の短冊が貼ってあった（右）

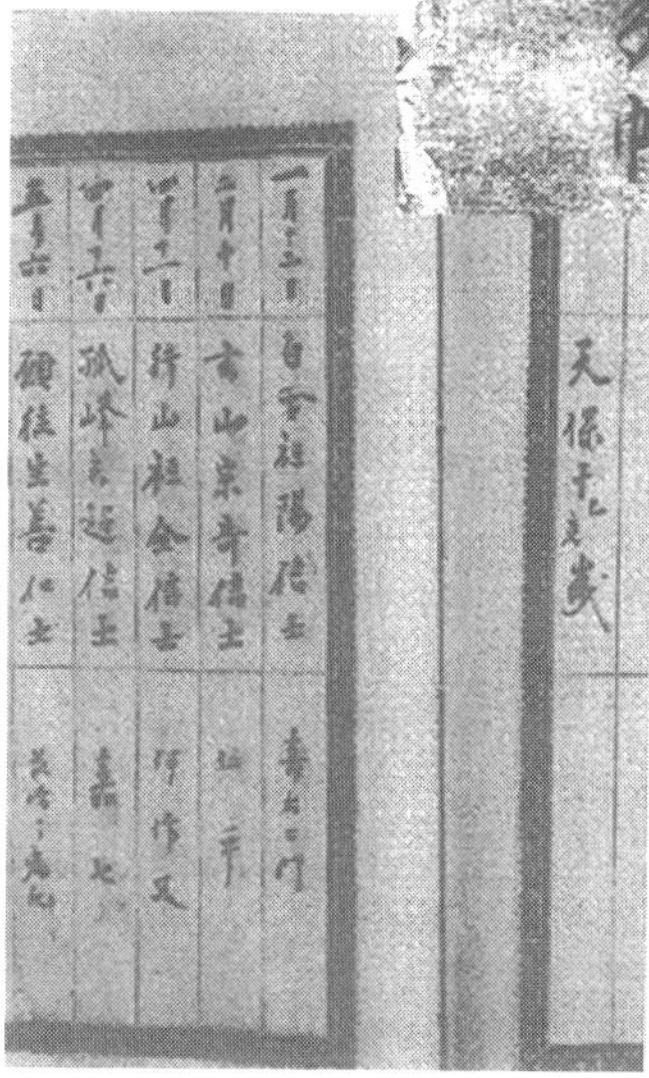

志賀島弘地区香音寺の復刻された過去帳。右から二行目に「仁平」の記載が見つかった

金印は日中交流二千年史の証し

さらに、過去帳にその名がないとされた甚兵衛さんだが、なんと志賀島の弘《ひろ》地区の香音寺の過去帳から新たに「仁平」なる記名が見つかった（左下の写真）。香音寺は島を三分する西部地区に位置する漁村で、江戸期、勝馬地区に所属し、当然ながら大庄屋の長谷川武蔵が支配していただろう。『甚兵衛口上書』を記したのは武蔵の筆であり、この人物が実際にいたことは前出の大谷氏が証明するところである。

「甚兵衛」か、「甚平」か、「仁平」

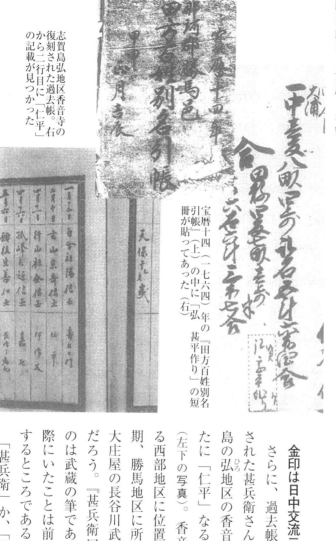

かは、今と違って表音に適当に当て字をする時代の社会である。漢字をどこまで区別して使ったのか、なかなか判断は難しいところだ。

邪馬台国論争はいまも盛んだ。それとも大きくかかわりのある金印の真偽論争も日本の古代史の中で重要な争点だ。今回の甚兵衛さん実存の手がかり発見は、この論争に一石を投じるだろう。十月二十日、第六回金印シンポジウムを福岡市役所で開く（入場無料）。長野から五島まで全国五カ所から論客がそろう。最後に言わせてほしい。金印の謎解きをするうちに日中二千年の交流史に思いがいく。

大谷光男・二松学舎大学名誉教授の話

久しぶりの新事実を前に胸が高鳴っている。「甚兵衛」が「甚平」か「仁平」か、断定は出来ないが、その可能性は検証に値する。もう一つ。いわゆる『百姓・甚兵衛口上書』の冒頭には「私抱田地・叶の崎～」の文句があるが、〝抱田地《かかえでんち》〟という特殊用語に気がついた。これは当時の土地所有関係を語る法律用語なのであり、これによると甚兵衛は不在地主であって、ふだんは志賀島に居住していなくて当然。その観察が妥当か否か、調べているところです。

二　猿投《さなげ》焼みつかる

九州では稀な須恵器　猿投窯《がま》志賀島で発見　――「金印」発見以来の古代ロマン

古代の須恵器《すえき》の一種で、九州では非常に珍しい猿投窯の焼き物が志賀島から見つかった。猿投窯とは愛知県豊田市を中心に分布し、大阪・堺の陶邑《すえむら》と並ぶ全国的に有名な須恵器の窯跡群《かまあとぐん》である。そのような、遥か遠い地での焼き物が、おそらく海を渡って（?）どのように志賀島にもたらされたのか、専門家も首をひねる。私たち志賀島歴史研究会が追っている古代海人族「阿曇族」の活躍に関連するものだろうか?「金印」発見以来の大発見になるだろう。

今回、確認された猿投焼は高さ二二・四チセンの長頸壺《ちょうけいつぼ》である。七世紀半ばの産。前文で「発見」と書いたが、実はこの壺、三十八年前（一九七五）、福岡市の金印遺跡調査団がその存在を記録しており、当時は「牛頸窯《うしくび》（大野城市）の須恵器」と報告されていた。ところが今回、当「志賀島歴史研究会」が改めて関係方面に鑑定を依頼したところ、問題の壺は「牛頸産でもなく、猿投産である」との専門家の診断が出た次第である。志賀島に新たな古代ロマンが生まれた。

島の北にある高麗囃《こうらいばやし》から、いろいろな須恵器が出土しているが、その中の一品が猿投壺、愛知県の猿投壺で制作された須恵器（長頸壺）であることが、このほど判明した。猿投壺のものが見つかること自体、九州では極めて珍しい。ごく最近、象嵌銘文《ぞうがんめいぶん》の大刀が出土して全国ニュースになった福岡市の元岡G古墳群から一例の発見があった。古代、愛知から、えんえんと志賀島へ。誰が、どのように?

須恵器は朝鮮からもたらされた古代の代表的土器で、土師器《はじき》と同様、国内で広く流通した。九州では牛頸窯（大野城市）の生産が著名で、太宰府政庁の管轄下、九州一円に供給した。北部九州の古代遺跡から出る須恵器の大半は牛頸産とされる所以《ゆえん》である。

志賀島からも沢山《たくさん》の須恵器が出ている。昭和五十（一九七五）年、福岡市の委託で九州大学考古学研究室（岡﨑敬教授）が金印遺跡調査団を結成、地元を始め各方面の協力のもと、志賀島の本格的な発掘調査と一般調査を行った。この時、郷土史家が高麗囃から採取していた多くの土器類が提示されたが、その中の一個が今回、注目の須恵器である。形は長頸壺（写真１）。牛頸産と鑑定された。

牛頸産でもない。陶邑産でもない。ではどこ…。

ところが、その鑑定に長年疑問を持ってきたのが（元）福岡市教委の塩屋勝利氏。

平成十七年三月、玄界島沖を中心とする福岡県西方沖地震で志賀島も揺れ、件《くだん》の長頸壺は保管していた民家の棚から落ち割れた。

塩屋氏と私たち「歴史研究会」は今回改めて、その壺の出自《しゅつじ》を確認すべく再調査に動いた。

塩屋氏と会員・岡本顕実はまず、牛頸窯の発掘を長年、手がけるベテラン、大野城市教委の石木秀啓氏のもとに六月七日、件の壺を持ちこんだ。ところが石木氏は言下に「これは牛頸産ではない。熊本産でも豊前産でもない。要するに九州産ではない」との御託宣《ごたくせん》（詳細な説明は省略）。私たち両人は驚いた。では一体、この壺は何だ？

写真１　志賀島で今回、確認された須恵器。猿投窯の優品。高さ 22.4cm。

石木氏のアドバイスで大阪・堺市の陶邑窯《すえむらがま》の産では、とのヒントを得た。そこで七月二十日、会員・岡本が堺市立泉北《せんぼく》すえむら資料館へ足を運び、陶邑発掘の第一人者、森村健一氏に鑑定してもらった。ところが森村氏は「これは陶邑のものではない」と詳細に語った。

須恵器の名前の起こりともなった陶邑の焼物は古代、約五〇〇年間にわたって朝廷から全国へ下賜された。そこには厳格な制作ルールがあった。

①厳格な規格品のみ造る②中国が使う灰色の「灰陶《かいとう》」のみを採用―ということで、それ以外は廃棄された由。

註・陶邑窯跡群　古墳中期（五C）～平安始め（九C）の間、国内唯一の官営工場として堺市～狭山市など広大な千基を超えるわが国最大の壺跡。

「だから、陶邑では例えば自然釉のかかった傑作が出来ても規格外として廃棄され、中国に出まわることはなかった」と森村氏。〝厳格〟は中国への臣従の証しだった。

今回、持ちこんだ志賀島の壺について森村氏は①自然釉が掛かっている（陶邑では一切廃棄される）②陶土が白っぽく、石英や長石が混じり、これは滋賀～奈良のラインから東の方の土である―と鑑定。

但し、森村氏は「陶土は良質で、作陶の技術は高い」として猿投窯（別註）の産と断じた。

註・猿投窯　愛知県豊田市を中心に展開し、西の陶邑窯に対抗した須恵器の大生産地。民の立場で優品を産み、陶邑窯をしのぐ十二世紀まで存続。

どういう関係か？　元岡《もとおか》遺跡（紀年銘の大刀出土）から同じ須恵器が

三十八年前に確認されていた志賀島の須恵器（長頸壺）が九州産ではなく、大阪・堺の陶邑産でもなく、遠く離れた愛知県の猿投窯のものと判明。七世紀半ばの制作と見られる（森村氏）。福岡、九州を含め猿投焼が見つかることは極めて珍しい。驚いた塩屋氏（前出）が調べたところ、福岡市内では一例、西区の元岡古墳群G六号墳から出土していた。この古墳の名前は読者ならご記憶のはず。一昨年九月、『大歳庚寅《たいさいこういん》』の紀年銘《きねんめい》の入った象嵌《ぞうがん》大刀が出土して全国を沸《わ》かせたあの古墳である。『庚寅』は干支から西暦五七〇年に当たる。古墳時代の銘文大刀は全国で七例目。総合判断として福岡市教委は、七世紀、有力者がこの地に居たと判断。その墓から出土したのが写真2の長頸壺（復元）で、猿投焼である。ここ元岡から志賀島までは博多湾を隔てて目と鼻の先。双方、どのような時代環境であったのであろうか。阿曇族の活躍が介在したであろうか？

会報「志賀島だより」十四号記事（二〇一三年九月刊）

写真2　元岡古墳（福岡市西区）で一昨年、出土した須恵器。猿投窯。高さ 22cm。

三　志賀島は古代の国際貿易センターだった?!

何を語る？　唐人墓の存在

島の中心地、志賀地区（行政用語では志賀島地区）の西郊に、地元の人が「唐人墓《とうじんばか》」と呼称する一角がある。名前は地元の人なら、たいがい知っているが、いつ頃できたのか、どういう人が葬られているのか―となると、その場所さえ含め、古老もほとんど知らない。現況は深い藪で、人も寄りつかない。完全に無縁墓なのである。「唐人」とあるから、中国人か、あるいは広く外国人か、彼らが島近くの海で遭難し、埋葬されたのか…？　くらいに筆者も軽く考えていた。

ところが今回、少し調べてみたら意外なことが判明したので、当面、わかったことを報告する。実は大正時代の初め、「唐人墓」は本格的に発掘調査されていた。そのことさえも今や地元でも忘れ去られている。

貴重な記録が残っていた。大正二（一九一三）年七月二十七日号の福岡日々新聞（現在の西日本新聞）は、前日の同二十六日、主催事業として唐人墓の発掘調査を挙行したことを大々的に報じている（全八段のうち七段。左の新聞のコピー参照）。

この調査には中山平次郎（九州考古学会の父）を始め、専門家も立ち合っているので当時としては本格的な調査と言えよう。今から見ると問題点が多々あるのだが、それについては後に述べるとして、この時の調査で唐人墓の様相がかなり鮮明になったことの意義は大きい。

「丸塚」状の地表には奈良時代の五輪塔、鎌倉時代の板碑などが半ば地に埋もれていた。地中からいろいろなものが出た。①奈良朝以前の土器（中に人骨あり）②南朝鮮製の青磁（四百年以上前のもの）③奈良時代以前の小刀④宋銭（洪武通宝、元豊通宝など六種類）⑤人骨（頭骨二〇。全人骨も。すべて男性で、たいていは鎌倉～室町～戦国期のもの）⑥板碑（「天文廿年辛亥《しんがい》」の文字があった）―以上が発掘概況である。

多くのことが読みとれる。この唐人墓は奈良朝ごろから相当長期間、使われてきた。天文廿（一五五一）年は、博多を領有していた大内義隆が滅亡した年。この長期間、朝鮮、中国との交流が盛んだったことは史実の通り。唐人墓から宋銭が複数出たことは日宋貿易の傍証だろう（博多には袖湊《そでのみなと》）。

さて、多数の頭骨は何を語る？　元寇の蒙古兵か、あるいは前号で紹介した高麗囃の高麗人が首をはねられた？　調査当時、人骨の正確な鑑定が無い。しかも人骨はその後、行方不明だ。

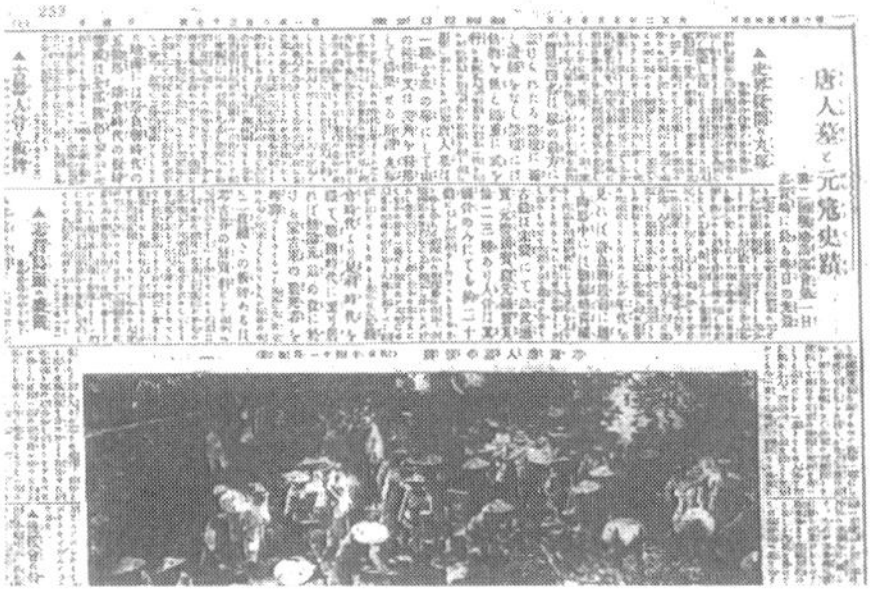

唐人墓の発掘を報じる福岡日々新聞の記事。写真も興味深い。福岡市総合図書館のマイクロフィルムから。

島に大型船の入港地があった⁉　叶ノ浜

今では島の古老でも漠然としか知らない唐人墓だが、ここが大正二年七月、かなり大規模に発掘調査されたことは既に述べた。この時の調査で多数の土器や人骨に混じって古銭も出たことが報告されている。今回はそこに着目して謎の唐人墓の性格を探ってみよう。このことが志賀島の成り立ちを考える上で何らかのヒントになるかも知れない。

古銭は、すべて宋銭で洪武通宝、元豊通宝、紹元通宝、その他二〜三種類。

日本と宋との日宋貿易は宋が元に滅ぼされるまでの間、十世紀半ばから三百年余にわたって続く。平安末、平清盛は日宋貿易を拡大させるため大輪田泊《おおわだのとまり》（神戸）を拓き、博多に袖湊《そでのみなと》を築いた。博多には宋人の定住する大唐街《だいとうがい》も生まれた。博多湾の入り口に位置するのが志賀島である。宋船は島を掠めて盛んに往来したであろう。宋銭は十三世紀以降、日宋貿易の重要品目であった。十四世紀の室町時代になってからも元銭、明銭の他、私鋳銭が流通するなか、宋銭は良銭として尊重された。

つまり、宋銭はザラにある貨幣ではなかったのである。宋人自身が何らかの事情で（遭難など）島に足跡を遺したことも考えられる。亡くなった宋人で唐人墓に埋葬された…？

こうも考えられる。地理的な事情だ。博多湾は、西に糸島半島、東に志賀島〜海の中道〜西戸崎に挟まれ、湾口はわずかに五キロメートルほどと閉鎖的である。そこへ大小一二本ほどの河川が土砂を流入するから水深が浅い（現在も同じ悩みを抱える）。渡来した宋の大型船は、いったん志賀島の沖に停泊し、積荷は小船に分けて博多の湾に向かったのではないか。安全重視だから。

仮にそうだとしても果たして志賀島に適当な泊地があったかどうか。宋船は全長三〇メートル、三〇〇トンほど。そのような大型船の泊地らしき場所が平成六（一九九四）年になって新たに見つかった。福岡市教委の全島調査で初めて海底調査を行ったのだ。従来、島の周辺は岩礁が多く、北の勝馬も潮流の激しい難所で「志賀島には大型船の寄港は無理」というのが常識だった。ところが平成六年の海底調査で、金印公園から蒙古塚に向かう中間に位置する「叶《かな》ノ浜」は二〇〇メートル程の砂浜が広がり、沖合二〇〇メートルで水深八メートル、同五〇〇メートルで同一一メートルと砂地がなだらかに下降する。

この叶ノ浜は福岡藩の考古学者、青柳種信が「叶ノ浜はもと金ノ浜なり」と、浜の内陸部を金印の出土地に比定したことで知られる。

叶ノ浜から唐人墓まで一キロメートル少し。仮に叶ノ浜を上陸地点と考えたら、少しは理の通った説明になるのではないか。

宋の大型船が志賀島に？　それを窺《うかが》わせる物証が他にも島にある。外国の碇石《いかりいし》だ。博多湾周辺で発見例が最多なのだ。

「蒙古《もうこ》碇石」　博多湾から最多の五本発見

碇石――と言えば、多くの人が元寇のそれ、つまり蒙古碇石と思うだろう。確かに、博多の街には至る所（神社や公共施設）に、石の現物とそれらしき案内があるが、ここでハッキリ断っておきたいのは碇石がすべて蒙古碇石ではない、ということだ。つまり、元寇前後のものもたくさんあって、宋や高麗の船の碇石もあること、それを知っておいて頂きたい。

その方面に詳しいNPOアジア水中考古学研究所（福岡市）の石原渉氏の研究によると、これまでに碇石と断定できたのは約四四本。博多湾周辺が断然多く、二一本ほど。その他、萩市（山口県）、呼子町（唐津市）、唐津市、五島、平戸、壱岐、奄美大島、沖縄、中国の福建省泉州（こちらは三本。中国での研究はこれからと言う）――等々。

博多湾周辺のうち、一地点として最も多いのは志賀島からの四本で、このうち三本は蒙古塚の沖合から。残る一本は勝馬の沖に沈んでいる。

叶ノ浜は今、道路拡幅工事でご覧の通り。
先方の白い砂浜から手前一帯が叶ノ浜。

以上のデータは石原氏の平成十五（二〇〇三）年時点での論文「中世碇石考」からの引用で、少し古く、カウントされていないものもある。石原氏自身、それを承知で、同論文の中には例の長崎県・鷹島沖で見つかった元寇沈没船（弘安の役）の碇石について、一章を立てて論じている。それを詳しく紹介したいところだが、要は鷹島沖で見つかった碇石（これこそ紛《まご》うことなき蒙古碇石）は極めて特異であった。即ち、小型で細身《ほそみ》の形の石材（長さ一メートルほど）を二本碇に仕立てているのである。従来、博多湾などで見つかっている碇石は長さ二メートルを超える長大なものが一本、それが通例で、一般の碇石のイメージであった。

鷹島での発見は「碇石の概念を大きく変えた」（同論文）。

さあ、そうなると話はややこしくなる。鷹島での、小型の石材二本を組み合わせたセパレート型が元船の碇石だとすると、他に見つかっている長大な一本型のものは元船のものではないのか？　そうとも言えない。石原氏は同論文で語る。「博多湾内の碇石は蒙古軍船のものとも、そうでないとも言いがたいのである。ましてや近年まで交易相手として同じ博多に現れていた宋や高麗の船と、軍船として来襲した船の碇に、いかばかりの違いがあったのか。その方が疑問である」。

要するに、元船も来たが、宋船も高麗船も、そして後代の明船も来た——その証しが碇石、というわけであろう。

ここから再び志賀島に戻る。島から四本の碇石——と紹介したが、もう一本、確認済みのものがある（平成六年、福岡市教委調査）。さらに、私たちの会員の調査では海岸に〝それらしき〟石柱が一三本ほど見つかっている。精査が必要だ。

志賀島の海岸には人工的な石柱が多く見つかる。写真では三本。外国製か？未調査。

実はこれ、古代の志賀島の〝国際性〟を物語っているのだ。

地理的条件の断然の優位性

これまで志賀島の歴史話を取上げてきた。いずれも普段、島の人が「名前は聞いたが…」と言った程度の〝昔話〟であるが、その実、極めて深く重い史実があることを紹介した。すなわち①勝馬地区の高麗囃《こうらいばやし》（かつて高麗人が長期間、住んでいた）②志賀島港近くの唐人墓（遭難した外国人の墓か。宋銭、人骨等が出土）③地域密度で全国最多の碇石発見（五本）―と主に三題について述べてきたのだが、この三題を通してみて、ある共通項が有ることに気付く。いわく「外国（海外）との活発な交流拠点」という構図だ。

ここへ来て「志賀島は船の荷の積み直しをする貿易センターとしての役割を果たしていたのではないか」という大林太良氏（東大名誉教授）の言葉に思い至る。氏は東南アジアでの各国・地域の貿易・交流を実証的に調査されたが、残念なことに志賀島での現地調査は実現しなかった。

また、私たち志賀島歴史研究会の初代会長・折居正勝（病気療養中）は以前、著作の中で「外国からの大型船は、いったん志賀島の叶ノ崎沖に停泊。荷を小舟に乗せて博多へ向かった」と自説を述べている。

両氏の見解に私も賛成である。

日宋貿易、あるいは日明貿易、それ以前の有史このかたの日朝交流、いずれも博多がわが国の対外交流の窓口であり、その表玄関が志賀島であった。遣隋使や遣唐使の派遣の例を引くまでもなく、博多は後背地に大宰府を構え、政治的にも極めて重要な地であった。

思うに、海外へ出発するに際し、博多の港（古代は那津《なのつ》）から出るのは実は不便である。博多湾は東西二四㌔、南北一〇㌔の、ほぼ長楕円の地形をしており、西に開いた湾口は幅六㌔とひどく狭く（志賀島～

糸島半島）、しかも湾口寄りに能古島が浮かぶ。このため志賀島と能古島はわずか二・五キロメートルを隔てるに過ぎず、ここが外海へ出る航路となっている。湾内に入るのも、この航路を逆に使う。博多の港から志賀島までは海上一〇キロメートル余はある。古代では相当な距離であっただろう。だからこそ、博多の湾は実は天然の要塞であった。「不便」こそ敵の侵入を防ぐ壁となる。博多湾を外海から大きく隔てる壁―それが志賀島〜海の中道の立地なのである。あの元寇の際、船に拠った元軍が二度の海戦で敗れたのも故なしとしない。

志賀島は内（博多湾）と外（玄界灘）の分岐点にあって博多の表玄関なのであった。

玄関を清浄に保つのは一民家とて同じである。ましてや志賀島は、志賀海神社の祭神・綿津見神が天皇家の初代・神武天皇の曾祖父に当たる高貴な土地柄である。往古、島全体が神域とされた。そのような、いわば神聖な「国の玄関」であるから、あの『金印』が、この島に埋納されたことも不思議ではない。

（会報「志賀島だより」二〇一三年〜二〇一五年より）

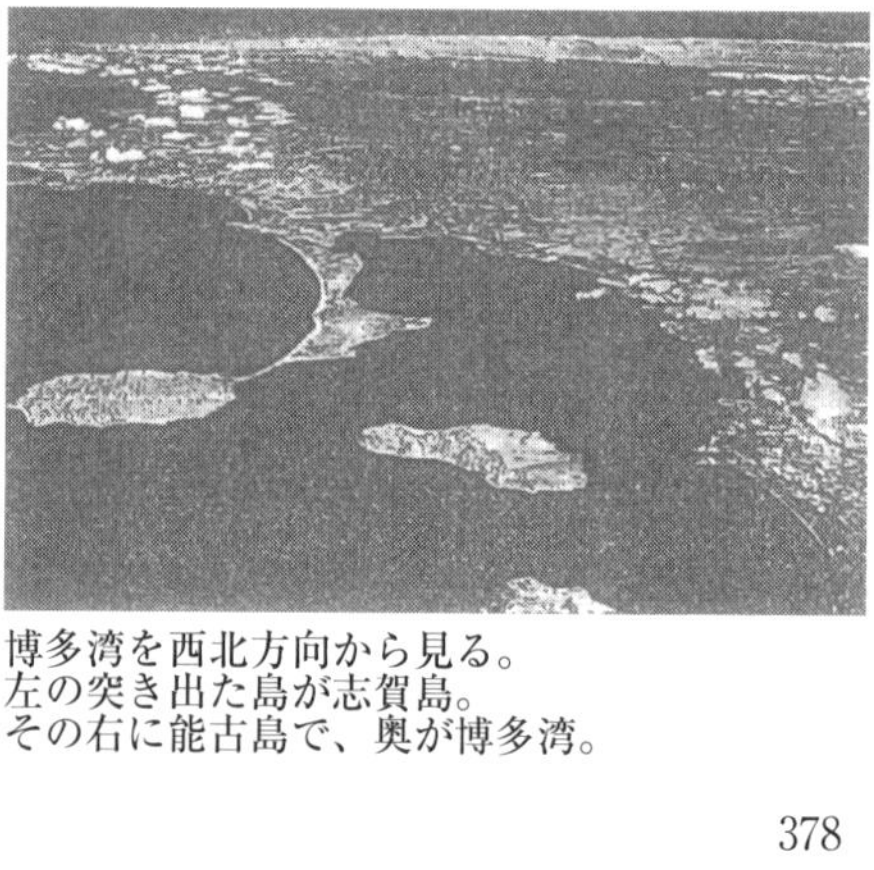
博多湾を西北方向から見る。
左の突き出た島が志賀島。
その右に能古島で、奥が博多湾。

五、『和名抄』にみる阿曇郷

「金印と歴史の会」主宰　岡本　顕実

古代史を勉強している人には、おなじみの古代文献『和名抄《わみようしよう》』。平安中期に出来た我が国初の「漢和辞典」兼「百科事典」で、その情報量、内容ともに信頼が厚く、成立から約九〇〇年後の明治時代に入るまで第一級の辞典として世に定着した。現代の広辞苑の大先輩と言えるだろう。

撰者は源順（みなもと・したごう）。二十七歳の青年貴族が、聡明な皇女・勤子内親王の求めに応じて撰したもので、七年の歳月を要し、彼の博覧強記の結実が『和名抄』である。全二〇巻、全一〇巻が世に知られる（『和名抄』の解説は後述）。

どちらが原本か、論争は今に続き、不明なのであるが、二〇巻本の中に「国郡郷里部」編がある。ここに全国の地域の由来が、当時の行政単位の一番小さな「郷《ごう》」の名前から紹介されている。これが今日、大変参考になるのだ。類書にはない。

私たち志賀島歴史研究会は古代海人族・阿曇族の行跡を探って来たが、今回、その本拠地とされる「阿曇郷」について、まず『和名抄』をもとに検証してみることにした。当シンポジウムで紹介される「船原古墳」の傍証に役立つのではないか。地名、来歴——わずかな古代の根跡が今に残るが、果してそれが往時の関係する正しい姿を物語っているのか…。我田引水にならぬよう自戒しつつ、阿曇郷に迫ってみる。

――以下、論述の出典は京都大学文学部国語学国文学研究室編の『諸本集成　倭名類聚抄外篇　日本地理志料』に拠る。

九世紀、筑前国の粕屋郡には九つの「郷《ごう》」から成る集落があった。当時の行政組織は上から国、郡があり、そして末端が郷である。

――**郷**…律令制の地方行政区画の最末端組織。七世紀末葉より施行された国郡里制の里が改称されたもの。五〇戸一郷が原則。

粕屋郡の九郷は以下の通り。香椎、**志珂**、厨戸、大村、池田、**阿曇**、柞原、勢門、敷梨。

阿曇郷の紹介

さっそく「阿曇郷」を読んでみる。まず、字の読みだが「訓闕《くんけつ》」とルビにある。要するに「読みが良くわからない」との意だ。例えば「香椎」には「加須比」と万葉仮名のルビがあり、「粕屋」にも「加須也」とあるが…。さて、阿曇郷の紹介文は――。

「諸本に阿曇となす。今、高山寺本（別註・『和名抄』参照）により訂《ただ》すと、信濃の安曇郡の例に依り、安都美と云ふて読むべし。近江、伯耆、又、安曇郷あり。古事記、神代の段、阿曇連、綿津見命の子、宇都志日金拆命の後也。応神帝の時、その裔、大浜宿弥、海人の宰となり、安曇、それ急《にわか》に呼ぶ也。宇佐宮縁起、神功皇后の韓を征すとき、磯鹿《しか》島の人、安曇磯良、乾満二珠を得、これを献ず。怡土郷、那珂郡、二郡に海部郷あり。則ちこれ、阿曇氏の居る所。（略）。

太宰管内志、阿曇、いまだ今の何地か審《つまび》らかにあらず」

『太宰管内志』…現・鞍手町の神官だった伊藤常足が天保十二（一八四一）年、太宰府管内九国二島の地誌をまとめた。全八二巻（うち筑前二六巻）。益軒に並ぶ業績。

この阿曇郷の記事、読んでお判りのように何とも素っ気ない。第一、漠然と神話を語り内実の具体的な紹介が無い。全文二七〇文字。これでは阿曇族の、あるいは阿曇郷の実態らしきものが何も伝わって来ない。

一方、阿曇族の根拠地のひとつ、志賀島。こちらは「志珂」と記され、全文三六七文字。「阿曇」の項の一・四倍の紹介量だ。「神功紀、磯鹿《しか》海人、名は草」▽「万葉集、志賀村の白水郎荒雄、貞観十八年紀、香椎の廟に春秋の祭日、男女各十人、風俗楽を奏で朝野群載」等々、相当リアルな描出がある。さらに後世の注釈本により「文永十一年、蒙古と鹿島が戦い、鎮西要略す。弘安十年、蒙古賊船、台風にあい志賀島に於て沈没す。志賀島、福岡西北二里半に在り。周りおよそ二里、南は志賀町、北は勝馬村と言う」等、地理的にもしっかりと紹介されている。

ところが、それに比べ阿曇郷の紹介のあいまいさは、どうしたことか？　いったい阿曇郷とは何処なのか。志賀島ではないことは判明した。しからば、残る粕屋郡七郷を調べてみるしかない。その前に、『和名抄』に記された「糟屋郡　加須也《かすや》」の記事を見てみよう。

次のようにある。「按《あん》ずるに香椎郷、訓に加須比と云ふ。或いは糟―冰、哿―襲となし糟屋と訓ず。相近の郡名、けだし比に於て起る。継体二十二年紀、筑紫君葛子《くずこ》、糟屋屯倉《みやけ》を献ず。（略）。按ずるに本郡、東は鞍手、穂波の二郡に至り、南は御笠、席田の二郡に至り、西は海に至り、北は宗像郡に至る。郷九を管す。けだし中郡なり」

さて、その「郷九」だが、阿曇、志珂は既に紹介した。残るのは七郷である。このうち香椎郷は香椎宮の存在地で著名であるので除く。順に見てみる。以下、要訳と意訳である。

厨戸　訓闕　（『太宰管内志』に不明とある）。但し、岡崎勝海いわく「厨戸、恐らくは鹿戸のあやまりにして志志倍と読むべし」と。今、鹿部村《ししぶ》あり。けだしこれ、鹿部、古賀、上府、下府、新宮に亘《わた》る。

大村　於保牟良《おおむら》（『太宰管内志』に不明とある）。但し、青柳、川原、今在家、小竹、谷山、小山田、薬王寺か、との指摘がある。

池田　訓闕　筑前続風土記に、池田郷は塔原、下原、原上、立花　――とある。

柞原　久波良《くはら》「柞原郷、今、久原の字を用ふ」と紹介。上・中・下の三村からなるとし、地名に「篠栗、若杉」等の名が見える。

勢門　世止《せと》「勢門は海峡をいふ」とある。『太宰府管内志』に瀬戸村と言い、上府、下府、新宮、湊、三苫、奈多、上和白、下和白の名を挙げる。

敷梨　訓闕　『太宰府管内志』に「敷梨は志岐奈之と読むべし」とあるが、どこか不明。

怡土郡、那珂郡の海部郷とは

次に、阿曇郷の項にあった「怡土郡、那珂郡にある海部郷」について見る。「則ちこれ阿曇氏の居る所」と紹介されている。まず**怡土郡**から。

海部　訓闕　按ずるに海部は海人部に修むる也。宗像郡海部の例により、まさに読みは安萬《あま》というべし。（略）。尾張、隠岐、紀伊、豊後に海部郡あり。応神三年紀、諸所海人、訕哤《さばめき》て命に従わず。則ち阿曇連の祖、大浜宿弥を遣はして之を平らぐ。因って海人の宰になす。五年紀、諸国に令して海人部を定む。これ、その部典の居るところ、粕屋郡阿曇郷とともにある由なり。筑前志、海部、未だ今の何地なるか審《つまび》らかならず。按ずるに阿波の海部郷、注に加伊布といふ。中世、或いは貝府となし、因みにいふ、郡に加布里《かふり》村あり。けだし海部里の転か。（略）。岩本、千早、浜窪、田中、神在、多久に亘る。

次は**那珂郡**の海部郷の記事である。

訓義、怡土郡海部の疏證《そしょう》（証明・説明）に見ゆ。天武記、胸形君の女、尼子媛を納め、妃となす。尼は海部に通ず。或いは居地を取るか。貝原氏（益軒）いはく、海部は未だ今の何地か審らかならず。地勢をもって之をはかるに、けだし、博多、福岡の浜海をさす也。

『和名抄』の紹介記述は以上である。見て来た通り、甚だ漠然とした説明である。肝心要の「粕屋郡阿曇郷」の説明が曖昧なうえ、怡土郡、那珂郡の紹介も、どうもリアリティを欠く。わずかに怡土郡の説明のみが、地名も列挙しており多少のリアリティがあるが、この怡土郡海部の項の説明内容は、既に粕屋郡阿曇郷の項で語られたものではないか？　例えば「阿曇連が海人の宰《みこともち》」に任じられた話など。重複が多く、多少のニュアンスの違いのみ。つまり阿曇族の本拠地の紹介は曖昧模糊としているのだ。

阿曇郷。従来説では和白～新宮

従来、阿曇郷と言えば「福岡市東区和白から粕屋郡新宮町にかけての海岸地方に比定される」というのが定説であるが、「具体的には未詳」とされて来た（『福岡県大百科事典』西日本新聞社刊）。しかし、地元の『新宮町誌』にも阿曇族の本拠地と述べる積極的な記載は無い。わずかに「海人集団の活躍」として、主に相島の積石塚（国史跡）をメインに紹介している（同誌一一二三頁～一一二四頁、第三節　大和朝廷の時代）。町誌の阿曇海人族の記述は数行に留まる。

『和名抄』とは——

明治に入るまで九百年余、日本人必携の国語辞典であり百科事典

○平安中期の、現代で言ういわゆる本格派の百科事典を兼ねた辞典で、信頼性厚く、イメージとしては現代の広辞苑か。源順（みなもと・したごう）撰。承平年間（九三一〜九三八）成立。『倭名類聚鈔《わみようるいじゆしよう》』、『和名類聚抄』、『和名』、『順和名《したごうがわみよう》』、『順《したごう》』など多くの異称があるが、これには意味がある（後述）。

○その特色をあげると

(1)全文、漢文で記され、和訓（日本語の説明）を万葉仮名で記した「漢和」対照辞書である。

(2)部類を分かち、項目を立て、内外の諸書から記事を引用し、三千余の項目と万葉仮名による和名約三千、あわせて撰者の説も付記。

○現存する『和名抄』は「二〇巻本」系と「一〇巻本」系とに大別され、双方には大きく異同がある。原本はどちらなのか？論争は今日に及ぶ。写本は平安末の「高山寺本」、鎌倉中期の「真福寺本」、室町末の「伊勢本」などが著名である。往時は写本による流布が主であった。「二〇巻本」には歳時部、官職部、国郡部があるが「一〇巻本」には、これらを欠く。ことに二〇巻本の国郡部は巻第五から九までの大量の部分を占めており、その内容は九世紀ごろのものと認定され、今日に貴重な情報を遺す。

○『和名抄』に引用された典籍は約二九〇種の多きに上る。『史記』、『後漢書』を始めとする漢書から『日本書紀』などの史書も引用して学問的権威付けを施す。以降、権威ある辞書の一つの標準として社会に定着し、明治時代に至るまで僧俗にわたり世間に流布した。従って多くの古写本、注釈本が長期間、世に出た(既述)。このため、書名が多様に称されるに至った。その間、明治時代に入るまで実に九〇〇年間。本としては、これほど長寿で幸せな存在は稀だ。

○撰者の源順(九一一〜九八三)は平安中期の歌人で漢学者。『和名抄』を編んだ動機は、醍醐天皇の皇女で聡明な若き勤子内親王の求めに応じて制作したもので、この時、順は二十七歳の青年だった。だが、その該博広範な知識には唯、驚かされるばかりである。後に彼は三十六歌仙の一人として高名を得る。

水のおもに照る月なみを
　数ふれば
今宵《こよい》ぞ秋のもなかなりける

では、阿曇族の本拠地とは一体、どこなのか…?

以上のような状況下、今回、古賀市から船原古墳が見つかり、阿曇郷を検証する新たな機運が生じた。粕屋郡における船原古墳の「語るもの」とは何か?

実は古賀市内には別に、非常に気になる遺跡がある。船原古墳と同時代（六世紀末～七世紀初め）の鹿《しし》部《ぶ》田《た》渕《ぶち》遺跡である。現在「みあけ史跡公園」として整備されている。大型の建物群が、東西を溝で区画したエリアにL字状に整然と並び、奈良朝の地方官衛《かんが》に似る。これを専門家の間では①朝廷の直轄地を管理する屯倉《みやけ》だろう②『日本書紀』にある、筑紫葛子《つくしのくずこ》が朝廷に献上した粕屋屯倉《かすやのみやけ》跡ではないか――と見る向きがある。

『日本書紀』は記す。継体天皇二十一（西暦五二七）年、北部九州一帯を支配していた筑紫国造磐井《いわい》が新羅と結び、大和朝廷の朝鮮出兵を阻止し、一年余の総力戦を展開。翌（五二八）年、磐井が敗退。

磐井の子、葛子は朝廷に恭順の意を表し、粕屋の私有地を献上。それが「粕屋屯倉」となった――由。

朝廷は玄界灘に面した粕屋の要地を入手し、屯倉として経営し、以後の朝鮮、中国との外交に役立たせた。五六二年、任那の日本府が新羅に滅ぼされる。六〇七年、遣隋使の派遣。六三〇年、遣唐使の派遣。六六三年、白村江の戦い…と国家的な重大案件が展開する。これらと粕屋屯倉との関係はよく判らないが、戦略上の拠点として何等かの重要な役割を果したことは間違いなかろう。

この時々、阿曇族、あるいは隣りの宗像族という海人族はどのような働きをしたのであろうか。白村江の戦いでは将軍、阿曇比羅夫の名が見える。宗像族では今、沖ノ島を中心とする遺産群が世界遺産の有力候補地だ。

阿曇族の活動と足跡は全国に及ぶ

これから話が大きく飛ぶ。私たち志賀島歴史研究会は今回で第九回を迎える金印シンポジウムで①国宝・金印の謎②志賀島にも盤踞《ばんきょ》した阿曇族の実態――について二方面から探求して来た。阿曇族の古代における足跡は、実は全国に及び、北は青森から南は九州（大分）まで実に三〇個所を超す。その土地の地名の謂れから、あるいは「志賀（島）から祖先が来た」との伝承まで様々ではあるが、いずれもその地で言い継がれて来た話なのである。

一例をあげると長野県の中部にある安曇《あづみ》地方。信仰を集める穂高神社の祭神、穂高見命は実は志賀島の志賀海神社の祭神、綿津見《わたつみ》神の子であると穂高社伝は言う。安曇の民話に「八面大王《はちめんだいおう》」の話がある。大王は人民に親われたが、征夷大将軍の坂上田村麻呂に誅殺された。地元民は今でも厚く祭る。別名「ヤメノオオキミ」とも呼ぶ。八女《やめ》の大王《おおきみ》、つまり筑紫磐井か？　この磐井だが、『日本書紀』では敗戦後「斬殺された」とあるが、『筑後国風土記』の逸文には「豊前国上膳県《かみつみけのあがた》（上三毛郡）の山中に逃げた」とある。ひょっとして阿曇族が磐井を匿って逃亡を助け、海路、長野・安曇に連れて行ったのか？

さらに話が飛ぶ。

最近、筆者が関心を持ち、調べた話に装飾古墳のことがある。装飾古墳と言えば古墳の墓室を絵画で飾る特有の墓制で、従来、北部九州（福岡県南部～熊本県北部の有明海沿岸）に多く、いわば九州のローカルカラーと見なされて来た。例えば最も有名なのは飯塚市の王塚古墳（国の特別史跡・第一号）である。

発見例はきわめて少ない。古墳時代（三世紀半ば～七世紀半ば）にかけて全国で二十数万基の古墳が造られたが、そのうち装飾古墳とされるのは一％《パーセント》にも満たない六六〇基ほど。その僅少さも、さることながら、前述した通り、全国に均在しているわけではない。ふつう、古墳と言えば関西地方が〝本場〟であり、例えば前方後円墳の分布域をもって大和朝廷の全国支配を語る論が多い。ところが、この装飾古墳で見る限り、関西は〝空白地帯〟なのである。わずかに高松塚古墳、キトラ古墳があるが、両古墳は内容的に九州とは全く異質である（渡来系？）。

実は昨今、東日本で装飾古墳が続々と見つかって古代の新たなミステリーと化している。茨城、福島、宮城の太平洋岸から四〇基を超える装飾古墳が確認されていて、しかも、それらの装飾技法が〝九州発〟と見られるのだ。装飾古墳を専門に研究する熊本県立装飾古墳館（山鹿市）は全国唯一のユニークな研究機関だが、そこの比較研究によると――。

「（九州と東日本では）顔料で船や靫《ゆぎ》（矢筒）を描く、線刻と彩色を組合わせ、円文、連続三角文を描く、自由画風に線刻で表すなど（双方の）装飾の技法は酷似している」という。〝酷似〟しているのだ。典型例として昭和四十八年九月に見つかった茨城県ひたちなか市の虎塚古墳があげられる（写真）。ここは未盗掘の古墳で、明治大学、故 大塚初重教授（名誉教授）の丹念な調査で知られる。

九州と東日本を結ぶ古代の背景とは？

九州発の装飾古墳が関西を飛び越えて東日本に及んでいた⁉

これは何を意味するのか？

大変興味深く、重要な指摘がある。国学院大学の大場磐雄氏

虎塚古墳（茨城県）。天井はベンガラで真赤。中央、奥壁には大きな赤の円文（直経30cm超）が２つ。左右の壁にも絵。天井間近に連続三角文。中央の２つの円文を「蛇の目」と見る専門家がいる。九州の装飾古墳に酷似する。

や乙益重隆氏は九州から茨城をはじめ、広く関東や東北へ装飾古墳の抜法が伝播した、と見る。具体的には古代、肥後に多氏《おおし》という壁画を制作する一族がいて、彼らが東国にやって来た、という。当然、海人族の活躍があったはずだ。

また、古代史研究家、大和岩雄《おおわ》氏（大和書房《だいわ》）は九州と常陸国の深い関係を指摘、虎塚古墳にも言及する。「常陸国那珂郡の初代の国造として『建借間命《たけかしまのみこと》』という人物が登場する（『古事記』、『常陸国風土記』）。この命《みこと》は多氏の一族で、火の君、阿蘇君、筑紫三家連《みやけのむらじ》と同族と記され九州との深い関係をうかがわせる」

「常陸の鹿島神宮。この地から東北遠征の水軍が鹿島神を奉じて船出した。鹿島神は海人族の守護神にして航海神。志賀海神社の安曇磯良は鹿島《しかしま》の神である。『八幡大菩薩愚童訓』に磯良は常陸の海底にいた、とある」

さらに大和氏は言う。常陸の那珂郡、那珂川、筑紫のそれら地名の一致は偶然ではない。九州に〝酷似〟している装飾古墳の虎塚古墳は常陸国（茨城県）の那珂川の下流域にある。「これまで、那珂国造と九州オオ氏の関係を論じて来た文献上の裏付けを、虎塚古墳がしたのだ」と氏。そして、氏はさらに大きな時代背景として磐井の乱を引く。「磐井の乱後、大和政権に臣従した北九州勢力は六世紀に水軍を主力にして関東に進出し、常陸に本拠を置き、さらに東北に進出。北九州の兵力は遥か遠いエミシ征討の先兵役を果せられたのであろう」

これら東日本の装飾古墳の続々たる発見を機に、今、東日本では九州との東西の比較研究が進められている。

土器　熊本・植木町の土師器《はじき》がよく似る。
鉄鏃《てつぞく》　福岡・遠賀川のものによく似る。

鉄鉾《てつほこ》　九州で多い三角穂式の鉄鉾が出る。
馬具　イモ貝を飾りに装着した馬具（辻金具）が出る。この馬具は九州に集中。

以上はこれまでの近例報告である。数は少ないのだが、今後の研究報告が待たれる。その一つ、馬具の辻金具である。古賀市から見つかった船原古墳のそれに、イモ貝で美しく飾った美麗なものが確認されている。

さらに、船原古墳の本体に着目してみたい。全長四二メートル《メートル》の前方後円墳。死者を葬った横穴式石室は巨石を使った複式構造で、壁面にはベンガラの赤色顔料が塗られていた。絵画らしき文様は確認されていないが、これは装飾古墳の一つではないのか？　今後の精査が待たれるところだ。

以上、多弁を弄《ろう》したが、正直なところ粕屋の古代海人族・阿曇族が歴史上、何をしたのか全体像が良く分からない。情報が断片的で錯綜しているからだ。

阿曇族の本拠を、九州・阿曇郷とする説にも異論がある。紀伊〜阿波である——と。これも傾聴に値する…。

古代史の闇は深い。

全国の装飾古墳の分布

装飾古墳数	
全　　　国	660基
九　　　州	386基
熊　　　本	195基
菊池川流域	117基

平成24年5月現在

全国にはおよそ20万基以上の古墳がつくられたが、文様や絵で飾られた装飾古墳の数はわずか660基にすぎない。

このうち九州には386基。熊本県には195基の装飾古墳が集中してつくられ、その数は全国の30%を占め全国一を誇る。

熊本県は装飾古墳大国だ。なぜか？

その辺も古代史の謎なのだ。

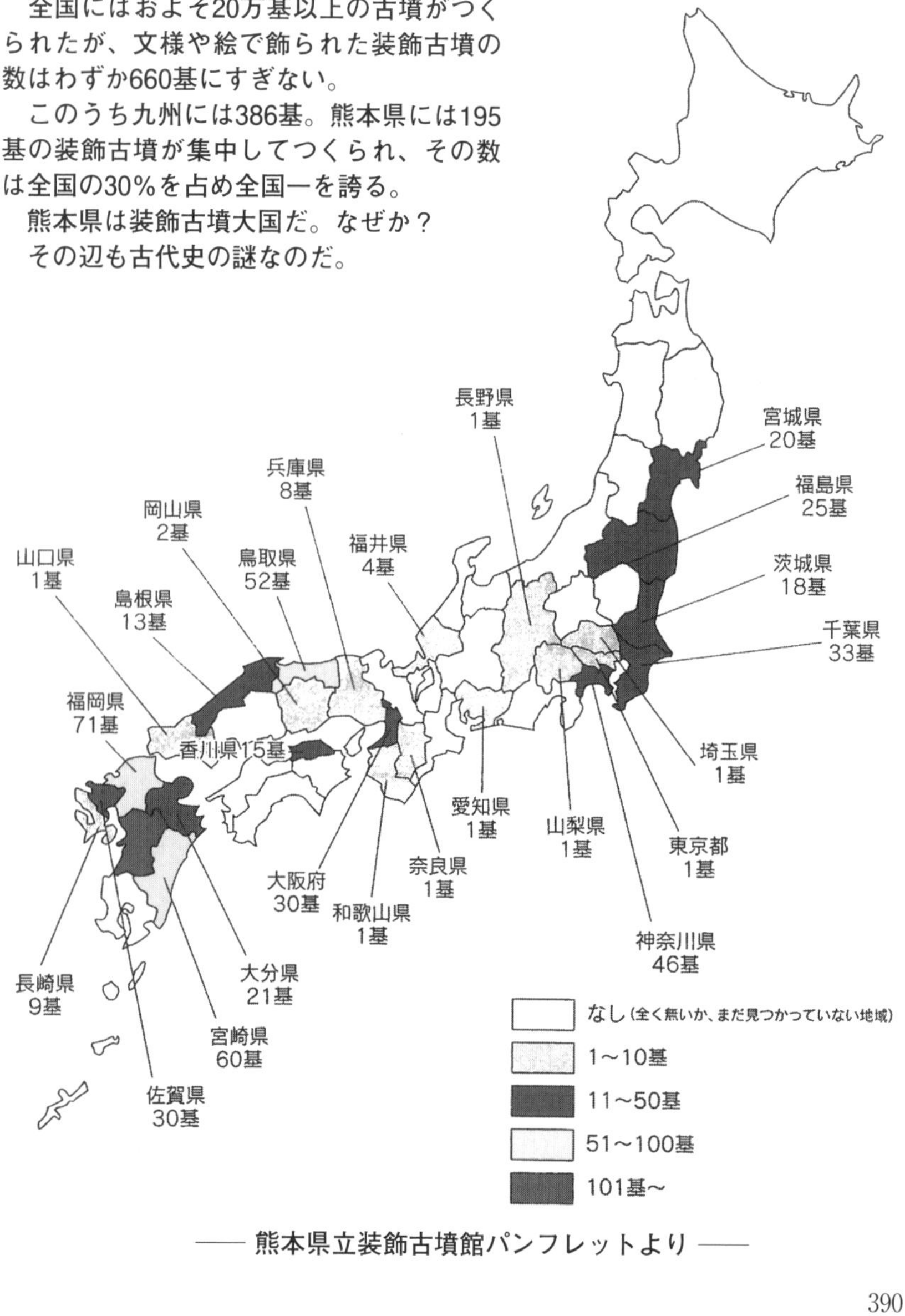

―― 熊本県立装飾古墳館パンフレットより ――

Ⅳ章　闇から薄明へ

序言

古代史の世界で八世紀末、プツンと姿を消した阿曇族。ところが昨今、その消長を窺わせる有力な発見があった。平成二十五年三月、福岡県古賀市の船原《ふなばる》古墳の発見である。藤ノ木古墳（奈良）、宮地嶽古墳（福岡）の国宝級の出土品に比肩する六世紀末〜七世紀初頭の多数の遺品が出た。もともと粕屋屯倉と目される土地柄だったが、六世紀初頭の磐井の乱との歴史的流れも含めて、阿曇族の本拠地ではなかったか、との観測もある（磐井の本拠は八女の岩戸山古墳）。古代情報では、この地が「宗像族でもない、住吉族でもない」エリアだからだ。一方北部九州に特有な装飾古墳が茨城に確認（虎塚古墳）されて阿曇族の全国展開の一端が見直されている。

一、船原《ふなばる》古墳と鹿部《ししぶ》田渕遺跡

古賀市教育委員会　森下　靖士

一　船原古墳とは

　船原古墳は古賀市の内陸部、谷山、小山田地区の境の丘陵上にあります。本来は三基以上の古墳からなる、船原古墳群のうちの一基です。

　平成八年度の最初の調査では径二〇メートルほどの円墳と考えていましたが、平成二十六年度の発掘調査で全長四二メートル以上の前方後円墳と判明しました。古賀市域では初の前方後円墳です。六世紀末から七世紀初めの築造と考えています。

　横穴式石室は天井が破壊されていますが、全長九・九メートル、高さ二・六メートル以上の前後に分かれた複式構造のものです。

　残念なことに、既に徹底的に盗掘されており、石室からの出土遺物はごくわずかでしたが、特異な金銅《こんどう》（銅に金メッキをしたもの）

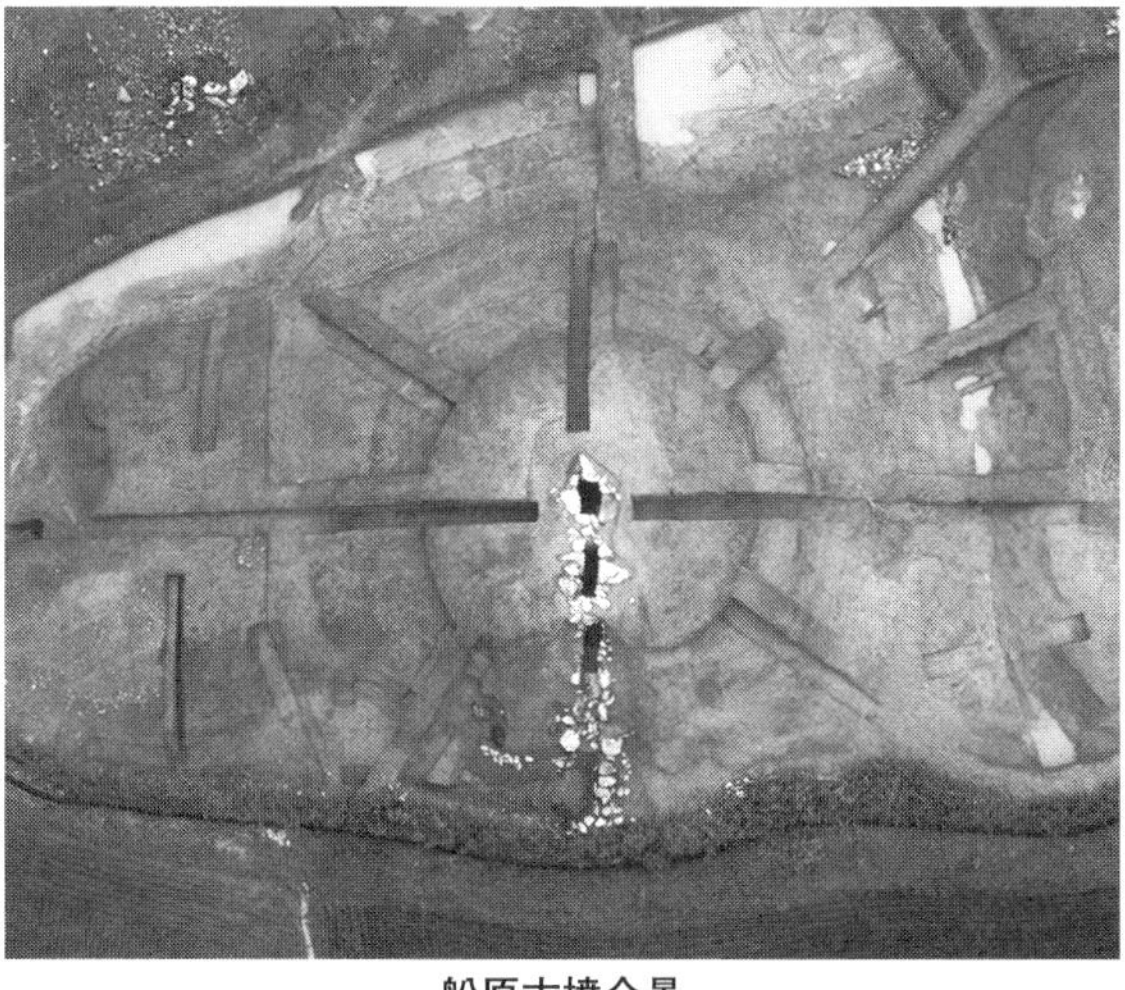

船原古墳全景

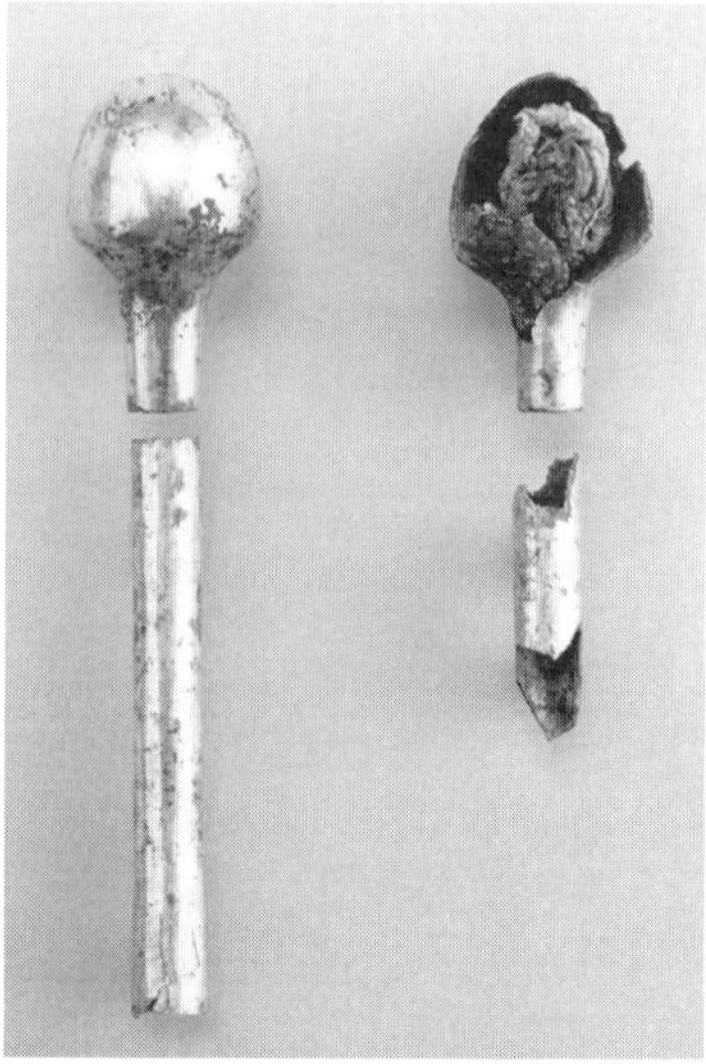

船原古墳石室出土金銅製品

製品が出土しています。マラカスのような形の製品と、円筒状製の品で、二つを組み合わせて棒状の部材に差し込み、装飾品として用いたものと考えられますが、本来の用途は類例がなく不明です。

船原古墳には、前方後円墳であることや、豪華な金銅製品を所有できる人は限られていることから、高位の人物が葬られていたと考えられます。

二　遺物埋納坑の発見

平成二十五年三月、農地整備に伴って、船原古墳南西側の水田を発掘調査中、大発見がありました。内部に古墳時代の遺物を納めた土坑（遺物埋納坑）の発見です。調査の結果、最低三基の埋納坑があることがわかっています。一基は矢束と土器、一基は鉄製の馬具（轡《くつわ》）、もう一基は馬具を中心として、質が高く大量の遺物が納められていました。

明らかに隣接する船原古墳に関連するにもかかわらず、古墳外に埋納坑が設けられた例は国内初で、盗掘などがなく当時のままであること、納められた遺物の質が高く豊富であることは今後の古墳時代研究にきわめて価値の高い資料といえます。

新聞・TV等、話題となった豊富な遺物を納めた土坑についてご紹介します。驚くのは遺物の多彩さ、豪

船原古墳遺物埋納坑全景

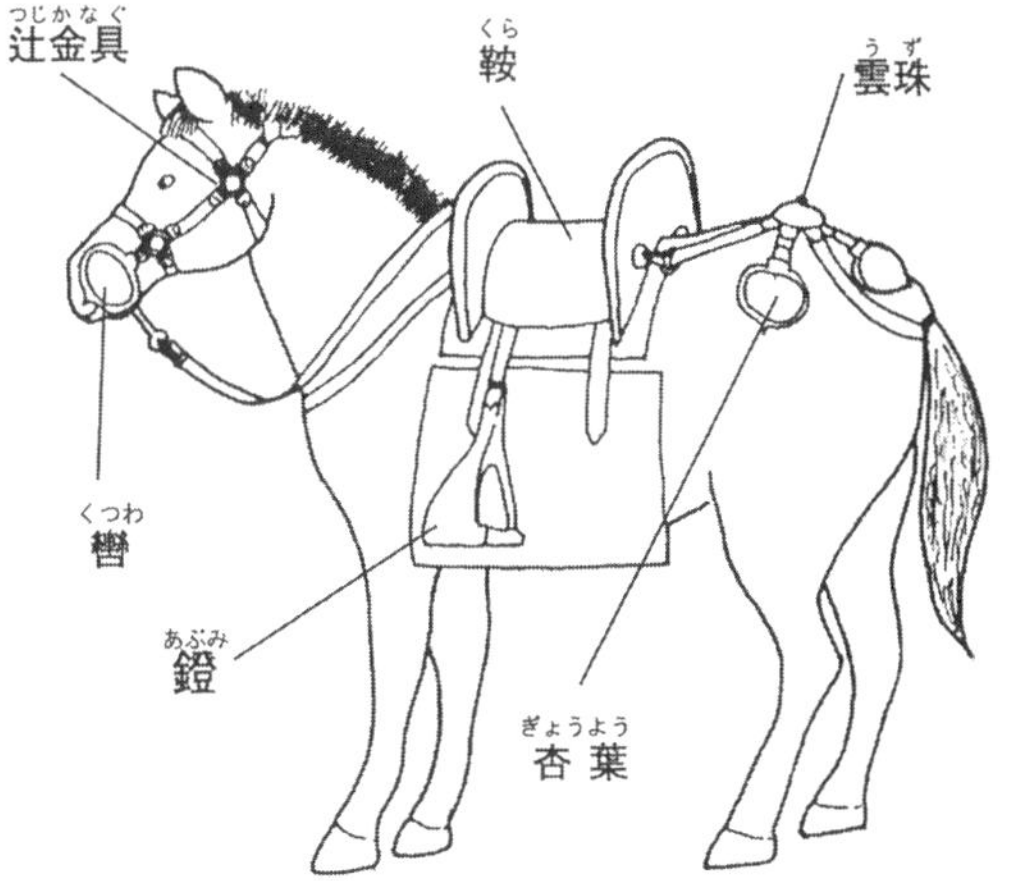

馬具の装着例
騎馬の風習が朝鮮から日本へ伝わったのは５世紀頃。権力者のシンボルとして馬具には最高の工芸技術が駆使された。

華さです。中心となるのは馬具でしたが、鞍《くら》、轡《くつわ》、雲珠《うず》・辻金具《つじかなぐ》（革ベルトを留める金具）など金銅で飾られた豪華な製品が数多くありました。特に六角形の板上に、花びら形の飾りを下げた七本の傘骨状のものを取り付けた金銅製歩揺付飾金具《こんどうせいほようつきかざりかなぐ》は国内に例がない豪華なものです。その他にも、国内三例目となる馬冑《ばちゅう》（馬用の冑）、蛇行鉄器《だこうてつき》（はたを取り付ける馬具）、大型の鈴、漆塗りの弓と大量の矢など出土例が少ない貴重な資料ばかりが出土しています。

資料の重要性から古賀市教育委員会では、調査指導委員会を発足させ、その指導の下に九州歴史資料館や九州国立博物館と連携し、ＣＴスキャナ、三次元レーザー測量、各種科学分析など最新の調査方法を導入し調査を進めています。今後の調査成果にご期待ください。

CG 復元された金銅製歩揺付飾金具
（九州国立博物館提供）

金銅製歩揺付飾金具出土状態
（九州国立博物館提供）

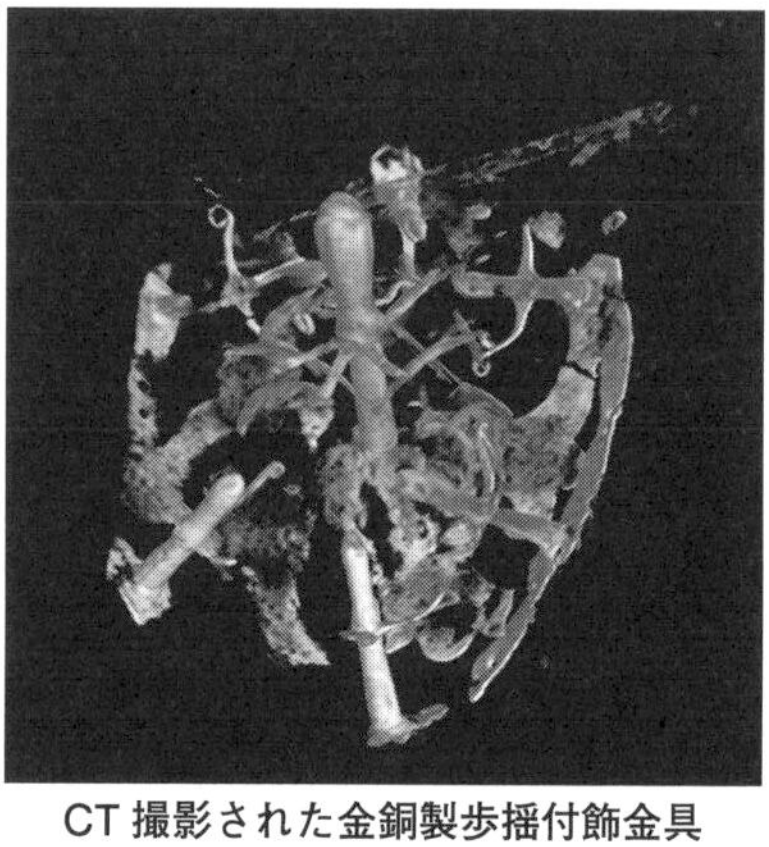

CT 撮影された金銅製歩揺付飾金具
（九州国立博物館提供）

三　鹿部田渕《ししぶたぶち》遺跡の概要

古賀市鹿部に所在する鹿部田渕遺跡で、六世紀中ごろから七世紀初めごろの建物群の存在が明らかになりました。竪穴式住居を中心とする当時の集落と比べ、大型の掘立柱建物ばかりで構成されるこの遺跡は古代の役所（官衙《かんが》）的な性格を持つ稀少な遺跡です。

建物群は掘立柱建物四棟を「L」字形に並べ、中央には広場を設け、東西は大溝で区画されています。

古賀市の南西海岸に流れ込む花鶴河《かづるがわ》河口にほど近い低地に面した丘陵上に位置すること、江戸期まで花鶴河口に存続した花鶴浦《かづるうら》（いわゆる港）の存在がこの周辺が港の適地であることを示すことから、この遺跡の性格は、近隣に存在したであろう港湾に関連した機能、例えば港の管理を司るような機能を持った施設ではないかと考えております。鹿部田渕遺跡は、当時、「屯倉（ミヤケ）」と呼ばれた施設のひとつであった可能性があり、以上のことから『日本書紀』に記載された「糟屋屯倉《かすやのみやけ》」の可能性が指摘されています。

四　「屯倉（ミヤケ）」と鹿部田渕遺跡

「屯倉（ミヤケ）」とは何でしょうか。辞書では「大化《たいか》以前における天皇もしくは朝廷の直轄領。」（国史大辞典　吉川弘文館）と定義されています。四、五世紀ごろ畿内周辺に設置がはじまり、七世紀半ばまで各地で設置されたようです。諸説ありますが、経営基盤となる田畠を指す場合、政治的、軍事的な拠点施設（官衙、港湾、交通の要衝など）、生産施設（塩、鉱業生産）を指す場合があります。

鹿部田渕遺跡全景

「糟屋屯倉」は、五二七年に起こった「磐井《いわい》の乱」において、敗れて戦死した筑紫君《つくしのきみ》磐井の子である筑紫《つくしの》国造葛子《くにのみやつこくずこ》によって献上されたと、『日本書紀』に記されています。「磐井の乱」は、当時、未だ外交（特に朝鮮半島の国々）も含めた独自の権力を持つ九州の地方豪族と、権力の統一を図る中央の政権（いわゆる「ヤマト政権」）との狭間で起きた日本史上の重大事件でした。

地域の権力者によって献上された「屯倉（ミヤケ）」は他の地域でもみられ、珍しくはなかったようですが、「糟屋屯倉」が設置された場所が、磐井の本拠地である筑後ではなく、玄界灘に面した「糟屋」であったことに意味があるように思われます。外交権を統一した「ヤマト政権」が必要とするのは外交の拠点となる港湾であったと考えられ、「糟屋」の地はその目的にかなったものでありました。古賀市の永浦《ながうら》古墳群（五世紀）の調査により、当地における古くからの海人集団の存在が示されましたが、彼らはその一翼を担ったものかもしれません。

1号・3号建物跡

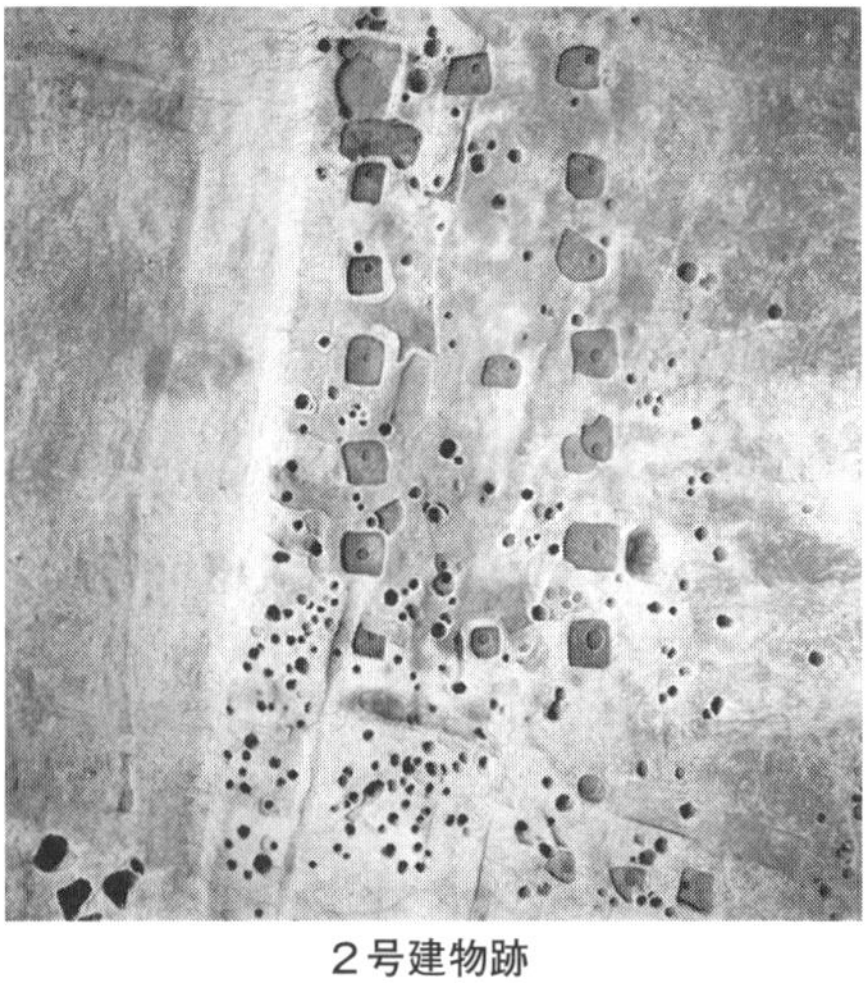
2号建物跡

鹿部田渕遺跡の大型建物群の規模や配列は、後世の官衙（役所）を彷彿とさせるものですし、河口の低地に面した立地は、近隣に存在したであろう港湾施設の管理を司ったと考えられることから、以上のべた「糟屋屯倉」に比定されるに充分な要素を備えているといえるでしょう。

当原稿は平成二十七（二〇一五）年十月開催の第九回「金印シンポジウム」の講演資料として作成したものを再録しており、加筆・修正は行っておりません。したがって、遺跡の情報は当時のものであり、調査は以降も継続されていることから、最新の情報については当教育委員会刊行の書籍等でご確認いただきますようお願いいたします。

二、関東にもあった九州系の装飾古墳

ひたちなか市埋蔵文化財調査センター　稲田　健一

一　はじめに

彩色や線刻で墓室を飾る装飾古墳は、九州に多く分布する。そして、九州に次いで分布する地域が、そこから遠く離れた茨城県・福島県・宮城県である。今回紹介する虎塚古墳は、茨城県中央部のひたちなか市中根に位置し、未盗掘の状態で確認された装飾古墳である（第1図）。当古墳の装飾文様については、確認当時から九州の装飾古墳との関連が指摘されてきた。近年、虎塚古墳周辺の墳墓の研究や調査から、当地が水上交通と深く関係する地であることが明らかとなり、海を介した九州との関連も見えつつある。そこでここでは、虎塚古墳

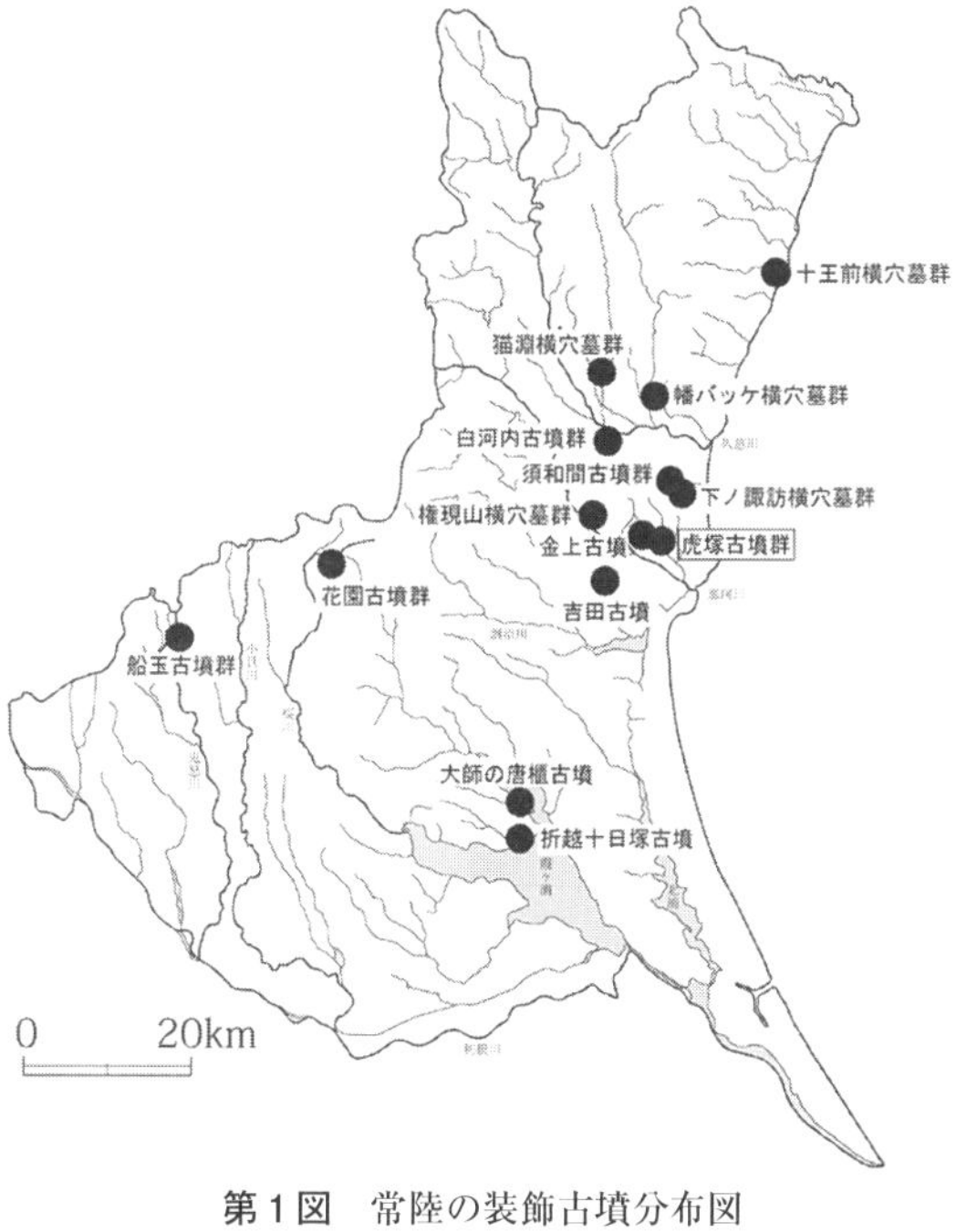

第1図　常陸の装飾古墳分布図

を中心に、常陸（茨城県）と九州との関連について考えてみたい。

二　虎塚古墳について

(1)位置

虎塚古墳が位置する常陸は、北部の山地、中央部から西部の台地、南東部の霞ヶ浦を擁する低地の三つに区分され、東には太平洋が広がっている。このような地形から、『常陸国風土記』には山の幸、海の幸に恵まれた「常世の国」と記され、現在も大変豊かな自然環境にある。虎塚古墳が築造された頃には、**新治**（にいはり）・**筑波**（つくば）・**茨城**（うばらき）・**那珂（那賀）**（なか）・**久慈**（くじ）・**多珂**（たが）の六つのクニがあったとされる。虎塚古墳は、「那珂」に位置する。

(2)概要

虎塚古墳は、ひたちなか市のほぼ中央、標高約二〇メートルの台地上に位置している（第2図）。古墳は単独ではなく、前方後円墳一基と方墳二基、円墳一基、墳形不明二基の計六基の古墳群を形成しており、第1号墳が所謂

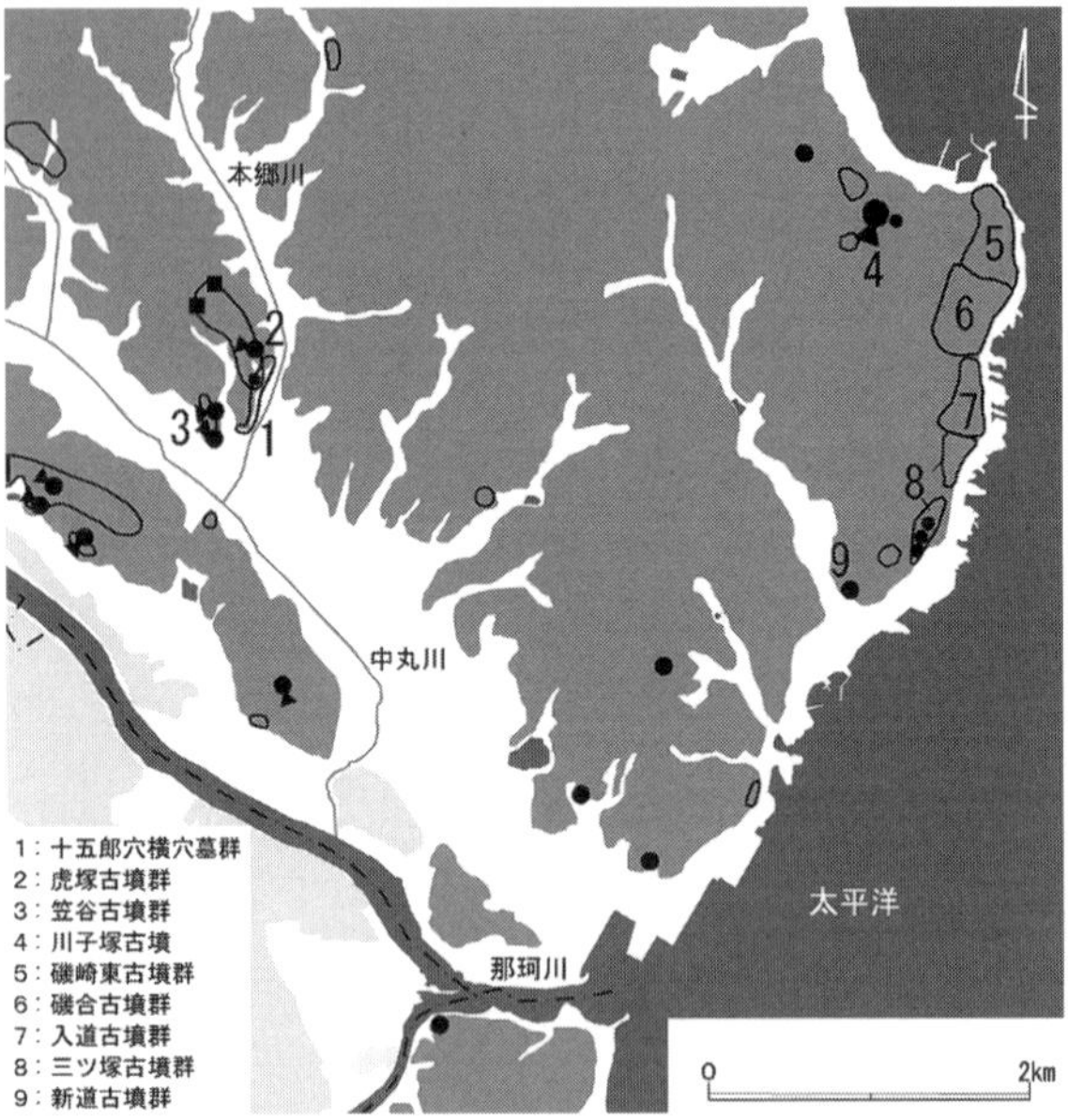

第２図　ひたちなか市域の古墳・横穴墓分布図

「虎塚古墳」である。当古墳群は七世紀前葉に虎塚古墳の築造から始まり、七世紀中葉にかけて形成された古墳群と推定される。

虎塚古墳の発掘調査は、一九七三（昭和四十八）年から一九七六（昭和五十一）年に実施された。墳形は前方後円墳で、全長五六・五メートル、後円部高さ七・五メートル、前方部高さ七・二メートルを測る（第3図）。墳丘に埴輪の樹立はないが、前方部墳頂部からは須恵器の大甕の破片が出土している。埋葬施設は後円部の盛土内に位置し、凝灰岩の切石によって組まれた横穴式石室である。石室の規模は、長さ二・八メートル、幅一・八メートル、高さ一・五メートルを測る。出土遺物には、大刀や鉄鏃などがあるが、出土量は少ない。石室の壁面には白土が塗られ、その上に赤色顔料のベンガラで円文や三角文といった幾何学文様と、大刀や靫・馬具といった武器・武具類が描かれている（第3図）。また、一部の文様には線刻と彩色を併用する技法がみられる。古墳の築造時期は、墳丘から埴輪が認められないことや出土遺物から七世紀前葉の時期が推定されている。

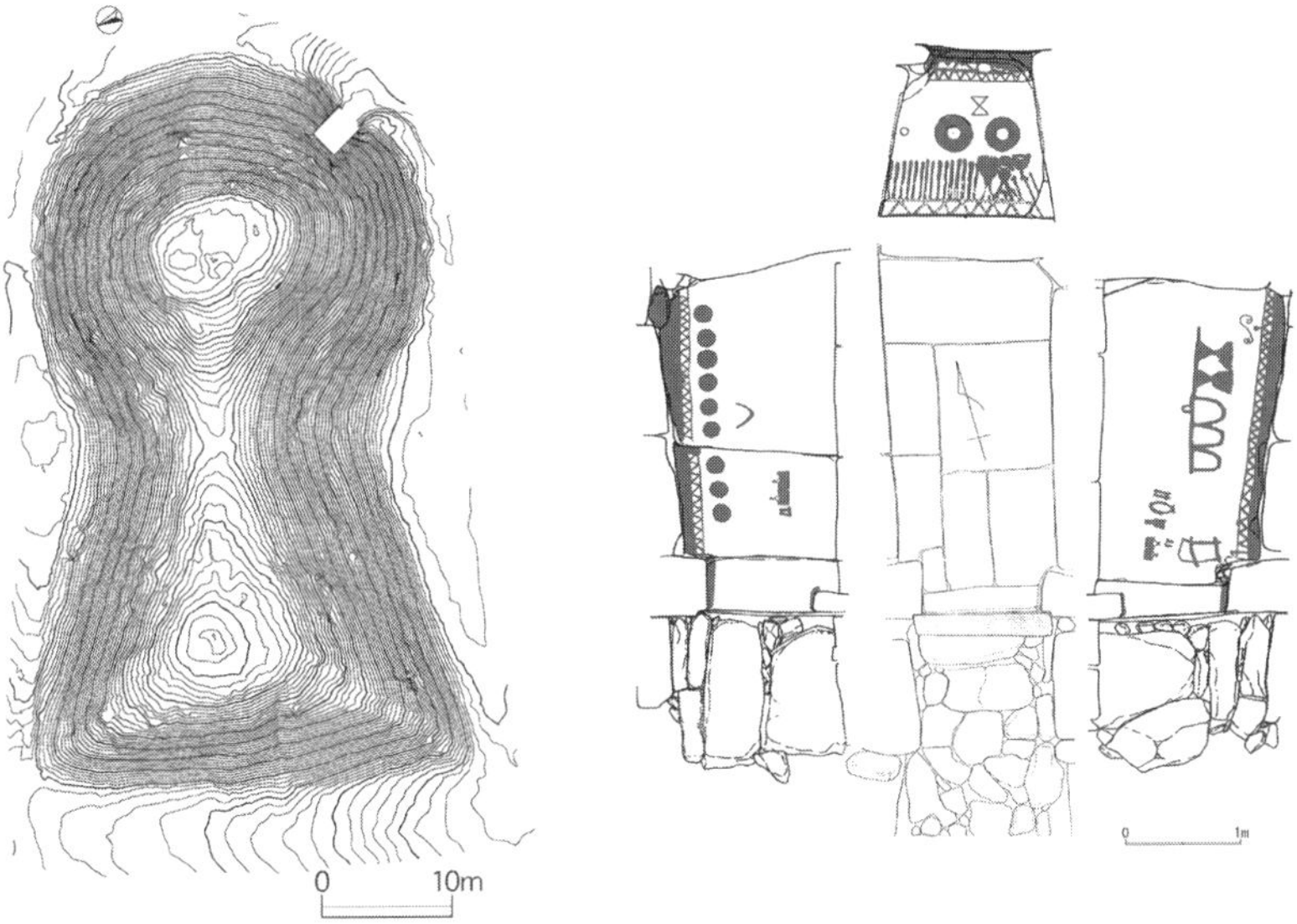

第3図　虎塚古墳墳丘と石室実測図

第４図　十五郎穴横穴墓群館出支群Ⅰ区第35号墓出土大刀と刀子

(3)常陸の装飾古墳

現在、常陸で確認されている装飾古墳は、古墳が九基、横穴墓が九基の計一八基である（第1図）。この中には、後世に追加・落書きされた可能性があるものを含むため、装飾古墳として確かなものは、彩色のある八基と線刻のみの三基の合計一一基と考えられている［生田目二〇〇二］。分布は、南からかすみがうら市（二）・筑西市（一）・桜川市（一）・水戸市（三）・ひたちなか市（二）・那珂市（一）・東海村（二）・常陸太田市（三）・日立市（三）にあり、一つの地域に集中するのではなく県内各地に散在する。

九基ある古墳の墳形は、前方後円墳が二基、円墳が三基、方墳が二基、多角形墳が一基、不明が一基である。ちなみに、福島県と宮城県はすべて横穴墓のため、東日本の彩色のある装飾古墳で、古墳の形態のものは茨城県にしか存在しない。

装飾古墳の色については、赤一色が三基、赤・白二色が二基、赤・黒二色が一基、赤・黒・白三色が二基となる。

装飾古墳の文様については、虎塚古墳のような武器・武具類が描かれている例が多い。特に靫は彩色・線刻両方の例がある。また、丸や三角といった幾何学文は多くみられるが、福島県のように人物を描いたものはない。

築造時期については、もっとも古いものが六世紀の終わり頃の大師の唐櫃古墳と考えられている。七世紀に入ると虎塚古墳や折越十日塚古墳、十王前横穴墓群第14号墓等が築造される。虎塚古墳や十日塚古墳は、その地域の最終末の前方後円墳とされ、それ以降前方後円墳ではなく円墳や方墳に墳形が変化するといった特徴もある。

三　虎塚古墳周辺の主な墳墓について

虎塚古墳の周辺には、十五郎穴横穴墓群や笠谷古墳群が存在する。また、関連する遺跡として、太平洋を臨む海岸部にはひたちなか海浜古墳群がある。これらの詳細は次のとおりである。

(1)十五郎穴横穴墓群

十五郎穴横穴墓群は、虎塚古墳群や笠谷古墳群の位置する台地の斜面部に造られている。横穴墓群の範囲は、約一キロメートルの広がりを持ち、「笠谷支群」・「館出支群」・「指渋支群」の三つの支群に分かれ、現在確認できる横穴墓は二七四基を数える。これらの確認された横穴墓は、基本的に那珂川河口域側に開口することから、那珂川河口域つまり海を意識して墓を配置しているものと考えられる。時期は、七世紀前葉から九世紀中頃と推定される。

当横穴墓群では、二〇〇九年から二〇一五年まで調査を実施し、それによって横穴墓群の全体像が明らかとなってきた。調査では、未開口で確認された横穴墓（館出支群Ⅰ区第35号墓）の発掘調査も実施し、奈良時代から平安時代の五八点にもおよぶ須恵器や大刀、刀子、鉄鏃、鉄釘、人骨等が出土した。人骨は、九州大学に調査を依頼し、頭蓋骨の数から一〇体が埋葬され、子どもや女性も含まれていることが判明した。鉄製品には、大刀一口、刀子五口、鉄鏃約一九点、鉄釘約一八一片がある。その中で注目すべきものには、正倉院御物に類似し、全国で初めての出土例となる金銅製の金具を有する刀子がある（第4図下）。また、鉄釘の分析からは、脚の付いた唐櫃の存在が明らかとなり、横穴墓内でそのような容器が収納されていることも全国で初めて明らかとなった。このような遺物の出土から、当横穴墓の被葬者には中央との関係をもつ有力者であることが想定される。

当横穴墓群は、調査により七世紀前葉には横穴墓が造営されていた可能性が考えられるようになった。そうなると、台地上の虎塚古墳群第4号墳よりも古い時期となり、古墳と横穴墓が同時期に造られていたことになる。つまり、当横穴墓群は虎塚古墳群と密接な関係を持ち、虎塚古墳の「装飾」と同様に「横穴墓」という新しい墓制を採用した集団の存在が窺える。

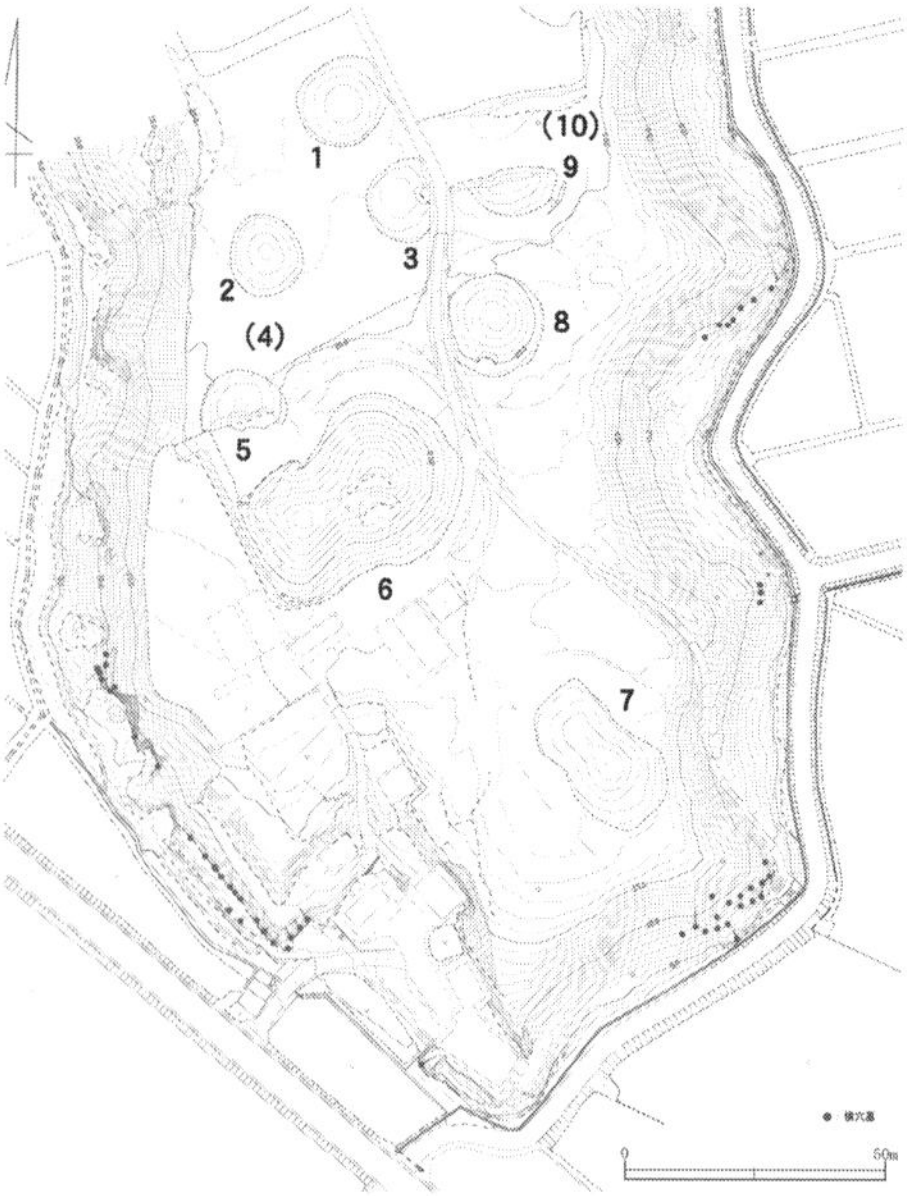

第5図　笠谷古墳群

(2) 笠谷古墳群

当古墳群は、虎塚古墳群から南西方向へ約五〇〇メートルの中丸川を臨む台地上に位置する。現在確認できる古墳は、前方後円墳二基、円墳六基の計八基であるが、過去にはなお多くの古墳が存在していたと思われる（第5図）。前方後円墳は第6号墳と第7号墳で、規模は第6号墳が全長約四三メートル、第7号墳が約二八メートルである。円墳は直径一〇～二五メートルの範囲の中にある。

注目すべき遺物は、イモ貝を伴う轡や飾金具（以下「イモ貝装馬具」）である（第6図）。この遺物は六世紀後半の時期と推定される第6号墳から出土した。イモ

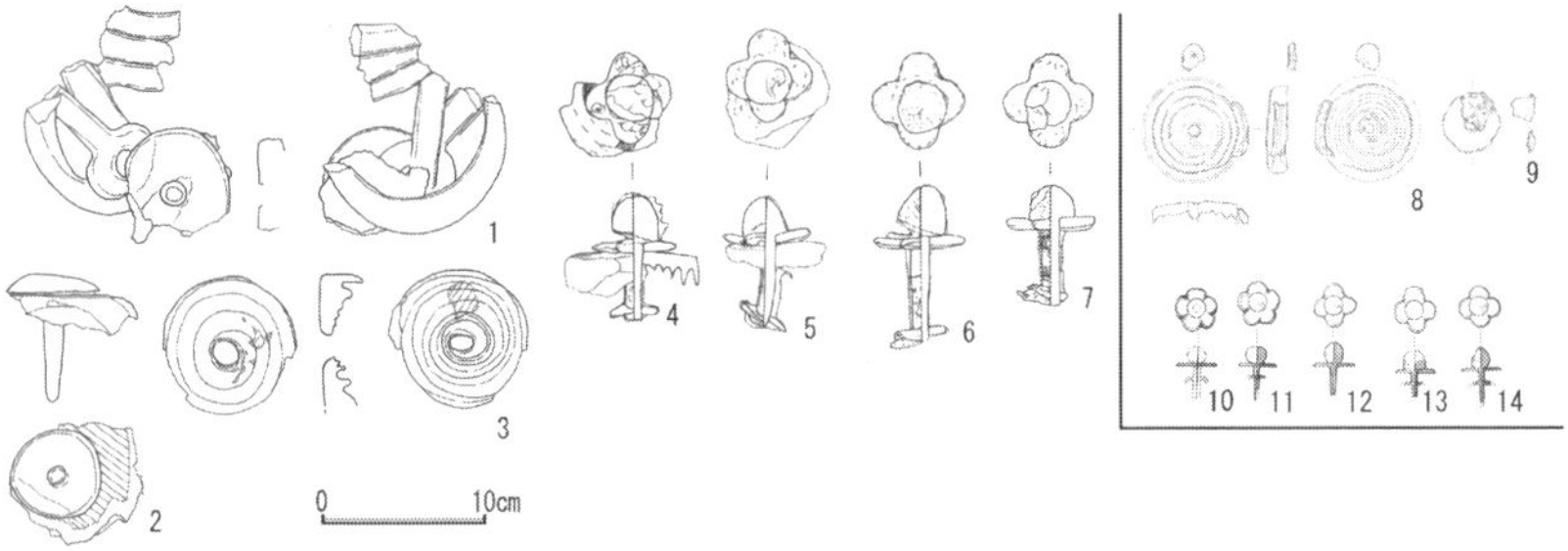

1～3: ひたちなか市笠谷6号墳　4～7: 東海村二本松古墳　8･9: いわき市八幡23号墓　10～14: いわき市中田1号墓

第6図　茨城・福島県出土イモ貝装馬具集成

貝装馬具は、県内では当古墳以外に東海村二本松古墳、鉾田市天神山古墳群第4号墳、常総市七塚古墳群第1号墳の三例しかなく、時期もみな七世紀前半とされる。

当古墳群の位置する台地斜面部には現在五五基の横穴墓を確認しており、それらとの関係も注目される。

(3) ひたちなか海浜古墳群

太平洋を望む台地縁辺部には、北から海岸線に沿って五世紀後半の市域最大規模の前方後円墳である川子塚古墳、磯崎東古墳群、磯合古墳群、入道古墳群、三ツ塚古墳群、新道古墳群が連なるように位置しており、これらをまとめて「ひたちなか海浜古墳群」と呼称している（第2・7・8図）。古墳の数は消滅したものも多く、現在正確な数を把握することはできないが、記録では一〇七基もの古墳が確認されている。群を構成する古墳は直径約二〇メートルの円墳が主体で、磯崎東古墳群第33号墳や三ツ塚古墳群第13号墳のように帆立貝形古墳もある。また、三ツ塚古墳群第2号墳のように墳丘の高さが一メートルと低いもの（第9図）や、墳丘をもたないものもある。埋葬施設は、箱式石棺や竪穴系の石室、横穴式石室があり、石材には海岸の石が利用されている。出土遺物には、珠文鏡や大刀、鉄鏃、骨鏃、鹿角装刀子、円筒埴輪、人物埴輪、壺形埴輪、須恵器、土師器、ガラス小玉、石製模造品などがあ

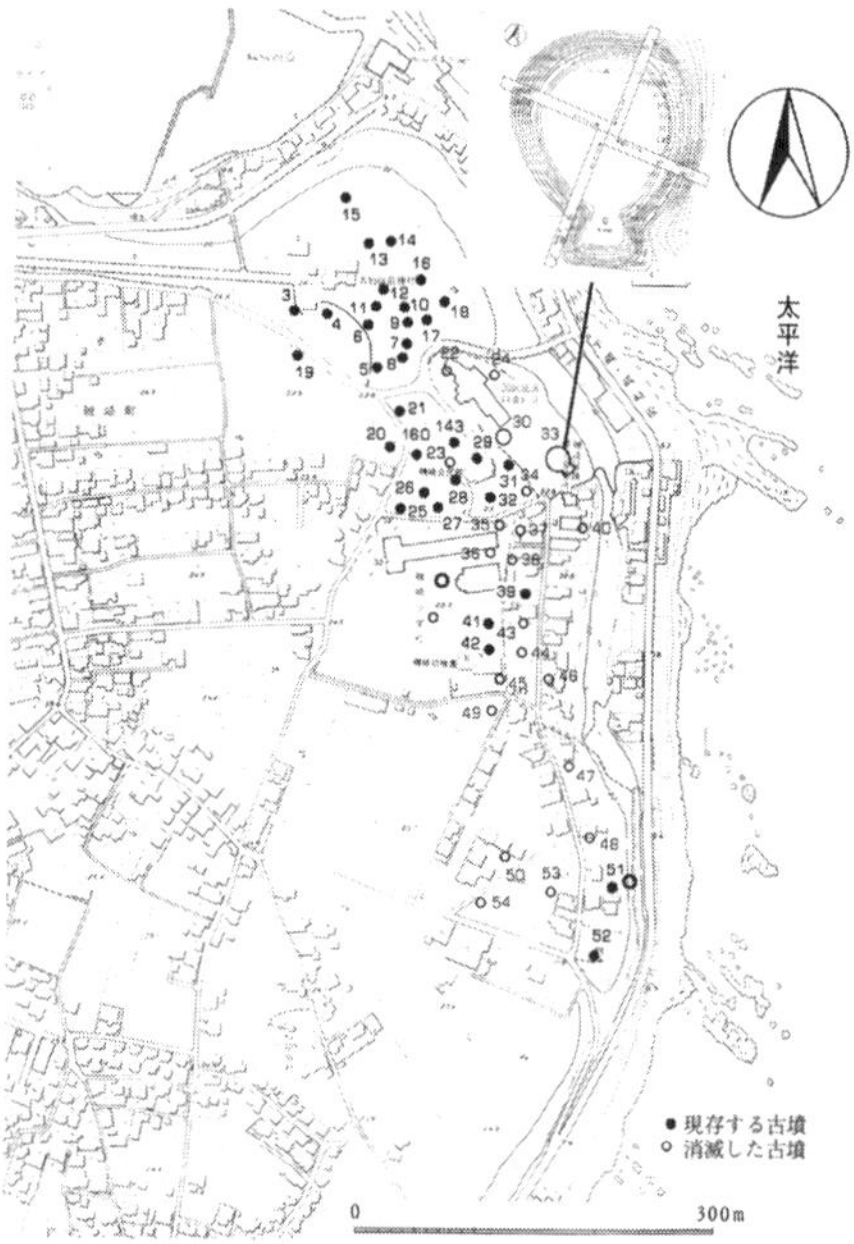

第7図　（ひたちなか海浜古墳群）磯崎東古墳群

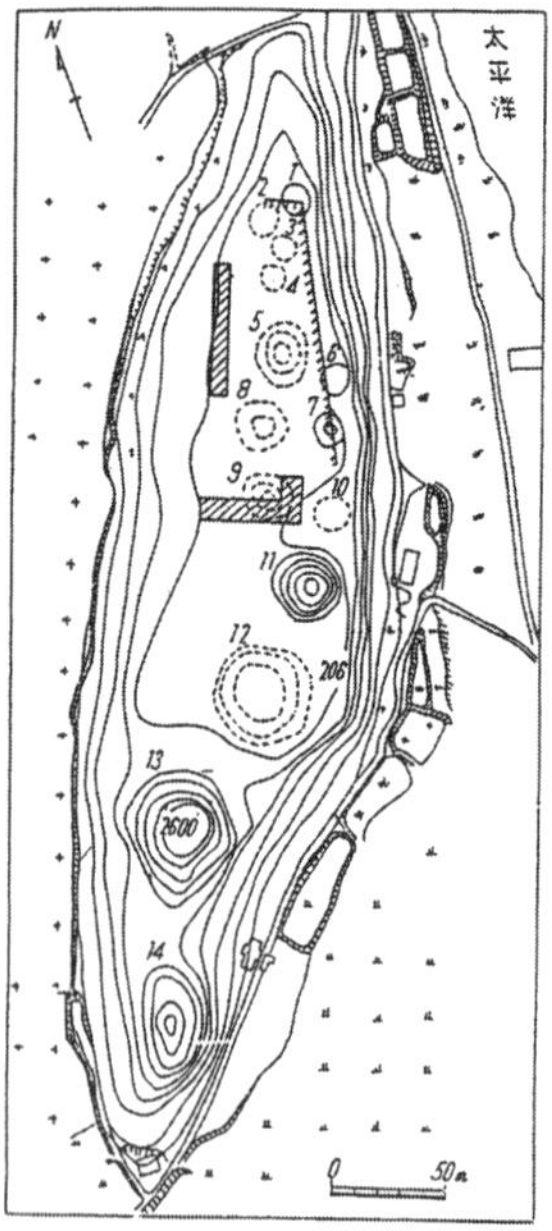

第8図　（ひたちなか海浜古墳群）三ツ塚古墳群

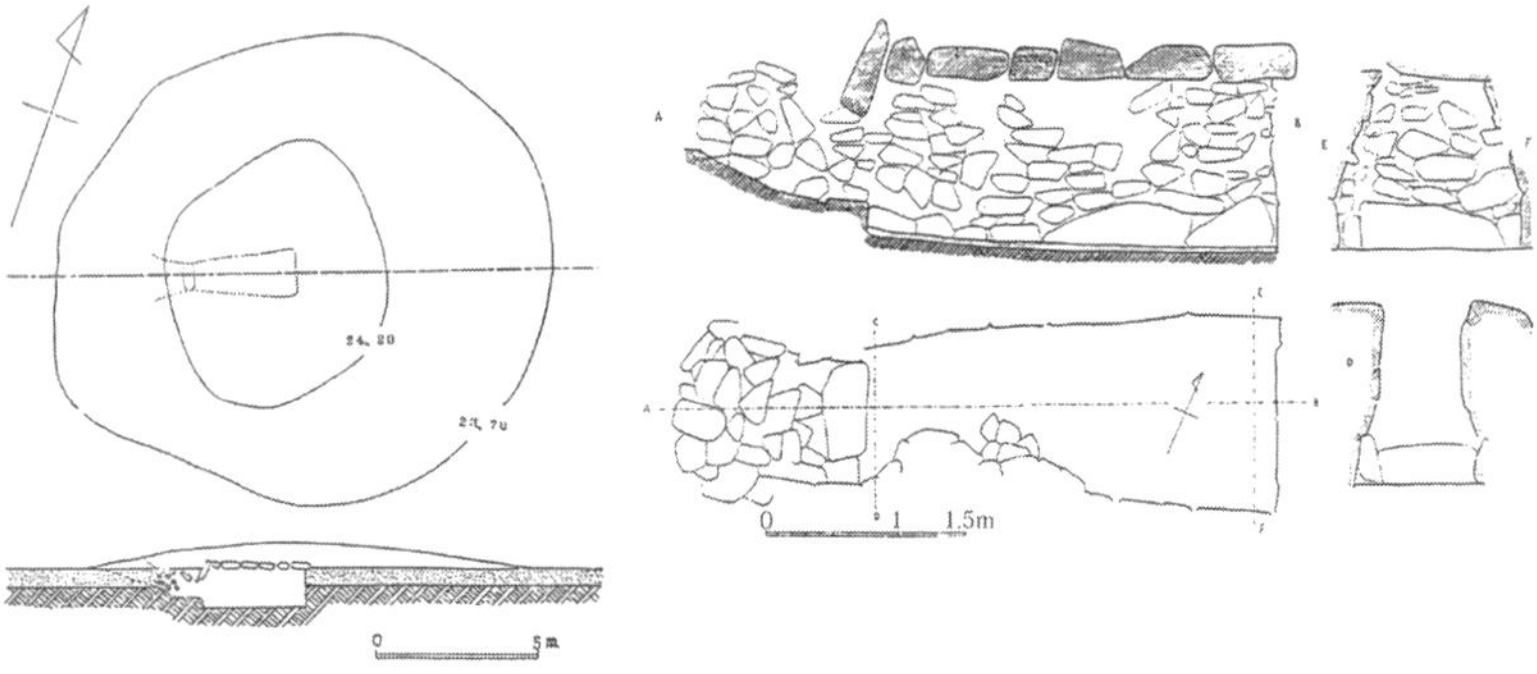

第9図　（ひたちなか海浜古墳群）三ツ塚古墳群第２号墳の墳丘と石室

り、特に大刀の出土例が多いことが注目される。時期は、五世紀前葉から七世紀中葉の遺物が出土していることから、海岸部では長期間にわたって古墳が築造され続けていたと考えられる（第10図）。

　これらの海岸部の古墳にはいくつかの共通点がみられる。一つには、葺石のみられる墳丘が多いことである。二つには、石棺や石室に海岸の石を利用していることである。三つには、墳丘を持たない縦穴系石室または石棺が多く存在することである。これらの共通点は、市内では海岸部の古墳に限定される特徴である。そして、これらの被葬者には、その立地や埋葬施設への海岸の石の利用から、海と深く関わる集団が想定できる。

4　常陸と九州との関連について

(1) 虎塚古墳と九州との関連について

それでは、虎塚古墳と周辺の主な墳墓から、九州との関連を考えてみたい。

①虎塚古墳の装飾文様

虎塚古墳の装飾文様は、横穴式石室の壁面に白土を下塗りし、その上にベンガラで連続三角文等の幾何学文様と大刀や靫等の具象文様が描かれ、一部の文様には線刻もみられる。

ここで注目されるのは、彩色と線刻を併用する描き方の技法である。このような技法はひたちなか市からいわき市の太平洋岸に位置する装飾古墳（日立市十王前横穴墓群第2・11・14号墓や、いわき市中田横穴墓群第1号墓（以下「中田1号墓」））にみられる。また、虎塚古墳と中田1号墓の装飾文様は、技法に加えて連続三角文であることや白色と赤色を使っていること等、類似する点が多く、遺跡の立地から海を介した交流が考えられる。さらに、こ

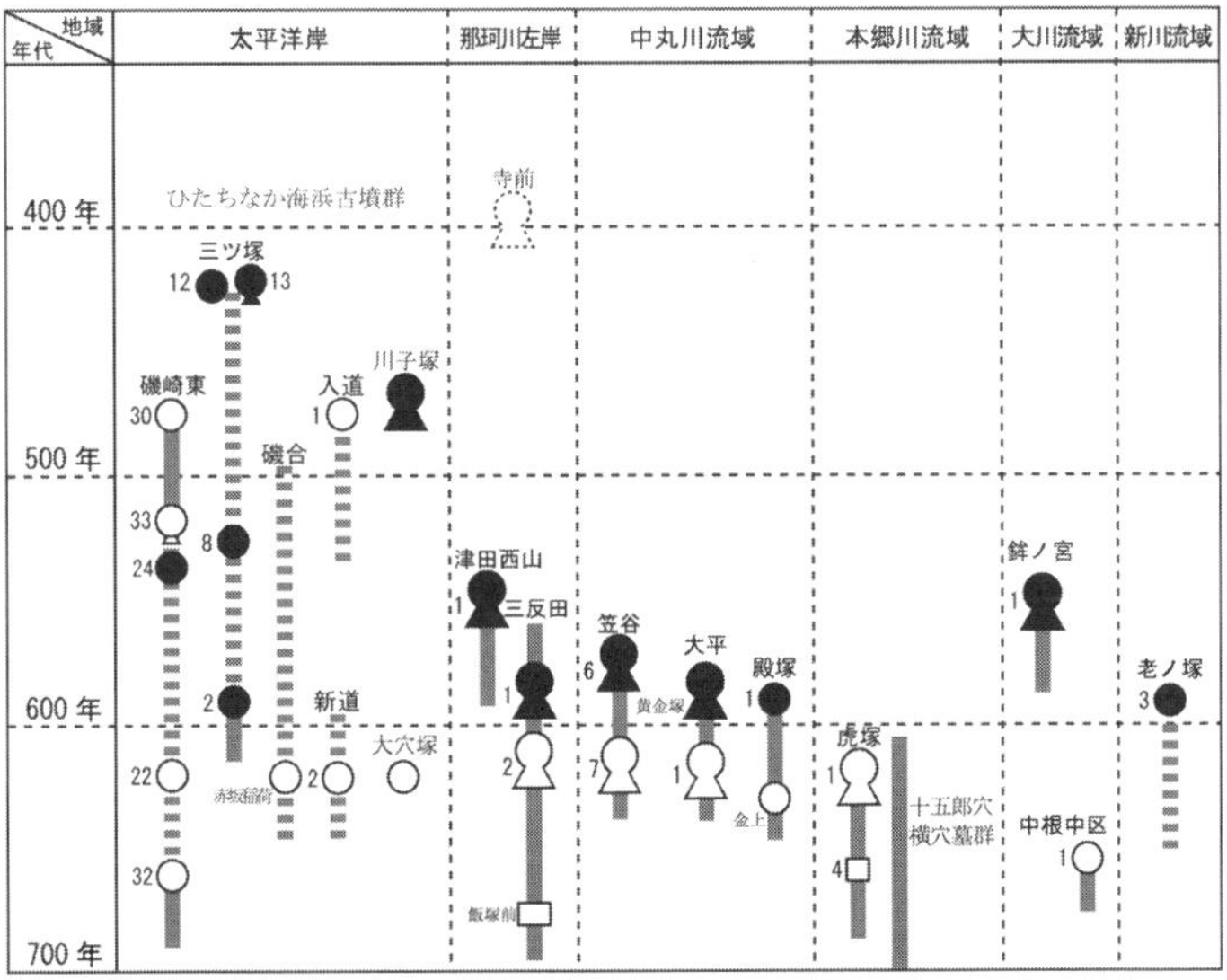

第10図　ひたちなか市域の古墳・横穴墓の消長（白抜き：埴輪なし）

のような描き方は、熊本県菊池川流域の装飾古墳にみられる特徴であり、文様も類似する点が多い。

②笠谷古墳群のイモ貝装馬具

笠谷古墳群第6号墳から出土したイモ貝装馬具は、当古墳を含めて茨城県内では四例しかなく、時期もみな七世紀前半とされる。出土した古墳の立地を見ると、常総市七塚古墳群第1号墳以外は県央から県北部の海岸沿いに位置している。イモ貝装馬具については、九州、特に福岡県に多く分布し、次いで「畿内より東方、すなわち遠州灘沿岸から福島県いわき市域の太平洋側に集中して分布している」ことが指摘されている［中村二〇一四］。

③ひたちなか海浜古墳群の骨鏃と埋葬施設

磯崎東古墳群から出土した骨鏃は、当古墳群を含めて県内では東海村白方古墳群第7号墳、日立市千福寺下横穴墓群第34・40号墓、かすみがうら市大塚古墳群第5号墳から出土している（第11図）。古墳の時期は六世紀から七世紀前半に位置づけられ、同時期というわけではない。ただし、立地は白方古墳群と千福寺下横穴墓群は久慈川河口域で、大塚古墳群は恋瀬川が霞ヶ浦に注ぐ場所と、水上交通の要所と思われる場所から出土しているという点で共通性が見出せる。茨城県内で出土した骨鏃は鏃身部が長い特徴があり、このような骨鏃は五世紀以降の南九州と、関東から東北地方南部

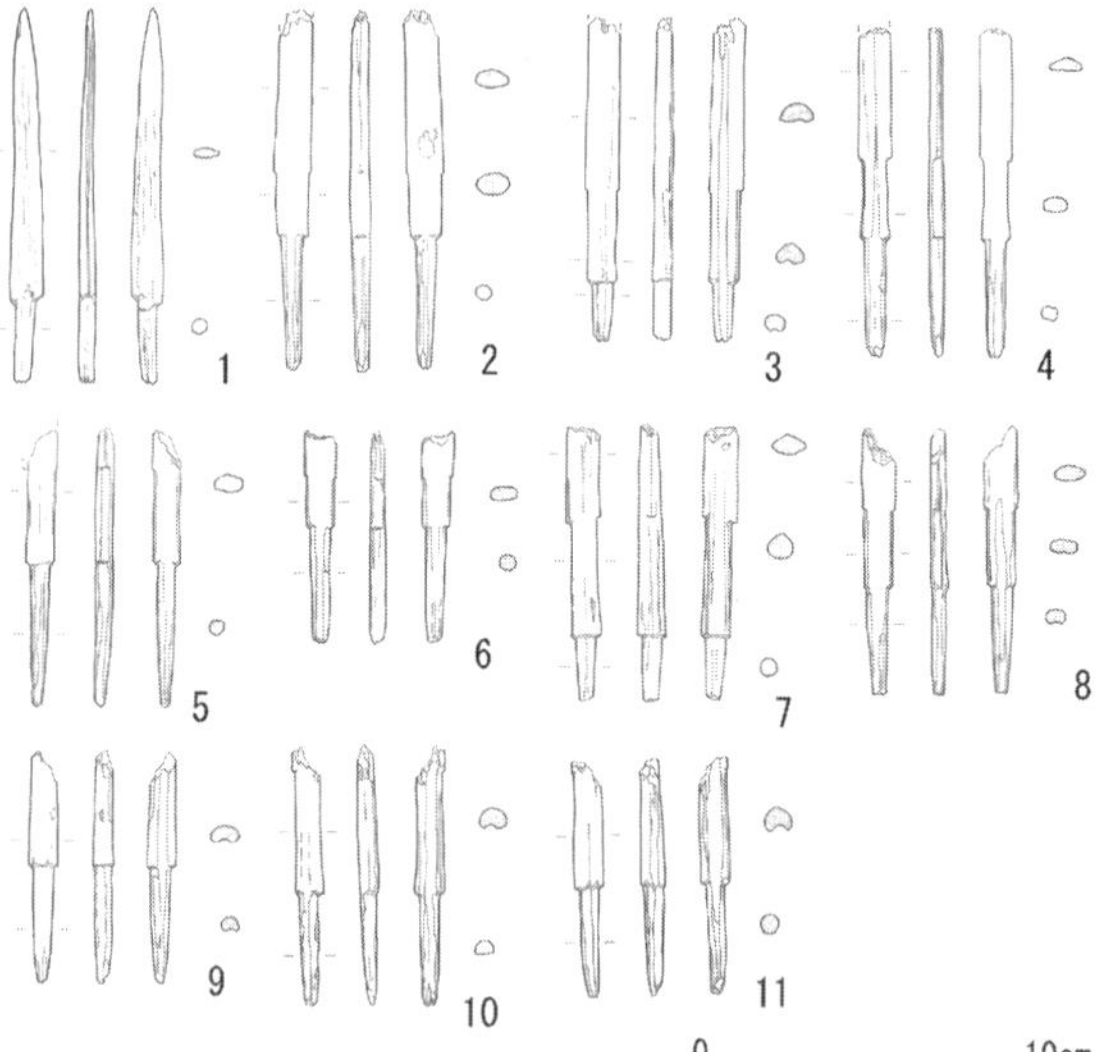

1：ひたちなか市磯崎東34号墳付近　2～11：磯崎東24号墳

第11図　ひたちなか市出土骨鏃

の特に海岸部に分布が見られるものとされる〔藤沢二〇〇二、横須賀二〇〇六〕。また、骨鏃について、稲村繁氏は「漁撈用具製作に不可欠な骨角を素材」としていることから「漁撈系集団の弓矢を象徴しているものと考えられる」とし、骨角製品を副葬することは「被葬者の出自が漁撈系集団にあることを示すため」であったとする意見もある〔稲村二〇一三〕。

骨鏃の他に、当古墳群には墳丘がなく埋葬施設に海岸の石材を用いて構築する箱式石棺や縦穴系石室を有する古墳が特徴的に存在する。このような古墳は、神奈川県三浦半島の三浦市勝谷遺跡や紀伊半島の和歌山県白浜町脇ノ谷古墳、山口県萩市見島ジーコンボ古墳群、福岡県行橋市稲堂古墳群などに類似するものと考えられる（第12図）。よって、これらの墓の分布から、常陸から九州までの海を介した交流の可能性が考えられる。

このように、装飾図文やその技法、イモ貝装馬具、骨鏃、特異な埋葬施設からは、九州を含めた海を臨む地域のさまざまな交流が想定できる（第13図）。

(2) 常陸と九州との関連について

次に、虎塚古墳やその周辺から対象を広げて、常陸にみられる九州との関連を指摘する。

まず、茨城県日立市赤羽横穴墓群B支丘第1号墓から出土した三角穂式鉄鉾が挙げられる（第14図）。三角穂式鉄鉾は齋藤大輔氏の分析によると、「列島全体でも海辺に近い古墳からの出土が目立ち、海上交通や対外交渉にかかわる保有者像も想定できる」とされる遺物で、出土遺跡数では福岡県が最多となる〔齋藤二〇一四〕。赤羽横穴墓群B支丘第1号墓は、茨城県内で最大級の玄室規模を有し、副葬品も県内の横穴墓で唯一、金銅製立飾り金具や馬具が出土している横穴墓である。近隣では福島県の中田1号墓でも出土例がある。この二つの横穴墓は玄室構造の違いはあるものの、六世紀後葉という時期や横穴墓の構造が大型であること、

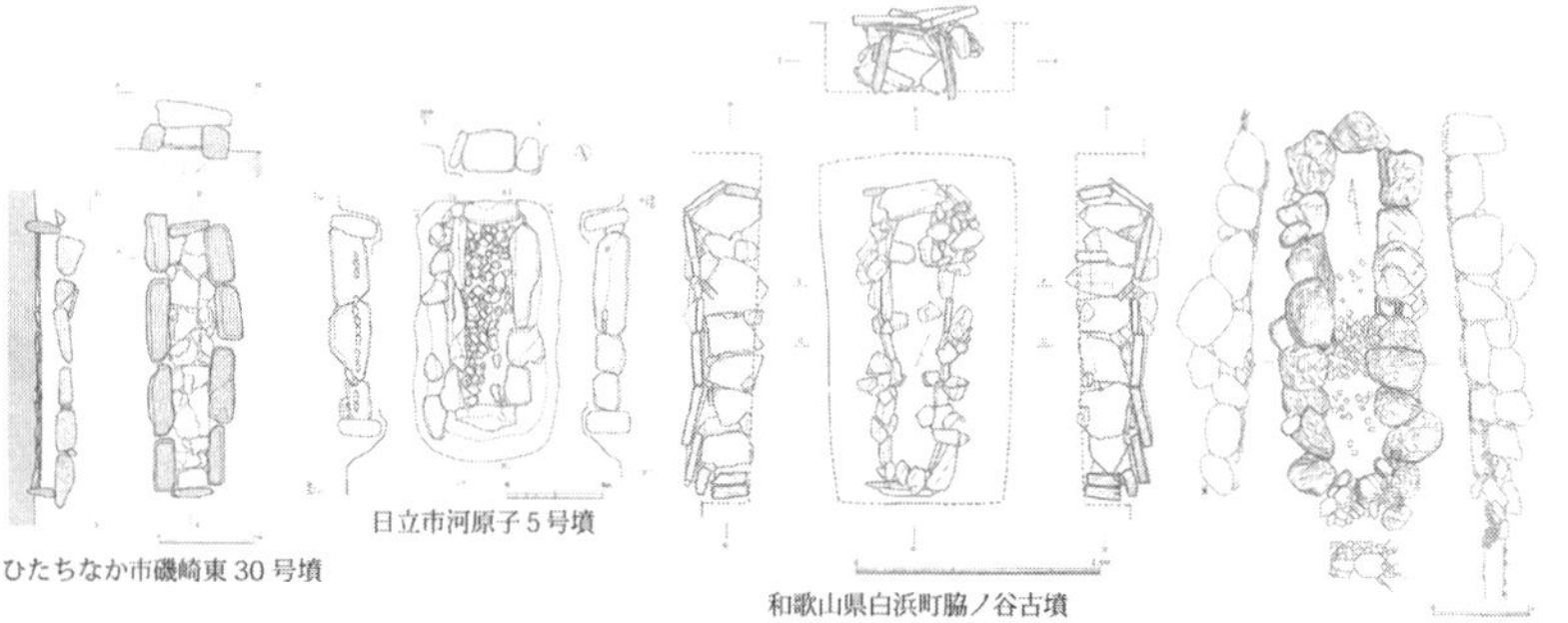

第12図　海岸の石材を使用した埋葬施設例

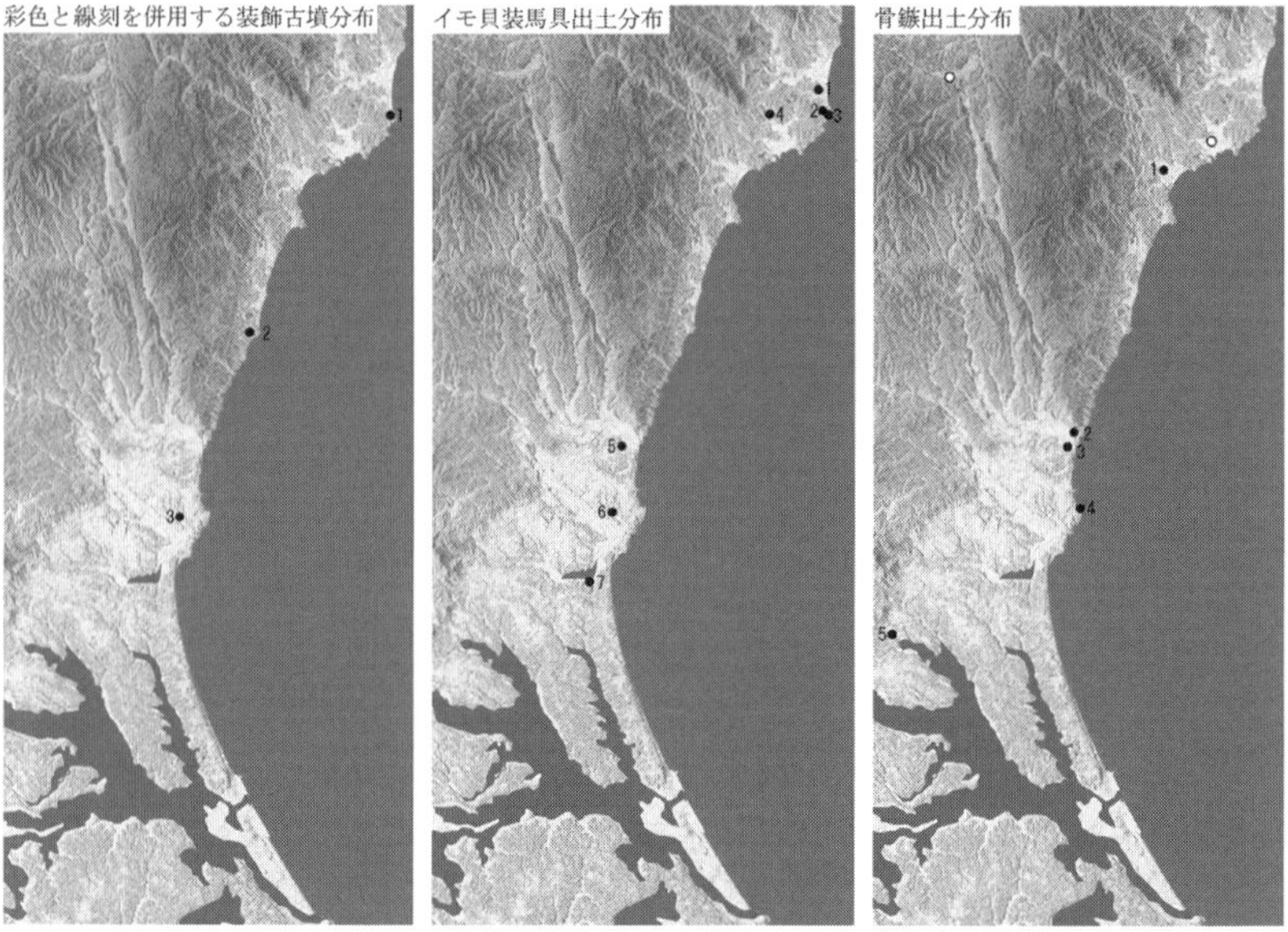

1: 中田1号墓　2: 十王前2･11･14号墓　3: 虎塚1号墳

1: 八幡23号墓　2: 中田1号墓　3: 餓鬼堂23号墓　4: 千代鶴11号墓　5: 二本松古墳　6: 笠谷6号墳　7: 天神山4号墳

1: 勿来金冠塚古墳　2: 千福寺下34･40号墓　3: 白方7号墳　4: 磯崎東24･34号墳付近　5: 大塚5号墳

第13図　茨城・福島県の装飾古墳・イモ貝装馬具・骨鏃分布図

豪華な副葬品を有する点で共通しており、二つの墓の被葬者に「海上交通や対外交渉にかかわる保有者像」を当てはめることが出来る。

さらに、常陸で現在もっとも古いとされる横穴式石室（土浦市高崎山古墳群第2号墳）の構造が、九州系の横穴式石室の構造に類似している点や、十五郎穴横穴墓群等で確認されている墳丘を伴う

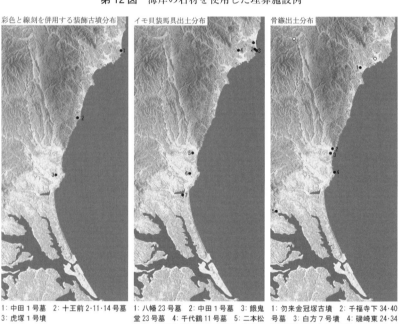

横穴墓の存在、虎塚古墳群第4号墳の石室構造が一枚石を使用し、玄門が刳り抜き玄門であることが熊本県や出雲東部にその系譜をみることができること、日立市坂下横穴墓群A支群第15号墓にみられる中央に通路、その両側に屍床をもつ玄室構造が熊本県にみられる構造であることなどが挙げられる。

以上のような文化的な繋がりとして取り上げた事象や遺物を列島的に見ると、海を介して九州との関連が窺える。また、イモ貝装馬具や三角穂式鉄鉾の分布は、近畿に中心を持たず、九州に集中するという事象は、装飾古墳や横穴墓の分布とも重なり注目される（第15図）。

その他として、文献史学における九州との関連をみると、『常陸国風土記』や『古事記』に登場する「建借間命」が「神八井耳命」を祖とする氏族とされ、同族には火君・阿蘇君・筑紫三家連など福岡県や熊本県などの装飾古墳が造られた地域の国造と同じ系譜にあることが挙げられる。さらに、

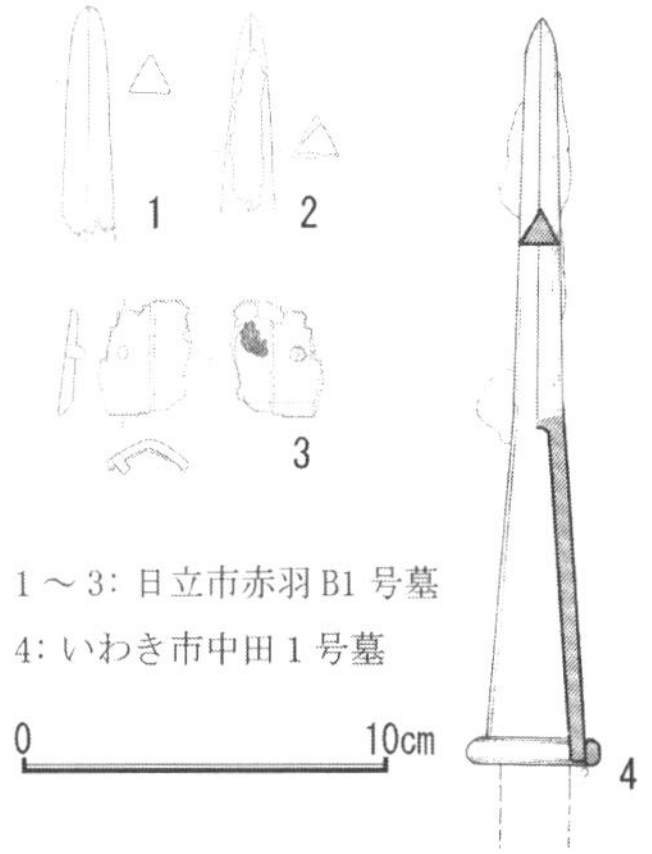

第14図　茨城・福島県横穴墓出土三角穂式鉄鉾

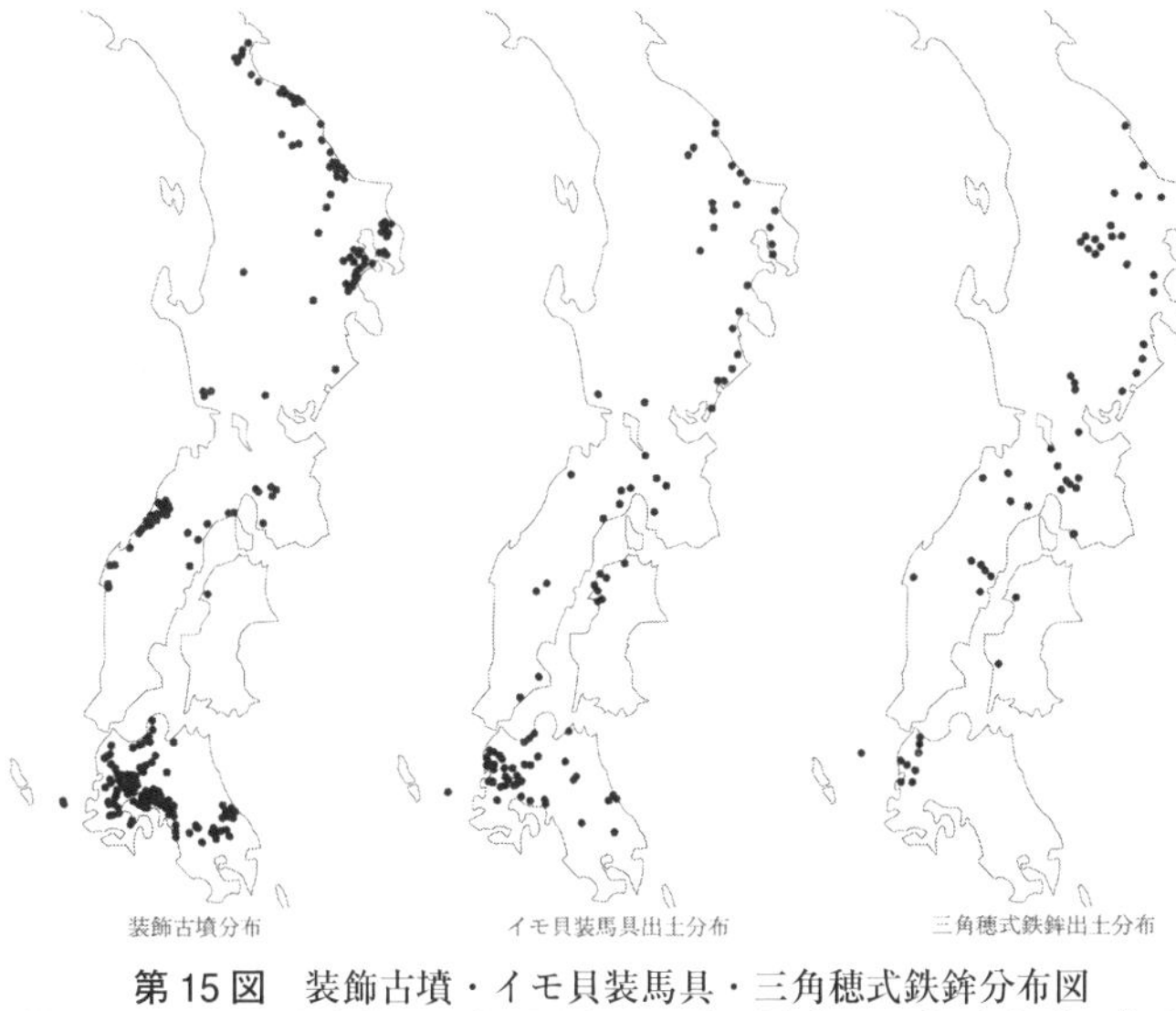

第15図　装飾古墳・イモ貝装馬具・三角穂式鉄鉾分布図
（[国立歴史民俗博物館 1993]・[中村 2014]・[齋藤 2014] を参考に作成）

虎塚古墳が位置する「那珂郡」という郡名が福岡県にも存在することや、「那珂」には海人族の守護神となる鹿島神宮があり、伝承では福岡県の「那珂」に位置する志賀海神社と密接な関係が指摘されている［大和一九七四］。このように、文献史学からも九州との関連がみられる。

では、以上のような常陸と九州との関連には、どのような背景があるのだろうか。この問いかけの一つの手がかりとして、常陸の海岸部地域が主要河川を通じて海と内陸をつなぐ要所であることで、この地に航海・漕艇・運輸・造船に係る高度な専門知識や技能をもった集団＝海洋民の存在が考えられるのである。また、出土遺物からは、ヤマト政権が深く関与していたことを示す資料である反面、その中の近畿に分布の中心を持たない遺物の存在は、ヤマト政権主導ではない、地域を主体とするより一層複雑な地域間交流が展開されていた可能性を示唆しており、その交流の一つとして常陸と九州との繋がりがあるのではないだろうか。

五　おわりに

虎塚古墳が確認されてからすでに五〇年が経とうとしている。壁画が確認された当初から、九州との関連が想定されていたが、今回紹介したように装飾文様以外にも九州との関連が見えつつある。今後は、住居跡や土器といった生活にかかわる遺構や遺物から繋がりが見えないか検討する必要性を感じている*。しかし、その検討には常陸と九州との「距離」が障害となって、二つの地域の研究者の交流が盛んであるとは決して言えない状況にある。よって、今後二つの地域の関連をより一層解明するには、「距離」という障害を乗り越えて、（古墳時代にもそうであったように）両地域の研究者が交流を深めていくことが重要ではないかと考えている。

＊ひたちなか市内出土の六世紀の土師器杯と熊本県熊本市（旧植木町）石川遺跡出土のものを比較したところ、器形や調整が非常に類似していることを確認している。

三、玄界灘沿岸の古墳時代の対外交渉

佐賀大学教授　重藤　輝行

一　はじめに

玄界灘沿岸は朝鮮半島への海路を利用した交通の要衝であり、東アジア世界に開かれた窓口であった。古来より海を通じた対外交渉が活発であり、古墳時代にはその動向がひとつのピークに達する。ここでは、古墳時代の玄界灘沿岸と朝鮮半島、特に馬韓・百済との対外交渉、彼の地からの渡来人の様相について論じ、この地域の海人の果たした役割を考えてみることにしたい。

二　西新町遺跡の様相

古墳時代前期（三世紀後半～四世紀）には、早良平野の北東部に位置する福岡市早良区西新町遺跡が朝鮮半島との交易拠点であった。遺跡は博多湾に面した海浜砂層で形成された砂丘上の微高地に立地する。近年の調査により、弥生時代後期終末～古墳時代前期の多数の竪穴住居跡とともに、各種の朝鮮半島系土器、竪穴住居跡のカマド状遺構が発見されている。朝鮮半島系土器は慶尚南道加耶地域に由来するものもあれば、全羅道さらには忠清南道にまで及ぶ馬韓地域のものもある（図1）。全体的には後者が多く、朝鮮半島西岸に発し、南岸を経由して九州北部、西新町遺跡にもたらされたと考えられる（図2）。この時期の九州北部における馬韓系土器の分布を見たものが図3であり、西新町遺跡を中心に博多湾沿岸に限って分布する。

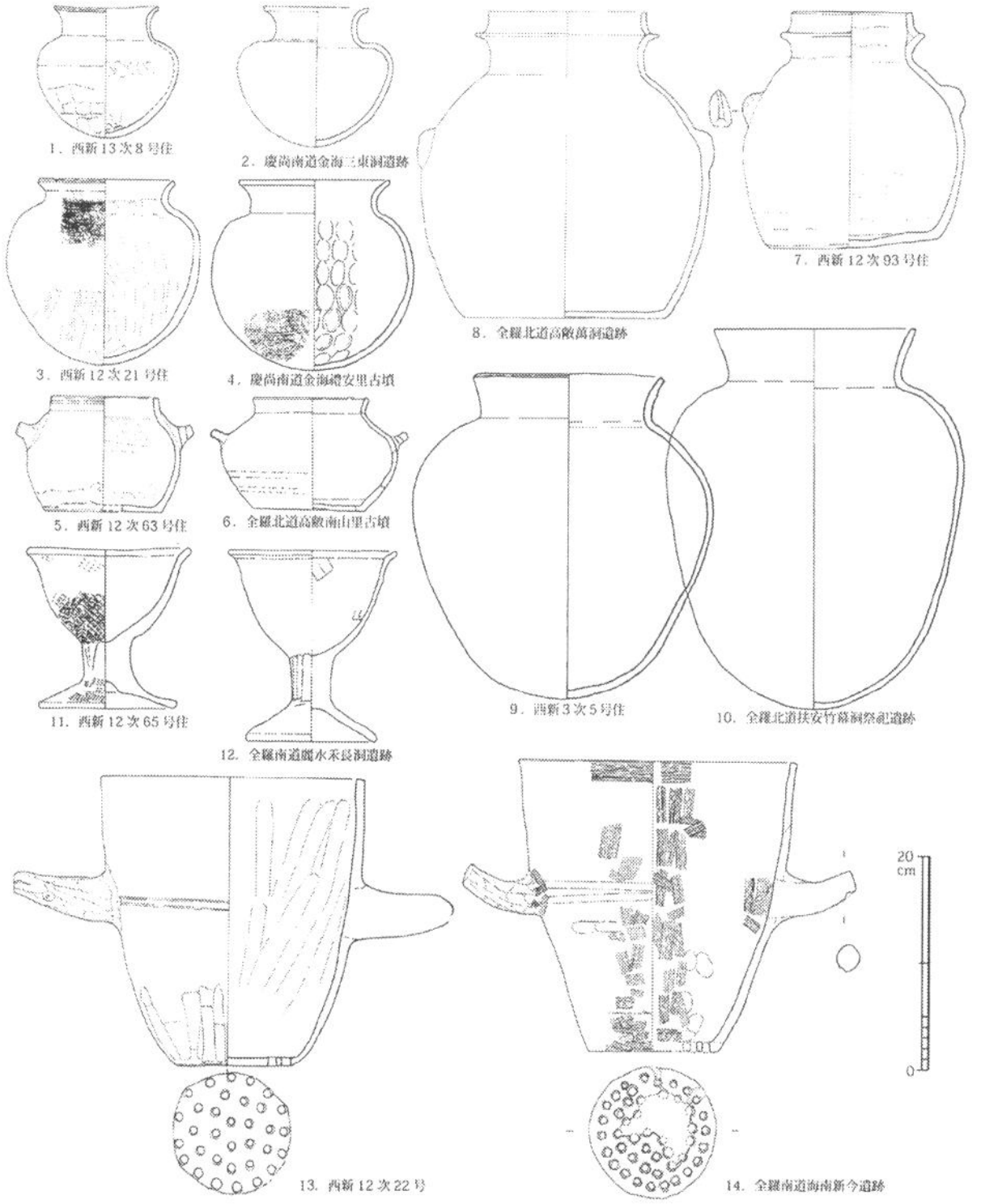

図1　西新町遺跡出土馬韓系土器とその類例（報告書より転載）

西新町遺跡の竪穴住居ではカマドが検出され（図

図2　古墳時代前期の対外交渉ルート

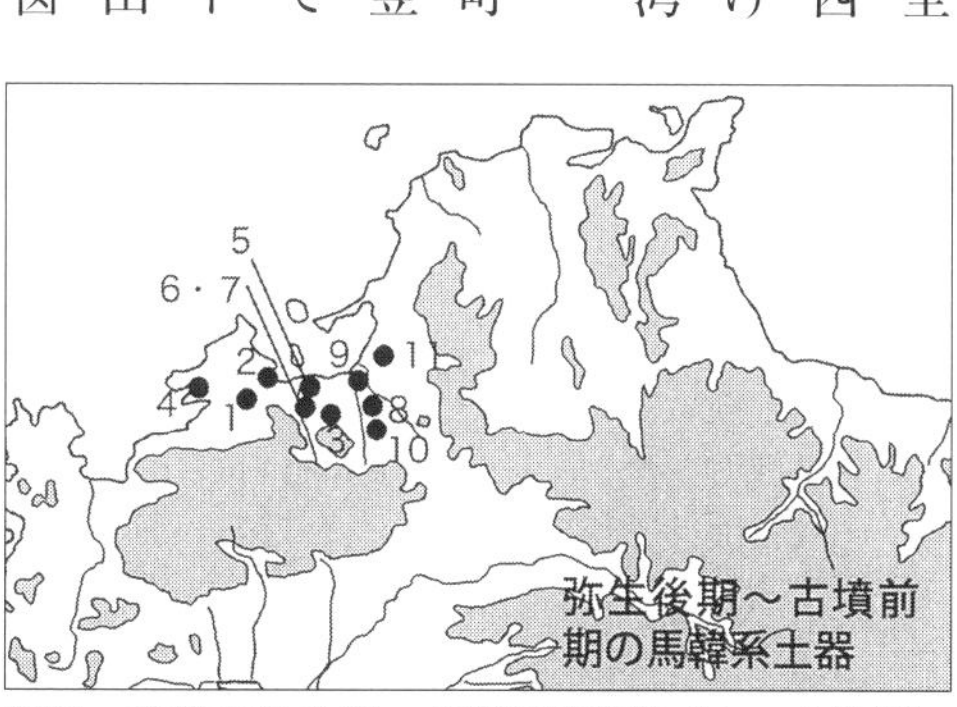

図3　弥生時代後期～古墳時代前期（1～4世紀）の馬韓系土器の分布

4)、カマドで蒸器として使用された馬韓に起源をもつ甑（こしき）が出土している。カマドや甑は古墳時代中期中頃（五世紀中頃）に朝鮮半島から日本列島に本格的に導入され、古墳時代前期の事例は極めて少ない。西新町遺跡ではその時期のカマドや甑が集中するので、朝鮮半島からの渡来人が居住していた可能性が高い。西新町遺跡ではその時期の朝鮮半島系土器に加えて、近畿系の土器も出土する。さらに西新町遺跡に対応する墓地である藤崎遺跡では、ヤマト政権から配布されたと考えられる三角縁二神二車馬鏡、三角縁複波文帯盤龍鏡が出土している。西新町遺跡の対外交渉は弥生時代以来の朝鮮半島とのつながりを基礎としたものであるが、そこにヤマト政権も参画するという図式が想像できる。古墳時代初頭における九州北部の大型古墳も博多湾沿岸～糸島半島に集中しており（図5）、対外交渉を掌握した弥生時代の伊都国、奴国の実力は古墳時代になっても継続し、その存在をヤマト政権も無視できなかったと考えられる。

三　馬韓・百済系土器の分布と渡来人

古墳時代中期前半（四世紀末～五世紀中頃）

西新町遺跡は古墳時代前期末には終焉を迎えており、その後、どの地域が朝鮮半島との交易拠点となったかは大きな問題である。

沖ノ島祭祀の開始は弥生時代にまで遡るが、ヤマト政権の

60m以上
40m以上 60m未満
40m未満

〈20〉〈21〉
〈13〉
〈14〉
〈15〉〈19〉
〈16〉〈18〉〈22〉
〈17〉〈23〉
〈24〉
〈2〉
〈12〉
〈5〉〈26〉〈27〉
〈4〉
〈3〉〈8〉〈10〉
〈9〉〈11〉

0　　20km　　　　1期

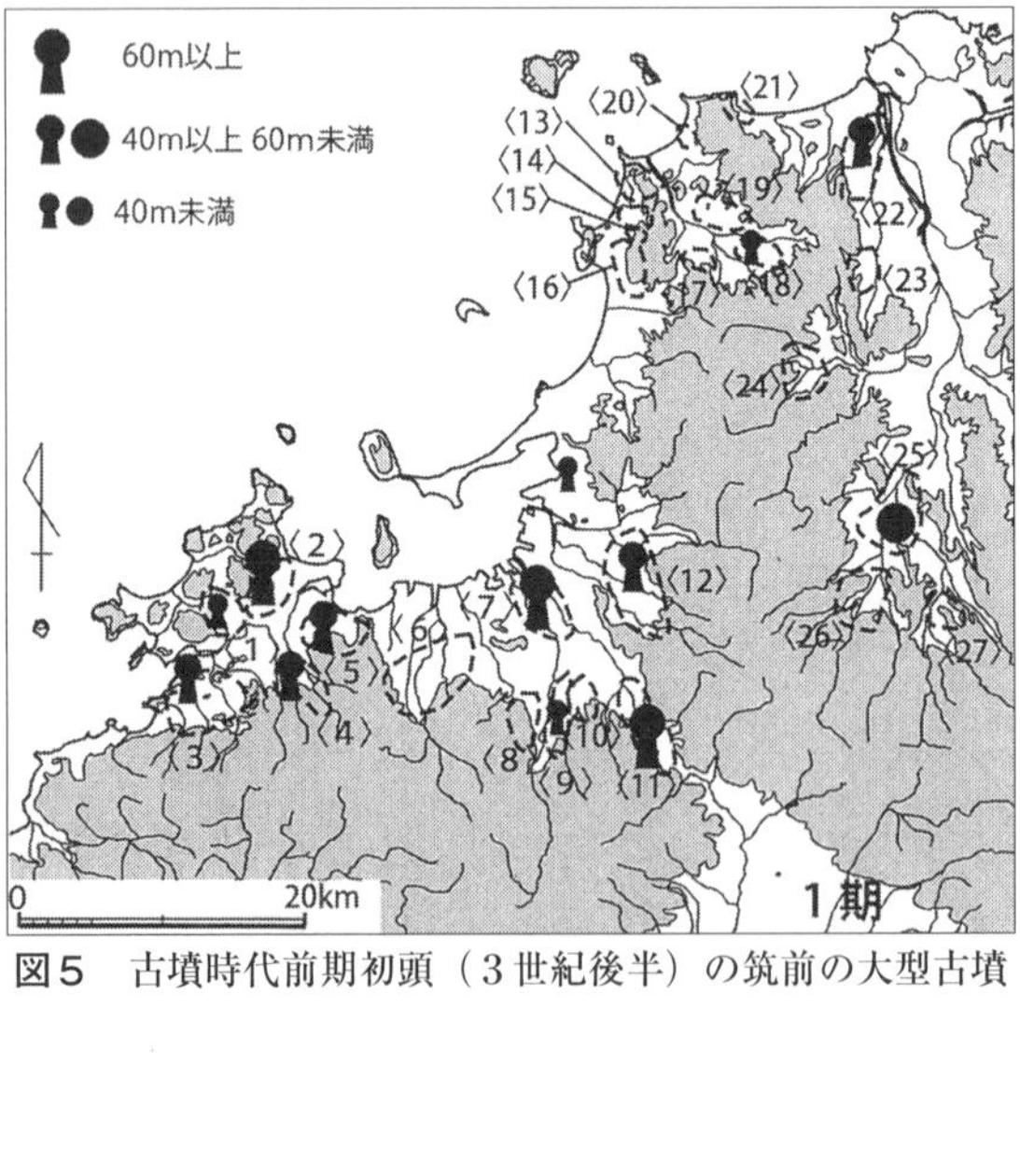

図5　古墳時代前期初頭（3世紀後半）の筑前の大型古墳

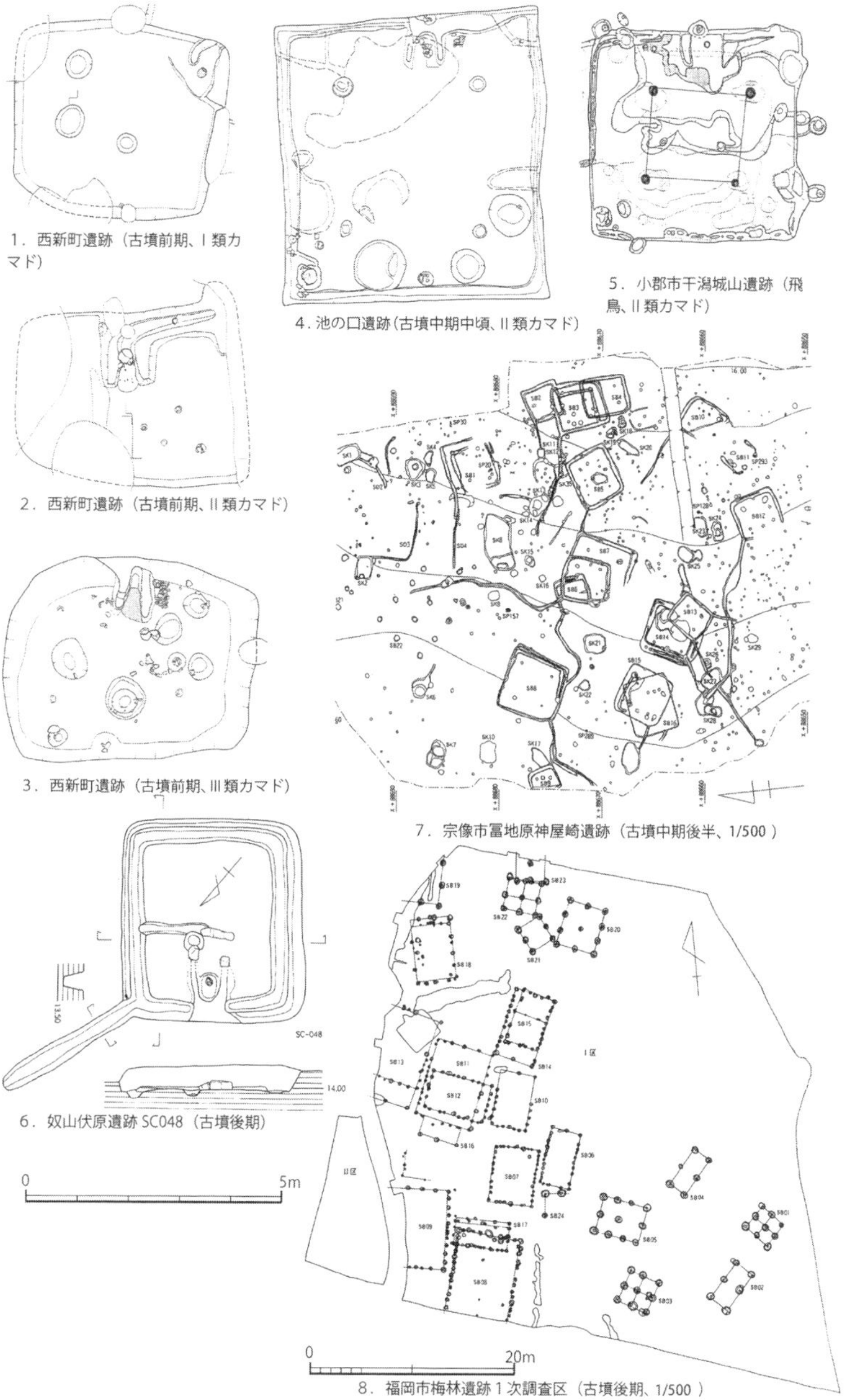

1．西新町遺跡（古墳前期、I類カマド）
2．西新町遺跡（古墳前期、II類カマド）
3．西新町遺跡（古墳前期、III類カマド）
4．池の口遺跡（古墳中期中頃、II類カマド）
5．小郡市干潟城山遺跡（飛鳥、II類カマド）
6．奴山伏原遺跡 SC048（古墳後期）

7．宗像市冨地原神屋崎遺跡（古墳中期後半、1/500）

8．福岡市梅林遺跡1次調査区（古墳後期、1/500）

図4　西新町遺跡のカマド（1～3）・平面L字状のカマド（4・5）・排水溝付住居（6・7）・大壁建物（8）（各報告書より、竪穴住居は1/100、遺跡平面図は1/500）

関与が濃厚となり、本格化するのは、古墳時代前期でも末に近い頃（四世紀後半）である。西新町遺跡の終焉以降にヤマト政権が朝鮮半島、特に加耶との交通路を掌握する一環で、沖ノ島祭祀を主導したと考えられる。

この時期の馬韓・百済系土器の分布をみたものが図6であり、古墳時代前期と同様に博多湾沿岸に集中する。ところで、鳥足状のタタキ文様を残す鳥足文土器は四世紀前半に百済中心部で定型化した土器であるが、馬韓に分布の中心がある。特徴的な文様から抽出が容易であり、九州北部でもいくつかの出土例があるので、西新町遺跡終焉以降の馬韓との交渉を示す資料となる。

伊都国の中心遺跡、福岡県糸島市三雲・井原遺跡群では、古墳時代においても各調査地点で朝鮮半島系土器が出土し、古墳時代中期前半～中頃の鳥足文土器も含まれる。その中には外面のタタキ文様は鳥足文であるが、器形は土師器甕に近く、馬韓からの渡来人が土師器を模倣して製作したと考えられるものが含まれる。また、福岡県新宮町夜臼・三代遺跡群でも、古墳時代中期前半の大型の軟質土器壺および鳥足文土器がまとまって出土した。夜臼・三代遺跡群の鳥足タタキ文土器とその関連土器には北部九州の土師器甕と類似した器形も含まれ（図7）、三雲・井原遺跡群と同様に、馬韓からの渡来人により製作された可能性が高い。このような三雲・井原遺跡群や夜臼・三代遺跡群の存在は西新町遺跡の役割を継承するものであり、古墳時代前期に続き、この時期も糸島半島から博多湾周辺にかけての地域が馬韓・百済との対外交渉の重要な窓口であったことを示している。

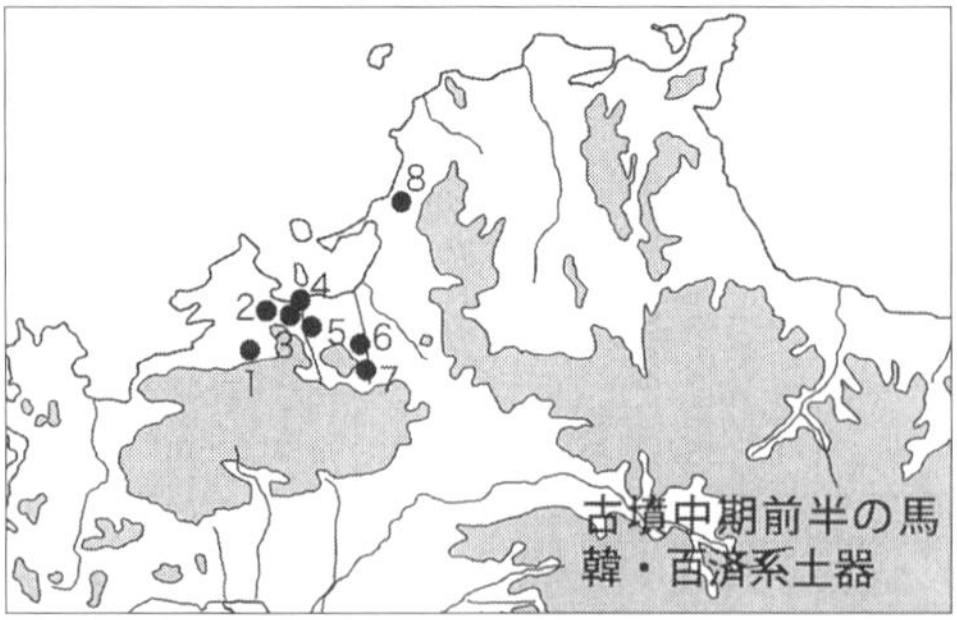

図6　古墳時代中期前半（4世紀末～5世紀中頃）の筑前の馬韓・百済系土器の分布

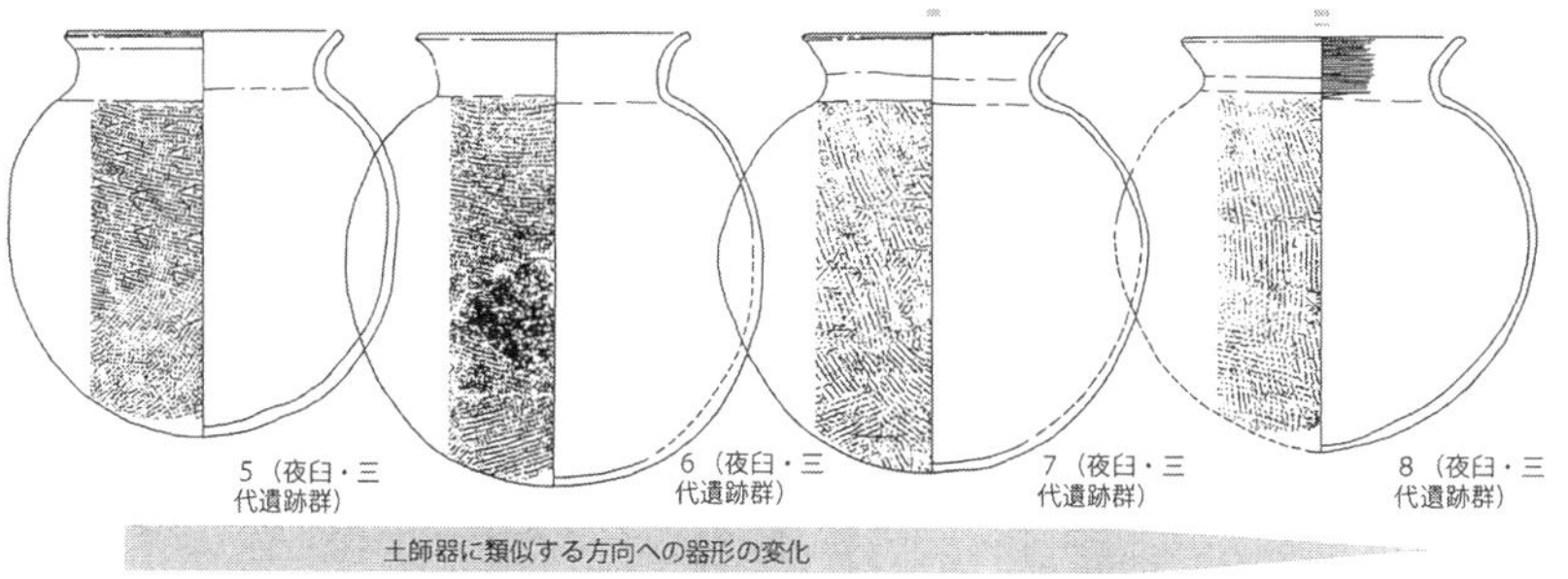

図７　新宮町夜臼・三代遺跡群出御馬韓系土器（報告書より転載）

古墳時代中期後半（五世紀中頃〜後半）

この時期の馬韓・百済系土器は急激に増加し、古墳中期前半以前の分布を超えて遠賀川流域、豊前、筑後、肥前東部、肥後（江田船山古墳等）に広がる（図８）。ただ、福岡平野周辺は、馬韓・百済系土器が集中して存在し、特に福岡市西区吉武遺跡群、同早良区有田遺跡群はこの時期の重要な窓口の役割を担ったものと考えられる。

この時期の九州北部では朝鮮半島から本格的に甑、カマドが受容される。当該期のカマドには馬韓・百済に特徴的な平面Ｌ字形のカマドが少数見られ（図４の４）、その分布（図９）も馬韓・百済系土器の分布とほぼ一致する。また、この時期には竪穴外への排水溝を設置した竪穴住居の事例（図４の６・７）が博多湾沿岸、糟

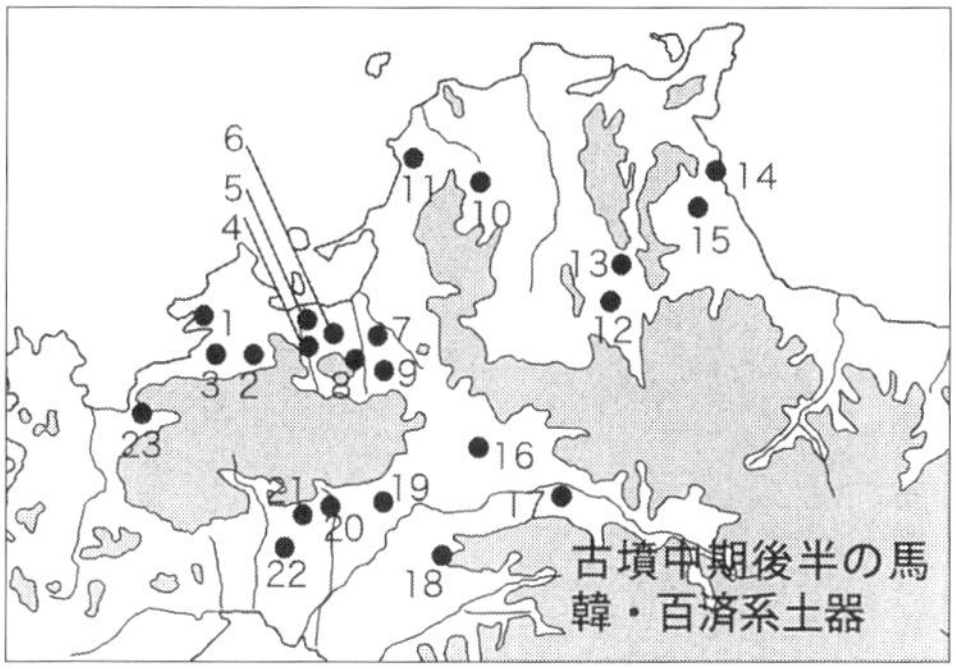

図８　古墳時代中期後半（５世紀中頃〜後半）の馬韓・百済系土器の分布

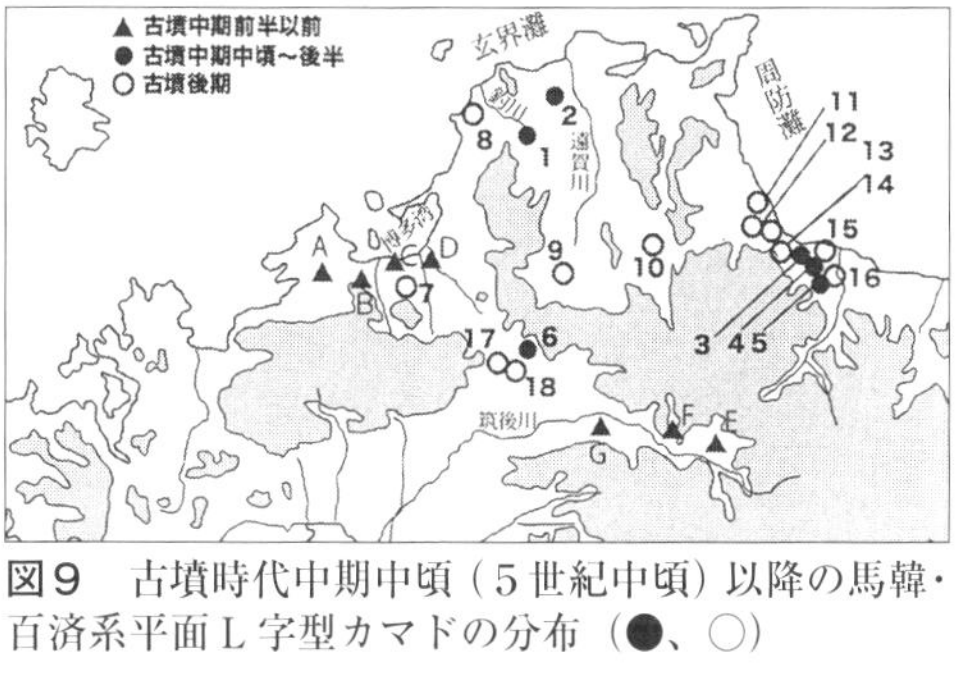

図９　古墳時代中期中頃（５世紀中頃）以降の馬韓・百済系平面Ｌ字型カマドの分布（●、○）

屋、福津・宗像周辺を中心に増加する（図10）。そのような排水溝付竪穴住居は栄山江流域など馬韓に事例が多く（図11）、平面L字形カマドと同様にその地域からの渡来人の存在を物語る遺構ではないかと考えている。

以上のような点から、この時期の馬韓・百済系渡来人の受け入れは博多湾沿岸と、福津・宗像周辺が主体になったと考えられる。畿内でもこの時期の馬韓・百済系土器、彼の地からの渡来人の増加が見られるが、これらの玄界灘沿岸の海人が東方への馬韓・百済系渡来人の広がりに関与した可能性を想定しておきたい。

古墳時代後期（六世紀）

現状では佐賀平野、筑後川中流域など有明海沿岸での出土が少なく、福岡平野から福津・宗像にかけての玄界灘沿岸に多い（図12）。筑紫君磐井の乱（五二七年）後も八女古

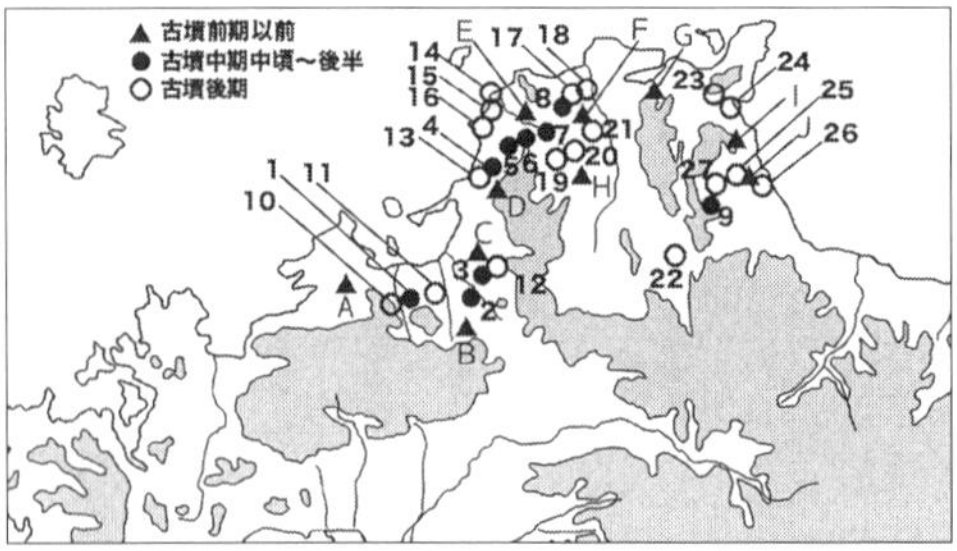

図10　古墳時代中期中頃（5世紀中頃）以降の馬韓系排水溝付竪穴住居の分布（●、○）

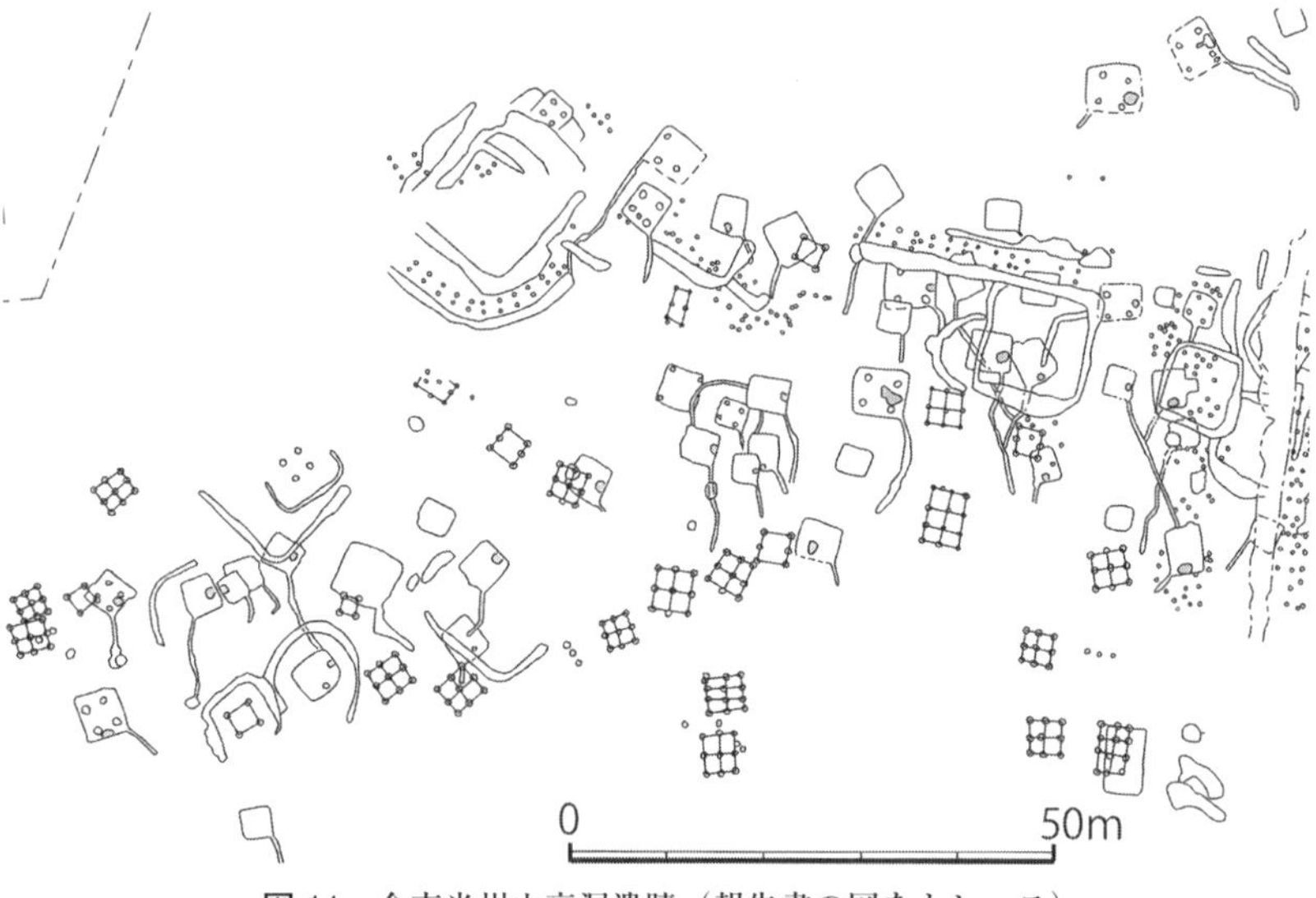

図11　全南光州山亭洞遺蹟（報告書の図をトレース）

墳群など有明海沿岸では活発に大型古墳を築造しているが、このような馬韓・百済系土器の出土状況は、乱後の那津官家、糟屋屯倉を軸とした対外交渉への転換を反映した可能性もあるだろう。

一方、福津・宗像周辺はこの時期も継続して馬韓・百済系土器が出土し、排水溝付竪穴住居も多い。引き続いて馬韓・百済系渡来人を受け入れる窓口としての役割を果たしたものと考えられる。

四　津屋崎古墳群と対外交渉

津屋崎古墳群の変遷

福津市津屋崎地域の玄界灘に面する段丘上には、北から順に勝浦、新原奴山、生家・大石、須多田の四つの系列で首長墓級の大型古墳が相次いで築造され、津屋崎古墳群とも称されている（図13）。宗像市に相当する釣川流域にも、前方後円墳等いくつかの首長墓が存在し、グループを形成しているが、釣川流域と津屋崎古墳群を比較した場合、古墳時代中期〜後期に活発に大型古墳を築造したのは津屋崎古墳群である。

津屋崎古墳群では古墳時代中期後半（五世紀後半）に勝浦峯ノ畑古墳（全長九七メートル）、勝浦井ノ浦古墳（全長七〇メートル）という大型前方後円墳を築造する。後続する中期末の津屋崎古墳群最大の古墳は新原奴山22号墳あるいは生家大塚古墳に移る。さらに、後期（六世紀）には須多田の系列で天降天神社古墳、須多田下ノ口古墳、在自剣塚古墳という八〇メートルを超えるこの時期での筑前最大級の前方後円墳が相次いで築造される

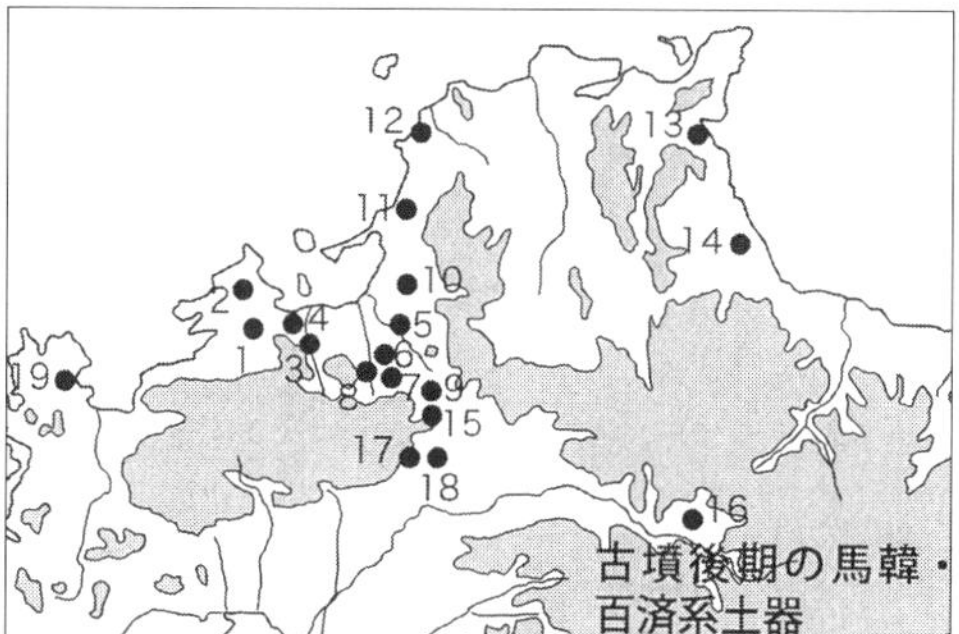

図12　古墳時代後期（6世紀）の馬韓・百済系土器の分布

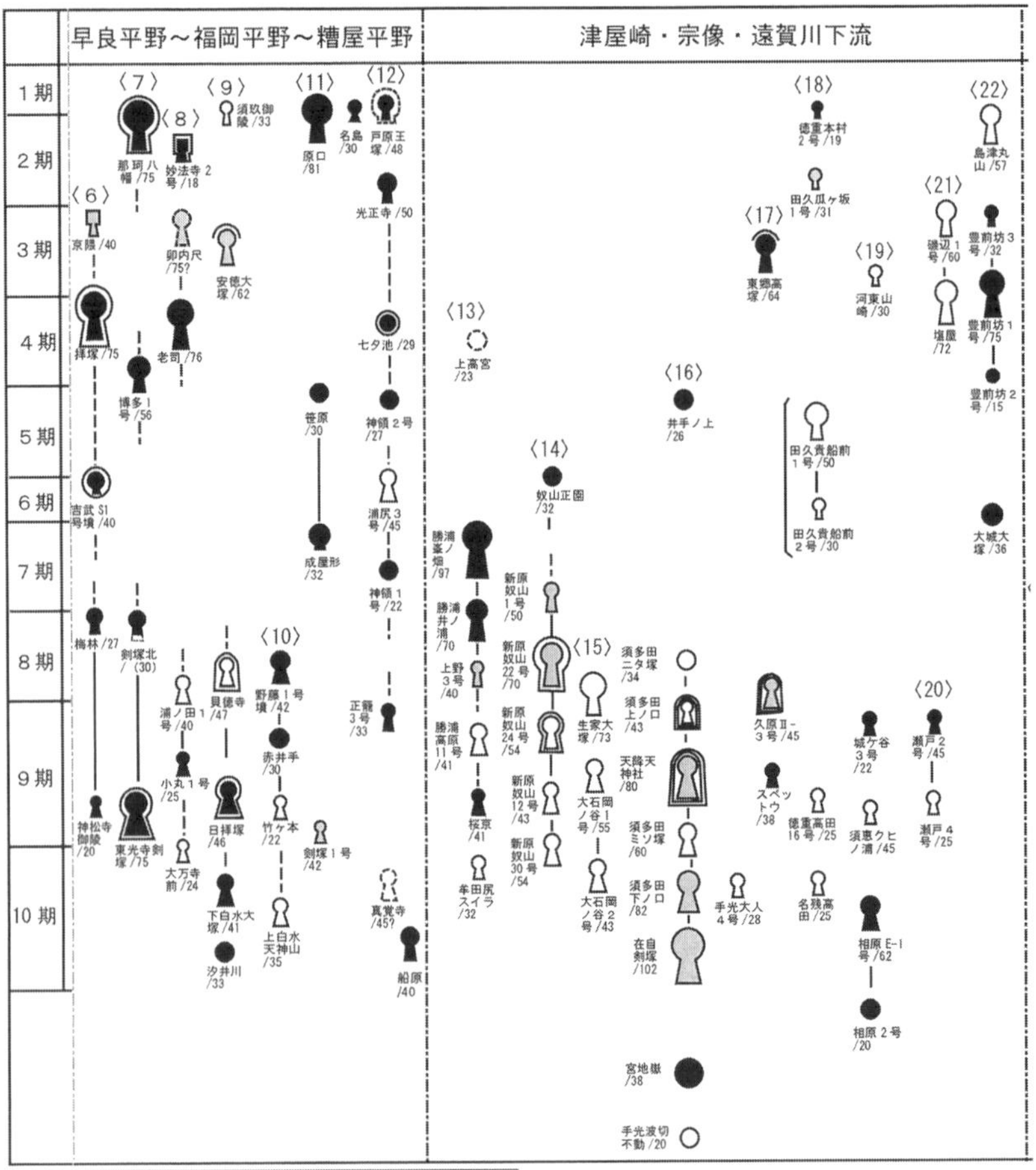

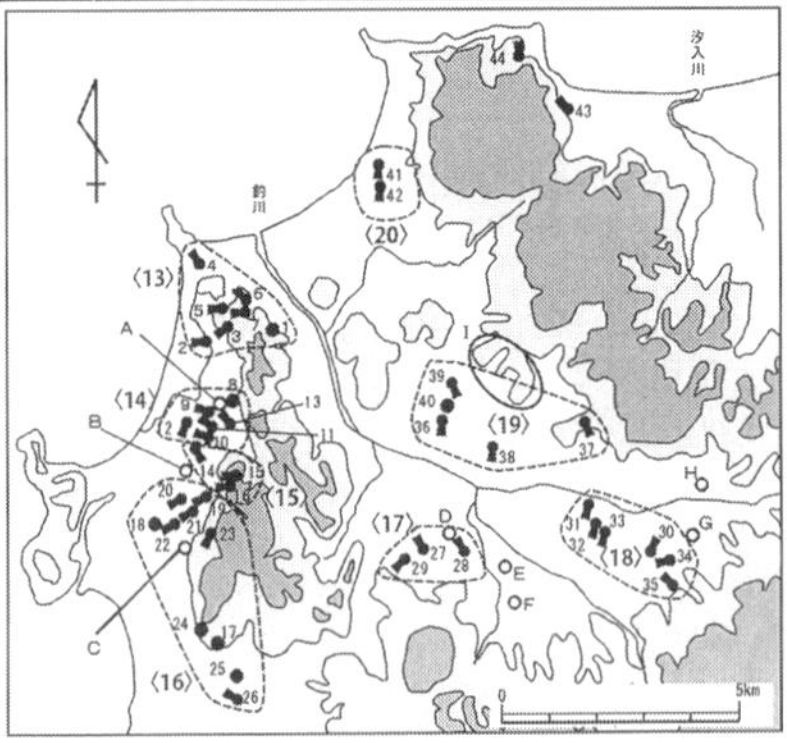

1．上高宮古墳　2．勝浦峯ノ畑古墳　3．勝浦井ノ浦　4．上野３号　5．勝浦高原11号　6．桜京　7．牟田尻スイラ　8．奴山正園　9．新原奴山1号　10．新原奴山22号　11．新原奴山24号　12．新原奴山12号　13．新原奴山30号　14．生家大塚　15．大石岡ノ谷1号　16．大石岡ノ谷２号　17．井手ノ上　18．須多田ニタ塚　19．須多田上ノ口　20．天降天神社　21．須多田ミソ塚　22．須多田下ノ口　23．在自剣塚　24．宮地嶽　25．手光波切不動　26．手光大人　27．東郷高塚　28．久原Ⅱ-３号　29．スベットウ　30．徳重本村2号　31．田久瓜ヶ坂1号　32．田久貴船前１号　33．田久貴船前２号　34．徳重高田16号　35．名残高田　36．河東山崎　37．城ヶ谷３号　38．須恵クヒノ浦　39．相原E-1号　40．相原２号　41．瀬戸４号　42．瀬戸２号　43．礒辺１号　44．塩屋　A．奴山伏原遺跡　B．生家釘ヶ浦遺跡　C．在自遺跡群（在自小田遺跡・在自上ノ原遺跡・在自下ノ原遺跡）　D．久原瀧ヶ下遺跡　E．光岡六助遺跡　F．野坂一町間遺跡　G．冨地原遺跡群（冨地原森遺跡・冨地原川原田遺跡）　H．武丸高田遺跡　I．須恵古窯跡群

図13　筑前北部の首長墓系列と福津・宗像の首長墓の分布

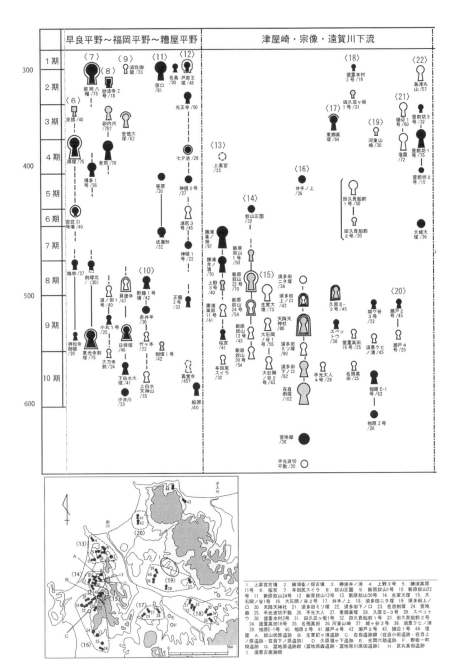

（図14）。

津屋崎古墳群の意義

古墳時代中期前半以前は、糸島半島から福岡平野で筑前最大規模の前方後円墳が築造されている。これに対して古墳時代中期後半では勝浦峯ノ畑古墳が筑前最大の古墳である。勝浦峯ノ畑古墳では百済製と考えられる冠帽、朝鮮半島製の可能性の高い馬具類が出土している。また、この時期は沖ノ島祭祀の盛行と合致しており、沖ノ島祭祀を主導するとともに、それを通じてヤマト政権および朝鮮半島との関係を結ぶことで権威を高めた首長層の姿を想像することができる。

津屋崎古墳群の動向は筑紫君磐井の墓と目される岩戸山古墳を中心とした八女古墳群と対比が可能であり、古墳間の複雑な階層性の点では八女古墳群を凌駕する感がある。ところで、筑紫君磐井の乱は朝鮮半島との対外上の権益をめぐる対立を遠因とした九州北部各地を巻き込んだ事件であったとされる。八女古墳群とほぼ同規模あるいはそれ以上の大型古墳群を形成した津屋崎古墳群、さらに福津・宗像周辺は、筑紫君磐井の乱の基盤となった首長間の連合体には属していなかった可能性が高い。想像に過ぎないが、筑紫君の外交上の活動と対抗する、あるいは筑紫君の存在を牽制する役割を津屋崎古墳群の被葬者たちが担うような事情も考えられよう。

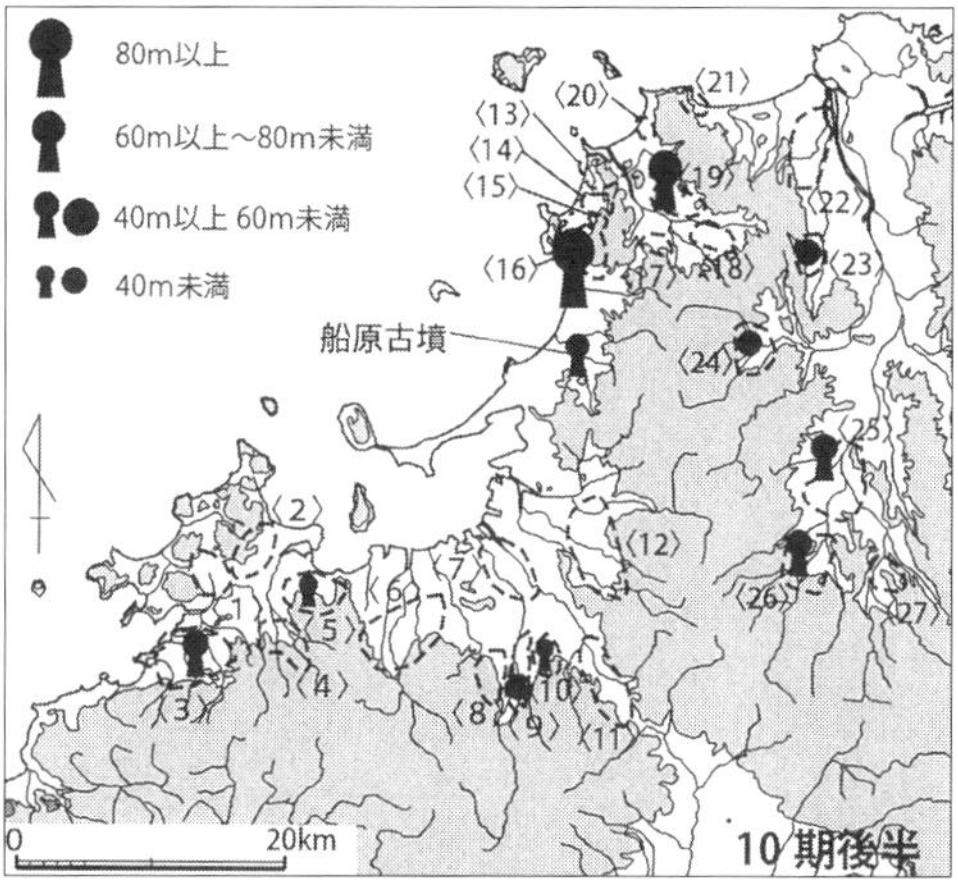

図14　古墳時代後期後半（6世紀後半）の筑前の大型古墳

五　古賀市船原古墳の築造について

船原古墳は馬具や弓などを納めた埋納坑の存在で注目を集め、最近では全長四〇メートル弱の前方後円墳であることが確認されている。その全容解明はこれからであるが、博多湾沿岸と津屋崎古墳群に挟まれた顕著な首長墓系列の確認されていない地域に位置する点が注目される（図14）。時期は後期後半であり、糟屋屯倉の設置や、この時期のヤマト政権と九州および朝鮮半島との関係の変化と関連して台頭した首長と言える。

船原古墳に近い花鶴川河口には鹿部田渕遺跡があり、糟屋屯倉あるいは港湾に関連する施設とする指摘がある。また、夜臼・三代遺跡群をはじめとする船原古墳周辺の馬韓・百済系土器、排水溝付竪穴住居等の分布から考えて、当地域が朝鮮半島との交流の窓口となっている可能性がある。鹿部田渕遺跡でも馬韓・百済系の土器が出土している。船原古墳周辺は古墳時代中期、さらに遡れば弥生時代からの対外交渉に関わった海人の所在地のひとつで、その後裔として船原古墳被葬者は朝鮮半島との対外交渉の一翼を担ったと想定しておきたい。

六　おわりに　―朝鮮半島南部との対外交渉と玄界灘沿岸の海人―

ここでは主に馬韓・百済との関係を切り口として、玄界灘沿岸の対外交渉を見てきた。沖ノ島祭祀や屯倉、官家の設置には、交通上の要衝を確保するためのヤマト政権の強い関与がうかがえるが、その背景には西新町遺跡にみられるような弥生時代以来の朝鮮半島とのつながりがあったと考えられる。津屋崎古墳群を築造した首長もヤマト政権との関係の中で、古墳時代後半期において古墳を大型化させたが、その基盤は朝鮮半島、沖ノ島と往来する航海術、海上交通路の掌握にあったと推測される（図15）。

ヤマト政権は朝鮮三国の中でも百済との外交関係を重視した。その交通を仲介する役割を果したのが糸島、福岡、糟屋、宗像などの玄界灘沿岸の海人、そして朝鮮半島においては馬韓の海人であったと言えよう。

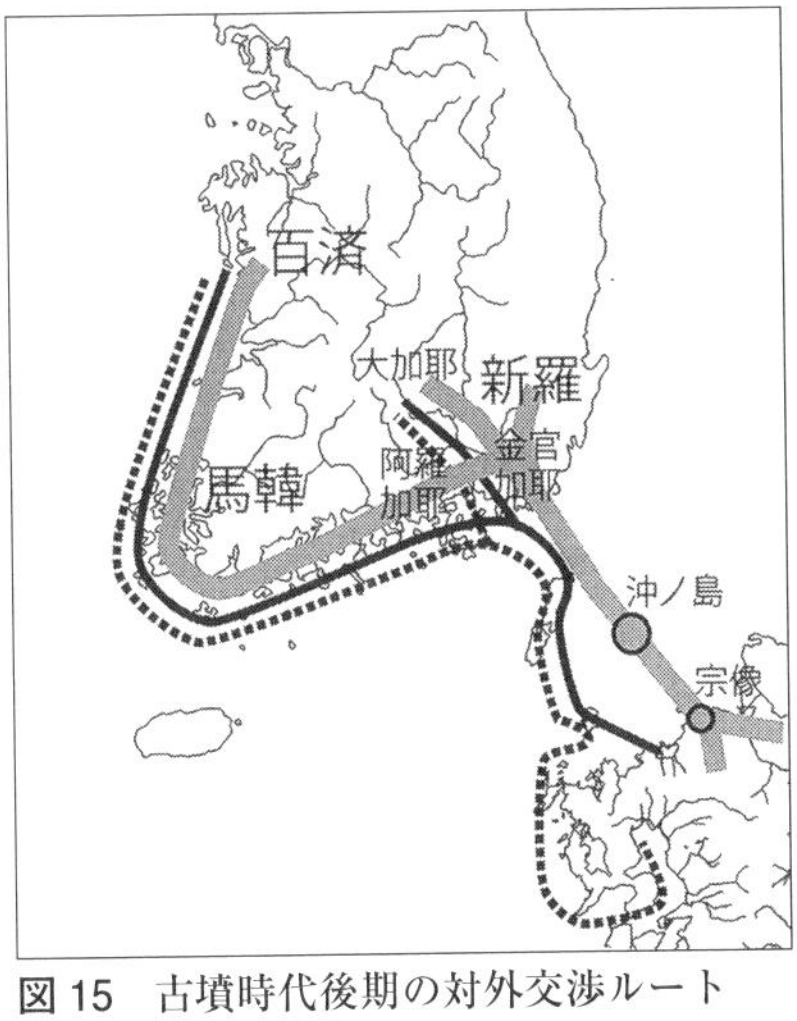

図15　古墳時代後期の対外交渉ルート

四、悠久の海の交流

漂着物学会会員　大上　隆

金印の島・志賀島、それを結ぶ長い砂嘴・海の中道は約一五キロメートル《キロメートル》の長大な大自然がある。

ここは古代以来、人々が生活してきたところである。『筑前国風土記・逸文』には、この浜は「打昇浜」（うちあげの浜）と記されているが、これは〝うちあがる〟の意であろう。

万葉の藻塩焼き、古代の「海の中道遺跡」は、単なる生活遺跡にとどまらず、大宰府政庁が管理して御厨《みくりや》を提供していた可能性がある。

「海の中道」歩きを通して、この海岸は博多湾と玄界灘にはさまれて多くの漂着物に恵まれていることがわかった。漂着物生物を見つめて二六年間が経った。

ビーチコーミングを始めるきっかけ

ビーチコーミングとは浜辺で貝殻などさまざまな漂着物を拾い集めて観察しながら散策すること。ビーチコーミングの「コーム」は、髪の毛をとく櫛のことから転じて、海岸に流れ着いた漂着物を採集することをいう。

金印が出土したといわれる志賀島の手前にある志賀中学校教員時代（一九八七）。そのときのエピソードを紹介する。

ある朝の出来事…志賀島から来ている中学生が机の上にアオイガイを置いていた。その瞬間が「アオイガイ」とのはじめての出会いである。「アオイガイ」の形に目がいった。

魅了された瞬間である。アオイガイの中に住むタコは、ごみ箱に捨てられていた。これをきっかけにアオイガイの採集を始めるようになる。クラスの子どもたちと志賀島や海の中道に行き、砂浜を歩いて海に親しむ日々が始まった。これがビーチコーミングを始めるきっかけである。

カイダコとアオイガイ
2004年5月12日

豊かな自然

雨の日も、風の日も、真夏も、真冬も、春夏秋冬、年間を通じて歩いている。二〇一三年の七～八月の福岡県は全国一の酷暑だった。海水温も高くキス釣りの人もまばらである。魚も冷たい海水を求めて沖へ行ったのだろうか。四月から十一月までの期間は裸足で浜歩きをしている。冬場は防寒着に身をつつみ長靴を履いて海に臨む。一五分も歩くと汗ばんでくる。

ＰＭ２・５、黄砂と花粉対策でサングラスは欠かせない。デジカメ、携帯ラジオも必要な道具だ。自然の雄大さ、心にひびいてくる不思議な力に引き寄せられるように海を歩いている。そんなビーチコーミングの日々を楽しんで、送っている。

海からの贈り物

浜を歩くと海藻や魚介類も多く漂着している。死んだもの、貝殻もあるが浜でピチピチ跳ねているものもある。冬の玄界の風物詩と言えるものにソデイカ拾いがある。十月末から翌一月までつづく。イカの次はウスバハギが打ち上がる。年によってはハリセンボンの大量漂着もあった。早春の三月ごろには、ワカメが漂着する。

浜歩き、それは大昔から四面海に固まれている日本人が行ってきたもの。そこには海からの贈り物がある。寒さが厳しい真冬が漂着物の季節である。

海流

マイゲレンデ　志賀島

さまざまな漂着物

サクラガイ・ベニガイ・ヒオウギガイ・ツメタガイアオウミガメ・キンメダイ・サケガシラ・ウスバハギ・大アナゴ・サンマ・深海魚…。

カイダコの神秘（保護色に変化するタコ・膨化した赤ちゃん）

軟体動物門の頭足綱（イカ・タコのなかま）のタコ目アオイガイ科（カイダコ科）に属する。別名は、カイダコ（貝蛸）。薄い殻の中で子を育てることから、子安貝（こやすがい）と呼ぶこともある。二つ合わせるとアオイの葉形になる。プラスチック製のような白くて薄い舟形の貝殻を分泌する。

①シルバーに光輝く生きたカイダコ

メス蛸のみが「アオイガイ」という「赤ちゃんを孵化させるためのゆりかご舟」をつくる。きれいな貝殻は、白いアートそのものだ。神秘的な成長紋があり大きいものは二七センチまで成長する。頭が細長く八本の足に特徴がある。二本が膜状で、真っ赤な足膜、イカ・タコの外套膜が光り輝く。

②真っ赤に輝く、生きた「アオイガイ』に出会って興奮する

カイダコ

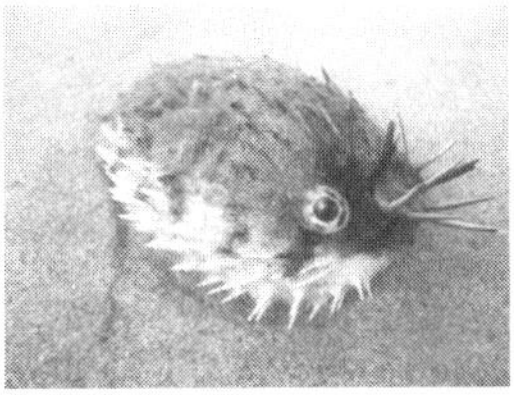
ハリセンボン

オウムガイ

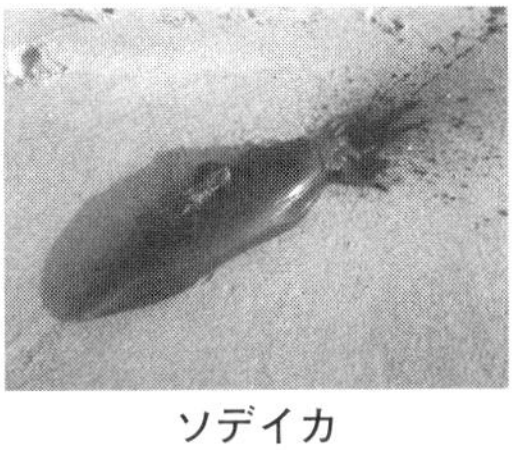
ソデイカ

ウズバハキ

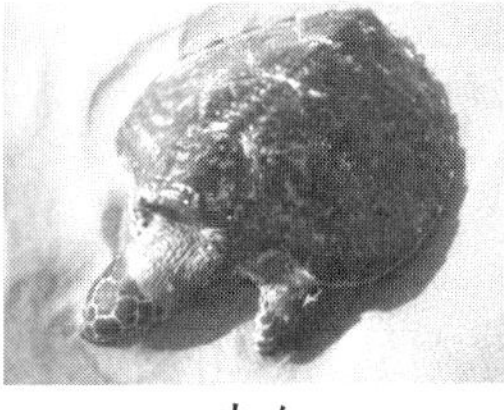
カメ

昔は漂着したばかりのアオイガイが泳ぐのを見るために海に投げ込んでいたものだ。それだけカイダコの漂着が多かったからできた遊びだ。久々に真っ赤に輝く「アオイガイ」に出会って興奮した。

③ついにアオイガイ赤ちゃん発見！

この写真は二〇〇九年五月二日のもの。志賀島から三苫ビーチまで雄大なパラソルビーチがつづく。赤岩断崖などの地形、打ち寄せる波、自然界のすべての現象は日々刻々と変化し動いている。

毎日が驚きの連続である。ビーチコーミングは面白い。夏日になってアオイガイの漂着も終わりかなと思っていたら奈多ビーチで発見した。

この日の海水透明度に感激した。歩きだして奈多の第一波戸手前で、いきなりカイダコが目の前に現れた。早速、卵の状態を見て孵化しそうかどうかを見た。アオイガイの中に海水をくんできて泳がせてみた。「おるおる！」孵化したしたばかりの赤ちゃんをいっぱい発見した。

ジャンボソデイカの漂着

玄関前でジャンボソデイカに娘もびっくりして、目が点になっている。足もとにはアオイガイがある。志賀島を望む海の中道でのこと。波打ち際にジャンボソデイカが漂着した。目を疑うばかりのジャンボソデイカとの遭遇。まさに「海からの贈り物」である。息子も大物ソデイカを持ち上げて大喜びする！　海の中道で「クスックックッス」と鳴きながら墨を吐いていた。動

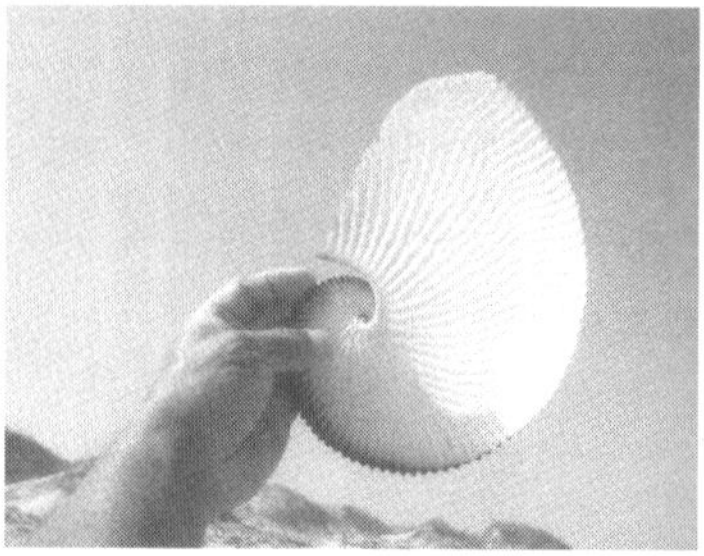

アオイガイの成長紋様

海水の中のアオイガイ

画は、ジャンボソデイカの外套膜を接写する。外套膜が光り輝く。ソデイカの漂着は一番寒い真冬がシーズンだ。

ソデイカ

大型種のイカで、二〇キログラムで一メートルを越すものもある。日本海には黒潮から対馬海流にのって入り込んでくる。アカイカ、タルイカ、セイイカともいう。

★ムラサキダコ（ユウレイダコ）の神秘（孵化と赤ちゃんの遊泳）

一生泳ぎながら生活をする。一番長い腕（第一腕）に膜を持っていて、それを広げて水面をふわふわ漂う。腕を隠すスカートのような膜は長く伸びることもあり、その様子からユウレイダコとも呼んでいる。

★鳴き砂

「海の中道」一帯のビーチ（石英質砂粒）は「鳴き砂」である。

★ルリガイとターコイズブルーのクラゲたち（写真は当日公開）

・ギンカクラゲ、カツオノエボシ、カツオノカンムリ（クラゲウィンドサーファー）

ルリガイは、アサガオガイ科の貝で、足の部分から分泌する液で、泡（紫色・浮嚢）を作り一生が浮遊生活をする。

同じく海面を漂って暮らす、ギンカクラゲやカツオノエボシをえさとして食べている。

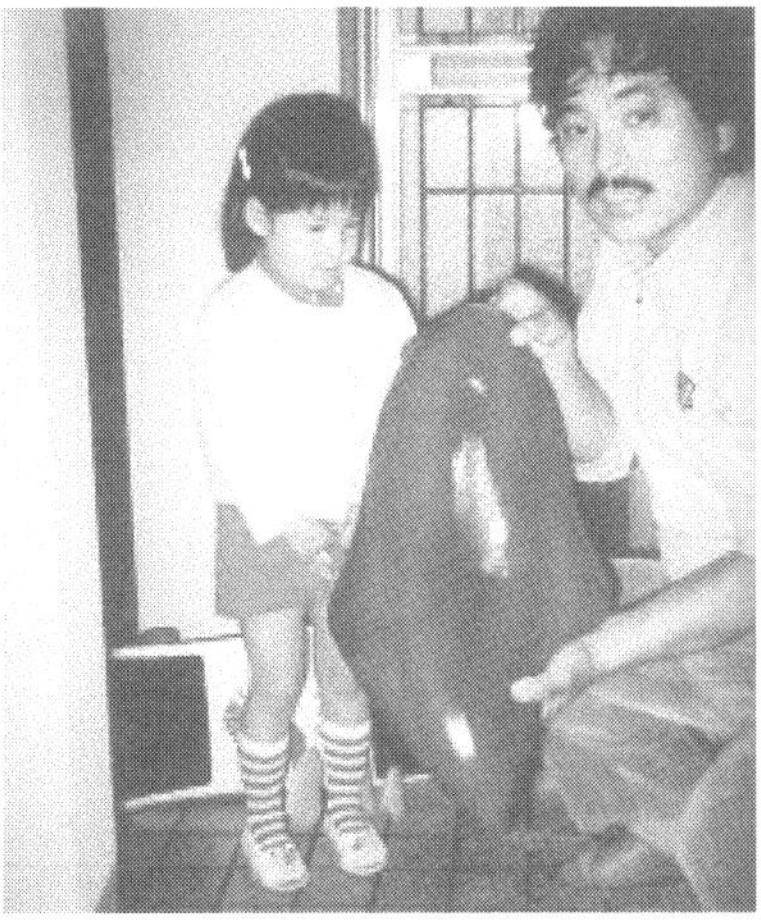

ジャンボソデイカにビックリする娘

ユウレイダコの神秘

淡い紫と薄くてもろい貝殻、その生態は神秘的である。別名「さすらいの旅人」。すべて波と風まかせというわけだ。

★イカの骨三体

・ソデイカの舟↓

骨（ふね）は、体の中心にある軟骨でプラスチック状である。

・コウイカの甲↓

ウレタンフォームのような甲は浮き袋の様に浮力を調整する役割をしている。

・トグロコウイカ

赤道直下の熱帯海水域の水深二〇〇～七〇〇メートルに生息する。体長四五ミリ前後。オウムガイのように巻貝状で内部に規則正しく隔壁が存在し、細かくガスの詰まった部屋に分けられている。ニュージーランドのビーチに漂着する。小指ぐらいの小さなイカ（ホタルイカ大）。他のイカ類と違って浮遊機構の多室性貝殻を持つ。部屋の気体を調節して潜水を繰り返す二五部屋があり、それを連室細管という。いま

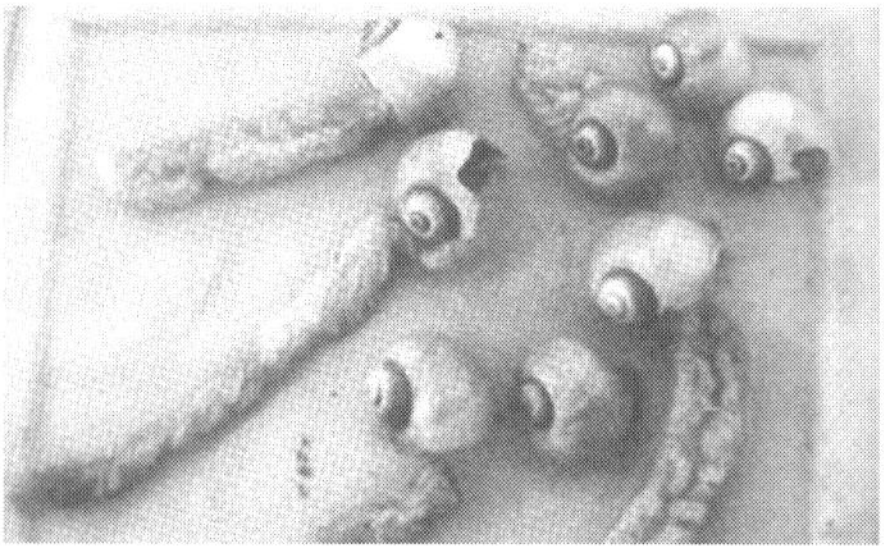

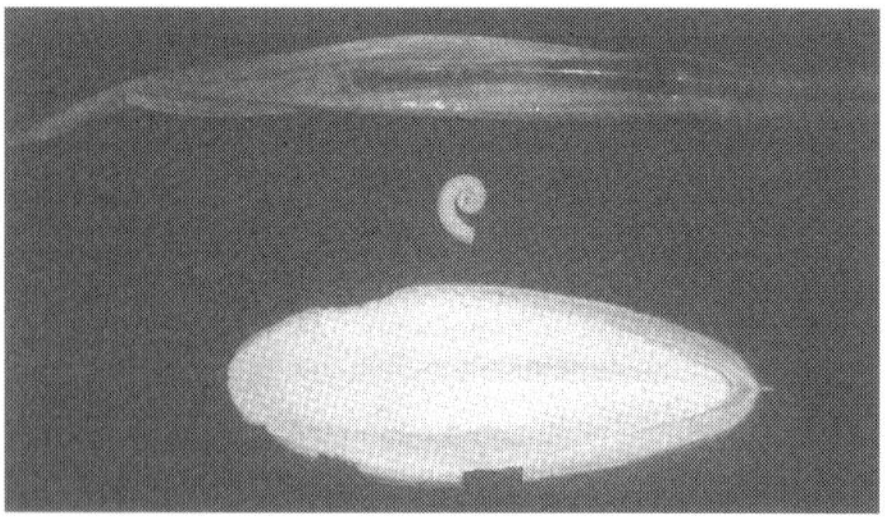

イカの骨３体

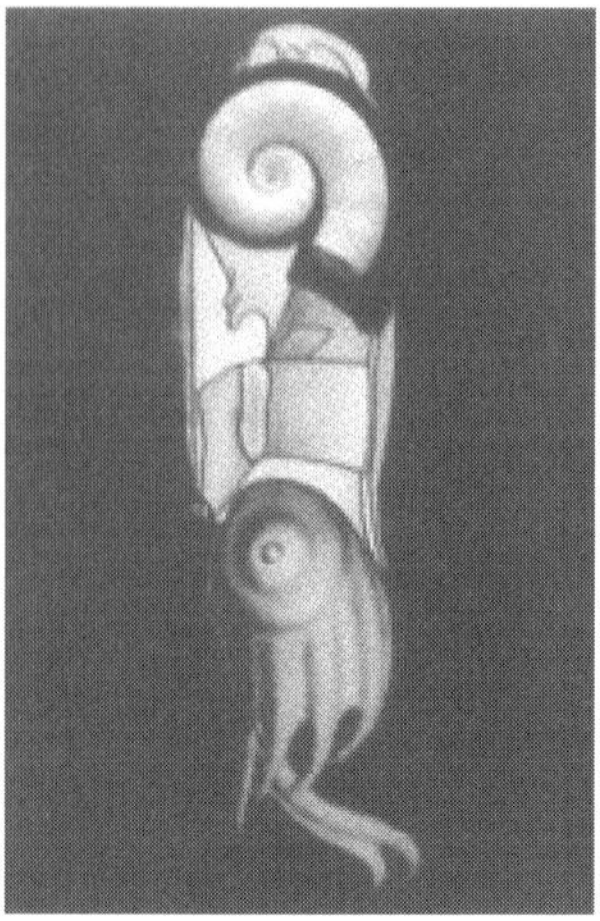

トグロコウイカの模型

だニュージーランドの海岸で、トグロコウイカ本体に遭遇することはない。

エピローグ

流れに乗ってやって来る「漂着物」には、実にたくさんのメッセージが含まれている。

環境問題・民俗学・自然科学・創造文学・芸術など視点を変えれば大変興味深いものが多い。漂着物「モノ」が物語に変わる瞬間である。

最近、「カケラ」が好きになった。今までは「漂着物」をはじめ社会のあらゆる事象に対して限りなく完全を追い求めてきたような気がする。しかし最近は「カケラ」、一見して「不

奈多ビーチ　撮影年月日時：2013年1月18日・11時49分

志賀から海の中道一帯の海岸線は、昔も今もそして将来も豊かな海であり続けてほしい。

漂着物学会のあゆみ

二〇〇一年　高知
二〇〇二年　福岡
二〇〇三年　鳥羽（三重）
二〇〇四年　丹後（京都）
二〇〇五年　東京・神奈川
二〇〇六年　襟裳岬（北海道）
二〇〇七年　種子島（鹿児島）
二〇〇八年　伊良湖（愛知）
二〇〇九年　柏崎（新潟）
二〇一〇年　福岡
二〇一一年　高知
二〇一二年　対馬（長崎）
二〇一三年　南房総（千葉）
二〇一四年　沖縄・石垣島

完全」なものにこそ新発見、真実、本当に大事なものが隠されているのではないかと思うようになった。

私はこれまでに五〇回ニュージーランドへ渡航している。これも志賀中時代に出会ったアオイガイがきっかけで始まった旅である。

次に機会があれば皆様にお話ししたい。

私にとっての「海からの贈りもの」は、さまざまな漂着物とそれにまつわる物語である。豊かな「志賀・海の中道」の自然に触れるビーチコーミングは楽しい。

五　『金印』をユネスコ「世界の記憶」へ

海の道むなかた館長
九州大学名誉教授　西谷　正

はじめに

二三四年前の天明四（一七八四）年に、志賀島で偶然の機会に発見された『漢委奴国王』金印は、その真贋をめぐって、発見当時から論争が繰り広げられ[1]、現在に至っている。最近でも、金工技術から見た偽作説[2]、考古資料の類例や金印の金純度などから考えた真印説[3]、さらには駱駝《らくだ》から蛇鈕への改鋳説[4]などが出て、論争は再燃した。このように、志賀島発見の金印には真贋論争が付き纏《まと》うが、今後も続くことであろう。そして、「雨降って地固まる」のたとえのように、真印説が固まっていくと信じる。

このことに関連して、『漢委奴国王』金印に対する科学的な測定結果[5]や、一九八一年に中国の江蘇省・甘泉2号墓近くで発見された、同時代の「廣陵王璽」金印[6]の類例などを、真印説の立場から再評価したい。

筆者はすでに、NPO志賀島歴史研究会主催の第10回金印シンポジウムにおいて、「『金印』は「世界の記憶」にふさわしいか」との問題に言及したことがある（二〇一六年十月九日）。そこでは、「世界の記憶」の選定基準に照らして、その適合性の可否を検討した。今回は視点を変えて、金印そのものの出土地点や出土地の構造と性格、そして、『漢委奴国王』の読み方などを検討する。その結果に基づき、金印単一でなく関連文献史料も合わせて、「世界の記憶」に登録されるにふさわしい歴史遺産であることを改めて強調したいと思う。

一　奴国誕生

(1)奴国の集落遺跡群　国邑と邑落

律令時代になって那珂郡と呼ばれた地域社会は、さかのぼって古墳時代には儺縣（『日本書紀』仲哀紀八年の条）に当たる。さらに弥生時代終末期の魏志倭人伝の時代には奴国が登場する。奴国が史書に初めて登場するのが、中国の『後漢書』東夷伝の建武中元二（AD五七）年であることは周知のとおりである。しかし、弥生時代中期後半の須玖岡本遺跡における大石の標識を伴う甕棺墓が、前漢鏡などを副葬することから王墓と考えられてきた。そうなると、『漢書』地理志に記載される百余国の中に、奴国が含まれていた可能性が高い。したがって、この時点で奴国が誕生していたことになる。

奴国は、福岡平野にあって、律令時代の那珂郡とほぼ対応する領域であったと思われる。しかし、魏志倭人伝の時代になると、東・西周辺の席田・早良郡域まで包括するようになった可能性がある。そのような奴国の中心もしくは拠点であった大規模集落の遺跡が、比恵・那珂遺跡であったろう。魏志倭人伝は、そのような集落を国邑と呼び、奴国の都と認識したようである。一方、魏志韓伝では邑落と呼ばれる集落が見られる。これらは、国邑の周辺に衛星状に分布する中・小の集落群であろう。このように見てくると、奴国は国邑を頂点として、邑落群が周辺に分布し、ピラミッド状に構成される社会であったと考える。

⑵ 奴国の王墓

明治三十二（一八九九）年に、春日市の須玖岡本遺跡のD地点において、大石の下から発見された大形甕棺と多量の副葬品を納めた墳墓は、前述のとおり、奴国の王墓と考えられることが定説化している。副葬品で注目されるのは、奴国産の青銅製各種武器やガラス製勾玉《まがたま》などの装身具もさることながら、三〇面近い各種の銅鏡とガラス製璧など、中国・前漢の文物である。これらの中国製品は、前漢帝国と奴国との間で展開した外交関係を契機として、朝鮮半島北西部に設置されていた楽浪郡から船来されたものである。当時の中国の印章制度からいえば、それらの文物とともに印綬が下賜された可能性もあるが、実際は印章が出土していない。その場合、印章が奴国王の交替時に、漢へ返納されたと想像することもできよう。

一方、後漢時代に入って、建武中元二年に倭の奴国が奉貢朝賀したとき、時の光武帝は印綬を下賜したが、その際の印章は、奴国の中心域にあったと想像される王墓からではなく、なぜか志賀島に埋納されていたのである。ちなみに、須玖岡本遺跡の王墓に続く後漢初期、いい換えると弥生時代後期初めの王墓は未発見のままである。

二　志賀島における金印発見の経緯

金印発見の経緯を考えるとき、いわゆる甚兵衛口上書がもっとも基本的かつ重要であることはいうまでもない。すなわち、「天明四年志賀島村百姓甚兵衛金印堀出候付口上書」(7)によると、天明四（一七八四）年二月二十三日に、百姓の甚兵衛の所有地である「抱田地」の叶崎から金印が発見された。発見者の甚兵衛に関連して、仙厓（一七五〇～一八三七）筆のいわゆる『志賀島小幅』によると、農民の秀治と喜平が叶崎より掘り出したと記す。おそらく、秀治と喜平は甚兵衛の土地の小作人か作男と考えられよう。「抱田地」については、甚兵衛が所有する田地に接続する荒地を開墾した切添地、つまり切添新田と考えられている。その際、甚兵衛は、志賀島村小路町の秀治と、勝馬村の喜平の二人を雇って切り開いたとされる。(8)

秀治と喜平は、その水田の溝を修理していると、大きな石が現れたので、かな手子で取り除いたところ、石の間に光る物があった。そこで、それを拾い上げて水ですすいでみると、金の印章のようなものであったので、地主である百姓の甚兵衛に持参した。甚兵衛は、兄の喜兵衛が以前に奉公していた福岡の町家に持って行って見てもらったところ、大切なものだといわれたので、そのまま直しておいた。ところが、庄屋からそれを御役所へ差し出すようにいわれたので差し出した。以上のような甚兵衛の口上書（書状）を添えて、志賀島村庄屋の武蔵らが郡役所に届け出たのである。

三　金印の出土地点

甚兵衛口上書によると、前述のとおり、金印は叶の崎から出土した。その地点については、亀井南冥が金印を鑑定し、考証を行った最初の文献として知られる『金印辨』の付図に「叶崎」として示されている。それによると、現在、大正二（一九二二）年に建立された「漢委奴国王金印発光處」碑が立っている付近に当たる。さらに、同じ絵図には叶崎の西方に「マナイタ瀬」が記されているが、現在でもマナイタ瀬が確認できる。

ところで、いわゆる「金印発光之處」碑が立っている付近を、金印の出土地点と推定したのは中山平次郎で、大正二年六月のことである。中山は、当時の福岡日日新聞社の史蹟現地講演会の際、金印出土地を伝聞していた一老夫から現在地であることを聞いたのである。そこは、「地勢は小谷とも称すべき傾斜地にて、上に狭く、下に広く、左右に山ありて、他部と画せられ、幅広き下方に於ても約半町（恐らく三十五六間ならん）に過ぎざるのである。此小谷は旧時恐らく田ありしならんも、今は段畑となって居る。此田畑の下方に、志賀の村落より、弘に通ずる幅約二間の海岸の道路があり、此道を隔てて、海との間に、幅二間あて程の、二段になれる狭小なる田があり、次に其下に幅三尺許の草地があり、其前縁は小崖を為し、其下方が海となれるのである。（中略）以上の幅約半町許の段畑の中辺を、山より下る小溝があり、一小路が之に沿ふて走る。此小溝が即ち金印検出の機会を誘致したるものにて、幅僅に一尺ばかり常時殆ど無水と称して不可無き状にあるのである。此小溝は概して真直に、段畑の間を下り、将に道路に会せんとする所に於て、俄然左方に湾曲し（湾曲点は道路面より約一間の高処に在り）、道路と平行する事少し許、再度海に向かって湾曲し、道路と交叉し、小田の間を略真直に走り、海に注ぐ。村民某氏の聞知したる処に拠れば、金印発見地は、以上の小溝が初めに右曲する近傍であったといふ。」と、中山は金印出土地点を詳述している。(9)

その後、志賀海神社の阿曇宮司家所蔵の『筑前国続風土記附録』の文章および絵図を参考にして、実際の金印出土地点は、古老が述べた場所よりむしろ、道路の下方の溝口左岸の二段の水田、ことに下の方の田の辺りではないかと考えて、古老のいう地点を若干修正した。つまり、絵図によると、溝口に「タノシリ」とあり、その右の方に「カナノサキ金印出」と見えるのである。しかもそれが、道路と海との中間に当たるのである。溝の右（東）側に田が二段、左（西）側に一段ある点で、絵図と大正二年当時の現状とが一致する。また、その他に絵図では、道路を隔てて田圃があり、少しく離れて道路に接する山地があることは、上述の金印出土地点と考えられる状況とよく符合する＝以上、左頁の絵図参照＝。

四　金印出土地点の構造と性格

金印出土地点の構造を考えるとき、発見時の甚兵衛口上書が参考になる。それによると、二人で持ちかかえられるほどの石が現われ、かな手子で掘り除いたところ、石の間から金印が出土したということになっている。この点に関して、中山平次郎のいうように、二人持の石はそれほど大きい石でなく、この石に覆われた空間に遺骸を葬ることは難しいであろう。ただ、これが石棺の蓋として、数枚の棺蓋用大石のうちの一枚であった場合も想定されるが、確かめようがない。また、志賀島の某氏所蔵の小幅によると、巨石の下に三石で箱状に囲んだものがあったという記録がある。これも、三石の形状や規模が、分からないので、ただちに石棺のような墳墓構造に結びつけることは難しい。

一方、同時代の末盧国の王墓と推定される唐津市の桜ノ馬場遺跡甕棺墓出土の副葬品に照らして、たとえば方格規矩四神鏡・環頭大刀・ガラス玉・巴形銅器などの他の共伴遺物はまったく手懸りがない。いずれにしても、金印出土地点である水田は、昭和二十六（一九五一）年当時の存在は確認できるものの、その後の侵蝕によって消滅しているため、出土地点の構造に関して、再発掘調査など現代科学のメスを入れて検証することは不可能である。

このことは、金印出土地点の性格を考える上でもネックになっている。金印出土地点の構造と係わって性格づけについて発見当時から諸説あることは周知のとおりである。そのうち、墳墓説が比較的有力視されている。近年では、塩屋勝利が甚兵衛口上書はいうまでもなく、梶原景熙《かげひろ》の『金印考文』（享和三〈一八〇三〉

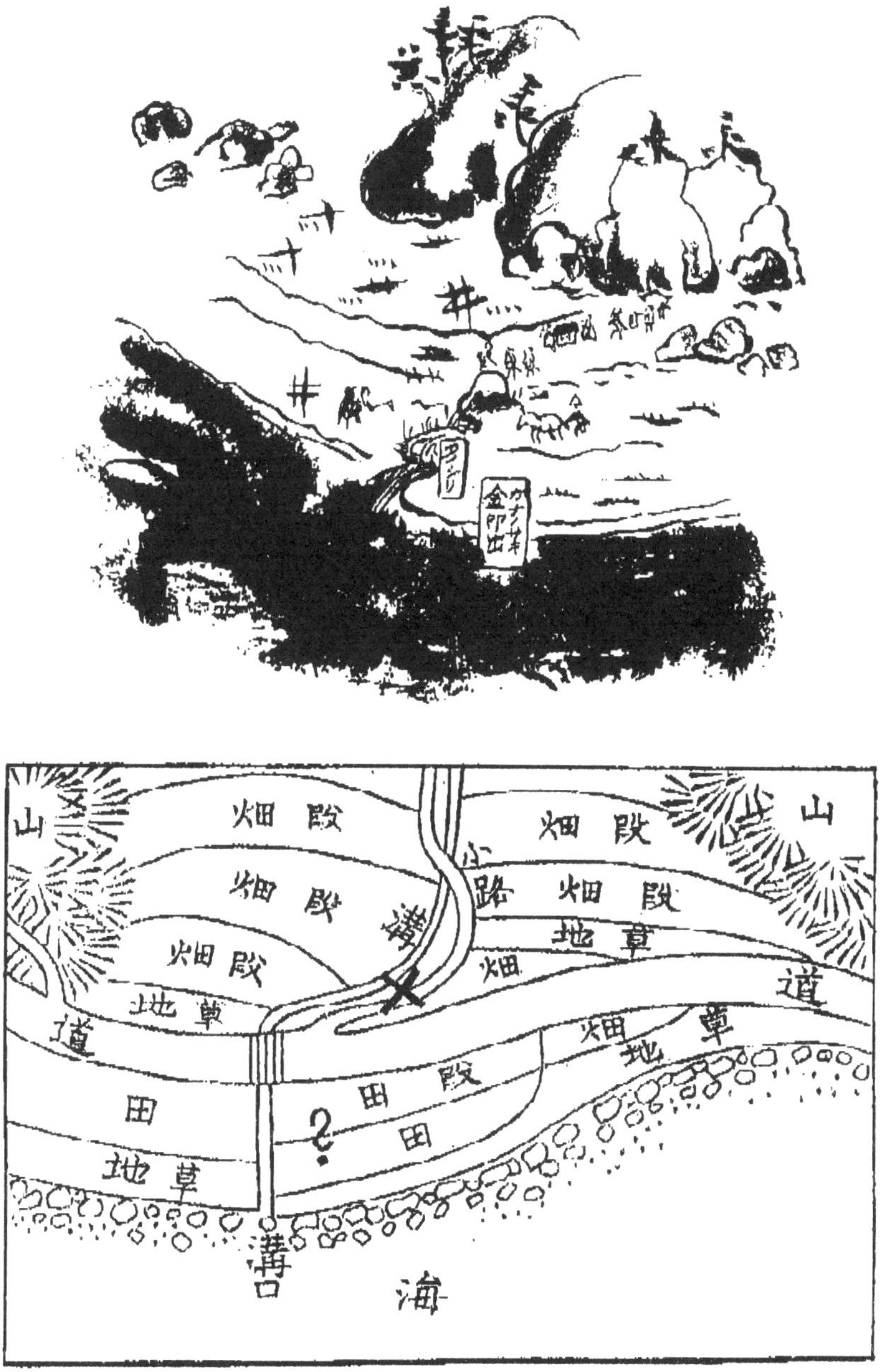

図　中山平次郎、1914「漢委奴国王印の出土は奴国王の墳墓に非らざるべし」『考古学雑誌』第５巻　第２号より

年）などの文献史料を詳細に分析して、積石を有する箱式石棺墓に類する可能性が強いことを指摘[10]している。つまり、「平面方形の箱形構造に一枚の蓋石を置き、それを小石（礫石）で覆った形式、あるいは平面長方形の石組構造に複数の蓋石を置き、それを複数の小石（礫石）で覆う形式であったと把握できる」とする。その上で、金印出土地点の構造を墳墓としてみた場合、「特に対馬から五島列島を含む島嶼地帯にその類似構造遺構が認められる」と、考古資料の類例を提示して自説を補強する。さらに、被葬者については、志賀島を拠点とした海人集団の首長であり、後漢帝国から「大夫」と称された人物[11]と考えている。

墳墓説に対して、いわゆる埋納遺構説を取るのが、森貞次郎[12]である。すなわち、「もしこれを埋葬遺跡であるとすれば、他に副葬品がまったくないのは不可解であるし、かりに埋葬遺跡だとしても、弥生後期の初頭とみられるこの時期に、この地方で一般的なのは甕棺墓」であるとして、墳墓説を疑問視された。それに対して、この時期には中広形の銅矛《ほこ》や銅戈の埋蔵遺跡、いい換えれば埋納遺構が認められることを指摘した。埋納遺構には、何らの施設もなく、木箱などの容器に入れて埋められたらしいものも見られる、ともした。そして、埋納の位置においても、対馬における湾口の岬の突端や小湾の奥の海浜などと、壱岐における海浜などの例を挙げて志賀島との共通性を指摘する。なお、博多湾の西北岸で、志賀島からも望見できる唐泊の海中から広形銅矛が発見されているのも同種の類例であろう。

さらに、埋納遺構の性格については、朝鮮半島と九州本土との間を往復する航海を業とする人々が行った祭祀関係の遺跡と推定した。その上で、金印出土地点もまた、奴国による楽浪郡への航路の安全のための呪術的な祭祀に関係する遺跡の可能性を指摘している。

ところで、筆者は基本的に埋納遺構説の立場[13]を取っている。その際、各種の武器形祭器が土壙《どこう》内に整然と配列された状態で埋納[14]されたり、木箱に収めた後に土壙内に埋納されたりしている他に、石蓋を持つ土壙に埋納された例などが認められる。これらの例から、木に替えて板石で、あたかも箱式石棺墓状の石囲いの中に金印が埋納されたと考えたい。また、金印が奴国の王墓ではなく、志賀島で出土した点について、奴国の国家的な儀式すなわち農業祭祀・王権交替そして何よりも楽浪郡への航海などに際して執り行われたことに関連するものと考える。奴国が楽浪郡を通じて後漢帝国に朝貢するに当たって、志賀島のいわば漁業共同体の航海術が大きな役割を果したし、奴国において志賀島が航海部門を担当していたことが背景となっていたのではなかろうか。

五　「漢委奴国王」金印をめぐって

前述のとおり、金印の出土地をめぐって、いわば遺跡の状況を見て来たが、ここでは金印そのもの、つまり遺物の観点から少し考えてみよう。

まず、この金印は古代中国の印章制度にのっとっていることは、多くの先学が論証して来たところである。そのうち、この金印は、前漢以来、後漢に入っても、漢帝国が北方の遊牧騎馬民族である匈奴対策から、東夷の倭を冊封体制下に編入しようとした当時の中国の外交戦略の所産である。[15] このことは、『後漢書』の倭伝と光武帝本紀や『翰苑』の倭国伝に記載される記事から総合すると、建武中元二（AD五七）年に倭の奴国が奉貢朝賀し、印綬を下賜される結果を導いたことを意味する。漢の皇帝が外夷に金印紫綬を授けた、いくつかの類例と『翰苑』倭国伝に見える「中元の際、紫綬の栄」の記事から、『後漢書』倭伝の印綬は、金印紫綬のことであったと推測される。

つぎに、「漢委奴国王」の五文字の読み方の問題である。大きくは、周知のように、亀井南冥の「漢ノ委奴《ヤマト》ノ国王」、三宅米吉の「漢ノ委ノ奴ノ国王」や、藤貞幹（藤原貞幹）の「漢ノ委奴《イト》国王」などが代表的な訓読であろう。筆者は匈奴を参考に委奴と読むのは、漢帝国の外敵に当たる匈奴という北狄《ほくてき》と、漢帝国と友好関係にある委すなわち倭という東夷を同一視できないことと、委奴《イト》国については別にれっきとした魏志倭人伝記載の伊都国があるので、そのようには読まない。つまり、筆者は三宅米吉説を支持して、「漢ノ委ノ奴ノ国王」説を踏襲する。

おわりに

志賀島発見の金印をめぐって、諸説紛々としていることは改めていうまでもない。その上で筆者は、この金印が古代東アジアの国際関係(16)を考えるとき、きわめて重要な歴史上の記録遺産と考える。その際、考古資料である金印そのものの重要性にとどまらず、さきに紹介した『金印弁』『筑前国続風土記附録』や『翰苑』などの文献史料群を合わせて一括資料が重要なのである。

金印のみならず、「『漢委奴国王』金印と関連史料」を、世界の記憶に！

参考文献

（1）大谷光男、一九七四『研究史　金印』吉川弘文館。
（2）鈴木勉、二〇一〇『「漢委奴国王」金印・誕生時空論』雄山閣出版。
（3）石川日出志、二〇一四「「漢委奴国王」金印と漢〜魏晋代の東夷古印」『第5回高麗大学校・明治大学国際学術会議—文学と歴史を通してみた東アジア』明治大学大学院文学研究科ほか。
（4）大塚紀宜、二〇一五「金印の詳細観察と中国古代印章との比較—特に駝鈕印について—」『古代学研究紀要』第23号、明治大学。

（5）岡崎敬、一九六八「「漢委奴国王」金印の測定」『史淵』第100輯、九州大学文学部。
（6）岡崎敬、一九八二「新たに発見された「廣陵王璽」について―江蘇省邗江県甘泉2号墳―」『松本信廣先生追悼論文集』六興出版。
（7）大谷光男、一九五六「金印発掘口上書及びその関連文献について」『日本歴史』102、吉川弘文館。
（8）大谷光男、二〇一四『金印再考―委奴国・阿曇氏・志賀島―』雄山閣。
（9）中山平次郎、一九一四「漢委奴国王印の出所は奴国王の墳墓に非らざるべし」『考古学雑誌』第5巻　第2号、日本考古学会。
（10）塩屋勝利、一九八五「金印出土状況の再検討」福岡市立歴史資料館『研究報告』第9集。
（11）塩屋勝利の教示による。
（12）森貞次郎、一九七〇「青銅器の出現とその系譜」『古代の日本』3九州、角川書店。
（13）西谷正、一九七三「金印をめぐる二、三の問題―志賀島のロマンを秘めて―」『ふるさとの自然と歴史』第29号、ふるさとの自然と歴史を守る会。
　九州大学文学部考古学研究室、一九七五『志賀島―「漢委奴国王」金印と志賀島の考古学的研究―』福岡市・金印遺跡調査団。
（14）西谷正、一九六九「九州の銅戈」『月刊文化財』昭和44年9月号、第一法規。
（15）西谷正、一九八四「漢帝国と東アジア世界―漢委奴国王金印の背景―」『「漢委奴国王」金印展』『福岡市立歴史資料館図録』第9集。
（16）西谷正、一九九一「西域の印章」『古代九州の国際交流』九州歴史大学講座。

現代「金印」考
併・古代「阿（安）曇族」検証

二〇二三年二月十三日　第一刷発行

定　価　本体三一〇〇円＋税

編著者　岡本顕実

発行人　酒井春人

発行所　有限会社　龍鳳書房
〒三八八‐八〇〇七
長野市篠ノ井布施高田九六〇‐一
電話　〇二六（二四七）八二八八

印　刷　三和印刷株式会社